Vom „Schwachstarktastenkasten"
und seinen Fabrikanten

Waxmann Verlag GmbH
Steinfurter Straße 555, 48159 Münster
info@waxmann.com

Cottbuser Studien
zur Geschichte von Technik, Arbeit und Umwelt

herausgegeben von Günter Bayerl

Band 37

Waxmann 2011
Münster / New York / München / Berlin

Sonja Petersen

Vom „Schwachstarktastenkasten" und seinen Fabrikanten

Wissensräume im Klavierbau

1830 bis 1930

Waxmann 2011
Münster / New York / München / Berlin

Die Drucklegung wurde gefördert durch das
DFG-Graduiertenkolleg: „Topologie der Technik" an der
Technischen Universität Darmstadt (TUD)
und der Kommision der Frauenfördermittel des Fachbereichs
Gesellschafts- und Geschichtswissenschaften der TUD.

Diese Arbeit wurde ausgezeichnet mit dem
Conrad-Matschoß-Preis des VDI für Technikgeschichte 2011.

Bibliografische Informationen der Deutschen Nationalbibliothek
Die Deutsche Nationalbibliothek verzeichnet diese Publikation
in der Deutschen Nationalbibliografie; detaillierte bibliografische
Daten sind im Internet über http://dnb.d-nb.de abrufbar.

Zugleich Dissertation, Technische Universität Darmstadt (D17)

ISBN 978-3-8309-2534-7
ISSN 1430-2659

© Waxmann Verlag GmbH, 2011
Postfach 8603, D-48046 Münster

www.waxmann.com
info@waxmann.com

Umschlaggestaltung: Pleßmann Design, Ascheberg
Titelbild: Louis Renner GmbH & Co. KG: Halb-Englische Mechanik, 1926
Satz: Stoddart Satz- und Layoutservice, Münster

Gedruckt auf chlorfrei gebleichtem und
alterungsbeständigem Papier DIN 6738

Meinen Eltern

Inhalt

Anhang

1. Einleitung

> „In jeder Kunst und auch in jedem Handwerk –
> merk dir das, bevor du gehst! – gilt das Talent so
> gut wie nichts, aber alles die Erfahrung, die durch
> Bescheidenheit und Fleiß erworben wird."[1]
>
> Patrick Süskind

Der Musikinstrumentenbau – ein Handwerk – übt eine ganz eigentümliche Faszination auf seine Betrachter aus. Ein Beispiel hierfür ist der Klavierbau, der häufig mit einer kunsthandwerklichen Ein-Mann-Werkstatt assoziiert wird, in welcher der Meister alle Teile des Instruments per Hand fertigt und durch seine über Jahrzehnte gesammelten Erfahrungen in unzähligen Arbeitsstunden einen wohlklingenden prunkvollen Konzertflügel formt. Bis heute wird dieses Klischee gepflegt, wie folgendes Zitat aus einem aktuellen Museumsführer belegt: „Die Qualität eines künstlerisch anspruchsvollen Klaviers bleibt jedoch weiterhin vom Können und der Erfahrung eines guten Klavierbauers mit seinen klaren Klangvorstellungen abhängig. Seine Qualifikation kann durch keine Maschine ersetzt werden [...]."[2] Dieses Zitat wirft nicht nur ein verklärendes Bild auf den gegenwärtigen Klavierbau, sondern auch auf den Klavierbau des 19. und frühen 20. Jahrhunderts. Denn der Klavierbau wandelte sich bereits im 19. Jahrhundert im Zuge der Industrialisierung und eines sich verändernden Musikgeschmacks maßgeblich: Er wurde vom Handwerk zur industrialisierten Großproduktion, in der eine weitreichende Arbeitsteilung praktiziert wurde und Maschinen verstärkt zum Einsatz kamen. Doch bereits vor der Industrialisierung des Klavierbaus wurde ein Klavier nicht nur von einer Person gebaut. In den kleinen vorindustriellen, handwerklich geprägten Werkstätten und Manufakturen arbeiteten stets mehrere Klavierbauer, Lehrlinge und Zuarbeiter an einem Instrument und brachten ihre individuellen Erfahrungen und ihr Wissen in den Entstehungsprozess ein. Dem auch heute noch gängigen Bild des Klavierbaus als Ein-Mann-Werkstatt wird eine differenzierte technikhistorische Analyse entgegengesetzt, die danach fragt, wie sich dieser hinsichtlich seiner Produktionsweise und Arbeitsmethode wandelte. Eine umfassende technikhistorische Aufarbeitung des Klavierbaus, der bis jetzt ein kaum bearbeitetes Thema der Technikgeschichte ist, erscheint dringend erforderlich. War dieser doch Teil der Erfolgsgeschichte der handwerklich orientierten deutschen Industrie Ende des 19. Jahrhunderts, wie Christoph Buchheim in seiner Studie über deutsche Gewerbeexporte nach England

---

1 Süskind, Patrick: Das Parfüm. Die Geschichte eines Mörders. Zürich 1993. S. 97.
2 Zuna-Kratky, Gabriele (Hrsg.): Technisches Museum Wien. München u.a. 2005². Zitat S. 142-143.

herausarbeitete.[3] Neben der Seidenweberei, der Spielzeugindustrie und dem Buntdruck analysierte er den Klavierbau, der seine Exporte nach England zwischen 1870 und 1913 entscheidend steigern konnte. 1870 produzierten britische Klavierbauer weltweit mit 25.000 Klavieren noch die meisten Instrumente, gefolgt von den amerikanischen mit 24.000 und den französischen mit 21.000 Instrumenten. Die deutschen Hersteller bildeten mit 15.000 Klavieren das Schlusslicht. 1913 hingegen hatten die deutschen Klavierbauer ihre Produktion auf 160.000 Pianinos und 12.000 Flügel gesteigert, von denen sie über 50% exportierten. Zwar produzierten die US-amerikanischen Hersteller fast doppelt so viele Instrumente, jedoch wurden diese hauptsächlich auf dem Binnenmarkt abgesetzt. Frankreich verharrte mit 25.000 Klavieren annähernd auf dem Stand von 1870. Großbritannien konnte 86.000 Klaviere produzieren, von denen sie nur 10.000 exportierten. Zusätzlich wurden 24.500 Klaviere importiert. Allein 22.500 dieser Instrumente stammten aus Deutschland und hatten einen Einfuhrwert von 14 Millionen Mark. Vor allem qualitativ hochwertige und teure Klaviere wurden aus Deutschland importiert, während die günstigeren und qualitativ schlechteren Instrumente weiterhin aus der eigenen Produktion stammten. Damit hatten die deutschen Klavierhersteller 1913 einen Weltmarktanteil von 20% erreicht. Als zweitgrößter Produzent nach den USA, avancierte die deutsche Klavierbauindustrie zum führenden Exporteur der Welt. Dem deutschen Klavierbau gelang es ab 1860 durch rasche Rationalisierung und Technisierung sich in großen Fabriken zu organisieren. Einzelne Bestandteile wurden von externen Zulieferern bezogen und die in der zweiten Hälfte des 19. Jahrhunderts aufkommenden entscheidenden technischen Weiterentwicklungen des Klaviers konnten rasch übernommen werden.[4]

Das uns bekannte heutige Klavier entwickelte sich durch Umbauten und Weiterentwicklungen des mehrstimmigen Cembalos schrittweise im 18. und 19. Jahrhundert.[5] Die Spieler des Cembalos oder des Spinettes konnten die Lautstärke ihres

---

3   Vgl. Buchheim, Christoph: Deutsche Gewerbeexporte nach England in der zweiten Hälfte des 19. Jahrhunderts. Zur Wettbewerbsfähigkeit Deutschlands in seiner Industrialisierungsphase. Gleichzeitig eine Studie über die deutsche Seidenweberei und Spielzeugindustrie, sowie über Buntdruck und Klavierbau. Ostfilden 1983 (= Studien zur Wirtschafts- und Sozialgeschichte Band 5).

4   Die Gesamtproduktion Großbritanniens soll einen Wert von 33 Millionen Mark aufgewiesen haben. Ausgehend hiervon hatte Deutschland sogar einen Marktanteil von fast 50%. Vgl. Ebenda: S. 109-113. Vgl. Buchheim, Christoph: Grundlagen des deutschen Klavierexportes vom letzten Viertel des 19. Jahrhunderts bis zum Ersten Weltkrieg. In: Technikgeschichte 53, 1987. S. 231-240. Vgl. S. 231-236.

5   Hans-Joachim Braun betont, dass „Musik ohne Technik nicht ins Werk zu setzen ist [...] [und] [...] Musikinstrumente ohne Anwendung von Technik nicht vorstellbar [...]" sind. In diesem Sinne kann ein Klavier auch als ein technischer Apparat aufgefasst werden. Braun beschäftigt sich vor allem mit den 1920er und 30er Jahren, in denen die Elektrizität in die Musik und auch in die Musikinstrumente Einzug hielt. Durch die Verwendung von Elektrizität entstanden auch neue Musikinstrumente, die nicht Gegenstand dieser Arbeit sind. Jedoch ist seine Aussage, dass Musik und Musikinstrumente ohne Technik nicht vorstellbar sind, auch für rein akusti-

Spiels noch nicht durch die Intensität ihres Tastenanschlags beeinflussen. Erst durch die entscheidende Weiterentwicklung der Mechanik durch den Florentiner Hofcembalobauer Bartolomeo Cristofori (1655-1731) war es möglich, die Tonstärke zu variieren. Ludwig van Beethoven bezeichnete das neuentstandene Instrument als „Schwachstarktastenkasten", denn nun war es den Spielern möglich, zwischen leise (schwach) und laut (stark), zwischen piano und forte, allein durch den Anschlag der Tastatur zu variieren.[6] Die Entwicklung des Klaviers verband sich zudem mit einem Wandel des musikalischen Geschmacks während des 18. Jahrhunderts, denn das Publikum forderte nun stufenlose Modulationen von piano zu forte und von forte zu piano. Damit ging die Entwicklung der Konzertsäle einher, die immer größer wurden und somit vorraussetzten, dass die Instrumente ein immer größeres Klangvolumen aufwiesen. So setzten sich in der zweiten Hälfte des 19. Jahrhunderts der Gusseisenrahmen und der kreuzsaitige Bezug durch. Das Klavier erfreute sich rascher Beliebtheit an den englischen, französischen und deutschen Fürstenhöfen, avancierte aber im 19. Jahrhundert zum Instrument und Statussymbol des Bürgertums. Diese Entwicklung beeinflusste maßgeblich den Wandel des Klavierbaus vom Handwerk zur industriellen Großproduktion. Wurde der Klavierbau bis zum 19. Jahrhundert vornehmlich in kleinen Werkstätten ausgeübt, veränderten sich die Herstellungsmethoden aufgrund der ansteigenden Nachfrage des Bürgertums, das in der zweiten Hälfte des 19. Jahrhunderts zum Träger der Musikkultur wurde. Bereits in der ersten Hälfte des 19. Jahrhunderts entwickelten sich Werkstätten, die sich auf die Produktion einzelner Komponenten des Klaviers spezialisierten. Gleichzeitig fand ein Prozess der Standardisierung und Mechanisierung statt, der eine Serienproduktion in großen Fabrikanlagen ermöglichte.[7]

Durch den Übergang zu einer industriellen Produktionsweise änderten sich auch die Formen des Wissens sowie dessen Tradierung innerhalb des Klavierbaus als Beispiel einer handwerklich orientierten Industrie. In einer stark mechanisierten und arbeitsteiligen Produktion brauchte es andere Formen des Wissens als in einem handwerklich geprägten Produktionszweig. Klavierbauer arbeiteten jedoch weiter-

---

sche Instrumente wie das Klavier gültig. Vgl. Braun, Hans-Joachim: Technik und Musik. Erweiterung oder Einschränkung kreativer Spielräume. In: Kilger, Gerhard (Hrsg.): Macht Musik. Musik als Glück und Nutzen für das Leben. Köln 2005. S. 214-221. Zitat S. 215.

6   Schmidt, Dorothea: „Das Klavier kann alles" – Klavierbau und Klavierspiel im 19. Jahrhundert. In: Poser, Stefan/Zachmann, Katrin (Hrsg.): Homo faber ludens. Geschichten zu Wechselbeziehungen von Technik und Spiel. Frankfurt 2003 (= Technik interdisziplinär, Band 4). S. 135-154. Zitat: S. 136. Vgl. Kursell, Julia: Vorwort. In: Kursell, Julia (Hrsg.): Physiologie des Klaviers. Vorträge und Konzerte zur Wissenschaftsgeschichte der Musik. Berlin 2009 (= Preprint 366 Max-Planck-Institut für Wissenschaftsgeschichte). S. 15-18. Vgl. Scherer, Wolfgang: Die Stimme und das Clavichord. Medientechnische Bedingungen der musikalischen Empfindsamkeit im 18. Jahrhundert. In: Kittler, Friedrich/Macho, Thomas/ Weigel, Sigrid (Hrsg.): Zwischen Rauschen und Offenbarung. Zur Kultur- und Mediengeschichte der Stimme. Berlin 2008. S. 279-288. Vgl. S. 282.

7   Vgl. Schmidt. 2003: S. 149-152. Vgl. Zuna-Kratky 2005: S. 136-144.

hin mit einer Vielzahl unterschiedlicher Materialien, von Holz über Gusseisen bis hin zu Filz und Stahl. Hinzu kamen die großen Dimensionen der Instrumente und ihr komplizierter mechanischer Aufbau. Aus diesen Gründen brauchte ein Klavierbauer, trotz arbeitsteiliger Produktionsweise, weiterhin ein spezifisch körperlich gebundenes Erfahrungswissen, das nicht formalisierbar war. Im Zusammenhang mit den sich im 19. Jahrhundert wandelnden Produktionsweisen ergibt sich folgende Fragestellung: *Wie entwickelte sich die handwerklich orientierte Industrie in den Jahren von 1830 bis 1930 hinsichtlich ihrer Produktionsweisen und der sie prägenden Wissensformen?* Es wird untersucht, wodurch das Wissen des Klavierbaus als Beispiel einer handwerklich orientierten Industrie charakterisiert war, wie es sich zwischen 1830 und 1930 wandelte und auf welche Art und Weise es weitergegeben und kommuniziert wurde. In diesem Zeitraum vollzog sich die entscheidende Entwicklung der Produktionsweisen von handwerklichen Betrieben zu industriellen Großbetrieben. Damit einher ging ein Prozess der Formalisierung und Systematisierung von Wissen innerhalb des Klavierbaus. In der Untersuchung der Veränderung der Produktionsweise wird zudem analysiert, welchen Einfluss Wissen innerhalb des Produktionsprozesses hatte, und im Gegenzug, wie sich selbiger auf die Weiterentwicklung und Tradierung von Wissen auswirkte. Zu berücksichtigen sind zudem künstlerische Aspekte und ihre Auswirkung auf den Klavierbau im Allgemeinen, die zeitliche und räumliche Tradierung von Wissen und Können im Besonderen sowie die Auswirkung der künstlerischen Aspekte auf die Konstruktionsweise der Instrumente.

1.1 Theoretischer Forschungsansatz

1.1.1 Wissenskonzepte aus Technikgeschichte und Technikphilosophie

Um das Wissen des Klavierbaus als Beispiel einer handwerklich orientierten Industrie präzise fassen zu können, werden verschiedene theoretische Ansätze aus technikhistorischen, technikphilosophischen, wissenschaftshistorischen und soziologischen Studien herangezogen, die sich alle mit technischen Berufen und ihrem spezifischen Wissen beschäftigen.

Georg Mildenberger befasst sich in seiner Dissertation „Wissen und Können im Spiegel gegenwärtiger Technikforschung" unter anderem eingehend mit Michael Polanyis Konzept des *tacit knowledge*, das besagt, „[…] dass wir mehr wissen, als wir zu sagen vermögen."[8] Polanyi unterscheidet prinzipiell zwischen explizitem und implizitem Wissen (*tacit knowledge*). Das implizite Wissen äußert sich unter

---

8 Mildenberger, Georg: Wissen und Können im Spiegel gegenwärtiger Technikforschung. Berlin 2006 (= Technikphilosophie Band 15). Zitat: S. 102. Vgl. Polanyi, Michael: Implizites Wissen. Frankfurt 1985. S. 14-15.

anderem bei der Verwendung von Werkzeugen oder der Ausübung einer Geschicklichkeit, wenn zum Beispiel der Druck des Werkzeuges auf die Hand wahrgenommen wird. Durch unseren Körper erlernen wir praktische und intellektuelle Kenntnisse. In diesem Prozess spielt die Erfahrung und das individuelle Wissen eine entscheidende Rolle. Erfahrungswissen ist nach Polanyi eine leiblich gebundene Fertigkeit, die sich durch Handeln selbst darstellt und nicht geäußert werden kann, sowie will.[9] Polanyis Konzept hat bis heute großen Einfluss auf technikgeschichtliche und technikphilosophische Arbeiten. So betonte unter anderem Eugen F. Ferguson die große Bedeutung intuitiven Handelns und nicht sprachlichen Denkens im Entwurfsprozess der Ingenieure. Er kritisiert das gängige Bild, dass „[…] alles Wissen, das in der Erzeugung von Technik stecken könnte […] aus der Naturwissenschaft […]"[10] stammt. Im Gegensatz zu diesem wissenschaftlichen Wissen stehen für ihn nicht eindeutig sprachlich ausdrückbare Komponenten der Ingenieursarbeit im Vordergrund. Ingenieure fertigen unter anderem Entwurfszeichnungen an, die sich durch eine eigene Bildsprache auszeichnen. Selbige kann durch Übung erlernt werden. Trotz ihrer Genauigkeit sind die detaillierten Entwurfszeichnungen zudem durch viele Annahmen, Entscheidungen und Intuitionen charakterisiert, die beachtet werden müssen. Die Entwicklung eines Produktes wird stark von lokalen Gegebenheiten beeinflusst, die sowohl vom Erbauer, als auch vom Entwerfer beachtet werden müssen. Ingenieure müssen ihr „inneres Bild" von den Dingen, die sie entwerfen, den jeweiligen Erbauern erklären können. Ingenieursarbeit und besonders der Prozess des Entwerfens sind gekennzeichnet durch einen nicht zu unterschätzenden Anteil von *tacit knowledge*, wie Ferguson betont.[11] Walter Vincenti insistiert hingegen, dass die Ingenieursarbeit sich vor allem durch formales Wissen auszeichne. Der Entwurfsprozess sei geprägt von formalem und wissenschaftlichem Wissen und weniger durch Erfahrung und Intuition.[12] Auch Edwin T. Layton hebt die Relevanz des formalen Wissens hervor und entwickelt das Konzept einer universellen kognitiven Technologie. Er fasst diese als selbstständige historische Kraft auf. Die angenommene Verbindung zwischen Technologie und Wissen zeige sich auch im technischen Herstellungsprozess.[13] Mikael Hård wendet sich gegen Vincentis These des frei zugänglichen

---

9   Vgl. Polanyi 1985: S. 21, S. 23. Vgl. Polanyi, Michael 1969: Knowing and Beeing. In: Grene, Marjorie (Hrsg.): Knowing and Beeing. Essays by Michael Polanyi. Chicago 1969. S. 123-137. Vgl. S. 97-112. Vgl. Neudörfer, Sonja: Tradiertes Erfahrungswissen und arbeitsteilige Produktionsnetzwerke. Der Schönbacher Geigenbau im 19. und 20. Jahrhundert. Aachen 2007 (= Darmstädter Studien zu Arbeit, Technik und Gesellschaft Band 2). Siehe S. 5-7.
10 Vgl. Ferguson, Eugene S.: Das innere Auge. Von der Kunst des Ingenieurs. Basel 1993. Zitat S. 9.
11 Ebenda: S. 18-22.
12 Vincenti, Walter G.: What Engineers Know and How They Know it. Analytical Studies from Aeronautical Hitory. Baltimore 1990. Vgl. S. 3.
13 Vgl. Layton, Edwin T. Jr.: Technology as Knowledge. In: Technology and Culture 15, 1974. S. 31-41. Vgl. S. 32-33. Vgl. Vincenti 1990: S. 4.

Wissens. Er stellt heraus, dass technische Arbeit eine praktische und lokale Tätigkeit sei und gerade nicht universell und kognitiv.[14] Auch Matthias Heymann und Ulrich Wengenroth heben den großen Anteil von *tacit knowledge* in der Konstruktionsarbeit von Ingenieuren hervor. Sie plädieren für eine Berücksichtigung des lokalen und praktischen Wissens, des Erfahrungs- und nonverbalen Wissens der Konstrukteure. Für Konstruktions- und Ingenieursarbeit sei *tacit knowledge* von elementarer Bedeutung.[15] Hans-Jörg Rheinberger beschreibt, dass *tacit knowledge* ebenfalls einen großen Anteil an der wissenschaftlichen Forschungsarbeit habe und verbindet diese mit dem Begriff der Erfahrung. Forscher bräuchten in ihrer täglichen Arbeit Erfahrung, die diese nur selbst erwerben können. Er wählt den Begriff des stummen Wissens und schließt sich Polanyi an, dass die Grundlage sowohl expliziten als auch impliziten Wissens im stummen Wissen zu finden sei. Dies gelte sowohl für alltägliche Arbeiten, als auch für die wissenschaftliche Forschung.[16] In seiner wissenschaftshistorischen Studie über Joseph von Fraunhofer (1787-1826) und der Herstellung achromatischer Linsen bezieht sich Myles W. Jackson ebenfalls auf Polanyis Konzept des *tacit knowledge*, das er jedoch erweitert. Er geht davon aus, dass sich implizites Wissen sowohl „[...] auf eine qualifizierte Handlung mit nicht artikulierbaren, verborgenem Wissenstransfer [...] [als auch] lediglich auf ein unartikuliertes Wissen, das durch Vorschrift und Bei-

14 Vgl. Hård, Mikael: „Die Praxis der Forschung". Zur Alltäglichkeit der Technikwissenschaften am Beispiel einer britischen Ingenieurfirma. In: Dresdener Beiträge zur Geschichte der Technikwissenschaften 27, 2001. S. 1-17. Vgl. Hård, Mikael: Technology as Practice: Local and Global Closure Processes in Diesel-Engine Design. In: Social Studies of Science 24, 1994. S. 549-585. Vgl. S. 554. Die Bedeutung von Erfahrungswissen wird auch in zahlreichen Studien der Arbeitssoziologie thematisiert. U.a. ist hier die Arbeitsgruppe um Fritz Böhle zu nennen. Sie stellt die immense Bedeutung von Erfahrungswissen und dem daraus resultierenden „subjektivierenden Arbeitshandeln" (das auf Erfahrung zurück geht und an Polanyis *tacit knowledge* anknüpft) unter anderem in der Montagearbeit, auch in Bezug auf die zunehmende Informatisierung in diesem Bereich heraus. Vgl. u.a. Böhle, Fritz/Milkau, Brigitte: Vom Handrad zum Bildschirm. Eine Untersuchung zur sinnlichen Erfahrung im Arbeitsprozess. Frankfurt, New York 1988. Vgl. Böhle, Fritz/Pfeiffer, Sabine/Sevsay-Tegethoff, Nese (Hrsg.): Die Bewältigung des Unplanbaren. Wiesbaden 2004. Sabine Pfeiffer arbeitet zudem mit dem Begriff Arbeitsvermögen, der die Bedeutung von Erfahrung für die Bereitstellung von Arbeitskraft betont. Vgl. Pfeiffer, Sabine: Arbeitsvermögen. Ein Schlüssel zur Analyse (reflexiver) Informatisierung. Wiesbaden 2004. Vgl. Pfeiffer, Sabine: Montage und Erfahrung: warum Ganzheitliche Produktionssysteme menschliches Arbeitsvermögen brauchen. München 2007. Zur Bedeutung von Erfahrungswissen in der industriellen Facharbeit siehe u.a. Benad-Wagenhoff, Volker: Drehmaschinen und Dreharbeit – 200 Jahre industrielle Facharbeit im Spannungsfeld von Technologie und Ökonomie. In: Landesmuseum für Technik und Arbeit in Mannheim (Hrsg.): Der richtige Dreh? Industrielle Facharbeiter im Wandel. 31.1.1996–1.5.1996. Mannheim 1996. S. 6-33.
15 Heymann, Matthias/Wengenroth, Ulrich: Die Bedeutung von „tacit knowledge" bei der Gestaltung von Technik. In: Beck, Ulrich/Bonß, Wolfgang (Hrsg.): Die Modernisierung der Moderne. Frankfurt 2001. S. 106-121. Vgl. S. 118.
16 Rheinberger, Hans-Jörg: Experimentalsysteme und epistemische Dinge. Eine Geschichte der Proteinsynthese im Reagenzglas. Frankfurt 2006. Vgl. S. 92-94.

spiel gelernt wird [...]"[17] beziehen kann. Während sich die erste Bedeutung des impliziten Wissens vor allem auf praktische Tätigkeiten bezieht, könne die zweite Bedeutung auch auf Naturphilosophie oder Mathematik angewandt werden. Jackson geht davon aus, dass „[...] [n]icht alle wissenschaftlichen Verfahren [sich] algorithmisch aufzeichnen [lassen]."[18] Er unterscheidet zwischen nicht mitgeteiltem und prinzipiell nicht mitteilbarem Wissen. Unter handwerklichem Können fasst Jackson „[...] das angesammelte Fachwissen (oder die Sachkunde) als Grundlage für die auf Versuch und Irrtum beruhenden Techniken, anspruchsvolle Geräte wie wissenschaftliche Instrumente herzustellen. [...] Weder ist alles Handwerkswissen implizit, noch muss implizites Wissen stets handwerklicher Natur sein."[19] Diese Kenntnisse wurden meist nur mündlich und durch Beispiele über Generationen weitergegeben.

Polanyis *tacit knowledge* beeinflusste neben technikhistorischen, technikphilosophischen und wissenschaftshistorischen Studien auch soziologische Arbeiten. So untersuchten zum Beispiel Trevor Pinch, Harry M. Collins und Larry Carbone durch teilnehmende Beobachtung die chirurgischen Fähigkeiten von Tiermedizinern und deren Tradierung. Sie gehen ebenfalls davon aus, dass Fähigkeiten (skills) nicht durch schriftliche Überlieferungen überleben können, sondern an Personen gebunden seien und nur überleben, wenn sie ausgeübt werden. In ihren Beobachtungen stellten sie fest, dass „[...] formal and informal knowledge interact."[20] Für den Umgang mit unvorhersehbaren Dingen oder Unsicherheiten während einer Operation war die Erfahrung der Chirurgen ausschlaggebend, die sie nur durch Übung erlangen konnten. Um Fähigkeiten zu tradieren, ist immer eine zweite Person notwendig, die über diese Fähigkeiten verfüge und dem Unerfahrenen vormache, wie es geht.[21] Bereits in einer frühen Studie über die Konstruktion und den Nachbau eines TEA Lasers, hatte Collins bereits auf Polanyis Konzept zurückgegriffen um darzustellen, welche Fähigkeiten nötig waren, um diese Technologie

---

17 Jackson, Myles W.: Fraunhofers Spektren. Die Präzisionsoptik als Handwerkskunst. Göttingen 2009. Zitat S. 19.
18 Ebenda: S. 19.
19 Ebenda.
20 Pinch, Trevor/Collins, H. M./Carbone, Larry: Inside knowledge: Second Order Measures of Skill. In: the Sociological review 44, 1996. S. 163-186. Vgl. S. 165, S. 174-175. Zitat S. 168. „Sociologists often describe the process of individual skill acquisition by using a version of the notion of ‚tacit kowledge' [...], the unarticulatable features of skill are the unarticulatable competences of the socialized members of a skilled society." Ebenda: S. 174. *Tacit knowledge* beschäftigt Collins auch in einer seiner jüngsten Publikationen, in der er dieses Konzept präziser durch eine Dreiteilung in *relational, somatic* und *collective tacit knowledge* zu fassen versucht, sowie dessen Verhältnis zu explizitem Wissen nicht nur in der Wissenschaft oder dem Technikumgang, sondern auch in gewöhnlichen Tätigkeiten des täglichen Lebens, wie zum Beispiel dem Fahrradfahren, untersucht. Vgl. Collins, Harry: Tacit and Explicit Knowledge. Chicago 2010.
21 Pinch/Collins/Carbone 1996: S. 174-175.

neben formalisiertem und allgemein zugänglichem Wissen zu transferieren.[22] Denn „[…] no scientist succeeded in building a laser by using only information found in published or other written sources.“[23] Er betont: „All types of knowledge, however pure, consist, in part, of tacit rules which may be impossibe to formulate in principle.“[24] Auch bei der Lösung algebraischer Formeln spiele *tacit knowledge*, so Collins, eine Rolle, denn Fähigkeiten könnten nicht durch das geschriebene Wort tradiert werden. Collins stellt fest, dass der Nachbau des TEA Lasers vor allem vom persönlichen Kontakt oder Telefongesprächen abhing, weniger von schriftlichen Beschreibungen. Er vermutete dass „[...] a crucial component of laser building ability is ‚tacit knowledge‘“.[25]

Der Soziologe Douglas Harper bezog sich ebenfalls auf Polanyis *tacit knowledge* und entwickelte in seiner arbeitssoziologischen Studie über den im Norden der USA lebenden Handwerker Willie, der Schmied, Reparateur und Mechaniker in einem war, das Konzept des *working knowledge*. In einer mehrjährigen Studie beobachtete Harper Willie bei seiner täglichen Arbeit in der Werkstatt und in seinem sozialen Umfeld. Im Zentrum seiner Untersuchungen standen Willies Fertigkeiten.[26] Harper erfasste, im Gegensatz zu Polanyi, die konkreten Tätigkeiten und das praktische Wissen einer Person. Dadurch konnte er ein detailliertes und spezifischeres Bild von Willies handwerklichen Könnens zeichnen. Polanyi gelang es hingegen nicht, dem Kern des *tacit knowledge* näher zu kommen und diesen zu spezifizieren. Das *tacit knowledge* konnte vielmehr nicht die Sphäre der Ungenauigkeit und Unterbestimmtheit verlassen. Dadurch musste dessen Zusammensetzung unerschlossen bleiben. Zwar gelingt es Harper ebenfalls nicht den Kern des *working knowledge* in eine exakte Beschreibung umzuwandeln, dies würde zudem der Annahme widersprechen, es handele sich um nicht formalisierbares Wissen, doch konnte er die Komponenten dieser spezifischen Wissensform wesentlich konkreter festlegen und für weitere Studien operabel machen.

Harpers Konzept wird für die Analyse des Wissens der Klavierbauer des 19. und 20. Jahrhunderts herangezogen. Unter dem Begriff *working knowledge* wird das spezifisch leiblich gebundene Erfahrungswissen der Klavierbauer gefasst, das beim

---

22 Ein Laser, entwickelt von einer kanadischen Forschungseinrichtung Anfang der 1970er Jahre.

23 Collins, H. M.: Changing Order. Replication and Induction in Scientific Practice. London 1985. Zitat: S. 55. Vgl. Collins, H. M.: The TEA Set: Tacit Knowledge and Scientific Networks. In: Science Studies 4, 1974. S. 165-185.

24 Collins 1985: S. 167.

25 Vgl. Ebenda: S. 55-57, S. 167, S. 177. Zitat S. 56. „Learning algebra consits of more than the memorization of sets of formal rules; it involves aslo knowing how to do things […] wich may have been learned long before.“ Ebenda: S. 168.

26 Vgl. Harper, Douglas: Working Knowledge. Skill and Community in a Small Shop. Chicago 1987. Willie war ein Nachbar und Freund Harpers. Harper untersuchte Willies Shop auch als soziales System. Hierfür war dieser Aspekt von großer Bedeutung. Vgl. Mildenberger 2006: S. 114-115. Vgl. Neudörfer 2007: S. 5-7.

Bau der Instrumente eine entscheidende Rolle spielte. Harpers Studie wurde ausgewählt, um die von ihm erarbeiteten spezifischen Komponenten des *working knowledge* am Beispiel des Klavierbaus anzuwenden. Der Alleskönner Willie kann und soll nicht mit den in handwerklicher Tradition ausgebildeten Klavierbauern verglichen werden. Dies ist aufgrund der unterschiedlichen Ausbildungs- und Arbeitsweise, sowie den verwendeten Materialien nicht möglich. Zudem fand Harpers Studie in den 1980er Jahren statt. Vorliegende Studie betrachtet hingegen einen weit größeren und länger zurückliegenden Zeitraum. Desweitern ist das auf jahrhundertealte Traditionen zurückblickende europäische Handwerk kaum mit den Handwerkern Amerikas zu vergleichen. Das Konzept des *working knowledge* arbeitet jedoch, wie keine der zuvor genannten Studien, die spezifischen Komponenten handwerklicher Fähigkeiten prototypisch heraus.[27]

Harper untersuchte zunächst die Art und Weise, wie Willie seine Fähigkeiten bei seinem Vater erwarb, einem Dorfschmied. Willi wuchs in dessen Werkstatt auf und half bereits als Kind bei der Arbeit mit. Auf diese Weise übertrug der Vater seine Fähigkeiten auf seinen Sohn. Willie eignete sich den essentiellen Teil seiner Fähigkeiten und seines Wissens durch die Arbeit und die Auseinandersetzung mit Maschinen, Material und Werkzeugen an, denn *working knowledge* ist: „[…] a type of knowledge that you can't pick up and store in your mind."[28] Dieses besteht aus sensorischen und motorischen Fertigkeiten. Harper fasst die sensorischen Fertigkeiten auf als *knowledge of materials*.[29] Es sei ein Wissen darüber, wie sich Material verhalte und wie damit umzugehen ist. Die motorischen Fertigkeiten definiert er mit dem Begriff *kinesthetic sense*[30], der eine spezifische Körperbeherrschung umschreibt. Beispiel hierfür sind Willies Aussagen „I do it by feel. […] You've got to translate your feelings – it's just like your fingers got eyes."[31] Formal erlerntes Wissen steht dem *working knowledge* gegenüber.[32] *Working knowledge* setzt sich demnach aus drei Komponenten zusammen: (1) *knowledge of material*: Das einfühlsame Wissen um die Beschaffenheit des Materials. (2) *kinesthetic sense*: Eine spezifische Körperbeherrschung im Umgang mit Material und Werkzeug. (3) *learning by doing*: Die Art und Weise des Lernens und das informelle Lernen während der Kindheit. *Working knowledge* wurde informell von

---

27 Vgl. Neudörfer 2007: S. 5-7.
28 Willie zitiert nach Mildenberger 2006: S. 115. „When my father was doing something I was eager; I was watching him. Maybe the next time I'd have to do it for him. [...] If he sent you out to do something – that's it – you went out and did it. If you didn't know how, you learned how." Harper 1987: S. 26.
29 Ebenda: S. 31.
30 Ebenda: S. 131.
31 Ebenda: S. 126. Es geht hier um die Arbeit innerhalb eines Motorblocks. Willie hatte keine direkte Sicht auf das defekte Teil und musste nach Gefühl arbeiten.
32 Vgl. Ebenda: S. 131-132. Vgl. Neudörfer 2007: S. 5-7.

Generation zu Generation tradiert.[33] Alle Komponenten bleiben unbewusst und können nicht formalisiert werden. Sie „[…] manifestieren sich ausschließlich in den Handlungen und Schöpfungen ihres jeweiligen Trägers."[34]

Hieraus ergibt sich folgende erste These: *Auch in der handwerklich orientierten Industrie, blieb Wissen immer bis zu einem gewissen Grade an Personen gebunden und zeichnete sich durch örtliche Gebundenheit und informelle Tradierung aus.* Es ist ferner zu vermuten, dass dieses Wissen in unterschiedlichen Wissensräumen gebunden war, beziehungsweise festgehalten wurde, die im Folgenden theoretisch erarbeitet werden.

1.1.2 Wissensräume: *Speicher – Stätte – Forum*

Das Verhältnis von Technik, Wissen und Raum ist ein aktuelles Forschungsfeld der Technik- und Wissenschaftsgeschichte. Bereits in den 1990er Jahren beschäftigte sich die US-amerikanische Wissenschafts- und Technikgeschichtsforschung mit dieser Thematik. In diesen Studien standen vor allem die geographischen und gebauten Räume, in denen Wissenschaft betrieben und Wissen erzeugt wurde, im Mittelpunkt. So gingen unter anderem Peter Galison und Emily Thomson in ihrem Sammelband „The Architecture of Science" dem Zusammenhang zwischen Wissenschaft und Architektur und deren wechselseitigen Bedingungen nach.[35] Die einzelnen Beiträge beschäftigten sich mit der Frage, wie die geschaffenen Räume, in denen Wissenschaft gemacht wird, die Identität der Wissenschaftler und die wissenschaftliche Struktur sowie die Identität von Architekten und Architektur

---

33 In einer regionalen Studie zum Geigenbau im 19. und 20. Jahrhundert konnten mit diesem Theorieansatz Erkenntnisse zur Tradierung von Wissen und Können im Geigenbau gewonnen werden. Vgl.: Neudörfer 2007.

34 Mildenberger 2006: S. 114-115. Richard Sennett argumentiert, dass die Ausbildung von Geigenbauern, die er am Beispiel der Werkstatt Stradivaris darstellt, auf dem direkten Umgang mit Musikinstrumenten und einer mündlichen Anleitung des Meisters beruhte. Er betont, dass Stradivaris Werkstatt nur auf dessen außergewöhnlichen und einmaligen Fähigkeiten beruhte. Stradivaris stillschweigendes, implizites Wissen, welches nicht geäußert werden konnte, war entscheidend für dessen Erfolg. Jedoch baute auch Stradivari seine Instrumente nicht alleine, sondern beschäftigte in seiner Werkstatt mehrere Geigenbauer und Lehrlinge, die ebenfalls an den Instrumenten arbeiteten. Für Sennett ist handwerkliche Tätigkeit prinzipiell gekennzeichnet durch den „[…] Wunsch, etwas um seiner selbst willen gut zu machen […]". Solche Intentionen seien nicht nur bei qualifizierten manuellen Tätigkeiten, sondern auch bei Computerprogrammierern und Ärzten zu finden. Ein so erweiterter Handwerksbegriff ermöglicht es Sennett, die Fähigkeiten eines Schreiners mit denen eines Programmierers in Beziehung zu setzen. Es ist jedoch fraglich, ob diese Erweiterung den jeweils spezifischen individuellen Fähigkeiten unterschiedlicher Berufe gerecht werden kann. Vgl. Sennett, Richard: Handwerk. Berlin 2008³. Vgl. S. 105-106. Zitat S. 19.

35 Vgl. Galison, Peter/Thomson, Emily (Hrsg.): The Architecture of Science. Cambridge, Mass. 1999.

prägten.[36] Galison hebt hervor, dass es niemals einheitliche Räume gegeben hat und geben werde: „Historically, spaces for the production of knowledge about nature have ranged in type from castles to industrial factories, university groves to corporate headquaters [...]"[37] und plädiert für eine Untersuchung der Wechselbeziehungen zwischen Architektur und Wissenschaft.[38] So zeigt zum Beispiel Jackson, wie Fraunhofer die bestehende Architektur des Benediktinerklosters Benediktbeuren nutzte, um achromatische Linsen herzustellen. Durch die Regeln des Klosters und dessen Architektur konnte Fraunhofer, der sein Labor innerhalb der Klosteranlage einrichtete, streng zwischen privaten und öffentlichen Bereichen unterscheiden. Das Kloster bot ihm die idealen Bedingungen für seine Glashütte: In der Nähe gab es einen großen Wald mit genügend Brennholz, im benachbarten Zillertal bestand ein Quarzbergwerk und er konnte auf die versierten Handwerker der Umgebung und Benediktinermönche zurückgreifen, die über theoretisches Wissen und praktische Fähigkeiten zur Glasherstellung verfügten. Zudem spiegelte die benediktinische Architektur, die zwischen offen zugänglichen und geschlossenen Bereichen unterschied, die Rituale des Ordens wieder, die eine solche Abgrenzung forderte. Hinzu kam, dass die Benediktinermönche gegenüber Gott ein Schweigegelübde abgelegt hatten und die ortsansässigen Handwerker meist dem Gildengeheimnis verpflichtet waren und ihr Wissen gegenüber Gildenfremden geheimhielten:[39] „Die benediktinische Architektur erzeugte verschiedene Zugangsstufen, die genau dem entsprachen, was die beiden [Fraunhofer und sein Mitarbeiter Joseph von Utzschneider (1763-1840)] brauchten, um ihr optisches Monopol zu wahren."[40] Denn sie kontrollierten, wer Zugang zu ihrem Labor und letztlich zu ihrem Wissen hatte und wer nicht.

Für die deutschsprachige Technik- und Wissenschaftsgeschichte war Mitchell G. Ashs Aufsatz „Räume des Wissens", in dem er die Frage stellt, wo Wissen ist, von

---

36 „How do the buildings of science literally and figuratively configure the identity of the scientists and scientific fields? Conversely, how do the sciences procedurally and metaphorically structur the identity of the architect and the practice of architecture?" Galison, Peter: Buildings and the Subject of Science. In: Galison, Peter/Thomson, Emily (Hrsg.): The Architecture of Science. Cambridge, Mass. 1999. S. 1-25. Zitat: S. 1.

37 Galison 1999: S. 1.

38 Galison/Thomson 1999: S. 19.

39 Jackson, Myles W.: Illuminating the Opacity of Achromatic Lens Production: Joseph von Fraunhofer's Use of Monastic Architecture and Space as a Laboratory. In: Galison, Peter/Thomson, Emily (Hrsg.): The Architecture of Science. Cambridge, Mass. 1999. S. 141-164. Jackson beschreibt ausführlich diese Thematik ebenfalls in seiner Studie über Fraunhofer. Vgl. Jackson 2009: S. 81-91. Jacksons Monographie wurde bereits 2000 in englischer Sprache veröffentlicht: Vgl. Jackson, Myles W.: Spectrum of Belief: Joseph von Fraunhofer and the Craft of Precision Optic. Cambridge, Mass. 2000. Bayrische, böhmische und Tiroler Klöster konnten auf eine fast tausendjährige Glashüttentradition zurückschauen und verfügten über wertvolle Sammlungen physikalischer Schriften und Instrumente über Glasherstellung sowie Theorien der Optik und Astronomie. Vgl. Jackson 2009: S. 81, S. 84-87. Vgl. Jackson 1999: S. 142, S. 151-155.

40 Vgl. Ebenda: S. 155-156. Jackson 2009: S. 91.

besonderer Bedeutung.[41] Ash fasste in seinem Artikel die bisherigen nationalen und internationalen Forschungsergebnisse zum Verhältnis von Raum und Wissen zusammen. Ash folgend werden vor allem in der Wissenschaftsgeschichte im Rahmen der traditionellen Institutionengeschichte die analytischen Kategorien Wissen und Raum aufgegriffen und Räume des Wissens mit den Stätten der Forschung gleichgesetzt, wie dies unter anderem der erwähnte Sammelband „Architecture of Science" tat. Die Darstellung der Gründungs-, Wachstums- und Besetzungsgeschichte von Forschungsstätten wie zum Beispiel Lehrstühlen und Laboratorien stand im Fokus der Darstellungen. In der neueren Forschung lag der Schwerpunkt hingegen eher auf einer Darstellung der Forschungsvorgänge und den innerhalb der Forschungsinstituten vorherrschenden sozialen Verhältnissen. Ein weiteres Untersuchungsfeld lag in der Aufarbeitung der Forschungspraxis. Das Forschungsinteresse galt den lokalen Wissens- und Praxiskulturen, der Weitergabe des Wissens über und an verschiedenen Orten sowie der Frage nach einer Universalisierbarkeit von Wissen. Desweiteren wurde das Verhältnis von Wissenschaft und Öffentlichkeit, das Kommunikations- und Verbreitungsproblem zwischen dem Ort der Entstehung von Wissen und der Außenwelt zum Thema der Wissenschaftsgeschichte. Ash fächerte den in der Wissenschaftsgeschichte uneinheitlich definierten Begriff des Raums in drei Kategorien auf und entwickelte eine Trias analytischer Raumbegriffe, mit denen er den Begriff des Wissensraums untergliedert: (a) physische beziehungsweise geographische Räume, (b) soziale beziehungsweise gesellschaftliche Räume und (c) symbolische Räume beziehungsweise Repräsentationsräume.[42] Unter physische beziehungsweise geographische Räume fasst Ash: „[...] die Räumlichkeiten und Stätten der Forschung selbst [...]."[43] Hierzu zählt er jedoch auch die Ensembles und Instrumente, mit denen geforscht und Daten erzeugt werden, regionale sowie weltweite Netzwerke, die die Forschungsstätten verbinden, sowie geographische Gebiete, die mal mehr, mal weniger eingegrenzt werden können und die als Wissensräume definiert werden. Soziale beziehungsweise gesellschaftliche Räume umfassen die mikrosozialen Verhältnisse, „[...] die [...] innerhalb dieser physisch-geographischen Räumlichkeiten [entstehen] sowie [sich] durch diese entfalten."[44] Zu berücksichtigen sind die jeweiligen Zugangsmöglichkeiten zu den unterschiedlichen Wissensräumen oder deren Begrenzung. Dies verweist auf eine Trennung zwischen Öffentlichkeit und Wissenschaft.[45] Die dritte Kategorie bilden „[...] symbolische oder durch Darstellung und

---

41 Ahs, Mitchell G.: Räume des Wissens. (XXXVI. Symposium der Gesellschaft für Wissenschaftsgeschichte, 13. bis 15. Mai 1999 in Ingolstadt) In: Berichte zur Wissenschaftsgeschichte 23, 2000. S. 235-243.
42 Vgl. Ebenda: S. 235-236.
43 Ebenda: S. 237.
44 Ebenda: S. 238.
45 Vgl. Ebenda.

Repräsentation geschaffene Wissensräume [...]"[46], wie zum Beispiel Ausstellungen in Museen, die Wissen im öffentlichen Raum inszenieren.

Eine ähnliche Trias spannt Martina Heßler in ihrer technikhistorischen Studie „Die kreative Stadt" auf.[47] In einem einführenden Kapitel resümiert sie ebenfalls den *spatial turn* der Wissenschafts- und Technikgeschichte und entwickelt über die Analyse und Darstellung verschiedener Studien drei Kategorien der Räumlichkeit von Wissen: (a) geographische Bedingtheit von Wissen, (b) Migration von Wissen und (c) Orte des Wissens. Unter der Kategorie der geographischen Bedingtheit des Wissens fasst Heßler den jeweiligen Ort der Wissensproduktion und dessen Bedeutung für „[...] die Wissensproduktion und Diffusion des Wissens [...]."[48] Zu beachten seien lokale Entstehungsbedingungen, vielfältige lokale Wissensformen, die auf ihren lokalen Kontext zurückzuführen seien und lokale Wissenskulturen, die Einfluss auf die Produktion, Rezeption und Verbreitung von Wissen nähmen.[49] Eine zweite Kategorie bilden die Migration von Wissen und die Zirkulation von Ideen, Texten, Gegenständen, Instrumenten, Theorien und Wissenschaftlern selbst. Die Orte des Wissens selbst, „[...] wo Wissen erzeugt, aufgenommen, gespeichert, gelehrt, adaptiert wird [...]"[50] bilden die dritte Analysekategorie. Hierzu zählen öffentliche Orte, Institutionen, Gruppen und Individuen. Auch hier geht es um die Frage, ob diese Orte öffentlich oder privat sind. Hinzu kommt eine Analyse der jeweiligen räumlichen Strukturen, die unter anderem die Prozesse der Wissensproduktion beeinflussen, denn die Produktion von Technologien und Wissen wird maßgeblich von lokalen Gegebenheiten geprägt.[51]

Basierend auf den Analysekategorien Ashs und Heßlers wird im Folgenden eine, auf den Untersuchungsgegenstand dieser Studie zugeschnittene Trias der Wissensräume entwickelt, um mit diesem Analyseinstrument die verschiedenen Dimensionen des Wissens im Klavierbau zwischen 1830 und 1930, sowie dessen räumliche Bedingtheit aufzuspüren und zu untersuchen: Wissens-*Speicher*, Wissens-*Stätte*, Wissens-*Forum*.[52]

In Anlehnung an Ashs Ausführungen zu physischen beziehungsweise geographischen Räumen, in denen er auf die Ensembles und Instrumente verweist, mit denen

---

46 Ash 2000: S. 239.
47 Heßler, Martina: Die kreative Stadt. Zur Neuerfindung eines Topos. Bielefeld 2007.
48 Ebenda: S. 17.
49 Mikael Hård wies in zwei Aufsätzen auf die Kontextgebundenheit technischer Arbeit hin. Für ihn zeichnen sich Technologie und Wissenschaft nicht nur durch universelle und kognitive Elemente aus, sie beinhalten auch lokale und körperlich gebundene Komponenten und praktische Fähigkeiten. Die Arbeit von Ingenieuren und Technikern sei weniger durch universelles Wissen und globale Orientierung, als vielmehr durch lokale Netzwerke, Fähigkeiten, Praktiken und einen lokalen Habitus geprägt. Vgl. Hård 2001. Vgl. Hård 1994.
50 Heßler 2007: S. 18.
51 Vgl. Ebenda.
52 Diese Kategorien dienten als Hilfestellung zur Analyse der bearbeiteten Quellenbestände.

geforscht und mit denen Daten erzeugt werden, sowie Heßlers Ausführungen zu den Orten des Wissens, in denen sie die Frage stellt, wo Wissen erzeugt, aufgenommen und gespeichert wird, wird der Begriff Wissens-*Speicher* als Analysekategorie auf materielle Aufzeichnungsgegenstände, wie zum Beispiel individuelle Notizbücher und Manuskripte angewendet.[53] Bereits in dem 1997 erschienenen wissenschaftshistorischen Sammelband von Hans-Jörg Rheinberger, Michael Wagner und Bettina Wahrig-Schmidt „Räume des Wissens" liegt der Fokus auf den Formen der Darstellung in den Wissenschaften, die die Herausgeber als Räume des Wissens fassen. Diese Repräsentationen können unterschiedlichster Form sein: von Daten, Graphen, Zeichnungen über Röntgenbilder bis hin zu Hologrammen. Diese Darstellungen würden durch wissenschaftliche Tätigkeit erzeugt und seien als Spuren ihrer Produktion anzusehen, die spezifische Codierungen aufweisen. Es geht um die Analyse der Formen und Techniken der Spurenerzeugung, -sicherung und -verarbeitung. Der Raumbegriff wird dadurch um die Spuren wissenschaftlicher Arbeit erweitert, die Rückschlüsse auf die eigentliche Arbeit in den Laboren oder Werkstätten zulassen. Demnach werden auch schriftliche und zeichnerische Hinterlassenschaften des wissenschaftlichen Forschungsprozesses unter die gewählte Metapher Räume des Wissens gefasst.[54] So bezeichnet zum Beispiel Wolfgang Schäffner topographische Darstellungen in den Niederlanden um 1600 als Repräsentationsräume von Wissen, in denen Wissen in einen neuen Darstellungsraum umgeformt wird. Für ihn wird die Topographie zum „[…] Repräsentationsraum, in dem militärische, wissenschaftliche und technische Verfahren und gesellschaftliche Formen ineinander übergehen […] [und durch das] topographische Dispositiv […] [ein] gemeinsame[r] Raum des Zusammentreffens […]"[55] geschaffen wird, von dem, was gedacht, geschrieben und durchgeführt werden kann. Es entsteht ein spezifisch topographischer Zeichenraum, in dem das Wissen um 1600 eine neue Gestalt in Form von topographischen Landkarten und

---

53 Der Begriff des Wissens-*Speichers* wurde von Hans-Liudger Dienel in seinen Ausführungen zu Notizbüchern von Ingenieuren verwendet. Er bezeichnete diese als „[…] Wissensspeicher für unterwegs […]." In dieser Arbeit wird der Begriff jedoch nicht nur für Notizbücher verwendet, sondern generell für individuelle materielle Aufzeichnungsgegenstände. Vgl. Dienel, Hans-Liudger: Schreiben, Zeichnen, Erinnern: Persönliches Wissensmanagement im Ingenieurberuf seit 1850. In: Rammert, Werner/Schubert, Cornelius (Hrsg.): Technografie. Zur Mikrosoziologie der Technik. Frankfurt, New York 2006. S. 397-424. Zitat S. 399. Vgl. Ash 2000: 237. Vgl. Heßler 2007: S. 18.

54 Diese Darstellungsformen, die Spuren einer wissenschaftlichen Arbeit, sind stets nur Repräsentationsformen selbiger. Vgl. Rheinberger, Hans-Jörg/Hagner, Michael/Wahrig-Schmidt, Bettina (Hrsg.): Räume des Wissens. Repräsentation, Codierung, Spur. Berlin 1997. Vgl. S. 7. Sie gehen von einer „[…] lokalen Situiertheit […]" wissenschaftlichen Wissens aus und wollen die „[…] Formen der Darstellung in den Wissenschaften […]" untersuchen. Ebenda: S. 8, S. 9.

55 Schäffner, Wolfgang: Operationale Topographie. Repräsentationsräume in den Niederlanden um 1600. In: Rheinberger, Jörg/Hagner, Michael/Wahrig-Schmidt, Bettina (Hrsg.): Räume des Wissens. Repräsentation, Codierung, Spur. Berlin 1997. S. 63-90. Zitat: S. 64.

Bildern annimmt.[56] Unter dem in der vorliegenden Studie verwendeten Begriff des Wissens-*Speichers* werden die materiellen Aufzeichnungsgegenstände, in denen Personen ihre individuellen Erfahrungen und Wissensbestände fixierten, zusammengefasst. Diese *Speicher* blieben jedoch stets individuell, denn es bestand keine Wechselbeziehung nach außen. Sie sind nicht als Kommunikationsmittel zu verstehen und wurden auch nicht in diesem Sinne geführt. Zum Beispiel nahmen Notizbücher als Wissens-*Speicher* Erkenntnisse auf und dienten als Ordnungsinstrument, welches jederzeit für seinen Autor Bausteine seines individuellen Wissens bereitstellte.[57]

Die Kategorie der Wissens-*Stätte* wird in Anlehnung an Ashs geographische Räume sowie an Heßlers Kategorie der geographischen Bedingtheit, den Orten der Wissensproduktion aufgefasst.[58] Im Mittelpunkt dieser Analysekategorie stehen die physischen, materiellen *Stätten*, in denen Forschung betrieben und Wissen produziert sowie fixiert wurde. Wissens-*Stätten* waren unter anderem Firmen sowie Institutionen innerhalb von Firmen, wie spezielle Labore, in denen institutionalisiertes Wissen erzeugt und fixiert wurde. In diesen *Stätten* konnte Wissen sowohl direkt zwischen Personen als auch durch schriftliche Mitteilungen zirkulieren. Diese Wissens-*Stätten* wiesen zudem lokal bedingte Wissensformen und Praktiken auf.

Die Analysekategorie Wissens-*Forum* wird in Anlehnung an Heßlers Kategorie der Migration von Wissen im Sinne einer Zirkulation von Ideen durch Texte, Gegenstände und Instrumente verstanden. Sie schließt zudem an Ashs Kategorie der symbolischen Räume an, in denen Wissen inszeniert und Wissensräume durch Darstellung und Repräsentation geschaffen werden.[59] Wissens-*Foren* umfassen Diskussionsforen, die abgelöst von geographischen Orten und Institutionen bestanden und innerhalb derer Wissen über Zeichensysteme, über Schrift und Zeichnung, zirkulieren konnte. Es gab zwar keinen direkten Austausch zwischen Personen,

---

56 Vgl. Schäffner 1997: S. 63-65.
57 Julia Bertschik fasst Texte als „Wissensgehäuse" auf und entwirft damit eine Auffassung von Wissensgehäusen, die die Ausführungen Anke te Heesens und Annette Michels erweitern, die Schränke in Laboren oder Museen, in ihrem Sammelband „auf/zu der Schank in den Wissenschaften" als „Wissensgehäuse[...]" beschreiben. Bertschik betont, „Wissen vermittelt sich [...] nicht über die unmittelbare Anschauung der gesammelten Objekte, sondern über deren bereits verschriftlichten Archivierung. Auch diese benötigt jedoch ein Gehäuse, das heißt: spezielle Aufbewahrungsräume und -behältnisse [...]." Sie zeigt wie ein Text selbst zum „[...] Schrank mit unterschiedlich bestückten Fächern und Laden [...] [zum] [...] Wissensgehäuse [...]" wird. Vgl. Bertschik, Julia: Der Text als Schrank. Wissensgehäuse in der Literatur des 19. Jahrhunderts. In: te Heesen, Anke/Michels, Anette (Hrsg.): auf/zu. Der Schrank in den Wissenschaften. Berlin 2007. S. 98-105. Zitate S. 99, S. 104. Vgl. te Heesen, Anke/Michels Anette: Der Schrank als wissenschaftlicher Apparat. In: te Heesen, Anke/Michels Anette (Hrsg.): auf/zu. Der Schrank in den Wissenschaften. Berlin 2007. S. 8-15. Zitat S. 8.
58 Vgl. Ash 2000: 237. Vgl. Heßler 2007: S. 17.
59 Vgl. Ebenda: S. 18. Vgl. Ash 2000: S. 239.

doch fand ein Austausch über formalisierbares Wissen durch Zeichensysteme statt. In diesem Sinne gehören Diskussionsforen zum Beispiel in Fachzeitschriften zu der Kategorie der Wissens-*Foren*. In ihnen konnten Personen abgelöst von geographischen Orten über Zeichensysteme kommunizieren; Ideen, Texte und sogar Artefakte, in Form von Zeichnungen, Fotografien und sprachlichen Beschreibungen austauschen.

Mit den Analysekategorien der Wissensräume wird nicht nur eine systematische Analyse unterschiedlicher Wissensarten vorgenommen, wie unter anderem *working knowledge*, formalisiertes und wissenschaftliches Wissen. Es wird zudem speziell danach gefragt, wo Wissen entstand, in welchen Wissensräumen und Umgebungen sich welches Wissen entwickelte, wie und wo es gespeichert wurde und ob Verbindungen zwischen bestimmten Wissensräumen bestanden. Die Begriffstrias *Speicher - Stätte - Forum* orientiert sich zum einen an der Funktion der betrachteten Quellen, als auch an Raummetaphern. Zum anderen wurden Begriffe gewählt, die im Untersuchungszeitraum Verwendung fanden. Dies war nicht bei allen Begriffen möglich. Sicherlich bezeichnete kein Klavierbauer des ausgehenden 19. Jahrhunderts seine Notizbücher als Wissens-*Speicher*, jedoch umschreibt dieser Begriff sowohl die Funktion dieser Aufzeichnungsgegenstände, als auch einen Raum, in dem Dinge verstaut und jederzeit wieder hervorgeholt werden können. Der Begriff *Stätte* wurde hingegen in der untersuchten Zeit für ein Labor verwendet. *Forum* bezeichnet, wie der Begriff *Speicher* zum einen einen konkreten gebauten Ort – in der Antike war das Forum der Mittelpunkt aller von Römern gegründeter Städte und das Zentrum des politischen sowie kulturellen Lebens. Zum anderen zielt der Begriff auf dessen Funktion als Raum des Gedankenaustausches.[60]

Die verschiedenen Wissensräume des Klavierbaus können mit Hilfe der Kategorien Wissens-*Speicher*, Wissens-*Forum* und Wissens-*Stätten* analysiert werden. Mittels dieser Kategorien wird folgender zweiten These nachgegangen: *Die handwerklich orientierte Industrie des 19. und 20. Jahrhunderts zeichnete sich durch unterschiedliche Wissensformen aus. Der Prozess der Wissensgenerierung verlief nicht linear von einem informellen, an lokale Bedingungen geknüpftes working knowledge, bis hin zur Verwissenschaftlichung und Zirkulation von Wissen. Vielmehr war die Wissensproduktion geprägt von Gleichzeitigkeit und einem Nebeneinander unterschiedlicher Wissensformen, die in verschiedenen Speichern, Stätten und Foren parallel erzeugt und fixiert wurden.* Es wird gezeigt, dass eine Formalisierung von Wissen nicht erst dann vorliegt, wenn zum Beispiel ein wissenschaftlicher Artikel ausformuliert ist, sondern bereits beginnt, wenn ein Klavierbauer versucht, seine eigenen Beobachtungen und Empfindungen in seinen individuellen Notiz-

---

60 Vgl. Ziegler, Konrat/Sontheimer, Walther: Der Kleine Pauly – Lexikon der Antike in fünf Bänden. München 1979. Band 2 Dicta Catonis – Iuno. S. 602-605.

büchern für sich selbst festzuhalten. Weiterhin wird durch die Untersuchung unterschiedlichster Quellen mit Hilfe der Analysekategorien *Speicher – Stätte – Forum* hervorgehoben, dass auf der einen Seite ein Klavierbauer nicht nur ein Praktiker war, sondern sich auch mit theoretischen Abhandlungen und Forschungen beschäftigte, sowie auf der anderen Seite auch ein Forscher oder Wissenschaftler durchaus *working kowledge* entwickeln konnte.

1.2   Forschungs- und Quellenlage

Eine umfassende technikhistorische Aufarbeitung des Klavierbaus fehlt bis heute. In musikwissenschaftlichen, soziologischen, technik- wissenschafts- und wirtschaftshistorischen Studien lassen sich nur wenige Ansätze für eine differenzierte Geschichte des Klavierbaus ausfindig machen.

Klassische historische und musikwissenschaftliche Studien beschäftigen sich unter anderem mit der instrumentenkundlichen sowie musikalischen Entwicklung und der sozialen Funktion des Klaviers. Diese Studien nehmen den Wandel der Instrumente hinsichtlich ihrer Konstruktion, der verwendeten Materialien und deren Auswirkungen auf die Klangeigenschaften in den Fokus und verbinden diese mit Entwicklungen der musikalischen Praxis sowie dem sich wandelnden Nutzerverhalten.[61] Hierzu zählen unter anderem die Arbeiten von Franz Josef Hirth, Herbert Heyde, Hubert Henkel, Rudolf Hopfner und Edwin M. Good. Während Hirt und Heyde die Konstruktionsweise des Klaviers und dessen Bestandteile detailliert aufarbeiten, stellen Henkel und Hopfner am Beispiel der Musikinstrumentensammlungen des Deutschen Museums und des Kunsthistorischen Museums Wien die Entwicklung des Klaviers an ausgewählten Ausstellungstücken dar.[62] Ein Klassiker der Geschichte des Klaviers ist die Studie Goods, der den technologischen Wandel des Klaviers durch Studien an Instrumenten detailliert auf-

---

61 Der Instrumentenbau beziehungsweise wissenschaftliche Instrumente sind beliebte Themen der Wissenschaftsgeschichte. Unter anderem betont Christoph Meinel in einem von ihm herausgegebenen Sammelband den nicht zu unterschätzenden Einfluss von Instrumenten und Experimenten für die Erschließung von Realität. Instrumente und Experimente sind Teil der wissenschaftlichen Erkenntnis und letztlich der Theoriebildung. Sie ermöglichen einen „[...] Transfer von theoretischem Wissen und praktischem Tun [...]." Meinel bezeichnet Instrumente als „[...] materiellle Vermittler zwischen Wissenskulturen [...]", Disziplinen, und „[...] den Gruppen der Wissenschaftler, der Hersteller, des Marktes und der Gesellschaft." Vgl. Meinel, Christoph (Hrsg.): Instrument – Experiment. Historische Studien. Berlin 2000. Zitate: Meinel, Christoph: Vorwort. In: Ebenda: S. 9-12. Zitat: S. 12.

62 Vgl. Heyde, Herbert: Musikinstrumentenbau. 15.-19. Jahrhundert. Kunst-Handwerk-Entwurf. Leipzig 1986. Heydes Arbeit beschränkt sich nicht nur auf Tasteninstrumente, sondern er untersucht auch Streich- und Blasinstrumente. Vgl. Hirt, Franz Josef: Meisterwerke des Klavierbaus. Stringed Keyboard Instruments. Zürich 1981 (Reprint 1955). Zitiert als Hirth 1955. Vgl. Henkel, Hubert: Besaitete Tasteninstrumente. Deutsches Museum – Katalog und Sammlungen. Musikinstrumenten-Sammlung. Frankfurt 1994. Vgl. Hopfner, Rudolf: Meisterwerke der Sammlung alter Musikinstrumente. Kunsthistorisches Museum Wien. Wien 2004.

arbeitete. Faszinierend sind seine objektgeleiteten Studien, die ihm ermöglichen, den technologischen Wandel an konkreten Instrumenten nachzuvollziehen. Er plädiert für eine differenzierte Sichtweise der technischen Entwicklung des Klaviers und stellt fest, dass nicht zwangsläufig davon ausgegangen werden kann, dass unsere heutigen Klaviere immer besser sind als ihre Vorgänger. Vielmehr müsse betont werden, dass diese nur anders waren.[63] Eine umfassende technik-historische Darstellung der vor allem nach 1900 aufkommenden elektrischen Musikinstrumente und Musikautomaten bieten die Arbeiten Peter Donhausers, der mit seinem Buch „Elektrische Klangmaschinen. Die Pionierzeit in Deutschland und Österreich" eine Gesamtdarstellung dieses Themenkomplexes auf der Basis von Ton- und Bildmaterial, sowie bisher nicht bearbeitetem Quellenmaterial anstrebt.[64]

Die soziale Funktion des Klaviers und die unterschiedlichen Nutzergruppen neh-men unter anderem die musiksoziologischen und musikwissenschaftlichen Arbei-ten von Kristina Demandt, Andreas Gebesmair und Hagen W. Lippe-Weißenfeld in den Blick. Während Gebesmair die Entwicklung des Wiener Konzertbetriebs im 19. Jahrhundert und der sozialen Funktion der aristokratischen und bürgerlichen Musikkultur in den Fokus seiner Untersuchung stellt, widmet sich Demandt detail-liert den unterschiedlichen Nutzergruppen des Klaviers.[65] Lippe-Weißenfeld hin-gegen untersucht die Funktion des Klaviers in Anlehnung an Pierre Bourdieus kultursoziologische Distinktionstheorie des ökonomischen, kulturellen und sozialen Kapitals in einem Vergleich zwischen England und dessen Hauptstadt London so-

---

63 Good, Edwin M.: Giraffes, Black Dragons, and other Pianos. A Technological History from Cristofori to the Modern Concert Grand. California 1982. Auch der Wissenschaftshistoriker David Pantalony wählte für seine Studie zu dem bekannten in Paris tätigen Instrumenten-macher Rudoph Koenig (1832-1901) einen Ansatz, der die von diesem hergestellten und ver-wendeten wissenschaftlichen Instrumente ins Zentrum seiner Analyse stellt. Ausgehend von diesen Instrumenten versucht Pantalony Koenigs Tätigkeiten, dessen Fähigkeiten und sein Wissen zu ergründen. Vgl. Pantalony, David: Altered Sensations. Rudolph Koenigs Acoustical Workshop in Nineteenth-Century Paris. Dordrecht 2009 (= Archimedes Volume 24 New Studies in the History of Science and Technology). Vgl. S. 1-17, S. 42-56, S. 83-87, S. 91-110, S. 145-150. U.a. stellen auch Jim Bennett und Gerald L'E Turner wissenschaftliche Instrumente ins Zentrum ihrer Studie. Vgl. Bennett, Jim: The Divided Circle: A History of In-struments for Astronomy, Navigation and Surveying. Oxford 1987. Vgl. Turner, Gerald L'E: Scientific Instruments 1500-1900. London 1983.
64 Vgl. Donhauser, Peter: Elektrische Klangmaschinen. Die Pionierzeit in Deutschland und Österreich. Wien 2007. Vgl. Donhauser, Peter: Technische Spielerei oder fanatische Realität? Telefunken und die ersten elektronischen Instrumente in Deutschland. In: Poser, Stefan/ Hoppe, Joseph/Lüke, Bernd (Hrsg.): Spiel mit Technik. Katalog zur Ausstellung im Deutschen Technikmuseum Berlin. Berlin 2006. S. 56-61.
65 Vgl. Gebesmair, Andreas: Bürgerliche Öffentlichkeit und Distanzierung. Zur gesellschaft-lichen Verortung pianistischer Darbietung. In: Huber, Michael/Desmond, Mark/Ostleitner, Elena/Sumdits, Alfred (Hrsg.): Das Klavier in Geschichte(n) und Gegenwart. Strasshoff 2001. S. 11-31. Vgl. Demandt, Kristina: Das Klavier und seine Kunden. Zu Angebot und Nachfrage im Spiegel der Geschichte bis heute. Saarbrücken 2007.

wie Deutschland mit seiner Hauptstadt Berlin.[66] In Trevor Pinchs bekannten wissenschaftssoziologischen Studien zur Geschichte des Synthesizers nehmen die Nutzer dieses Instrumentes ebenfalls eine prominente Rolle ein. Pinch betont deren immensen Einfluss auf die Verbreitung und Durchsetzung des Synthesizers. Ein Beispiel für diesen Prozess, der deutlich in der Tradition des von ihm zusammen mit Wiebe E. Bijker und Thomas P. Hughes eingeführten Konzept der *Social Construction of Technology* (SCOT) steht, ist die Durchsetzung des Minimoog Synthesizers. Dieses Instrument entwickelte sich erst durch die Initiative eines Kunden, der dem Minimoog neue Bedeutung als unverzichtbares Instrument für Live-Auftritte von Rockbands zuschrieb, zu einem verkaufsfähigen Produkt.[67]

Einige Arbeiten, die die Hersteller der Klaviere in den Mittelpunkt historischer Analysen rücken, liegen bereits vor. Zum Beispiel die Dissertation Michael Meyers zur Geschichte der Firma L. Bösendorfer aus Wien, der die wirtschaftliche Entwicklung des Unternehmens und dessen Bedeutung für die Wiener Musikkultur untersucht.[68] Florian Speer betrachtet detailliert die Geschichte des deutschen Klavierbauunternehmens Rud. Ibach Sohn. In seiner wirtschafts- und kulturhistorischen Studie fragt Speer nach den wirtschaftlichen Rahmenbedingungen und den Verbindungen zu Künstlern, die das Handeln der Firma prägten. Zudem setzt er die Entwicklung Ibachs in Bezug zu anderen im rheinisch-bergischen Gebiet tätigen Klavierbauern.[69] Richard K. Lieberman verfasste eine sozialhistorische Geschichte der berühmten amerikanischen Firma Steinway & Sons, in der er die familiären und betrieblichen Strukturen des Erfolgsunternehmens aufspürte. Er stellt dar, wie sich das Familienunternehmen trotz schwerer wirtschaftlicher und sozialer Krisen über 150 Jahre am Markt behaupten konnte. In seiner Arbeit gewährt der Autor, wenn auch eher beiläufig, Einblicke in die sich wandelnde Produktionsweise der Firma und beschreibt deren großindustrielle Herstellungs-

---

66 Vgl. Lippe-Weißenfeld, Hagen W.: Das Klavier als Mittel gesellschaftlicher Distinktion. Kultursoziologische Fallstudie zur Entwicklung der Klavierbauindustrie in England und Deutschland an den Beispielen Broadwood und Bechstein. Frankfurt 2006. Vgl. Bourdieu, Pierre: Die feinen Unterschiede. Kritik der gesellschaftlichen Urteilskraft. Frankfurt 1982.

67 Vgl. Pinch, Trevor/Taocco, Frank: Analog Days. The Invention and Impact of the Moog Synthesizer. Cambridge u.a. 2002. Vgl. Pinch Trevor: Giving Birth to New Users: How the Minimoog Was Sold to Rock and Roll. In: Oudshoon, Nelly/Pinch, Trevor (Hrsg.): How Users Matter. The Co-Construction of Users and Technologies. Cambridge, Mass. 2003. S. 247-270. Vgl. Bijker, Wiebe E./Hughes, Thomas P./Pinch, Trevor (Hrsg.): The Social Construction of Technological Systems. New Dimensions in the Sociology and History of Technology. Cambridge, Mass. 1987.

68 Vgl. Meyer, Michael: Historische Betriebsanalyse der Firma L. Bösendorfer Klavierfabrik AG unter besonderer Berücksichtigung der Entwicklung der österreichischen Klavierindustrie und der Exportaktivitäten des Unternehmens. Unpublizierte Dissertation, Wien 1989.

69 Vgl. Speer, Florian: Ibach und die Anderen. Rheinisch-Bergischer Klavierbau im 19. Jahrhundert. Wuppertal 2002 (= Beiträge zur Geschichte und Heimatkunde Wuppertals Band 39).

weisen.[70] Eine der bekanntesten Studien, die sich aus unternehmenshistorischer Perspektive mit einem Hersteller von Musikinstrumenten auseinandersetzt und zudem ein Beispiel für eine klassische Unternehmensgeschichte darstellt, ist Hartmut Berghoffs Untersuchung „Zwischen Kleinstadt und Weltmarkt. Hohner und die Harmonika 1857-1961".[71] Berghoff zeichnet „[...] die Geschichte eines Unternehmens innerhalb seines gesamtwirtschaftlichen Kontextes [...]"[72] nach und beleuchtet unter anderem die Beziehung zwischen Hohner und seinem Absatzmarkt sowie die Bedeutung des Standortes und die daraus resultierenden Folgen für die Familienbiographie und die Firmengeschichte. Zwar geht auch Berghoff auf den Aufstieg Hohners vom Kleinbetrieb über eine Protofabrik mit Verlagssystem und Heimarbeiter bis hin zum dezentralen Großbetrieb ein und verweist auf die Bedeutung spezifischer Fähigkeiten für die Herstellung von Harmonikas. Im Zentrum seiner Studie stehen jedoch die absatzwirtschaftlichen Kompetenzen der Firma, die entscheidend zu ihrem Erfolg beitrugen. Berghoff wählte die Firma Hohner als Untersuchungsgegenstand nicht primär deshalb aus, weil sie Musikinstrumente produzierte. Ihm ging es vor allem darum eine Firma zu finden, die massenhaft produzierte Fertigwaren beziehungsweise Konsumgüter herstellte, an einem verkehrsungünstigen Standort plaziert war und dadurch auf eine lukrative Ausfuhr angewiesen war.[73] Vorliegende Studie zum Klavierbau grenzt sich von der klassischen Unternehmensgeschichte ab und ist in erster Linie als technikhistorischer Beitrag zu einer modernen, kulturhistorisch orientierten Unternehmensgeschichte zu verstehen. Die verschiedenen Unternehmen werden nicht primär in den Blick genommen um deren Firmengeschichte zu schreiben, sondern sie vielmehr als Akteure der Technikentwicklung und Wissensproduktion zu untersuchen. Um diesem Anspruch gerecht zu werden, wird Berghoffs zenraler Leitgedanke, dass „[...] Unternehmensgeschichte [...] auf Dauer nur dann wissenschaftlich fruchtbar sein [kann], wenn sie interdisziplinär und theoriegeleitet vorgeht [...]"[74] ernst genommen und theoretische sowie methodische Konzepte unterschiedlichster wissenschaftlicher Disziplinen aufgreift.

Erste Ansätze zu einer Technikgeschichte des Klavierbaus sind vor allem in wirtschaftshistorischen Arbeiten zu finden. So untersuchte zum Beispiel Cyril Ehrlich in seinem erstmals 1976 erschienen und heute als Standardwerk geltenden Buch

---

70 Vgl. Lieberman, Richard K.: Steinway & Sons. Eine Familiengeschichte um Macht und Musik. München 1996.
71 Berghoff, Hartmut: Zwischen Kleinstadt und Weltmarkt. Hohner und die Harmonika 1857-1961. Unternehmensgeschichte als Gesellschaftsgeschichte. Paderborn 2006².
72 Ebenda: S. 18.
73 Vgl. Ebenda: S. 20-31; S. 55-78.
74 Berghoff, Hartmut: Moderne Unternehmensgeschichte. Eine themen- und theorieorientierte Einführung. Paderborn 2004. Zitat S. 7. Zur Einführung in die Unternehmensgeschichte siehe zudem: Pierenkemper, Toni: Unternehmensgeschichte. Eine Einführung in ihre Methoden und Ergebnisse. Stuttgart 2000 (= Grundzüge der modernen Wirtschaftsgeschichte 1).

„The Piano. A History" neben der Entwicklung des Klaviers und wirtschafts-historischen Themen auch die Herstellungsmethoden verschiedener Firmen, wie zum Beispiel Broadwood in den Jahren 1870 bis 1914. Er verband in seiner Studie musikalische, technologische, wirtschaftliche und soziale Faktoren, die die Entwicklung des Klaviers und des Klavierbaus maßgeblich beeinflussten.[75] Ebenfalls wirtschaftshistorischen Fragen widmete sich Buchheim in seinen Arbeiten aus den 1980er Jahren, in denen er die Entwicklung des deutschen Klavierexportes nach England im 19. Jahrhundert aufarbeitete. Sein Fokus lag zwar auf den wirtschafts-historischen Fragestellungen, im Zuge seiner Analyse fragt er jedoch auch nach den Ursachen des enormen Erfolges der deutschen Klavierindustrie und widmet sich unter anderem den Produktionsmethoden, die er neben spezifischen Marketing-strategien und Qualitätsstandards als wichtigen Erfolgsfaktor ausmacht. Allerdings werfen seine Studien eher ein Schlaglicht auf die Produktion Ende des 19. Jahr-hunderts. Seine Arbeiten bilden dennoch eine wichtige Basis für die technik-historische Erforschung des Klavierbaus.[76] Die Musiksoziologin Irmgard Bontnick widmet sich ausführlich der Entwicklung des Klavierbaus vom Kunsthandwerk zur industriellen Fertigung. Sie zeigt, wie sich die Vorherrschaft im Klavierbau von Land zu Land verlagerte, wie im Zuge der Verwendung neuer Materialien eine ausgedehnte Zulieferindustrie entstand und belegt diesen Wandel anhand ausführ-licher Statistiken. Ihr Beitrag beschäftigt sich jedoch nicht mit dem Wandel der Arbeitsmethoden und Produktionsweisen.[77] Georg Pfeiffer erarbeitet in seiner Dis-sertation „Die Entwicklung der deutschen Pianoforteindustrie" neben einer Dar-stellung der instrumentenkundlichen Geschichte des Klaviers erste Ansätze für eine Geschichte des Klavierbaus hinsichtlich dessen Produktions- und Arbeitsmethoden in einer vergleichenden Darstellung deutscher Klavierhersteller. Der Fokus lag auch hier auf wirtschaftlichen Faktoren und der Arbeitsorganisation sowie einer kurzen Darstellung der Produktionsweisen und der Zusammenarbeit mit der sich im 19. Jahrhundert immer stärker ausprägenden Zulieferindustrie. Auch diese Arbeit ist wirtschaftshistorisch geprägt und nimmt ebenfalls Marketing- sowie Verkaufs-strategien und Absatzmöglichkeiten in den Fokus. Sie beschäftigt sich mit nam-haften deutschen Klavierherstellern, die jedoch in der gesamten Arbeit nur einen geringen Anteil einnehmen.[78] Einen wichtigen Ansatz zur technikhistorischen Aufarbeitung des Klavierbaus bietet Dorothea Schmidts Studie über den Klavier-bau und das Klavierspiel im 19. Jahrhundert, in der sie wirtschafts-, sozial- und

---

75 Vgl. Ehrlich, Cyril: The Piano. A History. Oxford 1990.
76 Vgl. Buchheim 1984. Vgl. Buchheim 1987.
77 Vgl. Bontinck, Irmgard: Das Klavier im 19. Jahrhundert. Technologie, künstlerische Nutzung und gesellschaftliche Resonanz. In: Huber, Michael/Desmond, Mark/Ostleitner, Elena/ Smudits, Alfred (Hrsg.): Das Klavier in Geschichte(n) und Gegenwart. Strasshof 2001. S. 11-31.
78 Vgl. Pfeiffer, Georg: Die Entwicklung der deutschen Pianoforteindustrie. Wien 1989. Unpublizierte Dissertation.

technikhistorische Fragestellungen verbindet. Sie stellt neben der instrumentenkundlichen Entstehung des Klaviers und dessen sozialer Funktion in verschiedenen Nutzergruppen auch die Entwicklung des Klavierbaus dar. Von besonderem Interesse ist das Kapitel über den Klavierbau als Massenproduktion, in dem Schmidt eine Überblicksdarstellung der Entwicklung des Klavierbaus in der zweiten Hälfte des 19. und frühen 20. Jahrhunderts erarbeitet.[79]

Mit Ausnahme der Studie Schmidts ist allen Arbeiten gemein, dass der Entwicklung der konkreten Produktions- und Arbeitsweisen nur am Rande Beachtung geschenkt wird. Ebenso wird in keiner Studie nach dem Wissen der Klavierbauer und dessen Bedeutung für ihre tägliche Arbeit und deren Produkten gefragt. Vorliegende Wissenschafts- und Technikgeschichte des Klavierbaus soll zur Schließung dieser Lücken beitragen. Eine solche Geschichte des Klavierbaus, mit besonderem Fokus auf dem Wissen der Klavierbauer, muss die produzierenden Firmen und arbeitenden Menschen ins Zentrum der Analyse rücken, um die sich in der zweiten Hälfte des 19. Jahrhundert massiv wandelnden Herstellungs- und Arbeitsweisen präzise untersuchen zu können. Auf der Basis von firmeninternen Hinterlassenschaften und privaten Aufzeichnungen von Klavierbauern scheint eine Annäherung an die eigentlichen Akteure und ihr individuelles Wissen – den Klavierbauern, Technikern und Firmenleitern – am vielversprechendsten. Denn wie Steven Shapin in seiner Studie über den englischen Naturforscher Robert Boyle (1627-1692) deutlich macht, hatten die unsichtbaren Techniker, wie Shapin sie nennt, großen Anteil an dessen Forschung. Shapin betont, dass wissenschaftliches Wissen immer durch und innerhalb eines Netzwerkes, an dem verschiedene Akteure beteiligt sind, gewonnen und generiert werde. Die an Boyles Forschung maßgeblich beteiligten „technicians"[80] blieben in den offiziellen Berichten und wissenschaftlichen Darstellungen jedoch meist unsichtbar.[81] Zwar können Klavierbauer nicht mit Wissenschaftlern verglichen werden, doch ist auch anzunehmen, dass die vielen Arbeiter in Klavierfabriken, die die Resonanzböden, Rasten oder Mechaniken herstellten, bearbeiteten und in die Instrumente einbauten, kaum schriftliche Zeugnisse hinterlassen haben. Um den eigentlichen Akteuren, den Klavierbauern und Arbeitern, den Bodenmachern, Abpolierern, Belederern, Abputzern und Intoneuren eine Stimme zu geben, beruht diese Geschichte des Klavierbaus in wesentlichen Teilen auf Quellen, die in verschiedenen deutschen und österreichischen Klavierbaufirmen recherchiert und ausgewertet wurden. Das individuelle Wissen der Klavierbauer findet sich nicht, so die Annahme, in Lehr-

---

79 Vgl. Schmidt 2003: S. 149-154.
80 „In my working definition, technicians are persons in a setting dedicated to the production of scientific knowledge who are remuneratively engaged to deploy their labor or skill at an employer's behest." Shapin, Steven: A Social History of Truth. Civility and Science in Seventeenth-Century England. Chicago 1995. Zitat S. 361.
81 Vgl. Ebenda: S. 353-407.

büchern, die bereits in der zweiten Hälfte des 19. Jahrhunderts von Klavierbauern verfasst wurden. Es ist davon auszugehen, dass diese Autoren sich reflektiert und zielorientiert ausdrückten und sich daher eine Analyse dieser Quellen für die Frage nach dem Wandel des individuellen Wissens von Klavierbauern und der Veränderung der Produktionsmethoden und Arbeitsweisen nur bedingt eignen. In der vorliegenden Studie wird einige Stufen tiefer gegraben, um sich den eigentlichen Akteuren dieser Geschichte zu nähern. Aus diesem Grund besteht umgekehrt die Annahme, dass individuelle Aufzeichnungen ohne Intention einer Veröffentlichung geschrieben wurden; es hierdurch zu einer unmittelbaren Speicherung individuellen Wissens kam und somit zahlreiche Hinweise auf *working knowledge* in ihnen zu finden sind. Großer Wert wurde deshalb auf die Analyse privater Aufzeichnungen und firmeninterner Dokumente gelegt. Dennoch werden die Lehrbücher des Klavierbaus nicht kategorisch ausgegrenzt. So nahmen manche Klavierbauer durchaus eine Schnittstellenfunktion zwischen Handwerkern und Wissenschaftlern ein. Dieser Funktion kann sowohl in ihren Publikationen in Lehrbuchform als auch durch Zeitschriftenartikel nachgegangen werden. Neben zwei Klavierbaubüchern, die von Klavierbauern verfasst wurden, soll detailliert auf die Publikationspraxis des Klavierbauers Siegfried Hansing (1842-1913) im „Sprechsaal" der Zeitschrift für Instrumentenbau eingegangen werden, der versuchte, komplizierte physikalische Zusammenhänge möglichst anschaulich für Klavierbauer aufzuarbeiten.

Ein Großteil dieses Quellenmateriales wurde erstmals wissenschaftlich ausgewertet. Meist befanden sich die Quellen mehr oder weniger geordnet in Schränken oder Kisten innerhalb der Klavierbaufirmen, ohne Findbücher und nur selten mit Verzeichnissen, und bedurften einer intensiven Erschließungsarbeit. Hinzu kam, dass ein Großteil der individuellen Aufzeichnungen handschriftlich verfasst wurde und diese vor ihrer Auswertung zunächst transkribiert werden mussten. Insgesamt wurden für diese Arbeit über 1.000 Seiten handschriftliche Aufzeichnungen aus dem 19. und frühen 20. Jahrhundert transkribiert. So wurden zum Beispiel Notizbücher, Beschreibungen, Manuskripte, Darstellungen von Produktionsabläufen, Arbeitsnummernbücher, Opusnummernbücher, Laboratoriums-Mitteilungen, Korrespondenzen, Geschäftsbücher, Werbematerialien und Zeichnungen sowie zahlreiche Fotografien von Produktionsanlagen und Arbeitsschritten erschlossen, transkribiert, analysiert und ausgewertet.[82] Der Zugang zu diesen firmeninternen Quellen hing entscheidend von der Bereitschaft der Klavierbaufirmen ab, diese uneingeschränkt zugänglich zu machen. Die Firmen Grotrian-Steinweg Pianofortefabrikanten GmbH & Co. KG aus Braunschweig, Louis Renner GmbH & Co. KG aus Gärtringen, L. Bösendorfer Klavierfabrik GmbH aus Wien und Steingräber & Söhne KG aus Bayreuth sowie die Oscar-Walcker-Schule in

---

82 In der Zitation der Quellen wurde auf [sic] verzichtet und die damals verwendete Rechtschreibung sowie Schreibweise unverändert übernommen.

Ludwigsburg stellten ihre Archive für diese Studie zur Verfügung. Die umfangreichste Hinterlassenschaft fand sich im Archiv der Firma Grotrian-Steinweg, in der zwischen 1890 und 1930 ein Prozess der Formalisierung von Wissen stattfand, der in einer Firmenkultur der Generierung und Dokumentation von Wissen mündete. Die schriftlichen Quellen werden ergänzt durch zahlreiche Zeichnungen und historische Fotografien. Diese werden nicht illustrierend verwendet, sondern gleichberechtigt zu den schriftlichen Hinterlassenschaften analysiert und ausgewertet.

Diese Technik- und Wissenschaftsgeschichte des Wissens im Klavierbau beginnt mit einer einführenden Darstellung der Entwicklung des Klaviers und dessen Nutzergruppen sowie des Klavierbaus (Kapitel 2 und 3). Basierend hierauf rücken die Wissensräume des Klavierbaus in das Zentrum der Untersuchung. Beginnend mit den individuellen Wissens-*Speichern* in Form von Notizbüchern wird in den folgenden Kapiteln jeweils am Beispiel eines Protagonisten – beziehungsweise einer Firma – der räumlichen Bedingtheit des Wissens im Klavierbau nachgegangen. Ausgehend von den aktuellen Forschungen der Wissenschafts- und Technikgeschichte in Bezug auf die Verschriftlichung von Wissen, werden mehrere Notizbücher von Klavierbauern des 19. Jahrhunderts untersucht (Kapitel 4). Im Anschluss hieran wird ein weiterer Wissens-*Speicher*, ein Manuskript, in dem 1906 eine Formalisierung und Systematisierung von Firmenwissen vorgenommen wurde, analysiert (Kapitel 5). In einem weiteren Schritt rückt eine Wissens-*Stätte*, ein firmeninternes Laboratorium ins Zentrum der Aufmerksamkeit, das basierend auf den erhaltenen Quellenbeständen hinsichtlich seiner lokalen Wissensformen und Praktiken dargestellt wird (Kapitel 6). Abschließend wird ein Wissens-*Forum*, welches innerhalb einer Fachzeitschrift den Lesern die Möglichkeit eines schriftlichen Austausches bot, in Bezug auf das in ihm unabhängig von geographischen Orten zirkulierende Wissen analysiert (Kapitel 7).

2. Die Entwicklung des Klaviers

> „Any instrument has a cultural history within which
> it lives and which it carries around like a tortoise its
> shell, its mechanism the result of a process of evo-
> lution resulting from a complex of forces, musical,
> social and technological [...]."[83]
>
> Simon Emmerson

Das Klavier entwickelte sich von einem auf Bestellung von Handwerkern gefertigten exklusiven Instrument zu einem Massenprodukt, das arbeitsteilig in mechanisierten Fabriken hergestellt wurde. Das erste Instrument mit der richtungsweisen-
den Hammertechnik, auf dessen mechanischen Grundlagen unser heutiges moder-
nes Klavier basiert, wurde in der Musikinstrumentensammlung der Medici in
Florenz (Italien) im 18. Jahrhundert inventarisiert. In den folgenden zwei Jahr-
hunderten entwickelte sich das Klavier zum führenden Instrument der Musikkultur.
Ein Grund: Die technische Entwicklung des Instruments eröffnete ein völlig neues
musikalisches Potential.[84] Es war Solo-, Begleit- und Orchesterinstrument in
einem, deckte den männlichen und weiblichen Stimmbereich ab, verfügte über die
tiefsten Bass- und die höchsten Diskanttöne und durch seine acht Oktaven lagen
nur 14 Töne außerhalb des menschlichen Hörbereichs.[85]

Das Wort Klavier kann auf den lateinischen Begriff clavis, Schlüssel, später: Taste,
zurückgeführt werden. Die Worte Clavier und clavierte Instrumente oder Klavier
und klavierte Instrumente bezeichneten in der Entstehungszeit alle besaiteten
Instrumente mit einer Klaviatur. Dazu zählten auch Orgel und Kielinstrumente. Ab
1870 wurde der Begriff Klavier meist für Pianinos mit senkrecht stehenden Rahmen verwendet. Der Begriff Klavier wird im deutschen Sprachraum nicht einheit-
lich verwendet. Von Norddeutschland bis Süddeutschland bezeichnet er allgemein
ein aufrechtstehendes Tasteninstrument, in Süddeutschland und Österreich fungiert

---

83 Emmerson, Simon: Crossing Cultural Boundaries through Technology? In: Enders,
Bernd/Stange-Elbe, Joachim (Hrsg.): Global Village – Global Brain – Global Music. Klang-
Art-Kongreß 1999. Osnabrück 2003. S. 72-79. Zitat S. 73.
84 Vgl. Etzkorn, Peter E.: Notes on Piano. In: Huber, Michael/Mark, Desmond/Ostleitner,
Elena/Smudits, Alfred (Hrsg.): Das Klavier in Geschichte(n) und Gegenwart. Strasshof 2001.
S. 85-91. Vgl. S. 85.
85 Vgl. Adlam, Derek: Die Anatomie des Klaviers. In: Gill, Dominic (Hrsg.): Das große Buch
vom Klavier. Freiburg 1983. S. 15-38. Vgl. S. 17. Vgl. Gill, Dominic: Prolog. In: Gill,
Dominic (Hrsg.): Das große Buch vom Klavier. Freiburg 1983. S. 9.

er als Überbegriff für aufrecht stehende Pianinos und Flügel.[86] Klavier wird in dieser Studie als Überbegriff für Konzertflügel und aufrecht stehende Pianinos verwendet. Wenn unterschieden werden muss, dann durch die Begriffe Pianino und Flügel.

2.1 Vom Anreißen zum Anschlagen

Klaviere gehören zur Gruppe der Saiteninstrumente – sie haben Klangsaiten, deren Töne durch das Anschlagen von Tasten aktiviert werden. Die unmittelbaren Vorgänger des Klaviers sind das Clavichord und die Kielinstrumente, deren wohl bekanntester Vertreter das Cembalo ist.[87] Das Chlavichord entstand im 15. Jahrhundert und zeichnete sich durch einen leisen, hellen und zarten Klang aus.[88] Die Saiten verlaufen quer zur Tastatur und werden durch metallische Stege angeschlagen, die am Tastenende befestigt sind. Betätigt man eine Taste, wird ein vertikal angeordnetes Metallplättchen (Tangente) an die Saite geführt, die den Ton erzeugt und als Steg fungiert, der die Schwingungen der Saiten auf den Resonanzboden überträgt. Durch das Plättchen wird ein Teil der Saite, die nach der jeweiligen Tonhöhe abgeteilt ist, in Schwingung versetzt, Filze dämpfen gleichzeitig die anderen Teile. Die jeweilige Tangente bleibt dabei mit der klingenden Saite solange verbunden wie die entsprechende Taste gedrückt wird. Der Spieler konnte den Klang, wenn auch nur minimal, durch ein Vibrato modulieren. Ab dem 18. Jahrhundert verloren die Clavichorde an Bedeutung, denn ihr Klangvolumen

---

86 Vgl. Hirt 1955: S. 12. Vgl. Kammertöns, Chritoph/Mauser, Siegfried (Hrsg.): Lexikon des Klaviers. Baugeschichte, Spielpraxis, Komponisten und ihre Werke, Interpreten. Laaber 2006. S. 191, S. 61. Aufrecht stehende Pianinos sind meist rechteckige Klaviere mit vertikalem oder schrägem Saitenbezug, der im Gegensatz zum waagerechten Flügel um 90° gekippt wird. Die Tasten bleiben in waagerechter Position und die Hämmer stehen parallel zu den Saiten. Vgl. Kammertöns/Mauser 2006: S. 397, S. 554. Vgl. Kospach, Paul: Der Klavierbau – Ein Terminologievergleich Deutsch-Englisch. Wien 2005. Unpublizierte Diplomarbeit. S. 7, S. 10. Im Englischen wird der Konzertflügel als „Grand Piano" bezeichnet. Vgl. Cai, Camilla: Grand Piano. In: Palmieri, Robert (Hrsg.): The Piano. An Encyclopedia. New York, London 2003². S. 156-158. Zitat S. 156. Vgl. Cizek, Verena: Die Geschichte der Firma Seuffert und Ehrbar, nebst der Geschichte des Klaviers als ausführliche Einleitung. Unpublizierte Diplomarbeit, Wien 1989. Vgl. S. 4-5.
87 Das Klavier kann auf den Musikstab, das Monochord und weitere Instrumente zurückgeführt werden. Näheres hierzu siehe: Batel, Günther: Geschichte des Klaviers und der Klaviermusik: ein Studien- und Prüfungshelfer. Wilhelmshaven 1992 (=Musikpädagogische Bibliothek 36). Vgl. S. 5-7. Vgl. Heyde 1986. Vgl. Restle, Konstantin: Faszination Klavier. Die Erfolgsgeschichte des Pianoforte. In: Restle, Konstantin (Hrsg.): Faszination Klavier 300 Jahre Pianofortebau in Deutschland. München 2000. S. 81-161. Vgl. Crombie, David: Piano. Entwicklung, Design, Musiker. London 1995. Vgl. Hopfner 2004. Vgl. Schimmel, Nikolaus W.: Pianofortebau ein Kunsthandwerk. Braunschweig 2005⁵. Vgl. S. 26.
88 Vorläufer des Clavichords war das Monochord, auch Einsaiter genannt (mono bedeutet eins, chorda heißt Saite). Es handelt sich um einen rechteckigen hölzernen Resonanzkasten, über den sich eine Saite spannt. Wenn unter die Saite ein Keil oder Steg gesetzt wird, wird sie damit verkürzt und klingt höher. Vgl. Batel 1992: S. 8.

reichte nur für den Gebrauch in kleinen Räumen und privaten Salons.[89] Zu den Kielinstrumenten gehören das Virginal, das Spinett und das Cembalo. Die Saiten dieser Instrumente werden mit zugeschnitzten Federkielen angerissen, die in Docken (hölzerne Stäbchen) eingepasst sind. Durch Drücken der Tasten werden die Docken an die Saiten herangehoben. Der Klang der Kielinstrumente ist klar und hell, kann aber im Gegensatz zum Clavichord nicht beeinflusst werden, denn die Kiele reißen die Saite immer nur in einer Stärke an. Dadurch klingt der Ton starr, spitz und gleichförmig. Das Cembalo entand im 14. Jahrhundert. Die Tasten und Klangsaiten sind flügelförmig angeordnet. Die Kielinstrumente wurden bis weit ins 18. Jahrhundert bei Konzerten verwendet und avancierten zu den Instrumenten der Fürstenhöfe. Erst das Klavier verdrängte sie.[90] Entscheidend für die Entwicklung des Klaviers war es, dass der Spieler selbst die Tonstärke beeinflussen konnte.[91] Die technische Grundlage lieferte der florentinische Hofcembalobauer von Ferdinando de Medici (1663-1713), Bartolomeo Cristofori.[92]

Der aus Padua stammende Cristofori fertigte um 1700 ein Instrument, dessen Saiten mit Hilfe einer neuartigen Hammermechanik in Schwingungen versetzt wurden: Ein Hammer schlug die Saiten an.[93] Diese Hammertechnik ermöglichte bisher unbekannte Klänge, denn der Spieler konnte jetzt durch seinen Tastenanschlag die Tonstärke beeinflussen – von piano (leise) nach forte (laut) und von forte nach piano. Diese spezifische Eigenschaft prägte lange die umstrittenen Be-

---

89 Vgl. Schimmel 2005: S. 20. Vgl. Batel 1992: S. 11. Vgl. Good 1982: S. 44-45. Vgl. Hill, Robert/Scherer, Wolfgang: Klavier-Spiele. Cembalo, Clavichord, Hammerklavier; Affekt, Empfindung, Vorstellung. In: Kursell, Julia (Hrsg.): Physiologie des Klaviers. Vorgänger und Konzerte zur Wissenschaftsgeschichte der Musik. Berlin 2009 (= Preprint 366 Max-Planck-Institut für Wissenschaftsgeschichte). S. 101-111. Vgl. S. 104-105. Wolfgang Scherer bezeichnet das Clavichord als Instrument der Empfindungen der Stum und Drang Zeit. Die empfindsamen musikalischen Ausdrucksmöglichkeiten auf dem Clavichord unterschieden sich maßgeblich „[…] von der Affektdarstellung der Barockmusik […]" und dem für diese Zeit prägenden Cembalo. Vgl. Scherer, Wolfgang: ‚Saitenspiele' – Resonanzkörper im 18. und 19. Jahrhundert. In: Lichau, Karsten/Tkaczyk, Viktoria/Wolf, Rebecca (Hrsg.): Resonanz. Potential einer akustischen Figur. München 2009. S. 87-99. Zitat S. 88. Vgl. S. 87-91.
90 Vgl. Hopfner 2004: 44. Vgl. Batel 1992: S. 17. Vgl. Henkel 1994: S. 63-65. Vgl. Schimmel 2005: S. 21. Vgl. Gill 1983: S. 7-8. Vgl. Kospach 2005: S. 16. Das Cembalo geht auf das Zitherinstrument Psalterium zurück. Eine Kurzdarstellung der Entwicklung der Zitherinstrumente findet sich Batel 1992: S. 12-13. Zur Geschichte von Clavichord, Virginal und Spinett siehe Heyde 1986: S. 145-151.
91 „Man hört – vereinfacht gesagt – das Instrument – und nicht den Spieler […]." Hill/Scherer 2009: S. 103.
92 Einen detaillierten Überblick über die Entwicklung Christoforis, deren Verbreitung und Adaption in Europa, sowie die Entwicklung des Tafelklaviers bietet: Kolmós, Katalin: Fortepianos and their Music. Germany, Austria, and England, 1760-1800. Oxford 1995. Vgl. S. 3-16.
93 Zunächst wurde seine Erfindung auf das Jahr 1709 datiert. Heute wird davon ausgegangen, dass Cristofori spätestens 1697 einen oder mehrere Hammerflügel fertigte. Vgl. Hirt 1955: S. 12. Vgl. Kammertöns/Mauser 2006: S. 191.

griffe Fortepiano oder Pianoforte.[94] Cristofori selbst nannte sein Instrument „Gravicembalo col piano et forte".[95] Beethovens Bezeichnung „Schwachstark-tastenkasten" beschreibt die entscheidende Eigenschaft des neuen Instruments: man konnte auf ihm leise (schwach) und laut (stark) spielen und all das, was dazwischen lag. Die früheste Quelle, die ein solches Instrument nennt, ein Bericht von Scipione Maffei (1675-1755), stammt aus dem Jahr 1711 und bezieht sich auf das Jahr 1709. Er berichtet über vier solcher Instrumente in der Werkstatt Cristoforis.[96] Der von Cristofori entwickelte Hammer bestand aus einem fest zusammengerollten Pergament. In eine Holzkapsel eingeleimt war dieser Knauf mit Leder bezogen.[97] Wurde die Taste angeschlagen, setzte sich eine Zunge hebelartig in Gang. Diese Zunge bewegte in ihrer Aufwärtsbewegung den Hammer und ein vorgeschaltetes Treibergliede. Dadurch prallte der Hammer von unten gegen die Saite. Der Hammer fiel nach dem Anschlag zurück und wurde von einem Fänger aufgefangen und festgehalten. Darüberliegende Dämpfer verhindern das Nachklingen der Saite. Diese Dämpfer konnten durch Pedale aufgehoben werden. Das Grundprinzip dieser Stoßmechanik ist bis heute im Klavierbau erhalten. Cristofori baute etwa 20 dieser Instrumente. Seine Erfindung stieß jedoch in Italien nur auf mäßiges Interesse. Die Fürstenhöfe in England, Frankreich und Deutschland hingegen nahmen das neue Instrument mit großem Interesse an und ließen es sogar nachbauen, unter anderem vom sächsischen Hoforgelbauer Gottfried Silbermann (1683-1753).[98] Cristofori war nicht der einzige, der eine Klaviermechanik entwickelte und es gab durchaus auch andere Techniken als die Stoßmechanik, die eine Saite durch einen Hammer zum Klingen brachte.[99] Gegen Ende des 18. Jahrhunderts hatte das Klavier das

---

94 Schmidt bemerkt, dass nicht geklärt ist, ob Cristofori dem Typus des einsamen Erfinders ange-
    hörte. Sie vermutet, dass auch andere Instrumentenbauer um diese Zeit experimentierten. Vgl.
    Schmidt 2003: S. 136. Vgl. Zuna-Kratky 2005: S. 143. Vgl. Rowland, David: A History of
    Pianoforte Pedalling. Cambridge 1993. S. 7. Vgl. Surace, Ron: Christofori, Bartolomeo (1655-
    1732). In: Palmieri, Robert (Hg): The Piano. An Encyclopedia. New York, London 2003². S.
    95-101. Vgl. Kammertöns/Mauser 2006: S. 191-192. Vgl. Komlós 1995: S. 3. Vgl. Clinkscale,
    Martha Novak: Makers of the Piano. Volume 1. 1700-1820. New York 1993. Vgl. S. 80. Vgl.
    Good 1982: S. 28-33.
95 Batel 1992: S. 20. Vgl. Clements, Andrew: Die Klavierbauer. In: Gill, Dominic (Hrsg.): Das
    große Buch vom Klavier. Freiburg 1983. S. 236-247. Vgl. S. 237.
96 Vgl. Good, Edwin M.: Piano/Pianoforte. In: Palmieri, Robert (Hrsg): The Piano. An Encyclo-
    pedia. New York, London 2003²a. S. 288-293. Vgl. Good 1982: S. 3, S. 34-39. Vgl. Surace
    2003: S. 96, S. 99. Hier findet sich eine detaillierte Abbildung der von Christofori entwickel-
    ten Mechanik aus dem Bericht von Maffei aus dem Jahre 1711. Einen kurzen Auszug aus dem
    Bericht von Maffei findet sich in Adlam 1983: S. 20. Vgl. Henkel 1994: S. 125.
97 Vgl. Lieberman 1996: S. 51.
98 Gottfried Silbermann ließ sich in Freiberg in Sachsen nieder und wurde zu einem der führen-
    den Meister im Orgelbau. 1732 baute er sein erstes Klavier für den sächsischen König. Vgl.
    Fischer, Hermann/Wohnhaas, Theodor: Lexikon süddeutscher Orgelbauer. Wilhelmshaven
    1994. S. 389-391. Vgl. Clinkscale 1993: S. 265. Vgl. Badura-Skoda, Eva: Silbermann, Gott-
    fried (1683-1753). In: Palmieri, Robert (Hrsg): The Piano. An Encyclopedia. New York,
    London 2003². S. 356-357.
99 Vgl. Schmidt 2003: 136. Vgl. Surace 2003: S. 98. Vgl. Kammertöns/Mauser 2006: S. 191, S.
    400-402. Vgl. Henkel 1994: S. 127-128.

Cembalo als das gängige Tasteninstrument für Konzerte in Europa verdrängt. David Rowland betont jedoch, dass das Klavier nicht sofort von allen prominenten Spielern freudig begrüßt wurde. Neben dem Klavier wurden auch weiterhin Cembalos und Clavichorde von den Spielern verwendet. Das Klavier setzte sich erst nach 1750 zügig durch. In Frankreich erschien es 1768 erstmals in der Öffentlichkeit, in England um 1770, aber seine unmittelbaren Vorgänger wurden bei Konzerten auch 1780 noch weiterhin verwendet. Es bestand somit ein Nebeneinander von alter und neuer Technologie, alten und neuen Instrumenten und Spielweisen.[100] Außer dem horizontalen Flügel gab es verschiedene vertikale, raumsparende Klavierformen. Die wichtigsten waren: Pyramidenklaviere, Lyra-flügel und Giraffenflügel.[101]

Ein wichtiger Faktor, der den Erfolg der neuen Hammertechnik beschleunigte, war der sich veränderte Musikgeschmack im 18. Jahrhundert, der zunächst geprägt war von der Wiener Klassik und deren Komponisten wie Joseph Haydn (1732-1809) und Wolfgang Amadeus Mozart (1756-1791). Haydn verwendete erstmals neben den dynamischen Angaben forte, piano und pianissimo auch mezzoforte, crescendo, fortissimo und sforzato, die sich nur mit der Hammertechnik umsetzen ließen. Auch wenn seine Stücke ebenfalls auf dem Clavichord gespielt werden konnten, wandte er sich mit seinen Kompositionen im Laufe der Zeit dem Hammerklavier zu. Mozart komponierte bis ca. 1777 für Cembalo und Clavichord. Seine Sonaten in C und D (Köchelverzeichnis 309 und 311) scheinen für das Hammerklavier und dessen Ausdrucksmöglichkeiten geschrieben zu sein, zeichneten sie sich doch unter anderem durch extrem tiefe und leise Passagen aus. Ludwig van Beethoven (1770-1827) steht für eine neue Ära der Klaviermusik. Beethoven nutzte in seinen Kompositionen den sich ständing erweiternden Tonumfang des Klavieres. 1817/18 komponierte er seine „Große Sonate für das Hammerklavier" op. 106, die sechseinhalb Oktaven umfasste und somit über die Möglichkeiten damaliger Instrumente hinausreichte. Hammerklaviere mit sechseinhalb Oktaven wurden erst ab 1820 gebaut.[102]

Die neue Technik wurde auch in kleine rechteckige Klaviere (sogenannte Tafelklaviere) eingebaut, die auf den Tisch gelegt werden konnten. Sie verbreiteten sich ab 1750 von England aus in ganz Europa. Das erste Pianino mit einer rechteckigen

---

100 Vgl. Demandt 2007: S. 25-32. Vgl. Good 1982: S. 69-70. Vgl. Rowland 1993: S. 9-11. Vgl. Ehrlich 1990: S. 12.
101 „An upright grand is a grand piano constructed in a rectangular case that is turned upwards and rests on its keyboard side. The instrument is then placed on a four-legged stand." Clinkscale, Martha Novak: Upright Grand. In: Palmieri, Robert (Hrsg.): The Piano. An Encyclopedia. New York, London 2003². S. 429. Eine ausführliche Beschreibung der unterschiedlichen Arten aufrecht stehender Klaviere findet sich in Ebenda: S. 429-433. Vgl. Adlam 1983: S. 27-28. Vgl. Good 1982: S. 102-115.
102 Vgl. Demandt 2007: S. 25-34.

kompakten Form baute 1811 der englische Klavierbauer Robert Wornum (1742-1815).[103] Die platzsparenden Pianinos und aufrechten Flügel führten zu einer Verbreitung der musikalischen Kultur in Europa und Amerika. Während große Flügel vor allem in großen Häusern von Pianisten und Lehrern und von Virtuosen in Konzertsälen gespielt wurden, fanden sich die Pianinos vor allem in Häusern und Wohnungen.[104]

2.2 Zur technischen Entwicklung des Klaviers

Abbildung 1 (siehe S. 41) zeigt den Aufbau eines zeitgemäßen Flügels. Über dem Resonanzboden (3), der den Ton der Saiten verstärkt und abstrahlt, verlaufen die Saiten, die im bronzierten Gusseisenrahmen (1) gespannt sind. Die Saiten sind vorne mit Stimmwirbel im Stimmstock (2) befestigt, hinten in Stifte eingehängt. Heute sind die Töne meist zwei- beziehungsweise dreichörig. Dies bedeutet, dass für jeden Ton, außer den tiefsten Basstönen, zwei beziehungsweise drei Saiten gespannt sind. Die Stahlsaiten werden über die Mechanik (6) aktiviert, der eine Tastatur (7) vorgeschaltet ist. Durch Betätigung der Tasten wird die Saite durch einen Hammer angeschlagen und in Schwingung versetzt. An den Saiten befinden sich Dämpfer, die sich beim Anschlagen heben und beim Loslassen der Tasten senken. Verschiedene Pedale (5) ermöglichen Klangvariationen und die Beeinflussung des Dämpfersystems. Die Raste (8) ist das tragende Bauteil des Klavieres. Das Gehäuse, (4) auch Umbauten genannt, ist der von außen sichtbare Korpus, der entweder mit Edelhölzern furniert oder auf Hochglanz poliert wird.[105]

103 Robert Wornum (1780-1852) war Instrumentenmacher und Musikverleger aus London. Er entwickelte sowohl ein gradseitiges als auch ein diagonal besaitetes aufrechtes Klavier. Vgl. Clinkscale 1993: S. 326.
104 Vgl. Good 1982: S. 96-101, S. 116-120. Vgl. Adlam 1983: S. 23-24. Vgl. Batel 1992: S. 20, S. 34. Zur Geschichte der Tafelklaviere siehe: Schmuhl, Boje (Hrsg.): Geschichte und Bauweise des Tafelklaviers. 23. Musikinstrumentenbau-Symposium Michaelstein 11. bis 13. Oktober 2002. Augsburg 2006. (= Michaelsteiner Konferenzberichte Band 68). Vgl. Turner, Barrie Carson: Das Klavier. Das Instrument, seine Geschichte, die Komposition und die großen Virtuosen. Hamburg 1996. Vgl. S. 15. Zur Geschichte des Klavierbaus in England siehe Clements 1983: S. 239.
105 Vgl. Restle 2000: S. 137-161.

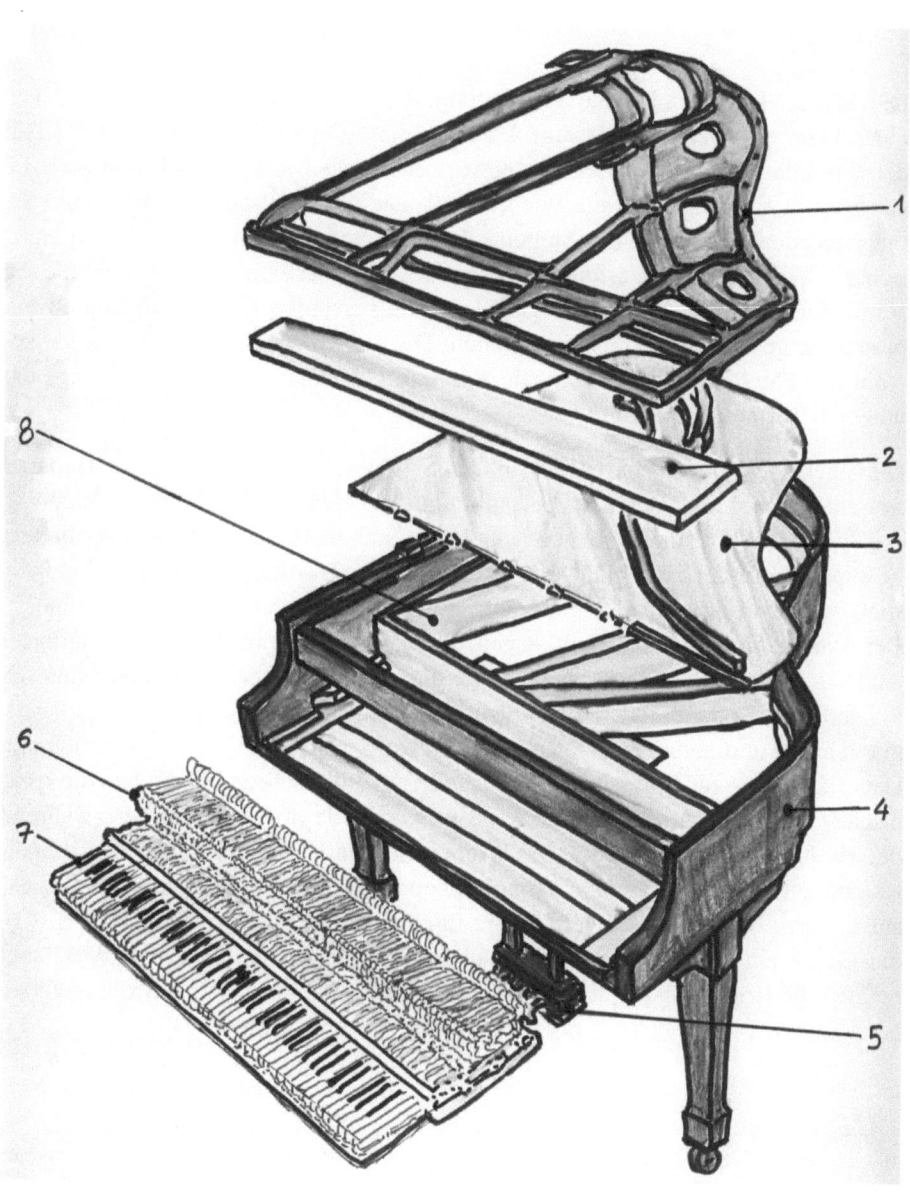

Abb. 1:   Aufbau eines zeitgemäßen Flügels[106]

---

106 Explorationszeichnung in Anlehnung an Kospach 2005: S. 21.

2.2.1 Mechanik

Die Mechanik ist „[…] [j]ene Vorrichtung, die bewirkt, daß beim Niederdrücken einer Taste ein Hämmerchen zum Anschlag der Saite gehoben wird […].“[107] Auf der Grundlage der von Cristofori entwickelten Mechanik entwickelten sich im Laufe des 19. Jahrhunderts die Wiener Prell- und die Englische Stoßmechanik. Sie unterschieden sich durch die Stellung der Hammerköpfe und deren Bewegungsrichtung. Veränderungen erfuhr außerdem das Spielwerk „[…] den Teilen, die die Verbindung zwischen der Taste und der Saite herstellen […].“[108] Ein Spielwerk besteht heute aus über 8.000 Einzelteilen. Die beiden Mechaniktypen wurden sowohl in Flügel als auch in vertikale Klaviere eingebaut und entweder über oder unter der Tastatur positioniert.[109]

Die Wiener Prellmechanik (siehe Abb. 2, S. 43) entstand um 1770. Der Hammer war am hinteren Ende der Taste befestigt und der belederte Kopf zeigte in Richtung des Spielers. Wurde die Taste gedrückt, hoben sich wie bei einer Waage der hintere Teil und damit der beweglich gelagerte Hammer. Das kurze Ende des Hammerstiels wurde in der Aufwärtsbewegung durch eine feststehende Leiste gehindert. Der Hammerkopf wurde somit gegen die Saite geschleudert. Der Klavierbauer Andreas Stein (1728-1792)[110] verbesserte die Wiener Prellmechanik und damit die Spielart entscheidend, indem er Prellzungen einführte. Sie waren einzeln gelagert, gut gefedert und regulierbar. Diese Prellmechanik war vor allem in Österreich und Deutschland bis zur Mitte des 19. Jahrhunderts vorherrschend. Sie bildete die technische Grundlage für die Wiener Klassik und wurde in beiden Ländern während des 19. Jahrhundert verwendet. Die Wiener Mechanik ermöglichte ein sehr schnelles und leichtgängiges Spiel und eine schnelle Reaktion der Dämpfer. Das Gegenstück hierzu bildete die schwerfälligere Englische Mechanik (siehe Abb. 3, S. 43), die jedoch ein kraftvolleres Spiel erlaubte. Instrumente mit solch einer Mechanik prägten die Romantik. Die Englische Mechanik wurde um 1772 in Großbritannien

---

107 Turner 1996: S. 16. Eine Saite kann auf verschiedene Arten in Schwingung versetzt werden, durch Anschlagen, Anreißen oder Anstreichen.
108 Schmidt 2003: 138.
109 Eine detaillierte Beschreibung des Klaviers, seiner Bestandteile und deren Funktionsweisen bietet Good 1982: S. 1-25. Zur Mechanik siehe Ebenda: S. 15-20. Vgl. Ehrlich 1990: S. 15.
110 Johann Andreas Stein war Schüler von Johann Andreas Silbermann (1712-1783). Er ließ sich 1750 in Augsburg nieder. Seine Kinder Nannette (1769-1833) und Matthäus Andreas Stein (1776-1842), lernten beim Vater und übernahmen die väterliche Werkstatt, die sie nach Wien verlegten und nun den Namen „Geschwister Stein" trug. Kammertöns/Mauser 2006: S. 685. Vgl. Clinkscale 1993: S. 273-280. Vgl. Clinkscale, Martha Novak: Makers of the Piano. Volume 2. 1820-1860. New York 1999. Vgl. S 351. Vgl. Boehm, Mary Louise: Stein Family. In: Palmieri, Robert (Hrsg.): The Piano. An Encyclopedia. New York, London 2003². S. 375-377.

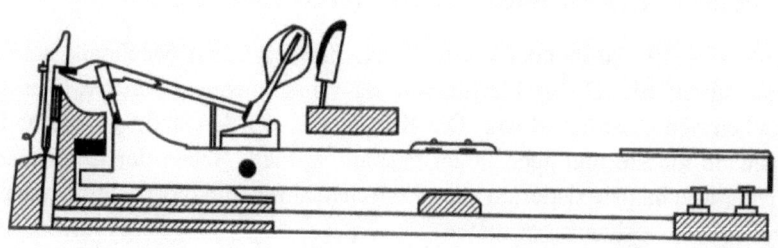

Abb. 2:   Wiener Mechanik[111]

Abb. 3:   Englische Mechanik[112]

entwickelt. Sie greift das cristoforische Konstruktionsprinzip der Stoßzunge auf.[113] Der Hammerkopf ist zum Flügelinneren ausgerichtet, was den Vorteil hat, dass auch bei längeren Saiten der Hammer immer an der akustisch besten Stelle der Saite auftrifft. Der Impuls, der durch den Tastendruck ausgelöst wird, überträgt

---

111 Abbildung entnommen aus: Schimmel 2000: S. 34.
112 Abbildung entnommen aus: Ebenda.
113 „Mit Stoßzungenprinzip ist generell gemeint, dass der durch Tastendruck ausgelöste Impuls über eine ‚Stoßzunge' genanntes Mechanikzwischenteil auf den Hammer übertragen wird." Batel, Günther: Handbuch der Tasteninstrumente und ihrer Musik. Braunschweig 1986. Zitat: S. 105.

sich durch ein Mechanikzwischenteil, die Stoßzunge, auf den Hammer. In England setzte sich diese Mechanik bereits Ende der 1780er Jahre durch.[114]

Im Laufe des 19. Jahrhunderts setzte sich die Englische Mechanik schließlich weltweit durch. Ein Grund hierfür war das zunehmende Interesse aller gesellschaftlichen Schichten an Musik. Die Konzertsäle wurden stetig größer und dementsprechend musste nun auch lauter gespielt werden. Neben der Englischen und der Wiener Mechanik existierten auch Zwischenstufen, die die Techniken der Prell- und Stoßzungenmechanik verbanden.[115]

Eine wichtige technische Entwicklung, die das Spiel stetig verbesserte, war unter anderem die Repetitionsmechanik, die 1821 der französischen Klavierbauer Sébastian Erard (1752-1831)[116] entwickelte. Durch die sogenannte doppelte Auslösung, patentiert 1821, konnte dieselbe Taste kurz hintereinander repetiert (angeschlagen) werden, ohne die Taste ganz loslassen zu müssen. Zwischen Stoßzunge und Hammer war ein zusätzliches Hebelsystem eingebaut, dass dafür sorgte, dass der Hammer nach dem Anschlag erst dann wieder in seine Ausgangsposition zurückfiel, wenn die Taste losgelassen wurde. Wurde die Taste aber gedrückt gehalten, fing das Hebelsystem den Hammer auf, der sich dann in einer Art Wartestellung für die Repetition befandt. Durch diese Entwicklung wurden schnelle Tonwiederholungen, Repetitionen und somit auch ein noch virtuoseres Spiel erst möglich. Diese Spielweise prägte die Klaviermusik der Romantik, die unter anderem durch die Virtuosen Franz Liszt (1811-1886) und Frédéric Chopin (1810-

---

114 Vgl. Batel,1986: S. 105-110. Vgl. Henkel 1994: S. 130. Vgl. Clements 1983: S. 241. Vgl. Schmidt 2003: S. 138. Vgl. Schimmel 2005: S. 32-34. Vgl. Good 1982: S. 27, S. 51-56, S. 63-65. Vgl. Dolge, Alfred: Pianos and their Makers. A Comprehensive History of the Development of the Piano. New York 1911 (Reprint 1972). S. 57-61. Vgl. Scholz, Helmut Rüdiger (Hrsg.): Ehrbar. Tradition der Wiener Klavierbaukunst. Wien 1986. Zitat S. 16. Einen Überblick über die Entwicklung verschiedenster Mechaniken mit detaillierten Zeichnungen bietet: Hirt 1981: S. 68-85. Vgl. Ely, Norbert: Pianofortebau in Deutschland: In: Restle, Konstantin (Hrsg.): Faszination Klavier 300 Jahre Pianofortebau in Deutschland. München 2000. S. 163-226. Vgl. S. 170. Kolmós diskutiert neben den baulichen Unterschieden der Englischen und Wiener Mechanik zudem detailliert die Konstruktionsunterschiede der jeweiligen Tastaturen und die Unterschiede in Spielweise, Anschlag und Komposition, den wachsenden Tonumfang sowie die unterschiedlichen Klangideale der beiden Mechaniktypen. Vgl. Kolmós 1995: S. 17-30. Vgl. auch Hirt 1955: S. 16. Zur Mechanik siehe: Lieber, Edgar: Klaviermechanik und Spielart. In: Lustig, Monika (Hrsg.): Zur Geschichte des Hammerklaviers. 14. Musikinstrumentenbau-Symposium in Michaelstain am 12. und 13. November 1993. Michaelstein 1996: S. 143-148. Vgl. S. 142-144. Vgl. Schmidt 2003: S. 138.
115 Siehe kolorierte Zeichnung einer halbenglischen Mechanik auf dem Titelblatt.
116 Erard kam als junger Mann nach Paris, wo er als Cembalobauer begann. 1770 eröffnete er seine eigene Werkstatt. Bereits 1808 entwickelte er seine erste Mechanik mit Auslösung. Vgl. Clinkscale 1993: S. 96. Vgl. Clinkscale 1999: S. 117-119. Vgl. Frederick, Edmund Michael: Erard, Sébastien. In: Palmieri, Robert (Hrsg): The Piano. An Encyclopedia. New York, London 2003². S. 127-129. Vgl. Kammertöns/Mauser 2006: S. 231.

1849) dominiert wurden.[117] Veränderungen erfuhren im 19. Jahrhundert weitere Komponenten der Mechanik: So vereinfachte der Instrumentenbauer Henri Herz (1806-1888)[118] die Repetitionsmechanik durch die „Herzfeder", eine Repetierfeder, die zentral in der Mechanik angeordnet ist. Der Klavierbauer Heinrich Pape (1789-1875)[119] führte schließlich in den 1820er Jahren Filz anstelle des bisher verwendeten Leders ein, um die Hammerköpfe zu umwickeln.[120]

2.2.2 Rahmen und Bezug

In den Klavierkompositionen des 19. Jahrhunderts kamen immer häufiger tiefere und höhere Töne vor. Durch die Zunahme des Tonumfangs sowie des Umfangs der Klaviatur wurden auch die Saiten verstärkt, mussten sie doch den immer schwerer werdenden Hämmern sowie dem immer kraftvolleren Spiel einer neuen Generation von Virtuosen standhalten. Dies führte zu höheren Saitenspannungen und Zugkräften, die auf dem Rahmen lasteten. Betrug die Zugkraft der gespannten Saiten zu Zeiten Cristoforis um 1726 noch 4.400 Newton (N), wiesen die Instrumente ab 1860 eine Zugkraft von 20.000 N auf. Um 1726 waren die Instrumente mit 49 Tasten und 98 Saiten bestückt, heute mit 88 Tasten und 234 Saiten. Auch die Länge und der Durchmesser der schwingenden Saiten vergrößerten sich, sie mussten wesentlich stärker gespannt werden. Diese Belastungen konnte der bisher verwendete hölzerne Rahmen nicht aufnehmen und die Stimmung der Saiten konnte nicht dauerhaft gehalten werden. Zunächst wurde versucht, die Holzrahmen mit Eisenspreizen zu verstärken, um eine höhere Steifigkeit und damit Maßhaltigkeit zu erhalten. Die Verstärkung reichte aber nicht aus, um der enormen Zugkraft länger als eine Stunde zu widerstehen. Oft mussten die Instrumente deshalb während eines Konzertes mehrmals nachgestimmt werden. Aus mechanischen Gründen

---

117 Clements datiert das Patent auf 1822. Vgl. Clements 1983: S. 241. Bereits 1808 hatte Erard eine Auslösung konzipiert und diese 1822 zur doppelten Auslösung erweitert. Vgl. Adlam 1983: S. 25. Vgl. Schmidt 2003: S. 138. Vgl. Liebermann 1996: S. 51. Vgl. Batel 1992: S. 27-28, S. 105-107. Vgl. Kammertöns/Mauser 2006: S. 231-232. Vgl. Hirt 1955. S. 16.

118 Henri Herz war Klavierbauer, Klavierkomponist und Pädagoge. Er hatte ab 1839 einen eigenen Klavierbaubetrieb. Seine Repetierfeder, auch Herzfeder genannt, mit der er die Erardsche doppelte Auslösung verbesserte, gilt als „[...] letzte substantielle Verbesserung der Klaviertechnik [...]." Vgl. Kammertöns/Mauser 2006: S. 334-336. Zitat S. 335.

119 Pape lernte den Klavierbau in Paris bei der Firma Pleyel. Zwischen 1815 und 1817 eröffnete er seine eigene Werkstatt. Er hatte insgesamt 137 Patente auf Verbesserungen und Erfindungen im Klavierbau in England, Frankreich und Deutschland. Seine Bekannteste Entwicklung blieb jedoch die Einführung des Filzes, der aus Schafwolle bestand. Vgl. Kammertöns/Mauser 2006: S. 543. Vgl. Clinkscale 1999: S. 278. Vgl. Clinkscale 1993: S. 214. Vgl. Flanagan Baird, Peggy: Pape, Jean-Henri. In: Palmieri, Robert (Hrsg): The Piano. An Encyclopedia. New York, London 2003². S. 265.

120 Vgl. Schmidt 2003: S. 138. Vgl. Ely 2000: S. 175. Vgl. Batel 1995: S. 107. Vgl. Schimmel 2005: S. 30-39. Vgl. Clement 1981: S. 241-242. Ein technikhistorischer Aufsatz mit dem Titel „Klavier aus Wien" aus dem Jahr 1956 betont die bei der Wiener Mechanik übliche Verwendung von beledertem Hammerköpfen. Vgl. Kreuter, Lambert: Klavier aus Wien. Blätter für Technikgeschichte 18, 1956. S. 1-33. Siehe S. 7.

beschränkten die hölzernen Rahmen den Tonumfang auf sechseinhalb Oktaven. Der Bostoner Klavierbauer Alpheus Babcock (1785-1842)[121] entwickelte schließlich den Gusseisenrahmen und ersetzte Holz durch Metall. Gusseisen verzog sich nicht annähernd so stark wie Holz und die Instrumente mussten nicht mehr so häufig nachgestimmt werden. Hinzu kam, dass sich durch diese Konstruktion der Ton verstärkte. Der Gusseisenrahmen, auch Eisenplatte genannt, war vor allem bei den Konzertflügeln unabdingbar, da sich hier mehrere Tonnen Zugkraft auf den Rahmen auswirkten. 1851 baute die amerikanische Firma Chickering[122] einen Flügel, dessen Gussrahmen aus einem Stück gegossen war. 1857 baute die New Yorker Firma Steinway & Sons ebenfalls einen solchen Flügel und verwendete erstmals den kreuzsaitigen Bezug.[123]

Ely führt die frühe Verwendung von Eisen im amerikanischen Klavierbau auf die technisch weit fortgeschrittene nordamerikanische Stahl- und Eisenindustrie zurück. Lieberman sieht für die Entwicklung des Gusseisenrahmens in Amerika noch einen weiteren Grund: Die extremen Schwankungen der Temperatur und Luftfeuchtigkeit auf dem nordamerikanischen Kontinent führten dazu, dass sich Holz verstärkt ausdehnte beziehungsweise zusammenzog, so: „[…] daß die einzelnen Bestandteile des Rahmens buchstäblich auseinandergerissen wurden und sich der

---

121 Alpheus Babcock eröffnete 1810 zusammen mit seinem Bruder Lewis (1779-1814) eine eigene Werkstatt. 1822 ging er nach Philadelphia und kehrte 1837 nach Boston zurück und arbeitete bei Chickering. 1825 ließ er sich seinen Ganzmetallrahmen patentieren. Es scheint jedoch, dass Babcock zunächst wenig Erfolg mit seiner Erfindung hatte. Vgl. Clinkscale 1999: S. 13. Vgl. Good, Edwin M.: Babcock, Alpheus. In: Palmieri, Robert (Hrsg): The Piano. An Encyclopedia. New York, London 2003². S. 35-36.

122 Chickering & Sons, die größte amerikanische Klaiverbaufirma des 19. Jahrhunderts, wurde 1823 von Jonas Chickering (1798-1853) in Boston gegründet. Sie experimentierten mit dem von Babcock 1825 entwickelten Metallrahmen und konnten 1837 ein eigenes Patent für einen massiven Eisenrahmen in Tafelklavieren anmelden. Ein Patent für Eisenrahmen in Flügeln folgte sechs Jahre später. Clinkscale berichtet von einem „design and construction department". Vgl. Clinkscale 1999: S. 73-74. Vgl. Kammertöns 2006: S. 167-168. Vgl. Jamison, Philip III: Chickering, Jonas (1798-1853). In: Palmieri, Robert (Hrsg): The Piano. An Encyclopedia. New York, London 2003². S. 71-72.

123 Vgl. Turner 1996: S. 14. Vgl. Lieberman 1996: S. 47-48. Vgl. Good 1982: S. 120-136, S. 171-174. Vgl. Ehrlich 1990: S. 30-31. Vgl. Batel 1995: S. 28-31. Vgl. Henkel 1994: S. 133. Hirt sieht den ersten Entwicklungsschritt bereits 1800 bei Isaak Hawkins (1772-1855) aus Philadelphia, der ein aufrechtes Klavier patentieren ließ „[…] dessen Resonanzboden in einen Eisenrahmen eingelassen und hinten mit Eisenspreizen verstrebt ist. Auch der Stimmstock ist aus Metall." Hirt 1955: S. 18. Hawkins studierte in England Bauingenieur- und Hüttenwesen. Er arbeitete vor seiner Auswanderung 1790 nach Amerika als Ingenieur. Er besuchte in Amerika das College of New Jersey und begann Klaviere zu bauen. Vgl. Clinkscale 1999: S. 138. Vgl. Ord-Hume, Arthur: Hawkins, John Isaac. In: Palmieri, Robert (Hrsg): The Piano. An Encyclopedia. New York, London 2003²a. S. 168-169.

gesamte Rahmen verzog."[124] Die neuartigen Gusseisenrahmen hingegen waren gegen Temperaturschwankungen und Feuchtigkeit weitgehend unempfindlich.[125]

Auch die Anordnung der Saiten veränderte sich im Laufe des 19. Jahrhunderts. Die Saiten verliefen im Inneren des Instruments zunächst parallel. Für jeden Ton wurden je zwei bis drei Saiten gespannt. Diese Art der Saitenanordnung wird Gradsaitenbezug genannt. Nach 1850 wurden die Saiten kreuzförmig angeordnet. Über Kreuz wurden diagonal die tiefen und hohen Saiten im Rahmen eingespannt. Dies ermöglichte in kleineren Klavieren längere Saiten zu spannen, die lautere Töne erzeugen konnten. Dieses Prinzip wurde auch bei Pianinos angewendet. Der Ton sollte durch die längeren und dickeren Saiten verstärkt werden. Allerdings bedeutete das, dass sich die Zugkraft der Saiten auf insgesamt ca. 20.000 N erhöhte. Dieser Kräfte konnte nur ein gusseiserner Rahmen aufnehmen. Hinzu kam der Fakt, dass der neue Rahmen die Instrumente erheblich teurer und schwerer machte. Schmidt fasst die teilweise zurückhaltende Art wir folgt zusammen: „Der Einsatz eines Materials, das man mit Schwertern und Kanonen assoziierte, schien unvereinbar mit der Gediegenheit und Wärme des Holzes, die bis dahin die Gestalt des Klaviers bestimmt hatte."[126] So wurde diese Neuerung nicht überall euphorisch aufgenommen. Einige europäische Instrumentenbauer verstärkten ihre Holzeisenrahmen weiterhin bis spät ins 19. Jahrhundert.[127] Der Verwendung von Eisen in Klavieren stand zum Beispiel Ludwig Bösendorfer (1835-1919) kritisch gegenüber. Zwar erkannte er die Notwendigkeit des Gusseisenrahmens, jedoch sah er in der übermäßigen Verwendung von Eisen, etwa durch die Verstärkung des Stimmstockes oder gar dessen Ersetzung durch Eisen erhebliche Nachteile:

---

124 Lieberman 1996: S. 48.
125 Vgl. Bontinck 2001: S. 18. Vgl. Brooks, William: Das amerikanische Klavier. In: Gill, Dominic (Hrsg.): Das große Buch vom Klavier. Freiburg 1983: S. 172-190. Vgl. S. 174-75. Vgl. Ely 2000: S. 179. Vgl. Hirt 1955: S. 18. Vgl. Clements 1983. S. 243. Vgl. Lieberman 1996: S. 48. Vgl. Kammertöns/Mauser 2006: S. 687. Vgl. Henkel 1994: S. 134.
126 Schmidt 2003: S. 138.
127 Vgl. Del Grosso Destreri, Luigi: From the Piano to the Computer: Notes (with Lights and Shadows) for a Sociology of Keyboards. In Huber, Michael/Desmond, Mark/Ostleitner, Elena/Smudits, Alfred (Hrsg.): Das Klavier in Geschichte(n) und Gegenwart. Strasshof 2001: S. 74-83. Vgl. S. 76. Vgl. Batel 1986: S. 117. Vgl. Kammertöns/Mauser 2006: S. 687. Vgl. Turner 1996: S. 15. Vgl. Batel 1992: S. 32. Vgl. Adlam 1983: S. 32, S. 36. Vgl. Good 1982: S. 135. Vgl. Bohlen, Alex von: Moderne Musikinstrumenten-Saiten. Einfache Drähte oder technologische Meisterwerke? In: GIT Labor Fachzeitschrift 2, 2008. S. 90-92. Hier findet sich eine aktuelle Beschreibung physikalischer Untersuchungen von unterschiedlichen Musikinstrumentensaiten.

„[…] würde man die in verschiedenen Werkstätten gemachten mehr oder weniger gelungene Versuche, einzelne Theile [der] Piano's in Eisen auszuführen, vereinigen können; man hätte sicher ein Panzer=Klavier, welches mit Ausnahme der unvermeindlichsten Filz- und Leder=Bestandtheile, vollständig aus Eisen (Metall) hergestellt wäre. […].“[128]

Dennoch: Der Gusseisenrahmen setzte sich durch. Die Firma Steinway & Sons führte schließlich alle Entwicklungen zusammen und baute ein Instrument, das den Anforderungen des damaligen Musikbetriebs gerecht wurde. Henry E. Steinway jr. (1830-1865) nahm dann jedoch weitere wichtige Verbesserungen vor. Zunächst gab er dem Rahmen eine neue Form:

„[…] indem er eine ‚nach unten gerichtete Plattennase', Flansch genannt, schuf, die an der Unterseite der Platte verlief und über den Stimmstock griff und ihn einfasste. Dadurch wurde der Gussrahmen besser im Klavier verankert und fester mit Stimmstock und Stimmwirbel verbunden.“[129]

Er verband den Resonanzboden mit dieser einteiligen Platte. Außerdem baute er den Kreuzsaitenbezug ein. Durch diese Anordnung vergrößerte sich der Abstand zwischen den einzelnen Saiten, deren Schwingungen sich so gegenseitig nicht mehr beeinflussen konnten. Mit dem Kreuzsaitenbezug rückte der Steg nun in die Mitte des Resonanzbodens, der dort elastischer als am Rand war. Ein voller und tragender Ton entstand. Zudem führte er weitere Verbesserungen in der Mechanik und der Repetitionstechnik ein. Diese Weiterentwicklungen wurden als Steinway-System, später als Amerikanisches System, bezeichnet. Nach Lieberman integrierte das Steinway-System all diese Entwicklungen:

„[…] eine Gussplatte mit einer Flansch, längere und schwerere, kreuzsaitig angeordnete Basssaiten, die sich über die Mitte des Resonanzbodens auffächerten, ein freier schwingender Resonanzboden mit günstiger Steglage und eine leicht ansprechende Mechanik, die dem Spieler eine größere Kontrolle über die neue Kraft in seinen Fingerspitzen verlieh […]. Niemand zuvor hatte jedoch alle Neuerungen derart effizient zusammengesetzt.“[130]

Viele dieser Entwicklungen gehen auf Henry Steinway jr. zurück. Einige hatte er jedoch von anderen Herstellern übernommen. Lieberman berichtet, das Henry Steinway jr. die neuen Modelle seiner Mitbewerber systematisch studierte, um ihre technischen Details zu erfassen und für ihn interessante Teile abzuzeichnen.[131]

---

128 Bösendorfer, Ludwig: Mittheilungen über Neuerungen im Klavierbaue. Nr. 2 Anwendung des Eisens beim Klavierbau. Wien 1876. Archiv der Gesellschaft der Musikfreunde Wiens. 107272/111. Zitate: S. 1-2, S. 4.
129 Lieberman 1996: S. 50.
130 Ebenda: S. 52. Vgl. Ely 2000: S. 179.
131 Vgl. Lieberman 1996: S. 13-14, S. 50-52. Vgl. Good 1982: S. 177-181, S. 291-292. Vgl. Ehrlich 1990: S. 48-50.

2.3 Das Klavier – Instrument des Bürgertums

Das Klavier und seine Vorgänger waren vom 15. bis zum 18. Jahrhundert vor allem für das Musizieren am Hof bestimmt. Mit dem Aufstieg des Bürgertums änderte sich auch die Stellung des Klaviers – es wurde nun öffentlich und privat genutzt. Der Erfolg des Klaviers war eng verknüpft mit den sich in der ersten Hälfte des 19. Jahrhunderts wandelnden sozialen und ökonomischen Bedingungen. Durch die industrielle Revolution und ihren Folgen wurde das Bildungs- und Besitzbürgertum in die Lage versetzt, für Musikinstrumente und Konzertbesuche zu bezahlen und stellte ein neues Marktsegment für Klaviere, speziell für solche Modelle, die für den Hausgebrauch entworfen wurden, sowie für musikalische Darbietungen, dar. Die stärkere ökonomische Kraft des Bürgertum beschleunigte die Herstellung von sowohl günstigen als auch teuren Instrumenten für den Hausgebrauch.[132]

Gegenüber anderen Instrumenten bot das Klavier einen Vorteil: Mit ihm war es möglich den Klang anderer Instrumente zu imitieren. Durch Orchester- und Opernauszüge konnten die großen Kompositionen der Zeit auf dem heimischen Klavier nachgespielt und sowohl Melodien als auch Begleitungen gespielt werden. Durch seine Vielstimmkeit konnte es zudem fast alle Arten von Musik wiedergeben. Das Klavier wurde zum symbolischen Musikinstrument der bürgerlichen Schicht, zum Sinnbild und Statussymbol bürgerlicher Kultur. Es repräsentierte Wohlstand, war es doch sehr teuer in seiner Anschaffung und es nahm viel Platz in der Wohnung ein. Gleichzeitig repräsentierte es den Bildungseifer seines Besitzers. Als das Klavier zum Masseninstrument wurde, änderte sich seine symbolische Funktion für das Bürgertrum nicht. Das Klavier und mit ihm die Klavierbauindustrie erlebten durch die zunehmende Nachfrage des Bürgertums einen enormen Aufschwung und es entwickelte sich zum am weitverbreitesten Musikinstrument. Das Instrument passte sich der Einrichtung der bürgerlichen Haushalte an und wurde zu einem repräsentativen Möbelstück und Teil der bürgerlichen Wohnkultur, gleichzeitig entstand der Amateurmusiker. Der Zugang zum Klavier blieb immer exklusiv, auch noch in der Wohlstandsgesellschaft des 20. Jahrhunderts und das Klavier blieb immer ein Luxusgut.[133]

---

132 Vgl. Good 2003a: S. 289-290.
133 Vgl. Smudits, Alfred: Vom Klavier zum Keyboard – Vom Klasseninstrument zum Masseninstrument. Fragmente zum Verhältnis von Tasteninstrumenten und Popularmusik. In: Huber, Michael/Desmond, Mark/Ostleitner, Elena/Smudits, Alfred (Hrsg.): Das Klavier in Geschichte(n) und Gegenwart. Strasshof 2001: S. 241-265. Vgl. S. 250-251. Vgl. Zuna-Kratky 2005: S. 144. Vgl. Schmidt 2003: S. 75. Vgl. Demandt 2007: S. 39, S. 83-84. Vgl. Gebesmair 2001: S. 92.

2.4 Eliten- oder Masseninstrument?

Schmidt arbeitet vier gesellschaftliche Nutzungsbereiche beziehungsweise Nutzergruppen des Klaviers heraus: Virtuosen, klavierspielende Dilettantinnen, die Popularisierung von Klaviermusik und Klavierspielen als Broterwerb.[134]

Ab den 1830er Jahren erreichte eine neue Generation von Pianisten durch ihre außergewöhnliche Technik einen noch nie zuvor erreichten Status an Popularität. Diese Virtuosen waren sowohl am Kaiserhof als auch in der neuen gesellschaftlichen Elite sehr beliebt. Bereits Anfang des 19. Jahrhunderts warb unter anderem die Londoner Klavierbaufirma Broadwood mit Ludwig van Beethoven und die Berliner Firma Bechstein mit Hans von Bülow (1830-1894). In zahllosen Künstlerbriefen dokumentierten die Virtuosen die Qualität und Einzigartigkeit der von den entsprechenden Firmen gebauten Instrumente, wie Richard Wagner (1813-1883) der 1881 über die Instrumente der bayreuther Firma Steingräber und Söhne schrieb, dass diese „[…] alle sonst mir bekannt gewordenen Instrumente dieser Art weitübertreffen […]."[135] Beide Seiten profitierten hiervon. Die Firmen hatten exzellente Werbeträger und schenkten den Pianisten nicht selten Konzertflügel als Honorar und die Virtuosen bekamen zudem für ihre Konzerte qualitativ hochwertige Flügel gestellt. Virtuosen nahmen zudem eine Schlüsselstellung bei technischen Neuerungen ein, waren sie für die Klavierbauer doch wichtigste Zeugen ihrer technischen Überlegenheit indem diese die neuen Möglichkeiten des Instruments ausschöpfen und öffentlich demonstrieren konnten. Der Aufstieg professioneller Konzertpianisten hing mit der wirtschaftlichen und sozialen Entwicklung des 19. Jahrhunderts zusammen, denn dieser Berufsstand wurde erst dadurch möglich, dass genügend Menschen Konzertkarten kaufen konnten.[136]

Das Klavier des 19. Jahrhunderts ist eng mit Darstellungen musizierender Frauen verknüpft. Das bürgerliche Frauenbild des 19. Jahrhunderts sieht nach Schmidt vor, dass die Rolle des familiären Mittelpunkts von der Frau wahrgenommen wurde, die

---

134 Diese verschiedenen Nutzer und Nutzungsbereiche lassen sich auch bei anderen Autoren finden, jedoch nicht in dieser Differenzierung. Vgl. Schmidt 2003: S. 135-154.

135 Brief von Richard Wagner an Steingräber & Söhne. 1881. Firmenarchiv Steingräber & Söhne KG, Bayreuth.

136 Vgl. Schmidt 2003: S. 140. Vgl. Demandt 2007: S. 34. Vgl. Good 1982: S. 71. Vgl. Ehrlich 1990: S. 53-55, S. 74-75. Vgl. Gebesmair 2001: S. 96. Häufig wird Liszt als herausragender Virtuose des 19. Jahrhunderts dargestellt. Die Klaviervirtuosität erfuhr mit ihm einen Höhepunkt. Vor allem sein klanggewaltiges Spiel wurde zum Mythos, sollte doch nahezu kein Flügel ein Konzert von ihm überstanden haben: „Er war einer der Ersten, [der] die neugewonnene technischen und klanglichen Errungenschaften für ihre Kompositionen nutzen." Vgl. Demandt 2007: S. 34-36. Zitat S. 36. Zum Virtuositätsbegriff im musikästhetischen Diskurs und seiner unterschiedlichen Bedeutungen siehe: Loesch, Heinz von: „durchaus Gefechte, Attacken, kurz Kampf mit seinem Instrument" (Robert Schumann). Zur Bestimmung der Kategorie des ‚Virtuosen'. In: Kursell, Julia (Hrsg.): Physiologie des Klaviers. Vorträge und Konzerte zur Wissenschaftsgeschichte der Musik. Berlin 2009 (= Preprint 336 Max-Planck-Institut für Wissenschaftsgeschichte). S. 53-60.

zudem gesellschaftlich-repräsentative Aufgaben zu erfüllen hatte. Hierzu zählte das Klavierspiel. Das Spielen unterlag strengen Regeln und durfte nicht mehr aber auch nicht weniger sein als ein Zeitvertreib, mit dem die Frauen bei privaten oder halb-öffentlichen Anlässen im Salon auf einem hohen Niveau Gäste unterhalten konnten. Musikalische Perfektion, wie die der Virtuosen, sollten sie nicht er-reichen. Diese Vorstellung spiegelte sich vor allem in Romanen und Bildern dieser Zeit wieder. Otto Biba betont, dass das Klavier nicht nur ein Instrument für Frauen war. Zwar gehörte es zum weiblichen Bildungsideal, aber auch Männer spielten es.[137] Schmidt argumentiert, dass das Klavier zwar geeignet war, um das Konzept der „[…] weiblichen Sphäre des Schönen und des Sentimentalen […]"[138], das im Gegensatz zur „[…] männlichen Sphäre des Geschäfts und des Rationalen […]"[139] stand, den Frauen und Mädchen zu vermitteln. Das heißt jedoch nicht, dass das Klavier ein „[…] ausschließlich ‚weibliches Instrument' […]"[140] war. Die Bedeu-tung häuslicher Musik nahm um die Wende zum 20. Jahrhundert durch das Gram-mophon und mechanischer Musikautomaten ab. Auch die Rolle der Frau änderte sich mit den sich entwickelnden ungezwungeren, gesellschaftlichen Umgangs-formen und die höheren Töchter konnten sich auch außerhalb des Hauses sozial angemessen betätigen. Nach dem Ersten Weltkrieg erreichte das häusliche Musizie-ren einen Tiefpunkt, der einherging mit der Krise des Bürgertums, von dem es sich nicht mehr erholen sollte.[141]

Zur Erfolgsgeschichte des Klaviers gehörte auch die Entwicklung von Institutionen und Unternehmen, welche die Nachfrage nach Klaviermusik anregten und bedien-ten. Der Komponist Muzio Clementi (1752-1832) publizierte als erster eine „Klavierschule für Anfänger". Später folgten eine „Klavierschule für angehende Virtuosen" und ein Sammelband mit typischen Stücken verschiedener Kom-ponisten. Clementi trug wesentlich dazu bei, „[…] dass sich ein Kanon von ‚Klas-sikern' herausbildete, die zunehmend als Grundstock musikalischer Bildung galten."[142] Zahlreiche Musikverlage sorgten im Lauf des 19. Jahrhunderts dafür,

---

137 Vgl. Biba, Otto: Clavierbau und Clavierhandel in Wien zur Zeit Joseph Haydn. In: Feder, Georg/Reicher, Walter (Hrsg.): Internationales Musikwissenschaftliches Symposium „Haydn & das Clavier" im Rahmen der internationalen Haydntage Eisenstadt 13. - 15. September 2000. Referate und Diskussionen. Tutzing 2002. S. 77-91. Vgl. S. 77.
138 Schmidt 2003: S. 142.
139 Ebenda.
140 Ebenda.
141 Vgl. Ebenda. Vgl. Ehrlich 1990: S. 133. Vgl. Demandt 2007: S. 43-47, 71-73. Braun betont, dass die Entwicklung elektronischer Musikinstrumente mehr bedeutete als eine reine technische Entwicklung. Dies war ein „[…] fundamental shift in human mental and physical orientations." Denn Technik und musikalische Technik entwickelten sich dialektisch und auch Komponisten beeinflussten die technische Entwicklung. Vgl. Braun, Hans-Joachim: Introduction. In: Braun, Hans-Joachim (Hrsg.): Music and Technology in Twentieth Century. Baltimore 2002. S. 9-32. Zitat S. 9. Zu mechanischen Musikautomaten siehe Donhauser 2007 sowie Donhauser 2006.
142 Schmidt 2003: S. 144.

dass sich Klavierschulen und Alben rasch verbreiteten. Auch der Umfang an veröffentlichten Noten für Klaviermusik stieg stetig an. Bontinck analysierte das in
mehreren Auflagen herausgegebene Handbuch der musikalischen Literatur von
Carl Friedrich Whistling und Adolph Hofmeister.[143] Der Umfang des Handbuchs
stieg in der Zeit von 1817 bis 1844 um das Dreifache. Zudem hatte die Klaviermusik, das gesamte Angebot betrachtet, einen überdurchschnittlich hohen Anteil.
Der Anteil der reinen Instrumentalmusik (Stücke für Orchester, Solostücke und
Kammermusik) sank von 1817 bis 1868 um 75 Prozent und die Kammermusik
wurde sukzessive von der Klaviermusik verdrängt. Führend im Bereich der Instru-
mentalkompositionen wurde das Solo-Klavierstück. Zudem verdoppelte sich im
betrachteten Zeitraum die Zahl der Klavierstücke für unterschiedliche Besetzungen
(zwei- bis achthändig, beziehungsweise für zwei bis vier Klaviere). Der Anteil der
Klaviermusik im Bereich der Vokalmusik stieg dagegen zwar nicht derart drastisch
aber dennoch an. Ein Grund dafür war, dass im Lauf des 19. Jahrhunderts ein neue
Musikform aufkam: Das Lied mit Klavierbegleitung. Das musikalische Handbuch
verzeichnete auch Lehrwerke für Klavier, bis 1844 wurden 211 Werke verlegt.[144]

Schmidt betont, dass das Klavier im „[...] Laufe des 19. Jahrhunderts mehr und
mehr zur selbstverständlichen Einrichtung von Kneipen und Restaurants, von Kon-
ditoreien und Kaffeehäusern, von Varietés und Bordellen, von Schulen, Gefäng-
nissen und Kirchen, von Krankenhäusern und Altersheimen [...]"[145] wurde. In dem
Maß, wie die Urbanisierung im Industriezeitalter voranschritt, wurde auch das
Klavier immer mehr Instrument einer Unterhaltungskultur, die sich vorwiegend in
den Städten herausbildete. Es entstanden auch im kulturell-künstlerischen Bereich
Marktverhältnisse und es entwickelte sich eine kommerzielle Musikproduktion, die
die gesteigerte Nachfrage erkannte und bediente. Musikalische Vergnügungen
wurden jetzt durch Arbeit anderer ermöglicht. Damit entstanden auch neue
Arbeitsplätze, bei denen mit Klavierspielen Geld verdient werden konnte, wie zum
Beispiel die Begleitung der Ende des 19. Jahrhunderts aufkommenden Stummfilme
auf dem Klavier. Die Pianisten passten ihr Spiel durch Improvisation an den Inhalt
der Filme an, oder nutzen Alben mit beliebten Klassikern. Später wurden die Filme
von kleinen Orchestern oder Ensembles begleitet, in denen das Klavier ein fester

---

143 Vgl. Whistling, Carl Friedrich: Handbuch der musikalischen Literatur oder allgemeines
    systematisch geordnetes Verzeichnis der bis zum Ende des Jahres 1881 gedruckten
    Musikalien. Leipzig 1817. Vgl. Whistling, Carl: Handbuch der musikalischen Literatur oder
    allgemeines systematisch geordnetes Verzeichnis gedruckter Musikalien. Leipzig 1828². Vgl.
    Whistling, Carl Friedrich: Handbuch der musikalischen Literatur oder allgemeines syste-
    matisch geordnetes Verzeichnis der in Deutschland und in den angrenzenden Ländern
    gedruckten Musikalien, bearbeitet und hrsg. von Adolph Hofmeister. Leipzig 1844³. Vgl.
    Hofmeister, Adolph: Handbuch der musikalischen Literatur oder allgemeines systematisch
    angeordnetes Verzeichnis der in Deutschland und in den angrenzenden Ländern gedruckten
    Musikalien. Leipzig 1852.
144 Vgl. Bontinck 2001: S. 23-29.
145 Schmidt 2003: S. 146.

Bestandteil blieb. Tätig in diesem Bereich waren jedoch nicht die umjubelten Virtuosen.[146]

Dieter Kirchberger geht davon aus, dass das Klavier im Zeitraum von 1750 bis 1850 vor allem ein Instrument der Oberschicht war. Schmidt dagegen betont, dass die bisher vorherrschende Trennung in Virtuosen und Frauen am Klavier, die Unterscheidung von Klassik und seichter Unterhaltung, von Hochkultur und Trivialkitsch nicht länger aufrecht erhalten werden könne.[147] Durch die Nutzung des Klaviers als Arbeitsmittel, zum täglichen Broterwerb, wurde das Klavier nicht nur in den bürgerlichen Salons und prunkvollen Konzertsälen eingesetzt, sondern auch in Kneipen, Kinos und Varietés. Dafür brauchte man keine prunkvollen Konzertflügel. Einfache, schlichte Pianinos, häufig gebraucht, meist nicht richtig gestimmt, taten hier treu ihren Dienst. Dieser Aspekt blieb in der deutsch-sprachigen Forschung bisher unbeachtet.[148] Einige gesellschaftliche Gruppen standen den Virtuosen skeptisch bis negativ gegenüber und grenzten sich zum kommerziellen Musikbetrieb ab, wie zum Beispiel die 1812 gegründete Wiener „Gesellschaft der Musikfreunde des Österreichischen Kaiserkonzertes". Für die Gesellschaftskonzerte waren nur Gesellschaftsmitglieder zugelassen. Der Verein richtete sich bewusst „[...] gegen den Trubel der Virtuosenkonzerte [...]."[149] Auch Hauskonzerte in bürgerlichen Salons lassen sich als Gegenstück zu den spek-takulären Virtuosenkonzerten betrachten. Gebesmair und Kirchberger sehen die Elite als die primären Nutzer des Klavieres an, hingegen betont Smudits, dass das Klavier und die Musik im Lauf des 19. Jahrhunderts zum Massenprodukt wurde. Die bürgerliche Musikkultur hatte für ihn ein Janusgesicht: Sie machte Musik zur Kunst aber industrialisierte zugleich die musikalischen Praktiken.[150] Als Motor technischer Innovationen, die im engen Zusammenhang mit den Nutzern und Nutzungsweisen des Klaviers stehen, sieht Schmidt hauptsächlich die Virtuosen und damit das Konzertwesen. Aber auch die große Gruppe von Dilettanten und Berufsmusikern bestimmte die Entwicklung des Klaviers mit, denn nur die Virtuosen und die bürgerlichen Frauen allein hätten den Siegeszug des Klaviers nicht begründen können und sie alleine hätten nicht zu einer solch gravierenden

---

146 Vgl. Schmidt 2003: S. 146-148. Vgl. Brooks 1983: S. 185. Vgl. Smudits 2001: S. 241. In den 1920er Jahren kam speziell für Filme komponierte Musik auf und es wurden vermehrt Schallplatten eingesetzt. „Die Begleitung durch Salonorchester und Klavier trat mit der Verwendung des neuen Tonträgers allerdings in den Hintergrund." Mit dem ersten Tonfilm verschwanden der Stummfilm und die begleitenden Instrumente aus den Kinosälen schlagartig. Vgl. Demandt 2007: S. 63-65. Zitat S. 65.
147 Schmidt 2003: S. 145.
148 Vgl. Kirchberger, Dieter: Zur sozialen Funktion des Fortepianos vom Ende des 18. Jahr-hunderts bis 1850. In: Schmuhl, Boje (Hrsg.): Geschichte und Bauweise des Tafelklaviers. 23. Musikinstrumentenbau-Symposium Michaelstein 11. bis 13. Oktober 2002. Augsburg 2006 (= Michaelsteiner Konferenzberichte Band 68). S. 61-66. Zitat: S. 61. Vgl. Schmidt 2003: S. 145.
149 Gebesmair 2001: S. 96.
150 Vgl. Ebenda: S. 96-100. Vgl. Smudits 2001: S. 247-248.

Veränderung der Produktionsmethoden und des Produktionsumfangs im Klavierbau bewirkt.[151]

Das sich im 19. Jahrhundert durchsetzende amerikanische System, welches das Klangvolumen der Klaviere entscheidend verstärkte, war für das private Musizieren nicht zwingend notwendig. Hier dürfte prinzipiell auch das Klangvolumen der Wiener Mechanik oder des Clavichords ausgereicht haben. Trotzdem setzte sich diese Technik bei allen relevanten Nutzergruppen durch und wurde eben nicht nur in den großen Konzertsälen, die diese Technik zwingend voraussetzten, verwendet. Das moderne Klavier konnte bei allen relevanten Nutzergruppen unterschiedliche Bedürfnisse befriedigen und es kam zur Schließung (*closure*) seiner Technik, in Form der Kombination von vor allem Gusseisenrahmen, kreuzsaitigem Bezug und englischer Mechanik. In dieser Ausgestaltung löste das Klavier unterschiedliche Probleme bei den verschiedenen Nutzergruppen.[152] Es ermöglichte den Virtuosen ein kräftiges und virtuoses Spiel in den großen Konzertsälen, das Bürgertum konnte mit dem Kauf eines solchen Klaviers ein Instrument erwerben, das sein Ansehen steigerte und demonstrativ die eigene gesellschaftliche Position zur Schau stellte, die höheren Töchter konnten an diesem Instrument ihr Spiel perfektionieren und die gleiche Technik wie die Virtuosen nutzen, um bei den Hauskonzerten zu glänzen, den Komponisten bot das neue Instrument die Möglichkeit zuvor ungeahnte Klangvariationen in ihre Kompositionen aufzunehmen, die sich in einer stetig steigenden Klavierliteratur bis heute zeigen. Schließlich ermöglichten die häufig gebraucht erworbenen Klaviere denjenigen Spielern in Kinos und Kneipen ihr tägliches Brot zu verdienen, indem sie in die Lage versetzt wurden, bekannte Musikstücke auf einem Instrument wiederzugeben, dessen Klang und damit letztlich auch dessen Technik, ihrem Publikum aus den bürgerlichen Salons und prunkvollen Konzertsälen bekannt war.

---

151 Vgl. Schmidt 2003: S. 135, S. 153-154.
152 Pinch und Bjiker sehen in ihrem einflussreichen Ansatz der „Social Construction of Technology" (SCOT) Technik als sozial konstruiert an und gehen von einem Schließungsprozess (closure process) selbiger aus, der eng mit den relevanten sozialen Gruppen zusammenhängt, die die entsprechende Technik nutzen. „Closure in technology involves the stabilization of an artifact and the ‚disappearance' of problems. To close a technological ‚controversy,' one need not solve the problemes in the commen sense of that word. The key point is wheter the relevant social groups see the problem as being solved." Vgl. Pinch, J. Trevor/Bijker, Wiebe E.: The Social Construction of Facts and Artifacts: Or How the Sociology of Science and the Sociology of Technology Might Benefit Each Other. In: Bjiker, Wiebe E./Hughes, Thomas P./Pinch, Trevor (Hrsg.): The Social Construction of Technological Systems. Cambridge, Mass. 1987. S. 17-50. Vgl. S. 28-44. Zitat: S. 44. Vgl. Hård 1994: S. 550. Zu SCOT siehe: Bjiker/Hughes/Pinch 1987. Oudshoorn, Nelly/Pinch, Trevor: Introduction: How Users and Non-Users Matter. In: Oudshoorn, Nelly/Pinch, Trevor (Hrsg.): How Users Matter. The Co-Construction of Users and Technologies (Inside Technology). Cambridge, Mass. 2003. S. 1-25. Vgl. S. 3-4.

3. Der Klavierbau im 19. und 20. Jahrhundert

„Die amerikanische Technologie, die Mechanisierung der Industriestruktur ermöglichten Deutschland
die Massenproduktion von Pianos guter Qualität in
einer Preislage, die für aufstrebende Mittelklassefamilien attraktiv war. Dies und nicht das Lohn-
niveau war ein entscheidender Grund der Welt-
marktstellung."[153]

Christoph Buchheim

Die technologische Führungsrolle im Klavierbau verlagerte sich im Laufe des 19.
Jahrhunderts von Land zu Land. Gegen Ende des 18. Jahrhunderts bis ca. 1830 war
die Wiener Schule führend, spürte jedoch bereits zu Beginn des 19. Jahrhunderts
die zunehmende Konkurrenz aus England, vor allem der Firma Broadwood &
Sons[154], deren Produkte während des 19. Jahrhunderts stetig an Bedeutung
gewinnen sollten.[155] Ab den 1830er Jahren übernahm zunächst Frankreich mit
seinem Zentrum Paris die führende Rolle, bis Nordamerika Mitte des 19.
Jahrhunderts diese Stellung sowohl aus technischer als auch aus wirtschaftlicher
Sicht einnahm. Die Pariser Weltausstellung von 1867 gilt als Wendepunkt dieser
Entwicklung. Die amerikanischen Hersteller, vor allem Steinway & Sons[156],
dominierten die Ausstellung mit dem neuen amerikanischen System des
Gusseisenrahmens und kreuzsaitigen Bezuges. Kein europäisches Instrument
erhielt eine Goldmedaille. Bereits auf der Londoner Weltausstellung von 1862
hatte die Jury die fortschrittlichen Instrumente Steinways gelobt. Die meisten

---

153 Buchheim 1987: S. 236.
154 Die Londoner Firma Broadwood wurde um 1728 von Burkhardt Shudi (1792-1773), einem
    deutschstämmiger Schweizer, gegründet. Er ließ sich 1718 als Cembalobauer in London
    nieder. Mit dem Eintritt Johan Broadwoods (1732-1812) begann sich die Firma zu entwickeln.
    Der Schreiner, der Shudis Tochter heiratete, wurde 1770 Teilhaber und 1782 Alleininhaber.
    Ab 1819 wurden aufrechte Klaviere (cottage pianos) hergestellt. Zwischen 1780 und 1867
    stellte die Broadwood Manufaktur 135.344 Instrumente her, allein 86.966 zwischen 1826 und
    1876. Vgl. Kammertöns/Mauser 2006: S. 129-130. Vgl. Ehrlich 1990: S. 16-18. Vgl. Clink-
    scale 1999: S. 47. Clinkscale 1993: S. 30. Vgl. Ord-Hume, Arthur W. J. G.: Broadwood &
    Sons, John. In: Palmieri, Robert (Hrsg): The Piano. An Encyclopedia. New York, London
    2003². S. 57-60. Vgl. Dolge 1911: S. 242-246.
155 Helga Haupt untersucht in ihrer Studie den Wiener Klavierbau gegen Ende des 18. und zu
    Beginn des 19. Jahrhunderts und listet alle Instrumentenmacher Wiens in der Zeit von 1791
    bis 1815 mit Berufsbezeichnung auf. Vgl. Haupt, Helga: Wiener Instrumentenbau um 1800.
    Unpublizierte Dissertation, Wien 1952. Auch Otto Biba beschäftigt sich mit dieser Zeit des
    Wiener Klavierbaus: Vgl. Biba 2002. Eine Darstellung des Wiener Klavierbaus vor 1790
    findet sich bei: Badura-Skoda, Eva: Prolegomena to a History of the Viennese Fortepiano. In:
    Israel Studies in Musicology. Vol. II. A Birthday Offering to Josef Tal. Jerusalem 1980. S. 77-
    99. Eine detaillierte Geschichte des englischen Klavierbaus, sowie der technischen Entwick-
    lung des Klaviers findet sich in: Ehrlich 1990.
156 Zur Geschichte der Firma siehe Kapitel 3.1 und Lieberman 1996.

deutschen Hersteller folgten den neuen Entwicklungen aus Amerika, während die englischen, französischen und Wiener Klavierbauer dies nicht taten. An der Weltausstellung in Wien 1873 nahmen die amerikanischen Hersteller Chickering und Steinway & Sons nicht teil. Jedoch präsentierten Steinway & Sons ihre Instrumente und ihre neue Entwicklung der Duplex Skala abseits der Ausstellung.[157] Ihre Abwesenheit wurde von der Jury wie folgt kommentiert:

> „Hinsichtlich der amerikanischen Abtheilung bedauerte die Jury der Gruppe XV, dass die berühmte bahnbrechende Firma Steinway und Söhne in New-York, welcher die gesamte Clavierfabrikation so viel zu verdanken hat, nicht vertreten war, um so mehr, als die Firma wiederum durch ein neues System [Duplex Skala] die Aufmerksamkeit der wissenschaftlichen Forschung in hohem Grade erregt."[158]

Steinways Präsentation abseits der offiziellen Ausstellung war ein geschickter Schachzug. Denn die Firma konnte der Jury ihre neue Erfindung vorstellen, sie aber den anderen Herstellern der Ausstellung vorenthalten und ihnen keine Gelegenheit einer genauen Untersuchung geben. Die internationalen Ausstellungen des 19. Jahrhunderts boten die Möglichkeit, neue Technologien der ganzen Welt zu präsentieren. Good bezeichnet diese Ausstellungen als Gegenstück zu den heutigen Massenmedien, durch die technologische Entwicklungen kommuniziert werden konnten. Für Ehrlich waren sie „[...] arenas for gladiatorial combat where new and ambitious firms could gain immediate recognition, and old established houses earn fresh laurels or court ignominious defeat."[159] Das Urteil der Fachjury, die Nennung in den offiziellen Berichten und der Gewinn von Medaillen waren wichtige Werbemittel. Ihr Nichtgewinn und die Nichterwähnung in den offiziellen Berichten stürzte manch etablierte Firma in eine schwere Krise. Die Ausstellungen waren Treffpunkt der Geschäftswelt und eine gute Möglichkeit, Werbung für die eigenen Produkte zu machen, denn nahezu jeder Besucher war ein potentieller Kunde.[160]

---

157 Die Duplex Skala, bei der die jeweils vorne und hinten liegenden Saitenteile einer ange-schlagenen Saite frei mitschwingen und so die Obertöne deutlich hervortreten ließen, sollte später einen öffentlichen Briefwechsel zwischen Ludwig Bösendorfer und Theodore Steinway hervorrufen. Siehe Kapitel 7.5.

158 Paul, Oskar: Auszug aus dem autorisierten Abdruck der amtlichen Berichte über die Wiener Weltausstellung im Jahre 1873. Band. II. Heft 5. S. 73. Zitiert nach Steinway, Theodore C. F.: Duplex Scala (Doppelte Mensur) Patent No. 126, 848 vom 14. Mai 1872 und Herr Bösen-dorfer in Wien. In: Signale für die Musikalische Welt 33, 1875. S. 72-79. Zitat S. 78.

159 Ehrlich 1990: S. 56.

160 Vgl. Botstein, Leon: Ludwig Bösendorfer: Viennese Traditionalism and Cosmopolitan Modernitiy in Conflict. In: Fuchs, Ingrid (Hrsg.): Festschrift Otto Biba zum 60. Geburtstag. Tutzing 2006. S. 545-565. Vgl. S. 553-556. Vgl. Good 1982: S. 176, S. 183, S. 187. Vgl. Ehr-lich 1990: S. 56-65. Vgl. Buchheim 1987: S. 237. Vgl. Bontinck 2001: S. 13-14. Pantalony verweist in seiner Studie zu dem in Paris tätigen Instrumentenmacher Koenig auf die Bedeu-tung dieser Ausstellungen, auf denen dieser seine wissenschaftlichen Instrumente präsentierte und in Kontakt mit potentiellen Kunden aber auch Wissenschaftlern trat. Vgl. Pantalony 2009: S. 115-119.

Die Entwicklung der Klavierproduktion verlief in England, Frankreich und Deutschland parallel zur Industrialisierung, die in England bereits um 1760 einsetzte und sich ab der Jahrhundertwende in fast allen europäischen Ländern sowie in Amerika und verzögert in Japan ausbreitete. Gegen Ende des 18. Jahrhunderts bis weit ins 19. Jahrhundert dominierten im Klavierbau kleine Handwerksbetriebe. Die Werkstatt war Teil des Hauses des Meisters, die Lehrlinge lernten durch Beobachtung und Nachahmung und lebten in seinem Haus. Meist arbeiteten die Söhne, manchmal auch die Töchter des Meisters mit und absolvierten im väterlichen Betrieb ihre Lehre. Klaviere waren zu dieser Zeit Luxusgüter und Einzelstücke, die die typische Handschrift des Meisters trugen. Der Hersteller war anhand spezieller Formen, zum Beispiel des Steges, erkennbar, auch wenn er seine Instrumente nicht signierte. Manche Lehrlinge waren auch Meister der Imitation und ahmten die Arbeiten ihrer Meister perfekt nach und nahmen das gelernte mit, wenn sie auf Wanderschaft gingen.[161] Im Lauf des 19. Jahrhunderts verloren kleine spezialisierte Werkstätten und Manufakturen gegenüber den mechanisierten, arbeitsteilig arbeitenden Klavierbaufabriken an Bedeutung. Bereits Ende der 1830er Jahre zeichnete sich dieser Wandel in der Klavierindustrie ab, der um 1850 voll zum Tragen kam. Die Produktionsanlagen wurden vergrößert, mehr Arbeitskräfte eingestellt, die arbeitsteilige Produktion eingeführt und Bestandteile über Zulieferer bezogen. Einzelne Firmen begannen mit der Errichtung eigener Rohstofflager. In Deutschland kam es zwischen 1790 und 1860 zu einer großen Anzahl von Gründungen klavierbauender Firmen. Diese Neugründungen, aber auch die Expansion bereits bestehender Firmen, trugen trotz schwieriger politischer Verhältnisse und den sich ständig verändernden Zollgrenzen zur Verbreitung des Klaviers in Deutschland bei. Ausschlaggebend für den wirtschaftlichen Aufschwung in Deutschland waren die Etablierung eines „[...] einheitlichen Wirtschaftsraumes [...] [und die] [...] Aufhebung der alten Zunftprivilegien [...]."[162] Die Gründung des Zollvereins 1834 war von grundsätzlich strukturpolitischer Bedeutung, wurden doch dadurch viele Zollschranken aufgehoben und somit der Handel und Transport wesentlich erleichtert und gefördert. Es zeichnete sich ein Wandel vom reinen Handwerksbetrieb hin zur Fabrik ab, die um 1900 im Schnitt ca. 100 Beschäftigte hatte. Die Entwicklung verlief allerdings nicht in allen Bereichen gleich. Der Alleinbetrieb war zahlenmäßig weiterhin in Deutschland dominierend. 1895 machte er 72 Prozent und 1907 67 Prozent aller Betriebe aus.

---

161 Vgl. Meglitsch, Christina: Wiens vergessene Konzertsäle. Der Mythos der Säle Bösendorfer, Ehrbar und Streicher. Frankfurt 2005 (= Musikleben – Studien zur Musikgeschichte Österreichs Band 12). Vgl. S. 17. Vgl. Good 1982: S. 58. Vgl. Ehrlich 1990: S. 9. Hård und Andrew Jamison beschreiben das vorindustrielle Wissen und dessen Aneignungsprozesse wie folgt: „People learned most of what they needed to know by observing their parents and neighbors and by trying to do the tings they did. Most of what they knew was not formalized or codified but informal and tacit [...]." Hård, Mikael/Jamison, Andrew: Hubris and Hybrids. A Cultural History of Technology and Science. New York 2005. S. 53.
162 Vgl. Pfeiffer 1989: S. 30.

Allerdings waren 1895 nur 12 Prozent und 1907 nur 6 Prozent der Beschäftigten hier tätig. Pfeiffer betont, dass das Handwerk in dieser Zeit industrieähnlicher wurde. Henkel setzt den Beginn des industriellen Klavierbaus in die Zeit um das Jahr 1870. Über 200 Klavierbaufirmen wurden 1900 in Berlin, 175 in London und 130 in New York nachgewiesen. Jährlich wurden ca. 73.000 Flügel und Klaviere in Berlin, 25.000 in New York und 35.000 in London produziert. Diese Zahlen lassen auf eine Massenproduktion schließen. Zum Vergleich: 1850 wurden im Königreich Sachsen 3.150, in Wien 2.700, in England 23.000 und in Frankreich 10.000 Klaviere gebaut. Die österreichische Klavierherstellung blieb im Gegensatz zu Deutschland handwerklich geprägt. Dem Trend zur Großindustrie folgte sie kaum. Broadwood in London hingegen steigerte seine Klavierproduktion von 400 Instrumenten 1802 auf 1.500 Instrumente 1825. Hier arbeiteten 1851 an einem Klavier 42 Arbeiter. Bontinck betont, dass es sich hierbei um eine Spezialisierung der Arbeitsfunktion und -teilung handelte, aber noch nicht von einer Massenproduktion gesprochen werden könne. Der Vergleich von den von Meglitsch angeführten Produktionszahlen aus den Jahren 1850 und 1913 zeigt für die zweite Hälfte des 19. Jahrhunderts eine deutliche Entwicklung hin zur Massenproduktion.

1850		1913	
Land	**Gesamtproduktion pro Jahr**	**Land**	**Gesamtproduktion pro Jahr**
England	23.000	England	79.600
Frankreich	10.000	Frankreich	ca. 40.000
Amerika	9.000	USA	326.300
Königreich Sachsen	3.150	Deutschland	ca. 150.000
Wien	2.700	Österreich	ca. 15.000

Tabelle 1: Produktionszahlen Klavierindustrie 1850-1930[163]

Im deutschsprachigen Raum waren bis zum Ende des 19. Jahrhunderts kleine Stückzahlen für viele Unternehmen üblich. In England hingegen entwickelten sich bereits Ende des 18. Jahrhunderts erste Großbetriebe. Der Höhepunkt der weltweiten Produktion wurde kurz nach 1900 erreicht. Von 1850 bis 1910 stieg die weltweite Produktion von 43.000 auf 600.000 Instrumente pro Jahr. Der Anteil der europäischen Produzenten schrumpfte im gleichen Zeitraum von zwei Dritteln auf ein Drittel. Der Anteil amerikanischer Produzenten stieg von einem Viertel auf über zwei Drittel an.[164]

---

163 Produktionszahlen entnommen aus Meglitsch 2005: S. 22-23.
164 Vgl. Ebenda: S. 17, S. 24. Vgl. Ely 2000: S. 166. Vgl. Henkel 1994: S. 9. Vgl. Pfeiffer 1989: S. 10-35. Vgl. Schmidt 2003: S. 135. Vgl. Bontinck 2001: S. 13.

Im Export dominierten zunächst England und Nordamerika. Ihre Stellung wurde durch die sich vor allem in Nordamerika vollziehende Entwicklung der Holzverarbeitungs- und Stahlindustrie begünstigt. Die Kosten und die Gewinnspannen waren zu Zeiten, in denen die Produzenten ihre Instrumente rein handwerklich, beziehungsweise in Manufakturen fertigten, hoch. Gleichzeitig waren die Preise sehr hoch und der Umsatz gering. Die Preise entwickelten sich im Laufe des 19. Jahrhunderts zugunsten der Käufer. Im Zuge der sich etablierenden industriellen Fertigung konnten neue Käuferschichten erschlossen werden. Deutschland exportierte um 1890 jährlich Klaviere im Wert von 35.000 englischen Pfund nach England. Auch den südamerikanischen und australischen Markt hatte Deutschland für sich gewinnen können. Frankreichs Anteil am Weltmarkt sank zwischen 1860 und 1910 von 40 auf 4 Prozent, während der Anteil Amerikas im gleichen Zeitraum von 20 auf 54 Prozent anstieg. Sowohl amerikanische als auch deutsche Produzenten nutzten moderne Marketing- und PR-Methoden, wie Weltausstellungen, um ihre Produkte zu vermarkten. Aber auch berühmte Virtuosen gehörten zu den wirkungsvollen Werbeträgern. Einige Hersteller errichteten eigene Konzertsäle, um ihre Klaviere in eigens dafür ausgestatteten Räumen, die auf das Produkt und dessen Klang abgestimmt waren, zu präsentieren. Einer der bekanntesten war der legendäre Bösendorfersaal in der Herrengasse in Wien.[165]

3.1 Industrielle Produktion – Steinway & Sons

1914 gab es in den USA 478 Fabriken mit 41.723 Beschäftigten, in Deutschland 1.680 Betriebe mit nur 26.000 Beschäftigten. In Deutschland dominierten kleinere bis mittlere Betriebe, in den USA vor allem Großbetriebe. Die Fertigung in den USA war von Beginn an auf große Stückzahlen ausgelegt. In Deutschland hingegen dominierte die Kleinserienfertigung. Der verstärkte Maschineneinsatz in den USA stand im Zusammenhang mit der quantitativen Ausrichtung der Produzenten, denn dieser lohnte sich erst für größere Betriebseinheiten. Zudem war der Maschinenbau in den USA besonders fortschrittlich.[166] In den USA vollzog sich die Industrialisierung des Klavierbaus viel schneller als in Europa und Deutschland. Dies zeigen auch folgende Zahlen der amerikanischen Klavierbauindustrie:

---

165 Die ehemalige Reithalle verfügte über eine hervorragende Akustik und wurde bald zu einem der beliebtesten Konzerthallen Wiens, bis er 1913 geschlossen und das ihn beherbergende Gebäude abgerissen wurde. Vgl. Bontinck 2001: S. 20-23. Vgl. Botstein 2005: S. 551-552. Vgl. Schoetter, Frederic: Bösendorfer. In: Palmiere, Robert: The Piano. An Encyclopedia. New York, London 2003². S. 52.-53. Eine detaillierte Geschichte des Bösendorfersaals findet sich in Meglitsch 2005.
166 Vgl. Pfeiffer 1989: S. 73-75.

Jahr	Firmen	Beschäftigte	Produzierte Klaviere
1860	110	3.000	20.000
1870	156	4.000	24.000
1880	174	8.000	30.000
1890	236	12.000	72.000

Tabelle 2: Branchenzahlen Klavierbau USA[167]

In den USA wurden Klavierfabriken häufig von europäischen Auswanderern gegründet. Bekanntestes Beispiel ist Heinrich Steinweg (1797-1871), Tischlermeister und Orgelbauer aus Seesen im Harz, der 1850 mit seinen Söhnen nach New York auswanderte und die Firma Steinway & Sons gründete. Die starke industrielle Prägung der Produktionsweisen US-amerikanischer Firmen wird an der Beschreibung der Fabrikanlagen Steinway & Sons deutlich, die Lieberman in seiner Monographie detailliert darstellt. 1853 gründeten Henry Steinway und seine Söhne Steinway & Sons in New York.[168] Zunächst waren die Werkstätten und Ausstellungsräume in einem kleinen angemieteten Gebäude in New York untergebracht. Im ersten Jahr wurden elf Klaviere verkauft. Die Resonanzböden wurden von William Steinway (1835-1896) gebaut und die Mechanik von Charles Steinway (1829-1865) reguliert. Die letzten Feinheiten der Mechanik wurden von Henry E. jr. Steinway (1830-1865) eingestellt. Zunächst mietete die Familie mehrere Werkstätten in New York an. Zur Rohbearbeitung des Holzes standen weder Kreissägen noch Hobelmaschinen zur Verfügung. Auch gab es keine Aufzüge, um die schweren und sperrigen Instrumente zwischen den Stockwerken zu transportieren. Um diese Probleme zu lösen, wurden die Produktionsflächen in die Randbezirke New Yorks verlegt. Ein Grundstück entlang der Bahnlinie von Harlem nach New Haven wurde erworben und 1858 eine sechsstöckige L-förmige Fabrik mit einer Gesamtfläche von 16.258 Quadratmetern für 150.000 Dollar errichtet. Im Hof standen drei Dampfkessel, die das Gebäude und vier Trockenöfen beheizten, in denen 76.000 Kubikmeter Holz jeweils drei Monate lang lagerten. Zudem trieben die mit den Dampfkesseln verbundenen Dampfmaschinen vier Aufzüge und die Arbeitsmaschinen an. Die Dampfmaschinen lieferten mit fünfzig Pferdestärken die Energie für Sägen, Drehbänke und Hobelmaschinen im Erdgeschoß. Keine andere Klavierfabrik dieser Zeit verfügte über so viele transmissionsbetriebene Werkzeugmaschinen. Die Präzisionsmaschinen, mit denen Ecken abgerundet und Verzierungen gedrechselt werden konnten, waren im dritten Stock der Fabrik aufgestellt. Im Erdgeschoß befanden sich die meisten Maschinen, die zur Rohbearbeitung des Holzes verwendet wurden. Die Produktionszeiten

---

167 Entnommen aus: Bontinck 2001: S. 14.
168 1856 traten William und Albert (1840-1877) in die Firma ein.

hatten sich jedoch trotz der Maschinen nicht verringert, sondern sogar erhöht, denn die Arbeiter hatten keinerlei Erfahrung im Umgang mit den Maschinen. Hinzu kam, dass Steinway & Sons mehrere hundert Arbeiter in kurzer Zeit einstellten, die alle zunächst angelernt werden mussten. Die Zahl der produzierten Instrumente ging trotz moderner Maschinen zunächst zurück. Auch in Amerika wurden die Feinarbeiten in den 1860er Jahren weiterhin ohne maschinelle Hilfe geleistet. Allerdings wurden bereits zu Beginn des Bürgerkriegs (1861-1865) Maschinen in vielen holzverarbeitenden Betrieben für die gröberen Arbeiten eingesetzt. Um 1870 errichtete Steinway & Sons eine neue Fabrik. Theodore Steinway brauchte eine eigene Gießerei, um seine spezielle Eisenlegierung für den Gusseisenrahmen herstellen zu können. Auch ein Holzlager für über 4.600.000 Quadratmeter Holz, das zwei Jahre lang vor der Ofentrocknung lagern musste, wurde benötigt. Die Anlage musste groß genug sein, um jährlich 2.500 Instrumente herzustellen zu können. Gerade einmal sechseinhalb Kilometer entfernt von der ersten Fabrik wurde 1870 in Queens am East River ein Grundstück gekauft, eine ehemalige Gärtnerei mit 162 Hektar Wiesen, Sumpf und Wald. Das Grundstück erstreckte sich auf über 800 m entlang des East Rivers. Man versprach sich von diesem Standort, dass die großen Mengen an benötigtem Material, Millionen Kubikmeter an Holz, Tonnen von Roheisen und Sand für die Gussformen, über Lastkähne angeliefert werden konnten. Steinway errichtete in Queens Eisen- und Messingschmelzereien, ein Sägewerk und einen Metallverarbeitungsbetrieb. Jedes Teil der Instrumente wurde in der eigenen Fabrik hergestellt, außer den Elfenbeinteilen der Tastatur, die von einem Zulieferer bezogen wurden. In Queens arbeiteten 400 Arbeiter. Diese, die US-amerikanische Industrie nach 1840 prägende vertikale Integration jener Produktionszweige, die zur Herstellung von Klavieren benötigt wurden, Eisenschmelzereien, Messingschmelzereien, Sägewerk und Metallverarbeitungsbetriebe, innerhalb der weitläufigen Fabrikanlage, sowie die Nutzung des angrenzenden Flusses zum schnellen und günstigen Transport für die benötigten Rohstoffe, die Verwendung moderner Maschinen und eine weitreichende Arbeitsteilung ermöglichte es Steinway & Sons Klaviere bereits um 1870 in einer Massenproduktion herzustellen.[169]

Steinway & Sons produzierten nicht nur mit Hilfe moderner Maschinen, sondern pflegten auch den Kontakt zu Wissenschaftlern. Theodore Steinway war mit dem deutschen Physiker Hermann von Helmholtz (1821-1894) bekannt, der 1862 sein

---

169 Vgl. Lieberman 1996: S. 43-44, S. 125-128. Vgl. Ehrlich 1990: S. 50-54. Diese vertikale Integration stellt Alfred D. Chandler in seinem Buch „The Visibal Hand" für die US-amerische Industrie dar. Ein frühes Beispiel für diesen Prozess ist die US-amerikanische Textilindustrie die bereits vor 1840 eine vertikale Integration vornahm: „The textile mills were, nevertheless, pioneers in the technology of modern production. They did internalize and integrate all or nearly all the processes of production involved in making a product within a single mill." Chandler, Alfred D.: The Visible Hand: The Managerial Revolution in American Business. Cambridge, Mass. 1980. Zitat S. 72.

für die Akustik grundlegend werdendes Buch „Die Lehre von der Tonempfindung" veröffentlichte.[170] Theodore Steinway studierte Helmholtz Werk, korrespondierte mit ihm und stellte ihm Instrumente für Experimente zur Verfügung. Dadurch war Steinway & Sons in der Lage, mit wissenschaftlichen Aussagen für seine Instrumente zu werben, zum Beispiel mit einem Brief von Helmholtz vom 9. Juni 1871: „With such a perfect instrument as yours … I must modify many of my former expressed views regarding pianos."[171] Oder einem Brief von 1873 in dem Helmholtz die von Steinway entwickelte Doppelskala lobte:

> „Ich hab[e] wiederholt und sorgfältig den Effect dieser Doppel-Mensur studirt, die jetzt in meinem Steinway-Piano angebracht ist, und finde diese Verbesserung höchst überraschend und günstig […] so schön mein Flügel vorher war, so hat ihm doch die Doppel-Mensur einen mehr fliessenden, singenden und harmonischen Ton gegeben […]."[172]

Theodore Steinway nutze diese Schriftstücke zur Werbung und druckte zum Beispiel den Brief Helmholtz aus dem Jahr 1873 in einem Artikel über die Doppelskala in der Zeitschrift „Signale für die Musikalische Welt" ab, um seine Entwicklung durch das Urteil des renommierten Physikers zu stützen.[173]

3.2 Handwerklich geprägte Produktion – die L. Bösendorfer Klavierfabrik

War der amerikanische Klavierbau bereits gegen Ende des 19. Jahrhunderts stark industrialisiert und zeichneten sich die Klavierbaufirmen durch eine weitreichende Arbeitsteilung und Mechanisierung aus, blieb der österreichische Klavierbau bis ins 20. Jahrhundert eher handwerklich geprägt. Dies dürfte unter anderem auf das wohlhabende Wiener Bürgertum als wichtigste Nutzergruppe zurückzuführen sein, das vor allem nach prunkvollen, repräsentativen Flügeln für ihre Salons verlangte und diese auch bezahlen konnte. Das Wiener Adressverzeichnis führt 1850 folgende Zulieferbetriebe auf: „105 Klaviermacher, 3 Beinschneider für Klaviaturen, 4 Kapselmacher, 21 Klaviaturtischler, 7 Klavierfüßeverfertiger, 17 Korpus-Verfertiger, 2 Klavierrollen-Erzeuger, 5 Klaviersaiten-Erzeuger, 5 Klavierschilder-

---

170 Helmholtz, Hermann von: Die Lehre von den Tonempfindungen als physiologische Grundlage für die Theorie der Musik, Vieweg, Braunschweig 1870³ (Reprint, Saarbrücken 2007, Hrsg. Krosigk, Esther von).

171 Helmholtz zitiert nach Ehrlich 1990: S. 51.

172 Helmholtz zitiert nach: Steinway 1875: S. 73. Dieser Artikel ist Teil eines öffentlichen Streites zwischen Theodore Steinway und Ludwig Bösendorfer um die Duplex Skala, der in Kapitel 7.5 kurz dargestellt wird.

173 Vgl. Steinway 1872. Vgl. Good 1982: S. 197. Vgl. Ehrlich 1990: S. 31, S. 51. Vgl. Steinway, Theodore E.: People and Pianos. A Century of Service to Music. Steinway & Sons New York 1853-1953. New York 1953. Vgl. S. 32.

Verfertiger, 11 Klavierstifte- und Stimmnägel-Verfertiger."[174] Im ersten Drittel des 19. Jahrhunderts war der Klavierbau zu einem bedeutenden Wirtschaftszweig Wiens geworden, trotzdem blieben die Produktionszahlen vergleichsweise gering. Bei der Wiener Firma Seuffert produzierten 1847 20 bis 30 Arbeiter jährlich 90 bis 120 Instrumente. 1870 bauten 100 Personen 350 Klaviere und 1900 produzierte die Firma 600 Instrumente. Alle Wiener Klavierbauer fertigten 1845 ca. 2.600 Klaviere. Im Vergleich hierzu stellte der Londoner Hersteller Broadwood allein 2.300 Instrumente jährlich her. Zwar verlagerte sich im letzten Drittel des 19. Jahrhunderts auch in Wien die Produktion auf die großen Fabriken wie Bösendorfer und Ehrbar, die Anzahl der Beschäftigten betrug bei Bösendorfer jedoch nie mehr als 120 Personen. 1862 beschäftigten Bösendorfer 70, Steinway & Sons hingegen 350 Mitarbeiter. Auch im Vergleich zu Deutschland produzierten die österreichischen Klavierbaufirmen auffallend wenige Instrumente. 1897 wurden in Deutschland über 80.000 Klaviere, in Österreich insgesamt nur 6.000 Klaviere produziert. Das österreichische Klavierbaugewerbe erlebte in den 1880er und 1890er Jahren eine Krise. Die Hersteller passten sich nur halbherzig und langsam den ausländischen Neuerungen an, wie der Englischen Mechanik und dem amerikanischen System des Gusseisenrahmens und Kreuzsaitenbezuges. Bösendorfer hielt zum Beispiel bis 1909 an der technisch überholten Wiener Mechanik fest. Hinzu kam, dass Österreich den Heimatmarkt durch Protektionismus zu erhalten versuchte. Allerdings verloren sie dadurch den Anschluss an die internationale Konkurrenz. Gleichzeitig übernahmen deutsche und amerikanische Firmen die Führung in der Klavierindustrie. Vor allem in Deutschland, England, Frankreich und den USA stieg die Nachfrage nach günstigen Instrumenten und so entwickelten sich hier im Laufe des 19. Jahrhunderts große Klavierfabriken, die sich industrieller Produktionsweisen bedienten und so günstige Massenprodukte herstellten. Die österreichischen Manufakturen hingegen hielten an ihren veralteten Produktionsmethoden fest und verloren an Bedeutung. Hinzu kam, dass sich die österreichische Klavierbaubranche seit der Wiener Weltausstellung von 1873 durch kleinere Betriebe erheblich vergrößerte, die jedoch nicht über genügend technische und finanzielle Mittel verfügten, um Qualitätsprodukte in größeren Mengen herzustellen. Ebenfalls negativ wirkte sich das österreichische Ausbildungssystem sowie die mangelnde Qualifikation der Fachkräfte aus. So konnten Lehrlinge nach drei Jahren auch ohne Abschlussprüfung freigesprochen werden.[175] Noch um 1900 waren in Österreich Maschinen in der Produktion von Klavieren nur dort vorstellbar: „[...] wo eine mechanische geistlose Arbeit geschaffen und wo der Mensch als einer besseren Leistung fähig und würdig solcher Arbeit enthoben

---

174 Zitiert nach Meglitsch 2005: S. 20.
175 Vgl. Botstein 2005: S. 549-550. Vgl. Zuna-Kratky 2005: S. 143. Vgl. Meyer 1989: S. 82-90.
    Vgl. Pfeiffer 1989: S. 35. Vgl. Meglitsch 2005: S. 17-22.

werden soll."[176] Die Wiener Klavierbauer waren der Ansicht, dass Qualität nicht durch Massenproduktion nach industriellen Maßstäben erreicht werden könne. Die handwerkliche Arbeit war das Maß der Dinge, wie ein Zitat Ludwig Bösendorfer aus dem Jahr 1898 verdeutlicht, der sich entschieden gegen den industriellen Klavierbau aussprach und die Vorzüge der handwerklich geprägten Klavierbauunternehmen hervorhob:

> „In solcher Weise findet der Herr eine Werkstatt, in der er auch zugleich erster Arbeiter ist, Zeit und Gelegenheit mit seinen Mitarbeitern Erfahrungen und Ideen auszutauschen, wodurch die von der Grossmannssucht verachtete Werkstatt zum Treibhaus für die grossen Anlagen und Maschinenhallen der Fabrikanten wird. Die mit Maschinen arbeitenden Fabriken drücken das geistige Niveau ihrer Arbeit herab, indem sie die Ausbildung des Arbeiters verhindern, machen den Arbeiter zum Handlanger und Tagelöhner, der wohl ganz folgerichtig und berechtigterweise für Erhöhung seines Lohnes, sowie für Strike und Sozialismus Sinn haben wird, aber nicht mehr Interesse für das Clavier, das ihm mehr und mehr entfremden wird."[177]

Ludwig Bösendorfer sah nicht nur in der mangelnden Qualität industriell gefertigter Instrumente eine Gefahr, sondern machte auch die industrielle Arbeitsorganisation für Aufstände und Revolten von Seiten der Arbeiterschaft verantwortlich. Er war bestrebt, elegante und pompöse Klaviere für das Wiener Bürgertum zu bauen. Das Klavier war für ihn „[…] sichtbares Symbol des hohen ästhetischen Wertes und Kunsthandwerks."[178] Er identifizierte sich mit der klassischen Handwerkstradition vor der Industrialisierung. Dadurch konnte er sich 1870 in Wien einen Nischenmarkt aufbauen. Sein Erfolg basierte auch auf seinem engen Kontakt zur musikalischen Szene. Neben dem 1872 eröffneten Bösendorfer-Saal pflegte er zudem engen Kontakt zur Gesellschaft der Musikfreunde Wiens und Franz Liszt, der zum wichtigsten Werbeträger der bösendorferschen Instrumente avancierte, sollten diese doch die einzigen Klaviere gewesen sein, die seinem kraftvollen Spiel standhielten. Durch die enge Verbindung mit dem Musikverein bot sich Ludwig Bösendorfer eine Bühne zur Präsentation und Reputation seiner Instrumente. Die Firma Bösendorfer wurde von Ignaz Bösendorfer (1794-1859) gegründet, der bei dem Klaviermacher Josef Brodmann (1771-1828)[179] gelernt hatte und 1828 dessen Firma übernahm. Er erhielt 1839 den Titel „k. u. k. Hof- und

---

176 Neue Musikalische Presse 4, 1985. Beilage. Zitiert nach Meglitsch 2005: S. 24.
177 Bösendorfer, Ludwig: Das Wiener Clavier. In: Die Grossindustrie Österreichs. Wien 1898. Archiv der Gesellschaft der Musikfreunde Wiens. Nachlass Ludwig Bösendorfer, Faszikel B, Mappe I, Nr. 8. Zitat S. 19.
178 Vgl. Botstein 2005: S. 550.
179 Brodtmann stammte aus Preußen und leistete 1796 in Wien den Bürgereid. Vgl. Haupt 1952: S. 24. Vgl. Schoetter 2003: 52-53. Näheres zu Josef Brodmann siehe: Haupt, Helga: Wiener Instrumentenbauer von 1791-1815. In: Studien zur Musikwissenschaft. Beiheft der Denkmäler der Tonkunst in Österreich. Band 4. Graz 1960. S. 120-184. Siehe S. 129.

Kammer-Klavier-Verfertiger.“[180] Nach seinem Tod übernahm 1859 im Alter von nur 23 Jahren sein Sohn Ludwig Bösendorfer (1835-1919) den Betrieb. Er hatte das Handwerk im väterlichen Betrieb erlernt und besuchte von 1850 bis 1852 die Technische und Handelsabteilung des k. u. k. Polytechnischen Instituts. Ludwig Bösendorfer hatte keine Nachkommen. Er verkaufte 1909 die Firma an seinen Mitarbeiter Carl Hutterstrasser (1863-1942).[181] Leon Botstein betont, dass Klavierhersteller, die sich in der Tradition des Handwerks wie Ludwig Bösendorfer sahen, an Veränderungen bastelten, diese testeten und Vermutungen aus ihren eigenen praktischen Erfahrungen und denen der Spieler anstellten. Nur wenige nutzen bei der Klavierkonstruktion akustische Theorien oder arbeiteten mit Ingenieuren oder Wissenschaftlern zusammen. Die subjektiven individuellen Erfahrungen und der Geschmack der Spieler waren für sie ausschlaggebend. Theodore Steinway hingegen bediente sich wissenschaftlicher Methoden und modernster Techniken und hatte damit Erfolg. Auch die Braunschweiger Firma Grotrian-Steinweg sollte sich vor allem in der ersten Hälfte des 20. Jahrhunderts wissenschaftlicher Methoden bedienen und damit neue Wege in der Konstruktion ihrer Instrumente beschreiten.[182]

Die handwerklich geprägte Arbeitsweise des Wiener Klavierbaus wird an vier Fotografien der Firma Bösendorfer aus dem Jahr 1910 deutlich, die vier Räume des Klavierbaubetriebes zeigen. Es ist nicht bekannt, wer der Auftraggeber war oder in welchem Zusammenhang die Aufnahmen entstanden. Ebenso, ob noch weitere Fotografien beziehungsweise ein ganzes Firmenalbum erstellt worden war, welches alle Produktionsschritte der Firma dokumentiert und hohen repräsentativen Wert gehabt hätte. Trotzdem erlauben diese Aufnahmen einen Zugang, wenn auch nur

---

180 Lebenslauf von Ignaz Bösendorfer. O. J. Archiv der Gesellschaft der Musikfreunde Wiens. Nachlass Ludwig Bösendorfer, Faszikel D, Mappe VII, Nr. 2. Vgl. Meyer 1989: S. 26. Vgl. Kammertöns/Mauser 2006: S. 112. Vgl. Botstein 2006: S. 545-565.
181 Dessen Söhne, Wolfgang und Alexander, traten 1931 in die Firma ein. 1966 wurde Bösendorfer von der Jasper Corporation übernommen, die Teil der amerikanischen Firma KIMBALL war, welche Möbel und günstige Instrumente herstellte. Die österreichische Bankengruppe BAWAG kaufte Bösendorfer 2001 und 2008 wurde das Traditionsunternehmen von dem japanischen Konzern Yamaha übernommen. Vgl. L. Bösendorfer Klavierfabrik GmbH: Die Geschichte (http://www.boesendorfer.com/de/geschichte.html). Abgerufen am 27. 01. 2010.
182 Siehe Kapitel 6. Vgl. Lebenslauf von Ignaz Bösendorfer. Vgl. Lebenslauf von Ludwig Bösendorfer. O. J. Archiv der Gesellschaft der Musikfreunde Wiens. Nachlass Ludwig Bösendorfer, Faszikel D, Mappe VII, Nr. 4. Vgl. Botstein 2006: S. 551-560. Vgl. Schoetter 2003: S. 52-53. Vgl. Kammertöns/Mauser 2006: S. 111-112. Vgl. Meglitsch 2005: S. 24, S. 74-75, S. 80-81, S. 85. Vgl. Hutterstrasser, Carl: Hundert Jahre Bösendorfer. Wien 1928. S. 10. Vgl. Hopfner 2004: S. 60-61. Vgl. Meyer 1989: S. 103, S. 113-117, S. 130. Vgl. L. Bösendorfer Klavierfabrik: Die Geschichte eines Flügels. The History of a Grand Piano. O. O. 1978. Firmenarchiv L. Bösendorfer Klavierfabrik GmbH, Wiener Neustadt, Österreich. S. 6, S. 8-9, S. 18. Vgl. O. A.: 150 Jahre Bösendorfer. In: Musik-Journal 12, 1978. Vgl. L. Bösendorfer Klavierfabrik GmbH: Die Geschichte (http://www.boesen dorfer.com/de/geschichte.html). Abgerufen am 27. 01. 2010. Vgl. Johannes: Bösendorfer. Eine lebende Legende. Wien 2002. S. 45.

einen recht eingeschränkten, zu der für Außenstehende sonst unzugänglichen Innenansichten des Betriebes. Industrieaufnahmen waren jedoch meist gestellt und hochgradig inszeniert. Dies zeigt unter anderem das von Wengenroth interpretierte „Kruppsche Werkpanorama" von 1864.[183] Zahlreiche Fotografien wurden gestellt und einzelne Elemente und Personen dekorativ ins Bild gerückt. Nicht selten taten die Arbeiter nur so als ob sie arbeiteten. Hinzu kam, dass die damalige Fototechnik noch sehr lange Belichtungszeiten vorraussetzte. Dies machte spontane Aufnahmen nahezu unmöglich. Wengenroth bemerkt, dass Fotografien nur selten als Quelle der Technikgeschichte genutzt werden und häufig nur illustrativ Verwendung finden. Jedoch beeinflussen Fotografien den Betrachter sowie die Autoren beträchtlich. Oft wurden Fotografien lange und intensiv betrachtet, um einen Zugang zur Technik zu finden. Somit prägten sie auch das Bild des Autors, welches dieser von der jeweiligen Technik hatte, ohne dass diese interpretierende Techniksichtweise dem Leser als solche transparent gemacht wurde.[184]

Die inszenierten und gestellten Aufnahmen der Firma Bösendorfer vermitteln dem Betrachter das Bild eines handwerklichen Betriebes, in dem jedes Instrument in mühevoller Handarbeit hergestellt wurde (siehe Abb. 4 bis 7, S. 67-70). Die abgebildeten Arbeiter unterbrachen ihre Arbeit oder hielten in ihren Bewegunge inne, und ordneten sich scheinbar nach Anweisung im Raum an. Auf allen vier Fotografien sind keine Maschinen zu erkennen. Vielmehr zeigen die Aufnahmen eine große Werkstatt oder Manufaktur, in der Beschäftigte, im Falle der Firma Bösendorfer dürften das unter anderem Tischler und Klaviermacher gewesen sein, arbeitsteilig, basierend auf ihren handwerklichen Fähigkeiten Flügel herstellten. Inwiefern Maschinen zum Einsatz kamen, kann aus diesen Quellen nicht rekonstruiert werden.[185]

Abbildung 4 (S. 67) zeigt einen Raum mit Gewölbedecke in dem insgesamt neun Männer und zwei Jungen, wahrscheinlich Lehrlinge, Flügelrasten herstellten und

---

183 Wengenroth, Ulrich: Die Fotografie als Quelle der Arbeits- und Technikgeschichte. In: Tenfelde, Klaus/Beitz, Berthold (Hrsg.): Bilder von Krupp. Fotografie und Geschichte im Industriezeitalter. München 2000[2]. S. 89-104.

184 Vgl. Lüdtke, Alf: Industriebilder – Bilder der Industriearbeit? Industrie- und Arbeitsphotographie von der Jahrhundertwende bis in die 1930er Jahre. In: Historische Anthropologie 1, 1993. S. 394-430. Vgl. S. 396. Vgl. Wengenroth 2000: S. 89.

185 Eine Manufaktur zeichnete sich durch die Zusammenfassung von verschiedenen Handwerken unter einem Dach aus, die gemeinsam mit geringem Maschineneinsatz durch Arbeitsteilung ein Produkt herstellten. Fabriken zeichneten sich ebenfalls durch eine arbeitsteilige Herstellung aus, unterschieden sich jedoch von den Manufakturen durch einen weitreichenden Einsatz von Maschinen, die durch künstliche Kraftquellen angetrieben wurden, sowie einer scharfen Trennung zwischen Unternehmenführung und Fertigung. Es gab jedoch immer Mischformen und die Produkte konnten im Verlauf des Herstellungsprozesses durchaus verschiedene Produktionsformen durchlaufen. Vgl. Paulinyi, Akos/Troitzsch, Ulrich (Hrsg.): Propyläen Technikgeschichte. Mechanisierung und Maschinisierung. Band 3. Berlin 1997. S. 145-146.

Abb. 4:   Arbeiten an der Rast[186]

bearbeiteten. Die Personen sowie die Werkstücke wurden perspektivisch angeordnet, so dass der Betrachter in einen Halbkreis blickt. Den Mittelpunkt des Bildes bildet ein Mann in der Mitte des Raumes, der auf einem aufgebockten Brett erhöht über allen anderen steht und den optischen Mittelpunkt der Aufnahme bildet. Die Arbeiter haben alle eine Schürze umgebunden, stehen oder sitzen direkt an ihren Werkstücken und der Boden ist mit Hobelspänen bedeckt. Manche von ihnen halten Werkzeuge in der Hand, wie zum Beispiel der Junge vorne rechts, der einen Hobel auf ein Bauteil einer Raste gelegt hat. Der Mann hinter ihm hält einen Bleistift und ein Lineal in seiner Hand, als ob er gerade etwas vermessen würde. Insgesamt vier Rasten sind zu erkennen, davon zwei im vorderen linken Bereich, eine weitere ist in der Mitte des Raumes zu erkennen, die auffallend schräg angeordnet wurde, um dem Betrachter einen besseren Blick auf das Werkstück zu geben, und die vierte schließt den Halbkreis in der rechten Bildhälfte ab. An den Wänden sind Bretter, Schablonen und einige Handwerkzeuge zu erkennen. An der Fensterseite, in der bodentiefe, oben mit Rundbögen versehene Fenster eingelassen sind, stehen mehrere Werkbänke im direkten hellen Tageslicht. Im ganzen Raum

186 Historische Fotografien der Werkstatt Bösendorfer in Wien um 1910. Archiv der Gesellschaft der Musikfreunde Wiens. Nachlass Ludwig Bösendorfer, Faszikel G, Mappe I, Nr. b.

Abb. 5:   Zusammensetzen der Flügel[187]

sind keinerlei Maschinen zu erkennen. Nach dieser Aufnahme wurden 1910 die Rasten in mühevoller Handarbeit mit Lineal und Hobel bearbeitet. Es ist jedoch nicht auszuschließen, dass Vorarbeiten mit Maschinen auch innerhalb der Firma Bösendorfer durchgeführt wurden. Wie die Rasten jedoch zusammengesetzt, ob die einzelnen Teile durch Bandsägen oder Fräsen vorgefertigt wurden, wird in den vorhandenen Aufnahmen nicht gezeigt. Auch Abbildung 5 vermittelt das Bild einer rein handwerklichen Produktion. Der Betrachter blickt in einem Raum, in dem die Flügel weitgehend zusammengesetzt werden. Wie Abbildung 4 wirkt dieses Bild inszeniert, die insgesamt 14 abgebildeten Männer halten in ihrer Arbeit inne oder wurden bewusst im Raum platziert. Einige halten Werkzeuge in der Hand, arbeiten jedoch nicht. An der Fensterseite sind wieder Werkbänke im hellen Tageslicht angeordnet, am linken Bildrand lagern Bretter. An der Stirnwand lehnt ein Flügeldeckel. In das Instrument im Vordergrund wurde bereits der Gusseisenrahmen eingesetzt und die Umbauten gefertigt. Die Gehäuse sind noch blind, das heißt, sie wurden noch nicht furniert oder lackiert und poliert. Auch hier sind keinerlei Maschinen zu sehen.

187 Historische Fotografien der Werkstatt Bösendorfer in Wien um 1910. Archiv der Gesellschaft der Musikfreunde Wiens. Nachlass Ludwig Bösendorfer, Faszikel G, Mappe I, Nr. c.

Abb. 6:　　Einsetzen des Spielwerks[188]

Im dritten Raum (siehe Abb. 6, S. 69) bietet sich ein ähnliches Bild. In diesem Raum wurden die Klaviatur und das Spielwerk in die Instrumente eingesetzt. 13 Männer sind zu sehen, die in ihrer Arbeit innehalten. Die Werkbänke sind auch hier an der Fensterseite angeordnet. Jeder Werkbank, auf der jeweils ein Spielwerk liegt, ist ein Flügel zugeordnet, der in der Mitte des Raumes steht. Der Arbeiter konnte so bei Tageslicht die Feinjustierungen am Spielwerk vornehmen und anschließend direkt in das entsprechende Instrument einpassen. Auch hier sind keine Maschinen abgebildet und es dominiert der Eindruck eines Handwerksbetriebes, in dem die Flügel in Handarbeit individuell gefertigt wurden.

Die vierte Fotografie zeigt einen Raum, in dem Furniere lagern. Sechs Männer sind mit den dünnen Furnierblättern beschäftigt, die sich in Stapeln auf Regalen an den Wänden befinden (siehe Abb. 7, S. 70). Diese Fotografien aus der Produktion der Firma Bösendorfer sprechen für den in der Literatur beschriebenen handwerklich geprägten österreichischen beziehungsweise Wiener Klavierbau. Doch auch hier ist eine Arbeitsteilung zu erkennen. Die einzelnen Arbeitsschritte wurden in jeweils unterschiedlichen Räumen vorgenommen und von verschiedenen Personen durchgeführt. Diese Fotografien bedienen zudem das kulturell aufgeladene Bild des Klavierbaus als kunsthandwerkliche Tätigkeit. Doch arbeiteten bereits um 1870 über 100 Männer bei Bösendorfer, sodass ein Instrument durch eine Vielzahl von

---

188 Historische Fotografien der Werkstatt Bösendorfer in Wien um 1910. Archiv der Gesellschaft der Musikfreunde Wiens. Nachlass Ludwig Bösendorfer, Faszikel G, Mappe I, Nr. d.

Abb. 7: Furnierlager[189]

Händen ging, bevor es fertig war. Hinzu kamen weitere 100 Arbeiter außerhalb der Fabrik, die einzelne Bestandteile fertigten. Auch ist nicht klar, inwieweit Maschinen bei den Vor- und Zuschneidearbeiten eingesetzt wurden. Hierüber gibt es keinerlei quellenkundliche Belege. Im Jahr der Aufnahmen (1910) produzierte die Firma Bösendorfer 404 Instrumente, das heißt jeden Tag verließen ein bis zwei Instrumente das Werk. Von 1900 bis 1913 produzierte die Firma jährlich zwischen 325 und 434 Instrumente. Es ist zu vermuten, dass Bösendorfer Maschinen zumindest für gröbere Vorarbeiten einsetzte, dies jedoch nicht in den inszenierten Betriebsaufnahmen zeigen wollte. Hierfür sprechen auch die Produktionszahlen.[190]

Eine weitreichende Arbeitsteilung bestand bei Bösendorfer bereits um 1870, wenn auch die Fertigung bis weit ins 20. Jahrhundert handwerklich geprägt blieb. Hier-

---

189 Historische Fotografien der Werkstatt Bösendorfer in Wien um 1910. Archiv der Gesellschaft der Musikfreunde Wiens. Nachlass Ludwig Bösendorfer, Faszikel G, Mappe I, Nr. e.
190 Vgl. Meglitsch 2005: S. 64-65. Vgl. Cizek 1989: S. 57. Vgl. Opusnummernbuch vom 22. September 1898 bis 26. Dezember 1900. Nr. 14736-15640. Opusnummernbuch vom Januar 1901 bis 30. Mai 1903 Nr. 25641-1531. Opusnummernbuch 1903-1905. Nr. 16529-17435. Opusnummernbuch 1905-1907. Nr. 17436-18402. Opusnummernbuch 1907-1909. Nr. 18403-19002. Opusnummernbuch 1909-1911. Opusnummernbuch 1911-1915. Nr. 19899-21250. Firmenarchiv L. Bösendorfer Klavierfabrik GmbH, Wiener Neustadt, Österreich. Graphische Darstellung (Bösendorfer Produktion) 1971. Jahresproduktion-Verkäufe ab 1900. Archiv der Gesellschaft der Musikfreunde Wiens. Nachlass Ludwig Bösendorfer, Faszikel C, Mappe VI, Nr. 16. Graphische Darstellung (Bösendorfer Produktion) 1971. Produktionskurve der Fa. Bösendorfer ab 1900. Archiv der Gesellschaft der Musikfreunde Wiens. Nachlass Ludwig Bösendorfer, Faszikel C, Mappe VI, Nr. 16.

von zeugen die von 1870 bis 1974 geführten Arbeitsnummernbücher, in denen für jedes gefertigte Instrument dokumentiert wurde, welche Person welchen Arbeitsschritt wann durchführte. Die insgesamt acht erhaltenen Arbeitsnummernbücher wurden systematisch untersucht und die jeweils ersten zwei Instrumente der Monate Februar, Juli und November sowie die von den jeweiligen Personen ausgeführten Arbeitsschritte tabellarisch erfasst. Anschließend wurden die untersuchten Eintragungen hinsichtlich der einzelnen Arbeitsschritte und den daran jeweils beteiligten Arbeitern verglichen. Bis zu 15 verschiedene Arbeitsschritte wurden jeweils in den einzelnen Arbeitsnummernbüchern dokumentiert, die jedoch von Buch zu Buch variierten, wie folgende Überschriften dokumentieren: Stimmstockmacher, Kastenmacher, Carnismacher, Bodenarbeit-Holz, Bodenarbeit-Eisen, Bezieher, Zusammensetzer, Dämpfung aufgesetzt, Abputzer/Putzer, Beledert, Maschinenputzer, Ausgearbeitet, Politiert, Überpolitiert, Spritzlacklackierer, Grundiert, Aufgezogen, Angschlagen, Intoniert, gestimmt und letztes Nachsehen.[191]

Die Arbeitsnummernbücher dienten der Firma zur Kontrolle und Dokumentation der einzelnen Arbeitsschritte. Zudem konnte auf diese Weise nachvollzogen werden, welche Arbeiten wie viel Zeit in Anspruch nahmen und welcher Arbeiter wieviel Zeit für den jeweiligen Arbeitsschritt benötigte. Die Arbeitsnummernbücher zeigen zudem, welche Arbeiten vornehmlich von einer kleinen Gruppe von Arbeitern, beziehungsweise nur von ein bis zwei Personen durchgeführt und bei welchen Arbeitsschritten viele verschiedene Kräfte eingesetzt wurden. Diese Spezialisierung der Arbeitskräfte lässt darauf schließen, dass für diese Arbeiten ein besonderes *working knowledge* von Nöten war, welches der jeweilige Arbeiter im Laufe seines Berufslebens durch Erfahrung erlangte. Vor allem bei den Arbeitsschritten Bodenarbeiten, Stimmstockmachen, Beziehen, Beledern, Dämpfungsaufsetzen, Intonieren, Stimmen und letztes Nachsehen ist deutlich, dass immer nur ein begrenzter Personenkreis den jeweiligen Arbeitsschritt verrichtete. Hingegen fällt vor allem bei den Tätigkeiten des Zusammensetzens, Abputzens beziehungsweise des Maschinenputzens und Ausarbeitens auf, dass eine Vielzahl von Arbeitern diese Tätigkeiten ausführten.

---

191 Arbeitsnummernbuch 1870-1890. Arbeitsnummernbuch 1890-1902. Arbeitsnummernbuch 1901-1908. Arbeitsnummernbuch 1908-1914. Arbeitsnummernbuch 1915-1931. Arbeitsnummernbuch 1928-1945. Arbeitsnummernbuch 1949-1965. Arbeitsnummernbuch 1966-1974. Firmenarchiv L. Bösendorfer Klavierfabrik GmbH, Wiener Neustadt, Österreich. Vgl. Consiknation fürs Arbeitsbuch. O. J. Archiv der Gesellschaft der Musikfreunde Wiens. Nachlass Ludwig Bösendorfer, Faszikel D, Mappe III, Nr. 5. Mehrere Lohn- und Preis-Tarife der Firma Bösendorfer zeigen zudem, dass für die verschiedene Arbeitsschritte auch unterschiedliche Löhne nach Stückzahlen ausgezahlt wurden. Vgl. Preis-Tarif angelegt am 15/II 1872. Archiv der Gesellschaft der Musikfreunde Wiens. Nachlass Ludwig Bösendorfer, Faszikel D, Mappe II, Nr. 1. Vgl. Preis-Tarif. Archiv der Gesellschaft der Musikfreunde Wiens. Nachlass Ludwig Bösendorfer, Faszikel D, Mappe III, Nr. 2. Vgl. Ausbezahlter Arbeitslohn am 31/3 1877. Archiv der Gesellschaft der Musikfreunde Wiens. Nachlass Ludwig Bösendorfer, Faszikel D, Mappe III, Nr. 3.

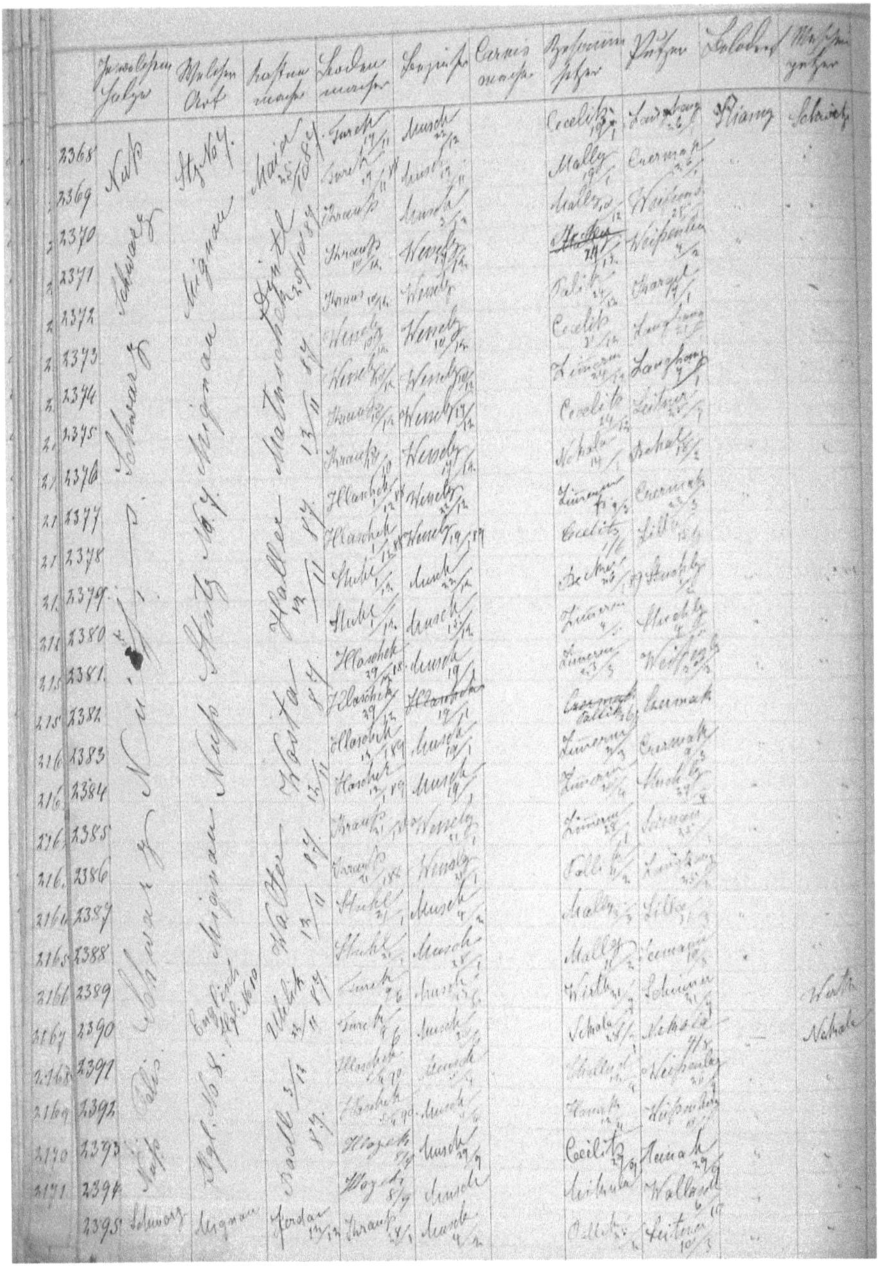

Abb. 8:   Arbeitsnummernbuch der Firma L. Bösendorfer aus den Jahren
1870-1890[192]

---

192 Arbeitsnummernbuch 1870-1890.

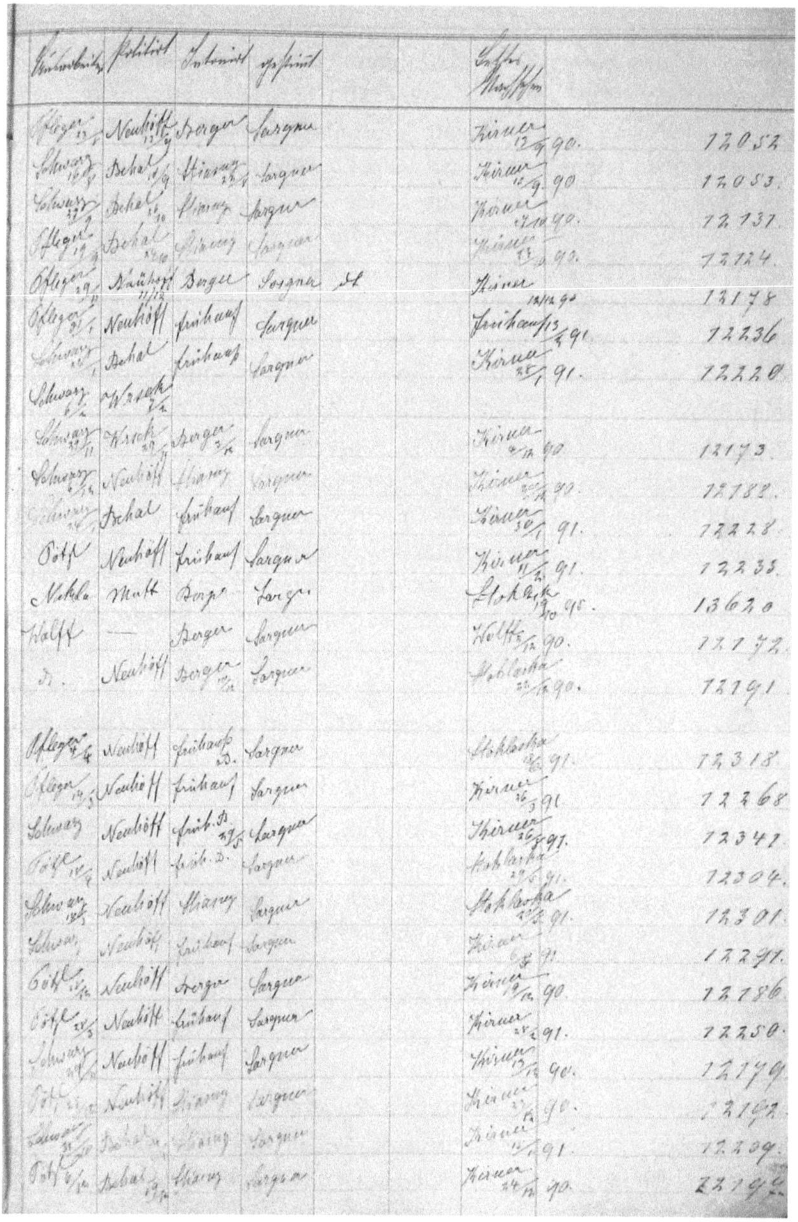

Abb. 9:   Arbeitsnummernbuch der Firma L. Bösendorfer aus den Jahren
1870-1890[193]

193 Arbeitsnummernbuch 1870-1890. Firmenarchiv L. Bösendorfer Klavierfabrik GmbH, Wiener
Neustadt, Österreich.

Hier fand ein ständiger Wechsel der Arbeitskräfte statt. Für die untersuchten Instrumente aus den Jahren 1875-1890 dominierte zum Beispiel bei dem Arbeitsschritt Beledern der Name „Stiasny" (siehe Abb. 8, S.72, zweite Spalte von rechts). Hingegen finden sich in der Spalte „Zusammensetzer" eine Vielzahl unterschiedlicher Namen (siehe Abb. 8. S. 72, dritte Spalte von rechts). Die Hammerköpfe der Wiener Mechanik waren mit Leder umspannt, dieses Material wurde in diesem Arbeitsschritt auf die Hammerköpfe aufgeleimt. Insgesamt belederte „Stiasny" 54, „Steiger" 26, „Schichta" und „Berger" jeweils zwei und „Hanak" sowie „[…]hang" ein Instrument von den für diese Zeitspanne untersuchten 92 Instrumenten. „Stiasny" tauchte unter anderem auch in den Arbeitsschritten des Stimmens, sowie „Steiger" bei den Arbeitsschritten des Aufziehens der Saiten auf den Rahmen, sowie des Stimmens auf. Beim Arbeitsschritt des Zusammensetzens können für die gleiche Zeitspanne und Instrumentenanzahl hingegen 18 verschiedene Namen gezählt werden.[194] Im Arbeitsnummernbuch der Jahre 1890 bis 1902 taucht bis 1895 beim Beledern nur noch der Name „Stiasny" auf. Dieser Arbeitsschritt wurde nach 1895 jedoch nicht mehr dokumentiert.[195] Die Spezialisierung auf bestimmte Arbeitsbereiche blieb auch nach der Wende zum 20. Jahrhundert bestehen. Zwei weitere Arbeitsschritte wurden von Spezialisten dominiert: das Intonieren und das Stimmen. Zwischen 1902 und 1908 wurden alle 38 untersuchen Instrumente von einer Person, „F. B.", intoniert und gestimmt. Dies gilt auch für die 36 untersuchten Instrumente zwischen 1908 und 1914. Das Zusammensetzen übernahmen hingegen zwischen 1902 und 1908 rund 18 und zwischen 1908 und 1914 über 20 verschiedene Personen.[196] Bis 1970 zeigen die Arbeitsnummernbücher immer wieder, dass bestimmte Arbeiten wie das Intonieren, die Arbeiten am Stimmstock oder das Bodenmachen nur von einem kleinen Kreis von spezialisierten Arbeitern durchgeführt wurden. Arbeiten wie zum Beispiel das Zusammensetzen wurden jedoch von einer Vielzahl von Arbeitern übernommen, die sich nicht auf ein bestimmtes Bestandteil spezialisiert hatten.[197] Für bestimmte Tätigkeiten war demnach ein spezifisches *working knowledge* unumgänglich. Der spezialisierte Bodenmacher, der sein Werkstück aus Holz fertigte, musste *knowledge of material* und *kinesthetic sense* ausbilden, um richtig mit diesem schwierigen Material umgehen zu können. Zudem wird deutlich, dass Übergangsphasen bestanden, in denen zum Beispiel neben den über mehrere Jahrzehnte dokumentierten Bodenspezialisten neue Namen auftauchten, die im Laufe weniger Jahre die Position ihrer Vorgänger übernahmen.

---

194 Arbeitsnummernbuch 1870-1890.
195 Arbeitsnummernbuch 1890-1902. Zwar hielt die Firma Bösendorfer noch bis ins 20. Jahrhundert an der Wiener Mechanik fest, doch scheint sie das Leder der Hammerköpfe durch Filz ersetzt zu haben.
196 Arbeitsnummernbuch 1901-1908.
197 Arbeitsnummernbuch 1908-1914. Arbeitsnummernbuch 1966-1974.

Bösendorfer bediente sich auch noch nach 1945 dem Bild der handwerklichen Produktion, wie ein Zeitungsartikel aus dem Jahr 1946 zeigt. Stimmungsvolle, fast mystisch anmutende Aufnahmen suggerieren einen rein handwerklichen Charakter der Produktion auch noch Mitte des 20. Jahrhunderts. Der Beitrag gibt Auskünfte über die Fähigkeiten der Arbeiter, zum Beispiel beim Einstellen der Klaviatur, die als Hinweise auf das *working knowledge* und im speziellen den *kinesthetic sense* der Arbeiter interpretiert werden:

> „Dieser Arbeiter besitzt das feine Gefühl für den ‚Anschlag‘, der bei allen acht-undachtzig Tasten des Klaviers gleichmäßig sein muß. Die Baßtasten schlagen mit einem viel schwereren Filzhammer gegen die Saiten, als die hohen Diskanttöne. Deshalb müssen die Tasten der hohen Töne mit sehr viel Fingerspitzengefühl ‚ausgewogen‘ werden."[198]

Auch der Intoneur benötigte 1946 noch *working knowledge,* bestehend aus *kinesthetic sense* und *knowledge of material.* Die folgende Bildunterschrift steht unter einer Fotografie, die nur die Hände des Intoneurs zeigen die gerade einen Hammerkopf bearbeiten:

> „‚Tonangebende Hände‘ sind die Hände des Intoneurs. Mit verschieden-formigen Nadelinstrumenten behandelt er jeden einzelnen Hammerkopf persönlich. Der ungefügte Filz des Anschlaghammers muß gelockert werden; der Intoneur frisiert ihn mit seinen Nadelkämmen, deren jeweilige Auswahl schon einen besonderen Vorbedacht erfordert. So gibt er jedem Kopf und jedem Ton den Geist und haucht im gleichsam seine Seele ein."[199]

Die stimmungsvollen Fotografien unterstreichen die handwerkliche Ausrichtung der Firma und zelebrieren den Mythos Ignaz Bösendorfers:

> „Diese Klaviere waren nicht in ausgedehnten Fabrikanlagen am laufenden Band erzeugt worden – nein, inmitten einer einfachen Werkstätte in einer stillen, engen Gasse wurde mit größter Sorgfalt und Liebe jedes Instrument geschaffen. War es so weit fertiggestellt, dann ging jedes Stück ohne Ausnahme durch die Hände des Erzeugers, der die Tasten mit väterlicher Liebe streichelte und koste, bis ihm das wohlgeratene Instrument zum Dank herzenswarme Töne von den Leiden und Freuden der Menschen ‚rings um den Kahlenberg‘ ins Gedächtnis sang. Erst dann verließ es seine Geburtsstätte, sobald ihm sein väterlicher Meister die Klangseele eingehaucht hatte."[200]

Zwar dürfte zur Zeit Ignaz Bösendorfers dieser die Klaviere in einer einfachen Werkstatt hergestellt haben, doch war der Klavierbau auch zu dieser Zeit vor allem Broterwerb und ein tägliches Handwerk. Der Artikel erschien kurz nach dem Zweiten Weltkrieg, die Produktion lag am Boden, es gab kaum Käufer für die

---

198 Weingarten, Paul: Die Werkstatt des schönen Klanges. Die Erbauer des Bösendorfer Flügels. In: Die Wiener Bühne. Österreichische Revue 22, 1946.
199 Ebenda.
200 Ebenda.

teuren Luxusgüter. Um den Verkauf anzukurbeln, betonte die Firma ihre handwerkliche Tradition und ruhmreiche Vergangenheit sowie die überragende Qualität ihrer Instrumente, ihre Ideale der Vorkriegszeit.

3.3 Von handwerklichen Produktionsweisen zu arbeitsteiligen Fabriken

Die Frühzeit des deutschen Klavierbaus ab 1730 ist nur durch wenige Quellen belegt. Die Produktion war trotz vieler Hersteller gering. Musikinstrumente waren für Orgelbauer und Tischlermeister aufgrund ihrer geringen Absatzmöglichkeit „[...] Nebenprodukt ihrer täglichen Arbeit."[201] 1794 wurde in Deutschland eine der ersten Klavierbaufirmen in Beyenburg bei Barmen, heute ein Teil von Wuppertal, gegründet, die Firma Rudolph Ibach.[202] Der Klavierbau erlebte in Deutschland im beginnenden 19. Jahrhundert einen enormen Aufschwung. Bis zur Jahrhundertmitte entstanden 300 Werkstätten. Im Jahr 1853 wurden unter anderem die Firmen Carl Bechstein[203] in Berlin, die Julius Blüthner Pianofortefabrik[204] in Leipzig und W. Förster[205] in Löbau gegründet. Bis zur Jahrhundertwende entstanden weitere 700 Firmen. Neben großen Betrieben hat es in Deutschland immer auch Kleinbetriebe mit weniger als zehn Beschäftigten gegeben. 1882 gab es in Deutschland, ohne Elsaß-Lothringen, 1.135 klavierherstellende Betriebe mit 10.555 Beschäftigten, aber 1884 nur 425 Fabriken.[206]

Zu Beginn des 19. Jahrhunderts wurden Klaviere ausschließlich in Handarbeit gefertigt. Die meisten dieser frühen Klavierbaufirmen waren in Familienbesitz und

---

201 Henkel 1994: S. 136.
202 Speer stellt die Geschichte der Firma Ibach detailliert in seiner Dissertation dar. Vgl. Speer 2002. Vgl. Dürer, Carsten: Germany – Piano Industry. In: Palmieri, Robert (Hrsg.): The Piano. An Encyclopedia. New York, London 2003². S. 151-153. Vgl. Dolge 1911: S. 222-226.
203 In der Firma waren 1860 bereits 87 und 1896 600 Arbeiter beschäftigt, die 3.000 Instrumente fertigten. 1903 war Bechstein die damals größte europäische Klavierfabrik, die mit 800 Arbeiter jährlich 4.500 Instrumente fertigten. 1950 wurde die Produktion nach schweren Kriegsschäden wieder aufgenommen und 1955 319 Instrumente hergestellt. In den 1960er Jahren gingen große Teile der Aktien an eine amerikanische Firma bevor sie 1986 wieder in deutschen Besitz gelangte. 1992 wurde eine Produktfamilie aufgebaut, die von einfachen Anfängerinstrumenten bis hin zu Konzertflügeln alle Preissegmente beinhaltet. Heute betreibt die Firma Werke in Seifhennersdorf, der Tschechischen Republik und China. Vgl. Henkel, Hubert: Lexikon deutscher Klavierbauer. Frankfurt 2000. S. 41-43.
204 Die Firma beschäftigte zunächst drei Arbeiter und baute Flügel, Tafelklaviere (bis 1870) und Pianinos (ab 1863). 1856 wurden zehn, 1857 bereits 14, 1864 ca. 130 und 1887 ca. 500 Arbeiter beschäftigt. Die Fabrikanlagen umfasste 1887 24.500 m² und beherbergte 1895 eine eigene Werkstatt zum Lackieren der Gussrahmen. 1896 wurde ein Holzlager mit Dampfsägewerk in Leutzsch, einem Vorort Dresdens aufgebaut. Die Firma wird bis heute von Familienmitgliedern geleitet. Vgl. Henkel 2000: S. 64-67.
205 Die Firma wurde 1832 in Leipzig. 1871 fertigen sechs Arbeiter 55 Instrumente, hauptsächlich Pianinos. Vgl. Henkel 2000: S. 155.
206 Ebenda: S. 137-140.

beschäftigten nur wenige Personen.[207] Alle Bestandteile stellten die Instrumentenbauer selbst her. Zu Beginn der Entwicklung lag fast alles in den Händen des
Meisters. Die Herstellungsmethoden wandelten sich jedoch mit der steigenden
Nachfrage zusehends. Mit der beginnenden Industrialisierung Deutschlands, der
Entwicklung von Transport und Kommunikationsmitteln entwickelten sich erste
Klavierbauzentren in Leipzig, Dresden und Stuttgart. Diese wurden ab 1870 in
ihrer Bedeutung von Berlin abgelöst. Bereits im ersten Viertel des 19. Jahrhunderts
entstanden in den Zentren des Klavierbaus erste Werkstätten, die einzelne
Bestandteile herstellten und als Zulieferbetriebe für größere Werkstätten fungierten. Bis in die 1920er Jahre hatte sich eine differenzierte Zulieferindustrie in
Deutschland herausgebildet. Unter anderem wurden die gusseisernen Rahmen, die
Saiten und Mechaniken von diesen Bestandteileerzeugern hergestellt und ein
räumlich verteiltes Netz von Herstellern entstand. Die Bestandteilehersteller
fertigten die Teile serienmäßig mit Spezialmaschinen zu relativ geringen Preisen.
Erst dadurch konnten die Klavierbaubetriebe „[…] Mechaniken hoher Qualität […]
verwenden, wie sie sie selbst aus Mangel an Kapital und technischen Wissen nie
hätten produzieren können."[208] 1924 gab es in Deutschland 16 Mechanikenhersteller, die insgesamt 2.300 Menschen beschäftigten und 29 Firmen, die
Tastaturen herstellten. Die bekanntesten waren die 1882 gegründete Stuttgarter
Firma Louis Renner[209] (Mechaniken) und die Wuppertaler Firma Hermann
Kluge[210] (Tasten). Nur kleine Firmen hielten daran fest, alle Bestandteile selbst zu
fertigen. Hinzu kam ein internationaler Holzmarkt, der die Industrie mit ausgewählten Tonhölzern belieferte. Die Produktion größerer Betriebe wurde schließlich
arbeitsteilig in Fabriken organisiert. Dadurch kam es in der zweiten Hälfte des 19.
Jahrhunderts bei vielen Klaviermodellen zu Rationalisierungen und Standardisierungen, weil nur auf diese Weise preisgünstige Serienprodukte hergestellt werden
konnten. Der Maschineneinsatz und der Zukauf von Bestandteilen wurden zudem
ausgeweitet. Die Herstellung von Massenprodukten wurde in Deutschland durch
die Übernahme der amerikanischen Technologie (Gusseisenrahmen und Kreuzsaitenbezug), sowie die Modernisierung der Industriestruktur möglich. So konnten
Klaviere in einer Preisklasse produziert werden, die für Mittelklassefamilien

---

207 Dürer bemerkt, dass viele von ihnen bis 1907 nicht mehr als 20 Personen beschäftigten. Vgl.
    Dürer 2003: S. 151.
208 Buchheim 1987: S. 235.
209 Noch heute ist die Louis Renner GmbH & Co. KG eine der führenden Mechanikenhersteller
    der Welt. Sie wurde 1882 in Stuttgart gegründet. Louis Renner startete mit zwei Mitarbeitern.
    1911 beschäftigte die Firma 100, 1914 175 und in den 1920er Jahren 400 Personen. Die
    Expansion der Firma wurde am 24. Juli 1944 gestoppt, als Stuttgart durch einen
    Bombenangriff in Flammen aufging. Bereits 1948 konnte die Firma ihre Produktion wieder
    aufnehmen. Vgl. Meyer, Lloyd W.: Renner, Louis, and Company. In: Palmieri, Robert (Hrsg.):
    The Piano. An Encyclopedia. New York, London 2003². S. 328. Vgl. Henkel 2000: S. 196.
210 Gegründet 1876, jedoch erst 1893 ins Handelsregister Barmen eingetragen. Vgl. Henkel,
    Hubert: Lexikon deutscher Zulieferbetriebe für die Klavierindustrie. Frankfurt 2002. S. 127-
    128.

erschwinglich waren.[211] Bontinck führt für Deutschland folgende Produktionszahlen auf:

Firma	Stadt	1870	1880	1890	1900	1910
Bechstein	Berlin	600	900	2.500	3.700	4.600
Blüthner	Leipzig	800	900	1.000	2.500	3.000
Grotrian-Steinweg	Braunschweig	300	350	400	600	2.000
Ibach	Barmen	300	800	1.700	1.900	3.200
Kaps	Dresden	250	1.000	1.000	2.000	2.000
Mannborg	Leipzig			300	900	2.000
Neumeyer	Berlin	500	1.000	1.500	2.000	2.000
Rönisch	Dresden	500	900	900	1.500	2.000
Schiller	Berlin			300	600	2.000
Thürmer	Meissen	?	400	1.000	1.700	2.500
Insgesamt		3.250	6.350	10.600	17.400	24.300

Tabelle 3: Produktionszahlen Klavierbaubetriebe in Deutschland von 1870-1910[212]

In der Zeitschrift für Instrumentenbau findet sich ein Artikel über die Produktionsweise der Firma Ibach aus dem Jahr 1886, der einen Einblick in den damaligen Stand der Produktionsweise und die verwendeten Maschinen gewährt. Der Autor berichtet von einem Besuch in dieser Firma. Er beschreibt die 13.500m² große Fabrikanlage als „[…] riesigen Komplex von Fabrik-Etablissements […]"[213] und hob die für die damalige Zeit fortschrittliche elektrische Beleuchtung innerhalb der Fabrik hervor. Besonders beeindruckten den Autor die eingesetzten Maschinen:

> „Unten im Erdgeschoss herrscht ein Höllenspektakel; gleichsam das Chaos all der Musik, die in den oberen Etagen allmälig sich abklärt und entwickelt; denn hier brummen, sausen, knarren, heulen, rasseln, ächzen, klappern und zischen den ganzen Tag eine Menge der verschiedensten Maschinen zur Bearbeitung von Holz und Metall."[214]

Es wird deutlich, dass Maschinen nicht nur zur Energieversorgung, sondern auch zur direkten Bearbeitung verschiedenster Materialien genutzt wurden. Die Kombi-

---

211 Vgl. Buchheim 1987: S. 236. Vgl. Zuna-Kratky 2005: S. 142. Vgl. Pfeiffer 1989: S. 29, S. 71. Vgl. Dürer 2003: S. 151. Vgl. Ehrlich 1990: S. 19.

212 Zahlen entnommen aus: Bontinck 2001: S. 13-14.

213 Die Fabrik befand sich damals auf einem 158.000m² großem Grundstück in der Nähe des Bahnhofs Schwelm. Vgl. Witte, Karl F.: Fünf Minuten in Schwelm. In: Zeitschrift für Instrumentenbau 6, 1885/86. S. 259-260. Zitat S. 259.

214 Ebenda: S. 259-260.

nation von Maschinen, mechanisierter Produktion und Handarbeit innerhalb der Firma wird in den folgenden Zeilen deutlich, in denen der Autor die besondere Bedeutung des Handwerkers und der hierfür notwendigen Fähigkeiten betonte:

> „In den höheren Stockwerken dagegen, wo in den verschiedenen Stadien des Zusammensetzens, Ausschmückens und Vollendens die kundige Hand und das erfahrene Auge des Arbeiters an Stelle der Maschine tritt und ihr Werk zur Reife bringt, herrscht wohlthuende Ruhe; das einfache Geräusch der Werkzeuge von Handarbeitern ist gewiss Ruhe zu nennen gegenüber dem Pandämonium der Maschinenhalle."[215]

Nicht nur die Fähigkeiten der Handwerker wurden betont, es wurde bewusst ein Bild Maschine gegen Mensch, laut und bedrohlich gegen leise und gefühlvoll, unten gegen oben, Massenproduktion gegen handwerkliche Fähigkeiten, gezeichnet. Die überaus positive Darstellung der menschlichen Arbeit rückt in diesem Artikel in den Vordergrund, eine Darstellungstradition, die sich bis heute fortsetzt. Wenn noch heute in vielen Büchern zum Klavierbau der Mensch und seine Arbeit auffallend positiv dargestellt wird, dann spiegelt dieser Artikel von 1886 bereits die kulturell positive Aufgeladenheit des Bildes vom bedeutendem Anteil der Handarbeit im Klavierbau beziehungsweise von der körperlichen Arbeit der Klavierbauer wider und zwar gerade dadurch, dass das Nebeneinander von kundigen Handwerkern und Maschinen, die auch zur Bearbeitung von Materialien und Bestandteilen genutzt wurden, präsentiert wird.

Innerhalb eines Betriebes wurde zwischen dem eigentlichen Betätigungsgebiet der Klavierbauer und dem schreinereitechnischen Bereich unterschieden. Der Klavierbauer fand nur im Fertigungsprozess zur Spielmechanik, des Stimmens und Intonierens Einsatz. Die technische Entwicklung hatte im Klavierbau ausschlaggebenden Einfluss auf den Herstellungsprozess. Für bestimmte Teile des Fertigungsprozesses entwickelten sich Fachkräfte, die eigene Bezeichnungen hatten. Bodenmacher, Rastenmacher, Bezieher, Polierer, Stimmer, Zusammensetzer etc. wurden zu Spezialberufen, die in den Arbeitsnummernbüchern der Firma Bösendorfer dokumentiert sind.[216] Der Grad der Differenzierung der Arbeitsschritte stand in Abhängigkeit zu der Betriebsgröße. Je größer der Betrieb war, umso mehr Einzelschritte in der Produktion gab es. Diese Aufsplittung des Arbeitsprozesses führte zu vielen verschiedenen Tätigkeiten, die jeweils unterschiedliche Qualifikationen erforderten. Ausgebildete Facharbeiter wurden immer zielorientierter

---

215 Witte 1885/86: S. 260.
216 Eine ähnliche Entwicklung findet sich auch im Geigenbau. In dem böhmischen Ort Schönbach hatte sich ein arbeitsteiliges Produktionsnetzwerk entwickelt, das zwar kaum mechanisiert war, aber durch seine hochgradige Arbeitsteilung dennoch als industrialisiert anzusehen ist. Hier gab es neben dem Geigenbauer beziehungsweise -macher unter anderem auch Stegschnitzer, Schachtelmacher, Corpusmacher, Elfenbeinschnitzer und Wirbeldreher. Vgl. Neudörfer 2007.

eingesetzt, während angelernte Arbeiter und Hilfskräfte weniger schwierige Tätigkeiten ausführten. Im Gegensatz zu den Facharbeitern wurden diese Hilfskräfte schlechter bezahlt. Die Arbeitsteilung vollzog sich in allen Bereichen des Unternehmens.[217] Der Arbeitsprozess und die Einhaltung der festgelegten Ziele wurden von Spezialisten, leitenden Angestellten und einem Management überwacht. Dem Einsatz von Maschinen waren jedoch zunächst Grenzen gesetzt. Nur im schreinereitechnischen Bereich kamen zum Beispiel Säge-, Fräs-, Hobel- und Bohrmaschinen zum Einsatz, die mit Dampf, später mit Elektrizität betrieben wurden. Allerdings beschränkten die Beschaffenheit des Produktes und die verwendeten Materialien die Einsatzmöglichkeiten der damaligen Maschinen. Maschinenarbeit und Handarbeit existierten nebeneinander, wie dies auch in dem Artikel über die Firma Rud. Ibach Sohn aus dem Jahre 1886 deutlich wird. Pfeiffer resümiert: „Der Produktionsfaktor Arbeit war und ist vorherrschend; nur Größe und Kapitalkraft bestimmen, inwieweit mehr oder weniger lohnintensiv produziert wird."[218] Schmidt weist darauf hin, dass im Bezug auf die Herstellungsmethoden von einer Aufeinanderfolge verschiedener Phasen ausgegangen werden müsse. Im 18. Jahrhundert dominierte die handwerkliche Produktion, in der ersten Hälfte des 19. Jahrhunderts die Manufaktur und ab 1850 wurde diese durch den Fabrikbetrieb verdrängt. Schmidt betont jedoch, dass die Herstellungsverfahren heterogen nebeneinander existierten. Neben erheblich variierenden Produktionszahlen wiesen die Firmen auch eine höchst unterschiedliche maschinelle Ausstattung auf.[219]

3.4 Formalisierte und standardisierte Produktion – Grotrian-Steinweg Pianofortefabrikanten

Die Braunschweiger Firma Grotrian-Steinweg entwickelte sich im Laufe ihrer Geschichte von einem kleinen Handwerksbetrieb zu einer modernen, arbeitsteiligen, mechanisierten Fabrik mit einem beeindruckenden Maschinenpark. Vor allem Willi Grotrian (1868-1931) sollte maßgeblich an der Formalisierung und Standardisierung der Produktionsweise und der Formalisierung und Systematisierung des Firmenwissens beteiligt sein. Diese Entwicklung wird anhand verschiedener Quellen aus dem Firmenarchiv nachgezeichnet, die Einblicke in die Produktions- und Arbeitsweisen einer deutschen Klavierbaufirma zu Beginn des 20. Jahrhunderts bieten. Die Ursprünge der Firma Grotrian-Steinweg gehen auf Heinrich Engelhard Steinweg (1797-1871) und Georg Friedrich Grotrian (1803-1860) zurück.[220] Während Heinrich Engelhard Steinweg (Gründer von Steinway & Sons,

---

217 Vgl. Kapitel 3.2.
218 Pfeiffer 1989: S. 73.
219 Vgl. Ebenda: S. 71-72. Vgl. Schmidt 2003: S. 150.
220 Der Namensteil Steinweg wurde Dr. Willi und Dr. Kurt Grotrian am 21. 01. 1919 von der braunschweigischen Regierung verliehen.

siehe Kapitel 3.1) nach New York auswanderte, blieb sein ältester Sohn Carl Friedrich Theodor Steinweg (1825-1889) in Deutschland. Friedrich Grotrian betrieb ab 1830 in Moskau 25 Jahre lang eine lukrative Musikalienhandlung. Nach der Erbschaft von seinem Vetter, dem Apotheker Müller-Mühlenbein kehrte er 1858 nach Deutschland zurück und schloss sich 1856 Theodor Steinweg an. Dessen Werkstatt wurde 1858 nach Braunschweig verlegt. Schon bald beschäftigte die Firma 25 Meister und Gesellen. Nach dem Tod Friedrich Grotrians 1860 übernahm sein Sohn Wilhelm Grotrian (1843-1917) dessen Position. In New York wuchs währenddessen die Firma Steinway & Sons schnell. Innerhalb des Jahres 1865 starben mehrere führende Familienmitglieder. Theodor Steinweg musste seine Firmenanteile in Deutschland verkaufen und nach Amerika auswandern, um das Famlienunternehmen zu retten.[221] Seine Mitarbeiter, H. G. W. Schulz (1835-1878), Adolph Helfferich (†1915) und Wilhelm Grotrian übernahmen seine Firmenanteile. Dieses erlaubte ihnen, zehn Jahre lang den Firmennamen „Nachfolger von C .F. Theodor Steinweg" zu führen und Instrumente nach seinen Entwürfen zu fertigen. Bald wurden allerdings eigene Modelle entwickelt. 1878 starb Schulz und 1886 schied Helfferich aus, so dass Wilhelm Grotrian nun Alleininhaber war. Seine Söhne Willi und Kurt (1870-1929) Grotrian traten 1895 als Teilhaber in die Firma ein. Nach Willhem Grotrians Tod übernahmen sie 1917 den Betrieb.[222]

Jahr	Arbeiter	Technische Angestellte	Kaufmännische Angestellte	Flügel	Pianino
1890	105	-	-	183	188
1900	183	-	-	186	410
1910	348	-	-	535	1.077
1920	685	-	-	442	909
1923	878	31	37 (14 weibliche)	795	1.348
1925	847	-	-	815	1.758
1930	150 (6 weibliche)	21	17 (7 weiblliche)	338	688

Tabelle 4: Produktionszahlen und Belegschaft der Firma Grotrian-Steinweg.[223]

---

221 Vgl. Henkel 2000: S. 632. Vgl. Kammertöns/Mauser 2006: S. 303.
222 Vgl. Lieberman 1996: 76. Wilhelm Grotrian verkaufte auch nach der Zehnjahresfrist seine Klaviere unter dem Namen Steinweg. Dies führte zu einem jahrzehntelangen Gerichtsstreit. Vgl.: Hildebrand, Dieter: Das Reichsgericht erzählt eine Geschichte. In: Grotrian-Steinweg, Jobst/Grotrian-Steinweg, Knut (Hrsg.): „Jungs, baut gute Klaviere". Braunschweig 1999³. S. 25-27. Vgl. auch Kammertöns/Mauser 2006: S. 303.
223 Geschäftsbuch 1890. Geschäftsbuch 1900. Geschäftsbuch 1910. Geschäftsbuch 1920. Geschäftsbuch 1923. Geschäftsbuch 1925. Geschäftsbuch 1930. Firmenarchiv Grotrian-Steinweg Pianofortefabrikanten GmbH & Co. GK, Braunschweig.

Unter der Führung von Willi und Kurt Grotrian, die ihre Ausbildung bei Klavier-bauern in New York, Chicago und Paris erhielten, konnte sich der Handwerks-betrieb technisch erheblich weiterentwickeln. Nach dem Tod von Kurt Grotrian übernahmen dessen Söhne Erwin (1899-1990) und Helmut (1900-1977), das Unternehmen.[224] Willi Grotrian, in dessen Händen die technische Leitung lag, führte die noch um die Jahrhundertwende relativ kleine Firma zu einem stattlichen Fabrikbetrieb, der sich durch eine Formalisierung und Standardisierung der Pro-duktionsweise und einer Formalisierung und Systematisierung des Firmenwissens, auszeichnete (siehe Kapitel 5). Diese Produktionsweise wurde in einem Fotoalbum aus dem Jahre 1924 und einem verschriftlichten „Rundgang durch die Fabrik"[225] von H. K. A. Eilert dokumentiert, der die Produktionsanlagen und die Produk-tionsweise der Firma in Anlehnung an das Fotoalbum im Jahr 1929 beschrieb. Dieses Album enthält auf 50 Seiten zahlreiche schwarz-weiß Fotografien der Pro-duktionsanlagen, von den Gebäuden über einzelne Produktionsräume, bis hin zu Verwaltungsräumen, Verkaufsstellen, Konzertsälen und Aufnahmen eines Fabrik-brandes. Die Reihenfolge der Aufnahmen im Album ist wohldurchdacht. Es gibt keinerlei quellenkundlichen Nachweis darüber, wer Auftraggeber und Fotograf war, wer die Aufnahmen kommentierte und in dem Album anordnete. Es ist zu vermuten, dass die Aufnahmen und das Album in Auftrag der Geschäftsführung angefertigt wurden. Die Bildunterschriften stellen dem Betrachter die notwendigen Informationen und Erläuterungen zum jeweils Dargestellten bereit. Fotografien vermitteln „[...] in ganz besonderer Weise das Versprechen von authentischer Zeugenkraft, zumindest von dokumentarischer Genauigkeit [...]."[226] Industrie-aufnahmen und der dokumentierte Arbeitsschritt wurden hingegen häufig gestellt.[227] Bei dem Fotoalbum der Firma Grotrian-Steinweg entsteht ein gänzlich

---

224 1961 folgte ihnen Knut Grotrian-Steinweg (*1935) in der fünften Generation. 1999 wurde Burkhard Stein, als erstes Nichtfamilienmitglied Geschäftsführer. Noch heute ist die Firma in Familienbesitz. Vgl. Henkel 2000: S. 198. Vgl. Kammertöns/Mauser 2006: S. 302-303, S. 687-688. Vgl. Crombie 1995: S. 99. Vgl. Clinkscale 1999: S. 353-354. Vgl. Clements 1983: S. 243. Vgl. Lieberman 1996. S. 31. Vgl. Henkel 2000: S. 198-199, S. 632. Vgl. Dürer, Carsten/Anderson, David: Grotrian-Steinweg. In: Palmieri, Robert (Hrsg.): The Piano. An Encyclopedia. New York, London 2003²a. S. 159. Vgl. Neudörfer, Sonja: The Transmission of Artisanal and Professional Company Knowledge During the Process of Globalization. German Violin and Piano Making During the 19th and 20th Centuries. In: Reiner Anderl, Bruno Arich-Gerz und Rudi Schmiede (Hrsg.): Technologies of Globalization. International Conference Proceedings. Darmstadt 2008. S. 275-292. Siehe S. 284-285. Vgl. Ely, Norbert: Der Flügel des Poeten. In: Grotrian-Steinweg, Jobst/Grotrian-Steinweg, Knut (Hrsg.): „Jungs, baut gute Klaviere". Braunschweig 1999³. S. 2-15. Vgl. S. 8. Schmidtke, Gotthard: Bei Grotrian zu Gast. Fremdenbücher als Dokumente. In: Grotrian-Steinweg, Jobst/Grotrian-Steinweg, Knut (Hrsg.): „Jungs, baut gute Klaviere". Braunschweig 1999³. S. 16-23. Vgl. Grotrian-Steinweg Piano-fortefabrikanen: www.grotrian-steinweg.de. Firmengeschichte (08. 08. 2008).
225 Eilert, H. K. A.: Rundgang durch die Fabrik. 1929. Firmenarchiv Grotrian-Steinweg Piano-fortefabrikanten GmbH & Co. KG, Braunschweig. Eilert hatte eine führende Position innerhalb der Produktion der Firma inne.
226 Lüdtke 1993: S 395.
227 Vgl. Wengenroth 2000: S. 89.

anderer Eindruck. Zwar wurde die Perspektive und Darstellungsweise der jeweils abzubildenden Räume genauestens gewählt, jedoch zeigen die Aufnahmen die Arbeiter wirklich bei der Arbeit, im Arbeitsprozess selbst. Nur einige Fotografien weisen auf eine zielgerichtete Inszenierung hin und wurden später zum Beispiel für Werbebroschüren verwendet. Firmenalben spiegeln das Selbstbildnis einer Firma wider. Sie zeigen, wie sich die Firma selbst sah und nach außen wirken wollte. Das vorliegende Album ist trotzdem ein beeindruckendes Beispiel für Industrie-fotografie und stellt zudem wichtige Informationen zum Stand der Technik und Produktionsweise im Klavierbau der 1920er Jahre bereit. Mit diesen Aufnahmen wollte die Firma Grotrian-Steinweg im Gegensatz zu der Firma Bösendorfer (siehe Kapitel 3.2) ihre Fortschrittlichkeit und Leistungsfähigkeit demonstrieren. Die Aufnahmen des Fotoalbums und die Darstellungsweise vermitteln im Vergleich mit den Aufnahmen der Firma Bösendorfers, dem Betrachter ein auf den ersten Blick eher untypisches Bild des Klavierbaus und manifestierten dessen industriellen Charakter. In Verbindung mit dem bereits genannten Aufsatz von 1886 (siehe Kapitel 3.3), bleibt für die Zeit um die Jahrhundertwende wenig Spielraum für das kulturell positiv aufgeladene Bild des Klavierbaus als Kunsthandwerk.

Die erste Aufnahme des Albums zeigt die Außenansicht des Hauptwerkes in Braunschweig, einen typisch mehrstöckigen Industriebau (siehe Abb. 10, S. 84). Die Bildunterschrift enthält wichtige Daten zur Größe des Unternehmens. 1924 verfügte die Firma über 30.000 m² Betriebsfläche, die seit 1890 stetig erweitert wurde, und beschäftigte ca. 900 Menschen. Auf den ersten Blick wird nicht er-sichtlich, dass in dieser Industrieanlage Klaviere gebaut wurden, zumal kein Holz-lagerplatz zu sehen ist. Bereits zu dieser Zeit verstand sich die Firma als moderner Industriebetrieb. Dies zeigt auch die Bildüberschrift: „Lichtbilder aus einem Großbetrieb der Klavier-Industrie".[228] Die Größe der Fabrikanlage wurde von allen Himmelsrichtungen aus in weiteren Aufnahmen dokumentiert. Auf einer Außenansicht sind verschiedene Holzstapel zu erkennen, die teilweise überdacht waren. Auf keiner dieser Aufnahmen sind Menschen zu sehen. Es folgte die Präsentation des Fuhrparks, der aus drei Pferdegespannen und zwei Lastwagen be-stand. Diese Fotografie wirkt inszeniert, zumal ein Mann demonstrativ in der Mitte des Hofes steht und auf den Fuhrpark schaut.[229] Nach Zeichnungen der ersten Werkstätten in Seesen folgt nun die Veranschaulichung der technischen und wissenschaftlichen Ausstattung des Betriebes. Zunächst zeigt eine Fotografie einen der drei vorhandenen Lastenaufzüge. Diese waren besonders wichtig, mussten sie doch die schweren und sperrigen Flügel und Pianinos über mehrere Stockwerke

---

228 Vgl. Grotrian-Steinweg: Betriebs-Aufnahmen 1924. Fotografie kostenlos zur Verfügung ge-stellt von Pianofortefabrikanten GmbH & Co. KG, Braunschweig.
229 Ebenda.

transportieren. Von besonderem Interesse sind die nächsten beiden Aufnahmen, sowohl inhaltlich als auch in Hinblick auf ihre Positionierung.

Lichtbilder aus einem Großbetriebe der Klavier-Industrie

Hauptwerk Zimmerstraße

Die Braunschweiger Betriebe
haben zusammen mehr als 30000 qm Arbeitsfläche

Die Belegschaft betrug im Durchschnitt des Jahres 1924
mehr als 900 Köpfe

200 Holzbearbeitungs-Maschinen
120 Elektro-Motoren

Erster Neubau . . . 1890	Erweiterungsbau 1914
Zweiter Neubau . . 1897	Erweiterungsbau 1921
Dritter Neubau . . 1911	Neubau 1922

Abb. 10:   Fabrikanlagen der Firma Grotrian-Steinweg um 1924 [230]

---

230 Grotrian-Steinweg: Betriebs-Aufnahmen 1924. Fotografie kostenlos zur Verfügung gestellt von Pianofortefabrikanten GmbH & Co. KG, Braunschweig.

Abb. 11:   Prüfung der Resonanzbödenbretter[231]

Abbildung 11 zeigt die „wissenschaftliche Prüfung des Resonanzholzes" in einem Versuchsraum. Die Bildunterschrift bekräftigt den Wunsch, die wissenschaftliche Arbeitsweise der Firma herauszustellen:

> „Man sieht auf diesem Bild die wissenschaftliche Prüfung des Resonanzholzes. Jedes Brett wird gewogen, gemessen, das spezifische Gewicht ermittelt und die Elastizität mittels eines optischen Instrumentes (Theodolit) festgestellt. Aus diesem Wertzahlen wird für jedes Brett ein Klassenwert festgestellt und für jeden Resonanzboden Holz gleicher Klassen verwandt. Der homogene Resonanzboden (D.R.P. Nr. 346333, 346334, 346602, 358342)."[232]

Auch Abbildung 12 (siehe S. 86) soll die Verwendung wissenschaftlicher Methoden und Verfahren im sogenannten Zeichen-Modell-Raum dokumentieren. Auch hier entsteht der Eindruck es handele sich um einen Labor- oder Studienraum. Drei Männer sind zu sehen, links ein Mann im Anzug an einem Monochord, rechts ein Mann im weißen Laborkittel über einem Zeichentisch gebeugt, etwas weiter hinten im Raum ein weiterer Mann im Anzug, der sich ebenfalls sehr konzentriert über eine Zeichnung zu beugen scheint.

---

231 Grotrian-Steinweg: Betriebs-Aufnahmen 1924. Fotografie kostenlos zur Verfügung gestellt von Pianofortefabrikanten GmbH & Co. KG, Braunschweig.
232 Ebenda.

Abb. 12:   Zeichenzimmer[233]

Die Bildunterschrift lautet:

> „Für jeden Arbeitsgang werden hier Zeichnungen und Modelle angefertigt und
> überwacht, jede Erfindung auf technischem Gebiet auf die Verwendbarkeit
> geprüft. Auf dem Bilde sieht man eine Saitenprüfmaschine (Monochord), mit
> der die Belastung einer jeden Saite gemessen wird. Nach diesem Meßverfahren
> sind Saitentabellen aufgestellt, die eine Gewähr für vollkommene Gleichheit
> der Belastung der verschiedenen Saiten sowie genügend Abstand bis zur
> Zerreißgrenze bieten."[234]

Demonstrativ wird in beiden Aufnahmen der fortschrittliche Charakter der
Arbeitsweisen innerhalb der Firma Grotrian-Steinweg in Szene gesetzt. Bevor die
Aufnahmen des Albums zum eigentlichen Arbeitsprozess kommen, sieht der
Betrachter diese beiden Aufnahmen, durch die ihre Wichtigkeit, auch in Bezug auf
die Außenwirkung der Selbstdarstellung, gesteigert wird.

Der verschriftliche Fabrikrundgang von Eilert zeigt ebenfalls die Wichtigkeit von
Modellen und Zeichnungen im Produktionsprozess. Jedes Bauteil wurde nach
Modellen gefertigt, denn „[...] nur dadurch ist eine Garantie geboten, dass bei

---

233 Grotrian-Steinweg: Betriebs-Aufnahmen 1924. Fotografie kostenlos zur Verfügung gestellt
    von Pianofortefabrikanten GmbH & Co. KG, Braunschweig.
234 Ebenda.

streng durchgeführter Arbeitsteilung immer ein Stück zum anderen genau passt, alle Instrumente gleiche Grösse haben und ein präzises Arbeiten garantiert wird."[235] Der Prozess der Modellbildung beinhaltet, dass jedes Bauteil zeichnerisch formalisiert und standardisiert wurde. Dies war für die arbeitsteilige, teilweise mechanisierte Produktionsweise der Firma Grotrian-Steinweg unerlässlich:

> „Daher muss als Grundlage zunächst das, was man fabrizieren will, alles was gebaut werden soll, zeichnerisch festgelegt werden. Es ist das Verdienst gerade unserer Firma vor allen Klavierbauern, die gesamte Konstruktion zu Papier gebracht zu haben. Und nicht nur das. Bei dieser Arbeit wurden auch die technischen, physikalischen und akustischen Erscheinungen überdacht, geprüft, gemessen und verwertet."[236]

Ob die Firma Grotrian-Steinweg die erste Firma im Bereich des Klavierbaus war, die ihre kompletten Instrumentenmodelle in technischen Zeichnungen und Modellen formalisierte, ist nicht eindeutig belegt. Fest steht jedoch, dass durch technische Zeichnungen und das Anfertigen von Modellen, Wissen im Zuge der Formalisierung und Standardisierung der Produktion ebenfalls formalisiert und standardisiert wurde. Nicht zuletzt hierdurch konnten Instrumente arbeitsteilig hergestellt werden. Der Hinweis auf die zunehmende Verwendung wissenschaftlicher Erkenntnisse in diesem Prozess ist in Verbindung mit der Errichtung eines firmeninternen akustischen Laboratoriums in den 1920er Jahren zu sehen (siehe Kapitel 6). Die Aufgaben des betriebseigenen Physikers beschrieb Eilert wiefolgt: „Die Firma Grotrian-Steinweg beschäftigt einen eigenen akademisch gebildeten Akustiker, dessen alleinige Aufgabe es ist, alle Zusammenhänge, alle Erscheinungen im Instrumente zu prüfen, zu ermitteln, um auf diese Resultate die geeignetste Konstruktion aufbauen zu können."[237] Der Bericht über den Fabrikrundgang von Eilert ist als sehr subjektive Quelle einzuschätzen, handelt es sich bei dem Autor wohlweißlich um einen Angestellten, der seinen Arbeitgeber in einem besonders guten Lichte darstellen wollte und im Auftrag der Geschäftsleitung handelte. Trotzdem ist aus diesem Dokument der Selbstdarstellung etwas über die große Bedeutung der Anwendung wissenschaftlicher Methoden in der Konstruktions- und Produktionsweise der Firma Grotrian-Steinweg zu erfahren. Bereits 1906 hatte Willi Grotrian die Produktions- und Konstruktionsweise der Firma Grotrian-Steinweg in einem Manuskript beschrieben und eine Formalisierung und Systematisierung von Firmenwissen vorgenommen. Vieles weist darauf hin, dass der Prozess der Formalisierung und Systematisierung des Firmenwissens parallel einherging mit der Formalisierung und Standardisierung der Produktion (siehe Kapitel 5).[238]

---

235 Eilert 1929: S. 17.
236 Ebenda: S. 37.
237 Ebenda: S. 40.
238 Vgl. Grotrian, Willi: Aufgaben von Teilen und Arbeitsfolgen im Klavierbau. 1906. Firmenarchiv Grotrian-Steinweg Pianofortefabrikanten GmbH & Co. KG, Braunschweig.

Die folgenden Seiten des Albums führen den Betrachter wieder in den Außenbereich. Auf menschenleeren Fotografien rückt die Technik in den Vordergrund. Es werden zum Beispiel ein Sägewerk mit Kränen, ein riesiger Holzlagerplatz, verschiedene Holzschuppen, Schaltanlagen und Umformer, zwei Dampfturbinen mit Generatoren, ein Wasserrohrkessel mit besonderer Vorfeuerung für Holzabfälle sowie Lacköfen gezeigt. Bis hier zeichnet das Fotoalbum das Bild eines modernen, mechanisierten Industriebetriebes. Die Einbeziehung wissenschaftlicher Methoden geht einher mit der technisch mechanisierten Umgebung, die von Messinstrumenten und Maschinen dominiert wird. Die Handarbeit ist nicht mehr als adäquat und gleichwertig zu den Maschinen oder gar als ihr überlegen darstellbar, so wie es noch in der Quelle von 1886 beschrieben wurde (siehe Kapitel 3.3).

Nun zeigen die Fotografien die einzelnen Produktionsräume und Arbeiter. Diese Darstellungen führen den Betrachter durch die einzelnen Arbeitsschritte bis hin zum fertigen Instrument. Prinzipiell können diese Aufnahmen in zwei Gruppen unterteilt werden. Die eine Gruppe zeigt Räume, in denen Menschen an verschiedenen Maschinen arbeiten, die anderen Räume, in denen die Handarbeit dominiert. Letztere überwiegen jedoch. Zudem gibt es eine kleinere Anzahl von Fotografien, auf denen Arbeiter mit Handmaschinen zu sehen sind. Auch die handwerklichen Tätigkeiten fanden in großen Arbeitssälen statt. Es wurden 20 verschiedene Arbeitsschritte dokumentiert, wie: Holzzuschnitt, Bohren und Lackieren der Gusseisenrahmen, Rastenmacherei, Rastenbiegerei, Bodenmachen, Stimmstockbearbeitung, Gussrahmen vorpassen, Flügelböden einpassen, Furnierzuschnitt, Furnierverleimung, Rastenfertigung, Umbauteilefertigung, Beziehen der Rahmen mit Saiten, Einbau von Klaviaturen und Mechaniken, Polieren, Regulierung der Klaviatur und Mechanik sowie die Endabnahme. Das Fotoalbum dokumentiert die von Pfeiffer beschriebene Differenzierung der Arbeitsschritte innerhalb eines größeren Betriebes, die zur Herausbildung von Facharbeitern für die einzelnen Tätigkeiten führte. Auch bei Grotrian-Steinweg wurde die Produktion in zahlreiche Einzelschritte aufgeteilt. 1924 bestand in der Firma ein Nebeneinander von Maschinen und kundigen Handwerkern, auf die noch nicht verzichtet werden konnte. Eilert verweist in seinem Bericht auf die Bedeutung der Kenntnisse und Fähigkeiten dieser Handwerker im Umgang mit den im Klavierbau verwendeten unterschiedlichen Materialien wie zum Beispiel Holz, Stahl, Kupfer, Gusseisen, Filze, Elfenbein und Lacke:

„Jede einzelne Gruppe [Material] bedingt in der Behandlung, in der Pflege, eine grosse Erfahrung [...] [D]ie Qualität eines Instrumentes ist nicht das Resultat einer Eigenart oder einer Erfahrung, sondern ist die Kette der Beachtung aller Faktoren, die sorgfältigste Pflege jedes Materials, das Kennen aller durch die Wissenschaft geprüften Auswirkungen zeitigt ein Instrument, das dann die Bezeichnung ‚Höchstleistung' verdient."[239]

Nicht nur die handwerkliche Erfahrung war von großer Bedeutung. Die bereits im Manuskript von Willi Grotrian angedeutete und im Fotoalbum demonstrativ in Szene gesetzte Anwendung von wissenschaftlichen Methoden spielte in der Firma Grotrian-Steinweg eine tragende Rolle. Nicht nur bestanden mechanisierte und handwerkliche Arbeit nebeneinander, sondern auch persönliche Erfahrungen und Kenntnisse existierten neben wissenschaftlichen Methoden:

„[...] die Anfertigung des Resonanzbodens [...] erfolgt einmal unter Benutzung wissenschaftlicher Erkenntnisse, es wird der akustische Wert eines Brettes fest-gestellt und die Hölzer in Gruppen eingeteilt, für ein und denselben Boden also aus derselben Gruppe das Holz genommen, dann aber setzt das Auge des Fach-arbeiters, des Klavierbauers, ein, und nun wird aus dieser Gruppe nur das zusammengeleimt, was ein sachverständiges Auge für gut hält."[240]

Wissenschaftliches Arbeiten war durchweg positiv besetzt und viele Firmen, damals wie heute, wollten deshalb nach außen ihre wissenschaftlichen Arbeits-weisen demonstrieren, wie dies die Firma Grotrian-Steinweg durch die Betonung der in der Konstruktion angewendeten wissenschaftlichen Erkenntnisse tat. Die Firma beließ es allerdings nicht nur bei einer demonstrativen Inszenierung der ver-wendeten wissenschaftlichen Methoden, sondern arbeitete eng mit dem Physiker Dr. Carl Heinrich Hörig (1882-† unbekannt) in dem eingerichteten firmeninternen Laboratorium zusammen, in dem er akustische Versuche durchführte und hierauf basierend Konstruktionsvorschläge ausarbeitete.[241] Den Ausführungen Eilerts folgend, wurden die einzelnen Holzbretter für den Resonanzboden zunächst je nach Beschaffenheit in unterschiedliche Gruppen eingeteilt (siehe Abb. 11, S. 85). Die eigentliche Zusammenstellung des jeweiligen Resonanzbodens wurde durch eine

---

239 Eilert 1929: S. 4.
240 Ebenda: S. 16.
241 Dieser Prozess wird in Kapitel 6 und 7 ausführlich dargestellt. Ein Prozess der Ver-wissenschaftlichung, Industrialisierung und Mechanisierung vollzog sich nicht nur im Gewerbe des Klavierbaus. Dieser Prozess ist im 19. Jahrhundert ebenfalls in der Kältetechnik-(refrigeration-industry) und Brauereiindustrie zu beobachten. Dies zeigt Hård unter anderem am Beispiel des Münchner Professors für Maschinenbau Carl von Linde (1824-1934), dessen Abhandlungen über und Konstruktionen neuer Kühlmaschinen für Eis von der Brauerei Spaten und Dreher aufgenommen wurden. Diese Brauerei zeichnete sich durch eine Firmenkultur der Integration von Wissenschaft aus und so beauftragte Linde diese, um seine bis zu dieser Zeit nur auf dem Papier bestehenden Konstruktionen umzusetzen. Vgl. Hård, Mikael: Machines are Frozen Spirit. The Scientification of Refrigeration and Brewing in the 19th Century – A Weberian Interpretation. Frankfurt 1944. Vgl. Kapitel 7-8, S. 113-142.

erfahrene Person vorgenommen, die aus der jeweiligen Holzgruppe die Hölzer heraussuchte, denn einige Arbeiten waren auch in den 1920er Jahren noch nicht maschinell möglich, wie zum Beispiel das Einpassen des Stimmstockes:

> „Bevor die Platte auf den Resonanzboden aufgeleimt wird, wird [unter] die Platte der Stimmstock eingepasst. Diese Arbeit ist maschinell nicht möglich, da alle Platten nach dem Giessen und Erkalten verschieden schwinden. Andererseits ist das peinlich genaue Passen des Stimmstocks, vor allen Dingen das Dichtsein, von allergrösster Bedeutung."[242]

Bei diesem Arbeitsschritt waren demnach die geschulten Augen und Hände, das *working knowledge* des Klavierbauers gefragt, musste er doch basierend auf sein *knowledge of material* und seinem *kinesthetic sense* jeden Stimmstock individuell anpassen. Ein weiterer Arbeitsschritt am Stimmstock wurde hingegen mit Hilfe einer speziellen elektrischen Stimmstock-Bohrmaschine getätigt: das exakte Bohren der Wirbellöcher. Das Nebeneinander von mechanisierter Arbeit und Handarbeit tritt hier deutlich hervor, wurde der Stimmstock aufgrund seiner Passgenauigkeit an sich per Hand eingepasst, so wurde beim Bohren der Wirbellöcher auf eine Bohrmaschine zurückgegriffen, um die Wirbellöcher exakter setzen zu können als dies von Hand möglich wäre.

Die Fotografien zeigen, dass jeder Arbeitsschritt nicht nur jeweils in einem eigenen Raum stattfand, sondern auch von unterschiedlichen Personen ausgeführt wurde. Die Arbeiter wurden speziell für eine Tätigkeit eingesetzt und spezialisierten sich. Über ein besonderes Gespür für das Material (*knowledge of material*) und Gefühl im Umgang mit selbigem (*kinesthetic sense*) mussten die Arbeiter verfügen, die die Mechanik einbauten und regulierten: „Der Einbau von Mechanik, Klaviatur und Dämpfer erfolgt von Spezialarbeitern, die durch langjährige Schulung zu Spezialisten herangebildet [...] sind. Feinstgefühlempfänger, ein scharfes Auge und besonders sorgfältiges Arbeiten sind unerlässliche Bedingungen für diese besonderen Klaviermacherarbeiten."[243] Es ist davon auszugehen, dass es sich hierbei nicht ausschließlich um gelernte Handwerker oder Arbeiter handelte, denn in den Fabriken wurden auch ungelernte und angelernte Kräfte eingesetzt.

Drei Fotografien werden nachfolgend exemplarisch für die oben erwähnten Tätigkeitsgruppen analysiert und interpretiert. In den ersten beiden Aufnahmen dominiert die Technik das Geschehen, die von den Arbeitern bedient wurde. Die Bildunterschriften beziehen sich häufig nur auf die abgebildeten Maschinen, wie bei einer Fotografie, die die Bearbeitung der Gusseisenrahmen zeigt, und auf die „Spezial-Bohrmaschinen für die gusseisernen Klavierrahmen" verwiesen wurde.

---

242 Eilert 1929: S. 22.
243 Ebenda: S. 31.

Abb. 13:   Hydraulische Furnierpresse[244]

Auf Abbildung 13 (siehe S. 91) sind insgesamt sechs Männer zu erkennen. Diese bearbeiteten die Werkstücke, in diesem Fall einzelne Furnierbretter, mit Hilfe der abgebildeten hydraulischen Furnierpresse. Im Hintergrund ist eine „Leim-Angebe-Maschine" zu sehen. Das Holz wurde zunächst durch zwei hohle, geriffelte und geheizte Walzen gleichmäßig mit Leim bestrichen und auf den fahrbaren Tisch, den der Mann in der Mitte bediente, in eine Art Vorrichtung gelegt. Danach wurde dieser Tisch in die Furnierpresse gegeben, in der die Furniere mit hydraulischem Druck gepresst und so zu einem Stück verleimt wurden.[245]

Abbildung 14 (siehe S. 92) zeigt eine Sandpapier-Schleifmaschine mit deren Hilfe „[…] sauberste Flächen für Hochglanzschliff […]"[246] erzielt werden sollten. In diesem hellen Raum ist nur ein Arbeiter an der Maschine zu erkennen. Quer durch den Raum verläuft ein Abluftrohr, das den entstehenden Staub sofort absaugt. In der rechten Bildhälfte ist das Werkstück, ein Flügeldeckel, in die Schleifmaschine eingespannt, weitere lehnen hinter dem Arbeiter, der die Maschine bedient, die das

---

244 Ebenda. Fotografie kostenlos zur Verfügung gestellt von Pianofortefabrikanten GmbH & Co. KG, Braunschweig.
245 Vgl. Grotrian-Steinweg: Betriebs-Aufnahmen 1924.
246 Ebenda.

Abb. 14: Sandpapier-Schleifmaschine zum Bearbeiten von Flügeldeckeln[247]

Werkstück bearbeitet. Am linken Bildrand ist ein Arm an einer weiteren Schleifmaschine zu erkennen. Die Maschine konnte radiale und axiale Bewegungen
durchführen. Unter dem Tisch liefen drei Schleifwalze, die sich gegen das
Arbeitsstück drehten. Die geschliffene Fläche wurde durch Bürstenwalzen
gesäubert. Durch die oberen Walzen, deren Drehzahlen und damit die Umfangs-
geschwindigkeiten durch Zahnräder verstellt werden konnten, wurde Druck auf das
Werkstück ausgeübt.[248] In beiden Aufnahmen dominierte die Technik.

Ein gänzlich anderes Bild zeigt eine Aufnahme, die den Einbau von Klaviatur und
Mechanik dokumentiert. Abbildung 15 (siehe S. 93) zeigt einen hellen Raum, an
dessen Fensterseite Werkbänke im Tageslicht aufgestellt wurden. Jedem gegenüber
stehenden Instrumentengehäuse wurde eine Werkbank zugeordnet, so dass das
Spielwerk nach der Feinregulierung auf der Werkbank direkt in das entsprechende
Gehäuse gelegt und eingepasst werden konnte. In der Mitte des Raumes ist eine
Hebevorrichtung und am rechten Bildrand senkrecht aufgereiht, polierte Flügel-

---

247 Grotrian-Steinweg: Betriebs-Aufnahmen 1924. Fotografie kostenlos zur Verfügung gestellt
von Pianofortefabrikanten GmbH & Co. KG, Braunschweig.
248 Vgl. Eilert 1929: S. 20.

Abb. 15:   Einpassen der Klaviatur[249]

gehäuse zu erkennen, in denen bereits der Resonanzboden und der Gusseisenrahmen eingesetzt wurden. In diesem Arbeitsschritt dominiert die Handarbeit. Es
sind keine größeren Arbeitsmaschinen zu sehen. Die Arbeitsplätze sind zum Licht
ausgerichtet, über den Werkbänken sind zudem elektrische Lampen angebracht.
Das Einpassen der Klaviatur, wie es auch auf den Aufnahmen der Firma
Bösendorfer im Jahre 1910 zu sehen ist (siehe Abb. 9, S. 73), scheint sich nicht
verändert zu haben. Gleichwohl die Aufnahme der Firma Grotrian-Steinweg
verdeutlicht, dass hier in einer weit größeren Fabrikanlage mit mehr Beschäftigten
produziert und durchaus kleinere und größere Maschinen verwendet wurden. Unter
anderem sind dies: Hobelmaschine, Fräsmaschine, Bohrmaschine, Zapfenschnei-
demaschine, Rasten-Fräse, Fügemaschine, Kehlmaschine, Rundstabhobelmaschine,
Sandpapierschleifmaschine, Kreissäge, Dekupiersäge, Resonanzbodenhobel-
maschine, Furnierbürst-Maschine, Steg-Abspitzmaschine und Stegfräse.[250]

Die Firma konnte auf eine Vielzahl von Spezialmaschinen zurückgreifen, die für
die besonderen Bedürfnisse der Klavierbaubranche und den jeweiligen Eigenschaften der unterschiedlichen Materialien entwickelt und gebaut worden waren.

---

249 Grotrian-Steinweg: Betriebs-Aufnahmen 1924. Fotografie kostenlos zur Verfügung gestellt
   von Pianofortefabrikanten GmbH & Co. KG, Braunschweig.
250 Vgl. Eilert 1929: S. 16-19.

Auf keiner der Fotografien, die die Arbeitsmaschinen zeigen, sind die typischen Riemenwälder der Transmissionsriemen zu erkennen. Die Maschinen wurden von unten angetrieben und die Transmissions-Antriebe liefen im Transmissions-Keller zusammen. Häufig gebrauchte Maschinen wurden in Gruppen angetrieben.[251] Die letzten Seiten des Albums zeigen keine Motive aus der Fabrikanlage. Neben einer Aufnahme des Abnahmeraums, in dem die Instrumente nochmals geprüft wurden, finden sich Fotografien des Lohn-Kontors, der Auslandsabteilung sowie Aufnahmen verschiedener Filialen, Ausstellungsräume, Konzertsäle sowie Fotografien von Messeständen. Nur in den Aufnahmen der Büroräume sind weibliche Angestellte zu erkennen (siehe Tabelle 4, S. 81).[252]

Bereits zu Beginn des 20. Jahrhunderts verwendete die Firma Grotrian-Steinweg eine Vielzahl unterschiedlicher Maschinen: So wurde die Bandsäge für „[d]ie gebogenen Schnitte und das auftrennen von starken Hölzern [...]" verwendet.[253] Die Abrichtmaschine „[...] hobelt an jedem Holzstück die erste flache Seite gerade, und nach Fertigstellung dieser die schmale Winkelkante [...]."[254] Es ist eine Steigerung des Maschineneinsatzes im Jahr 1924 zu erkennen. Die feineren Arbeitsschritte wurden weiterhin in Handarbeit verrichtet. Willi Grotrian bemerkte 1906 zum Einsatz von Maschinen:

> „Leider ist die Verwendung der Maschine in einer Pianofortefabrik ziemlich beschränkt und erstreckt sich eigentlich nur auf die gröbsten Zurichtungsarbeiten. Zu so ausgedehnter Verwendung wie in der Eisenindustrie wird die Maschine bei uns nie gelangen. Trotzdem nimmt sie einige der unangenehmsten und schwersten Arbeiten der menschlichen Kraft in ausgezeichneter Weise ab und wird daher mit Vorteil verwendet."[255]

Er bewertete den Einsatz von Maschinen nicht nur hinsichtlich ihrer Anwendbarkeit auf das hergestellte Produkt, sondern auch in Hinblick auf ihre Rentabilität innerhalb des Produktionsprozesses. Er entschied sich gegen Spezialmaschinen für die Feinarbeit, die sich innerhalb des Betriebes wirtschaftlich nicht gelohnt hätten. Zu den die Maschinen bedienenden Arbeitern schrieb er folgendes:

> „Auch die Arbeiter selbst sind sorgsam auszuwählen und ja nicht jeder, der nichts gelernt hat als Maschinenarbeiter zunehmen. Tüchtige und fleissige Leute in gutem Accorde liefern bedeutend bessere und noch einmal so viel Arbeit, als unintelligente in Lohnstehende Arbeitsleute, die dafür aber eine höhere Unfallziffer aufweisen."[256]

---

251 Vgl. Eilert 1929: S. 17-19, S. 22. Leider sind von der hier beschriebenen fortschrittlichen Unterflurtransmission keine Aufnahmen vorhanden.
252 Vgl. Eilert 1929: 17-19, S. 22.
253 Vgl. Grotrian 1906: S. 26c.
254 Ebenda: S. 26f.
255 Ebenda: S. 26a.
256 Ebenda: S. 26c.

Durch die Arbeitsteilung wurden die Fähigkeiten der Arbeiter spezialisiert. So bedurfte es auch spezieller Fähigkeiten für die Verwendung der Maschinen, die die Arbeiter erwerben mussten, denn auch das richtige Bedienen der Maschinen wollte gelernt sein.[257] Dass die Arbeitsmaschinen, zum Beispiel eine „Fournierabputzmaschine" prinzipiell die Handarbeit verdrängten oder die Produktion verbilligten traf nicht zu:

> „Zum Verbilligen der Arbeit trägt sie allerdings nicht bei nur zur Verbesserung durch Herstellung schöner Flächen, das Papier [...] abzuputzen verschmäht sie vollständig [...]. Das Papier muss von Hand vorher entfernt werden, wobei ja nicht zu tiefe Zahnstriche durch ein grobes Eisen gemacht werden dürfen, und die maschinengeschliffene Fläche muss gleichfalls von Hand nochmals lang nachgeschliffen und nachgesehen werden, wenn man tadellose Arbeit haben will."[258]

Es bedurfte weiterhin erfahrener Arbeiter, die zum einen die Maschinen bedienten und zum anderen die Werkstücke kontrollierten. Dies zeigte sich vor allem dann, wenn ein erfahrener Arbeiter an der entsprechenden Maschine ausfiel, wie zum Beispiel an der Spinnmaschine: „Das Spinnen der Saiten ist gar keine so einfache Sache, wenigstens haben wir zu einer Zeit, als der altgediente Spinner krank war, viele taube Saiten bekommen [...]."[259] Der „altgediente Spinner" hatte demnach besondere Fähigkeiten im Umgang mit dem Material und dessen Bearbeitung an und mit der Maschine ausgebildet. Er verfügte über *kinesthetic sense* und *knowledge of material*, die nicht einfach von Heute auf Morgen ersetzt werden konnten. Für die Klavierindustrie waren die einzelnen Beschäftigten und ihre spezifischen Fähigkeiten, sei es ihr *working knowledge* im Umgang mit den verwendeten Materialien oder ihre Fähigkeiten beim Bedienen der Maschinen, entscheidend für die Herstellung qualitativ hochwertiger Klaviere. Festzuhalten ist, dass die Leistungsfähigkeit der einzelnen Arbeiter auf deren Begabung, Ausbildungs- und Bildungsniveau beruhte. Trotz des Einsatzes von Maschinen und der Einführung der Arbeitsteilung kam der Klavierbau nicht ohne handwerklich qualifizierte Beschäftigte aus. Zwar konnten im Laufe des 19. Jahrhunderts, basierend auf der entstehenden Serienfertigung, immer mehr angelernte Hilfskräfte eingesetzt werden, doch blieb deren Einsatz immer auf bestimmte Bereiche beschränkt.

---

257 Bei Drehmaschinen zeigte sich ebenfalls, wie schwierig es war, qualifizierte Arbeiter durch Maschinen zu ersetzen. Wichtig blieben, auch wenn einzelne Arbeitsschritte durch Maschinen ersetzt wurden, die Fähigkeiten des die Maschinen bedienenden Arbeiters: „Die sinnliche Wahrnehmung des Zerspannungsvorganges – Sehen, Hören, Riechen, Spüren – blieben an der Maschine unverzichtbar, obwohl Körperkraft und Tastsinn nicht mehr so direkt in Anspruch genommen werden. [...] Qualifizierte Handarbeit wurde nicht abgeschafft, sondern blieb neben qualifizierter Maschinenarbeit gleichberechtigt bestehen." Benad-Wagenhoff 1996: S. 15.

258 Grotrian 1906: S. 26k.

259 Ebenda: S. 26k-l. Taube Saiten klingen häufig dumpf und sind daher unbrauchbar.

In dem Fotoalbum befinden sich keinerlei Aufnahmen einer Eisengießerei oder einer Werkstatt zur Herstellung von Mechaniken. Nach Eilert bezog die Firma unter anderem die Filzplatten für die Hammerköpfe, die Mechaniken und Klaviaturen von Zulieferern. Diese Einzelteile wurden von Spezialherstellern nach Modellen der Firma gefertigt. Ab der Mitte des 19. Jahrhunderts war es in fast allen Betrieben üblich, die einzelnen Bestandteile nicht mehr selber zu produzieren, sondern sie von spezialisierten Zulieferern zu beziehen. Als Begründer der deutschen Mechanikindustrie gilt Ludolph Isermann aus Hamburg, der seine Werkstatt 1842 eröffnete.[260] Vor dem Ersten Weltkrieg gab es 50 Mechanikfabrikanten in Deutschland. Mehr als 50 Prozent der Erzeugnisse wurden als Halbfabrikate exportiert. Bis 1937 wurden acht bis neun Millionen Mechaniken und ebensoviele Klaviaturen produziert. Diese Entwicklung wurde durch den Ersten Weltkrieg und vor allem durch die Weltwirtschaftskrise 1929 beendet. Der sich anschließende geringe Aufschwung wurde durch den Zweiten Weltkrieg erneut unterbrochen.[261]

Die Firma Grotrian-Steinweg hatte sich seit ihrer Gründung zu einem stattlichen Fabrikbetrieb entwickelt, in dem eine standardisierte und formalisierte arbeitsteilige Produktionsweise vorherrschte, mit der eine Formalisierung und Systematisierung des Firmenwissens einhergehen sollte (siehe Kapitel 5). Sie verfügte über eine große Fabrikanlage mit maschineller Ausstattung. Die Abstimmung der Hölzer für den Resonanzboden sowie die präzise Ausarbeitung der Modelle im Zeichenzimmer zeigen, dass eine arbeitsteilige Produktion systematisiertes und formalisiertes Wissen benötigte. In diesem Prozess spielten die Brüder Kurt und Willi Grotrian eine bedeutende Rolle. Sie hinterließen umfangreiche individuelle handschriftliche Dokumente, in denen sich ein lebenslanger Prozess der Aneignung von Wissen zeigt. Während Kurt Grotrian sein während der Lehrzeit und auf Wanderschaft angeeignetes Wissen in seinen individuellen Notizbüchern festhielt (siehe Kapitel 4.3), verfasste sein Bruder Willi Grotrian ein Manuskript, das eine Formalisierung und Systematisierung des Firmenwissen dokumentiert (siehe Kapitel 5). In diesen und weiteren Wissensräumen vollzog sich im 19. und frühen 20. Jahrhunderts ein Prozess der Formalisierung und Systematisierung von Wissen, der durch die Heterogenität der Wissensbestandteile, von informellem *working knowledge* über formalisiertes und standardisiertes Firmenwissen, bis hin zu wissenschaftlichem Wissen, sowie einer Gleichzeitigkeit und einem Nebeneinander von selbigem geprägt war. Hierzu zählten ebenfalls Wissens-*Stätten*, wie das Laboratorium der Firma Grotrian-Steinweg (siehe Kapitel 6) und Wissens-*Foren*, wie sie sich unter anderem in der Zeitschrift für Instrumentenbau in Form eines

---

260 Die Firma wurde in Hamburg gegründet. 1850 beschäftigte Isermann 80 Arbeiter, 1870 300 und 1898 bereits 550 Arbeiter. Er baute 1873 auf einem Grundstück von 90.000 Quadratfuß eine Fabrik mit 40.000 Quadratfuß. Die Firma wurde 1908 nach mehreren Streiks der Arbeiter in Kombination mit einer schlechten Geschäftslage geschlossen. Vgl. Henkel 2002: S. 109.
261 Vgl. Henkel 2002: S. 143. Vgl. Eilert 1929: S. 10, S. 30.

Diskussionsforums, dem „Sprechsaal" fanden (siehe Kapitel 7). Diese Wissensräume, das in ihnen enthaltene Wissen und dessen räumliche Bedingtheit widmen sich die folgenden Kapitel.

4. Individuelle Wissens-*Speicher* – Notizbücher

> „Die Sprache kämpft mit der Darstellung physischer
> Tätigkeiten, und dieser Kampf zeigt sich nirgendwo
> so deutlich wie dort, wo die Sprache uns sagt, was
> wir tun sollen."[262]
>
> Richard Sennett

In den während seiner Lehr- und Wanderjahre entstandenen Notizbüchern Kurt
Grotrians finden sich nicht nur Hinweise auf den zwischen 1890 und 1930 in der
Klavierbaufirma Grotrian-Steinweg stattfindenden Prozess der Formalisierung und
Systematisierung von Wissen, sondern auch auf sein individuelles *working
knowledge*, das er zu umschreiben versuchte und innerhalb seiner Aufzeichnungen
mit anderen Wissensformen kombinierte. Durch die Analyse der Notizbücher werden seine individuellen Wissensaneignungs- und Wissensspeicherungsprozesse
nachgezeichnet. Seine Aufzeichnungen erlaubten ihm, sich bei erneuter Lektüre an
bestimmte Dinge oder spezifische Gefühle während einer Tätigkeit zu erinnern.
Kurt Grotrian war kein Einzelfall. Auch andere Handwerker führten Notizbücher,
wie zum Beispiel der Orgel- und Klavierbauer Carl Josef Wirth (1800-1882). Seine
Aufzeichnungen sind ein Beispiel für die individuelle Wissensaneignung und Wis-
sensspeicherung aus einer Zeit, in der der Klavierbau noch nicht von industriellen
Produktionsweisen geprägt war. In den sechzig Jahren, die zwischen den Aufzeichnungen liegen, kam es zu gravierenden Veränderungen in der Konstruktionsweise
der Instrumente. Nicht die enthaltenen Darstellungen der Technik stehen im Vordergrund, sondern der während dieser Zeitspanne stattfindende Wandel der unterschiedlichen Wissensformen, ihrer Kommunizierbarkeit sowie der jeweiligen
Wissensaneignungs- und Wissensspeicherungsprozesse.

4.1 Zur Funktion schriftlicher Aufzeichnungen

Die Fragen nach Schriftlichkeit und Verschriftlichung von Wissen sind Inhalt
vieler Studien der Technik- und Wissenschaftsgeschichte. Bereits Anfang der
1990er Jahre verwendeten Kathrin M. Olesko und Frederic L. Holmes neben
wissenschaftlichen Publikationen auch ein Labor-Notizbuch von Hermann von

---

262 Sennett 2008: S. 240.

Helmholtz (1821-1894)[263], um dessen Forschungsarbeit bezüglich seiner Untersuchungen an Muskeln und Nerven (Nerve-Impulse-Discovery) zu analysieren.[264] Holmes zeichnete zudem die tägliche Forschungspraxis des französischen Chemikers Antoine Lavoisier (1743-1894) nach und verwendete zwölf Labor-Notizbücher Lavoisiers „[…] from which we can reconstruct a large part of his immediate experimental activity."[265] W. Bernard Carlson hob, basierend auf der Untersuchung der Notizbücher Thomas Edisons (1847-1931) die große Bedeutung seiner Zeichnungen hervor.[266]

Für Christoph Hoffmann, der grundlegende Überlegungen in Bezug auf den Umgang mit schriftlichen Aufzeichnungen wie Notizbüchern, Laborberichten oder Sektionsprotokollen formuliert, dienen Schrift und Zeichnung dazu, ein Datum zu sichern.[267] Durch diese Aufzeichnungsmethode können Wissensbestände erzeugt, übermittelt und bewahrt werden. Die Gegenstände der Wissenschaft können jedoch

---

263 Hermann Ludwig Ferdinand von Helmholtz war einer der bedeutendsten Physiker und Physiologen des 19. Jahrhunderts. Er hatte Professuren in Königsberg, Bonn, Heidelberg und Berlin inne und war ab 1888 Präsident der Physikalisch-Technischen Reichsanstalt in Charlottenburg. Unter anderem erklärte er die physiologischen Vorgänge der Akustik und entwickelte eine Klanganalyse durch Resonatoren. Sein Werk „Die Lehre von den Tonempfindungen" gilt als bahnbrechende Arbeit auf dem Gebiet der Akustik. Vgl. Cahan, David: Hermann von Helmholtz and the foundations of nineteenth-century science. Berkeley 1993. Vgl. Max Planck Institute for the History of Science, Berlin: The Virtual Laboratory. Essays and Resources on the Experimentalization of Life. People: Helmholtz, Hermann Ludwig Ferdinand von (http://vlp.mpiwg-berlin.mpg.de/people/data?id=per87). Abgerufen am 26. 02. 2010. Vgl. Kursell, Julia: Wohlklang im Körper: Kombinationstöne in der experimentellen Hörphysiologie von Hermann v. Helmholtz. In: Lichau, Karsten/Tkaczyk, Viktoria/Wolf, Rebecca (Hrsg.): Resonanz. Potential einer akustischen Figur. München 2009. S. 55-74. Vgl. S. 65-70. Vgl. Helmholtz 1870.
264 Vgl. Olesko, Kathryn M./Holmes Frederic L.: Experiment, Quantification, and Discovery: Helmholtz's Early Physiological Researches. In: Cahan, David (Hrsg.): Hermann von Helmholtz and the Foundation of Nineteenth-Century Science. Berkeley 1993: S. 50-108. Vgl. S. 51, S. 100-101.
265 Holmes, Frederic Lawrence: Lavoisier and the Chemistry of Life. An Exploration of Scientific Creativity. Wisconsin 1985. Zitat S. xvi. Neben seinen Notizbüchern verwendete Holmes zudem informelle Notizen und Mitteilungen sowie dessen wissenschaftliche Publikationen zur Rekonstruktion dessen experimenteller Arbeit in all ihren Facetten.
266 Vgl. Carlson, W. Bernard: Invention, History, and Culture. In: Restivo, Sal (Hrsg.): Science, Technology, and Society: An Encyclopedia. New York 2005. S. 230-236. Vgl. S. 147. Vgl. Carlson, W. Bernard: Invention as an Evolution: the Case of Edison's Sketches of the Telephone. In: Zimon, John (Hrsg.): Technological Innovation as an Evolutionary Process. Cambridge 2000. S. 137-158. Thomas P. Huhges beschäftigte sich ebenfalls ausführlich mit Edisons Notizbüchern und untersuchte sie hinsichtlich ihrer technischen, wissenschaftlichen, ökonomischen, organisatorischen und personalpolitischen Inhalte. Vgl. Hughes, Thomas P: Networks of Power. Electrification in Western Society, 1880-1930. Baltimore, London 1983. S. 29. Vgl. Hughes, Thomas P.: The Seamless Web: Technology, Science, Etcetera, Etcetera. In: Social Studies of Science 16, 1986. S. 281-92. Vgl. S. 282, S. 285-287.
267 Ein Datum umfasst alles, was aufgezeichnet oder aufgeschrieben wird. Vgl. Hoffmann, Christoph: Festhalten, Bereitstellen. Verfahren der Aufzeichnung. In: Hoffmann, Christoph (Hrsg.): Daten sichern. Schreiben und Zeichnen als Verfahren der Aufzeichnung. Zürich, Berlin 2008 (= Wissen im Entwurf 1). S. 7-20. Vgl. S. 13-16.

nicht ohne Weiteres von ihrer Darstellung getrennt werden, denn zwischen ihnen und ihrer Darstellung bestand und besteht noch immer eine Verbindung, die es zu berücksichtigen gilt. Die Vorteile von Papier und Stift liegen für Hoffman in ihrer fast uneingeschränkten Einsetzbarkeit, denn fast überall ist es möglich, unmittelbar zu schreiben und zu lesen. Durch Schreiben und Zeichnen können Sachverhalte aufbewahrt, ihnen sowohl Beständigkeit als auch Beweglichkeit verliehen werden. Beständigkeit kann ihnen im Sinne ihrer schriftlichen Fixierung, Beweglichkeit in dem Sinne, dass sie durch ihre Fixierung in einem kleinen Notizbuch an die Stätte ihrer Entstehung nicht gebunden sind, verliehen werden. Durch das Aufzeichnen entscheidet sich auch, was fortwirken kann. Der Akt des Schreibens und Zeichnens ist gerichtet und strukturiert. Die unterschiedlichen Merkmale von Schrift und Zeichnung, wie Anmerkungen, Unterstreichungen und Markierungen sind Hinweise auf Verfahren der Bearbeitung. Die Bedeutung dieser Mittel ist meist nicht mehr rekonstruierbar, sondern lässt sich nur noch in ihrer äußeren Gestalt beschreiben. Auch die Rahmenbedingungen des Schreibens und Zeichnens können nur indirekt erschlossen und die Aktivität selbst meist nicht rekonstruiert werden, denn häufig liegt nur das Ergebnis vor. Aufzeichnungen entstehen immer auch in Beziehung auf ihre weitere Verwendung, denn zwischen dem Festhalten und Bereitstellen der gesicherten Sachverhalte besteht eine Wechselbeziehung.[268]

Hoffmann bezeichnet unter anderem Listen und Zeichnungen als Operationsraum. Dieser ähnelt der Analysekategorie der Wissens-*Speicher*, unter der auch Notizbücher und Manuskripte zu fassen sind. In diesen können durch Schreiben und Zeichnen Wissensbestände sowie von den Verfassern beim Schreiben und Zeichnen nicht intendierte Aspekte, bewahrt und übermittelt werden.[269] Hoffmann bezeichnet Notizbücher als „[s]mall non-human actors [...].“[270] Für ihn ist das „[...] note-taking [...]“ mehr als die bloße Dokumentation der täglichen Arbeit,

268 Vgl. Hoffmann 2008: S. 13-16. Hoffmann zeichnet durch die Analyse von Sektionsprotokollen in der Pathologie um 1900 nach, dass das Anfertigen dieser Protokolle ein entscheidender Bestandteil des Prozesses der Erkenntnis war und diese als wissenschaftliches Instrument zu sehen sind, genauso wie Schere, Pinzette und Skalpell. Vgl. Hoffmann, Christoph: Schneiden und Schreiben. Das Sektionsprotokoll in der Pathologie um 1900. In: Hoffmann, Christoph (Hrsg.): Daten sichern. Schreiben und Zeichnen als Verfahren der Aufzeichnung. Zürich, Berlin 2008a (= Wissen im Entwurf 1). S. 153-196.
269 Vgl. Hoffmann 2008: S. 8.
270 Hoffmann, Christoph: The Pocket Schedule. Note-taking as Research Technique: Ernst Mach's Ballistic-Photographic Experiments. In: Holmes, Frederic L./Renn, Jürgen/Rheinberger, Hans-Jörg (Hrsg.): Reworking the Bench. Research Notebooks in the History of Science. Dordrecht 2003 (= Archimedes Volume 7 New Studies in the History and Philosophy of Science and Technology). S. 183-202. Zitate S. 183.

sondern ein Werkzeug der Forschung.[271] Johannes Rössler identifiziert Notizbücher als ständige Begleiter des Kunsthistorikers in Museen und Privatsammlungen, in denen er Beobachtungen, Gedanken und Ideen festhalten konnte. Das Notizbuch nimmt eine Schlüsselfunktion an der Grenze zwischen visuellem Eindruck und Verschriftlichung des Kunstwerkes ein, denn das Gesehene erfuhr durch die Notation eine interpretatorische Filterung. Das Notizbuch wurde „[...] zu einem theoriefreien, experimentellen Raum mit der Aura des Intimen [...].“[272] Dienel bezeichnet Notizbücher als „[...] historisch gewachsene [...] Kulturtechnik[...] für die Strukturierung von Wissen [...].“[273] Er verweist auf die geringe Größe der Bücher von 12 x 16 cm (Oktavformat) oder kleiner. Die Bücher waren meist fest eingebunden, teilweise mit Leder. Für Dienel liegt der entscheidende Vorteil gegenüber Labor- und Protokollbüchern ebenfalls in der Mobilität der Notizbücher, sie: „[...] waren Wissensspeicher für unterwegs [...]“[274], wurden in der Westentasche getragen und waren somit immer zur Hand. Sie „[...] waren Selbstzeugnisse mit privatem Charakter. Sie hatten keinen äußeren Adressaten [...] [waren] für kein anderes Auge bestimmt [...].“[275] Häufig wurden sie in Kurzschrift, teilweise sogar in Geheimschrift, meist nur für einen kleinen Kreis, oft ausschließlich für den Verfasser selbst angefertigt. Das, was gespeichert wurde, diente als Gedächtnisstütze oder zur informellen Kommunikation innerhalb einer Forschergruppe. Deshalb

---

271 „[...] the process of noting itself possesses a performative power." Hoffmann 2003: S. 183. Friedrich Steinle untersucht am Beispiel der Forschungsnotizen des Mathematikers und Physikers André-Marie Ampère (1775-1836) und des Physikers Michael Faraday (1791-1867) die Aktivität des Forschens selbst, die in Labornotizen oder Notizbüchern festgehalten wurden. Er fordert, dass „Research practice has to be reconstructed. If personal accounts of the actors exist, they may provide a comfortable starting point of the analysis. Those records often differ, however, from what can be historically reconstructed from other sources." Vgl. Steinle, Friedrich: The Practice of Studying Practice: Analyzing Research Records of Ampère and Faraday. In: Holmes, Frederic L./Renn, Jürgen/Rheinberger, Hans-Jörg (Hrsg.): Reworking the Bench. Research Notebooks in the History of Science. Dordrecht 2003 (=Archimedes Volume 7 New Studies in the History and Philosophy of Science and Technology). S. 93-118. Zitat S. 93.

272 Rössler, Johannes: Das Notizbuch als Werkzeug des Kunsthistorikers. Schrift und Zeichnung in den Forschungen von Wilhelm Boder und Carl Justi. In: Hoffmann, Christoph (Hrsg.): Daten Sichern. Schreiben und Zeichnen als Verfahren der Aufzeichnung. Zürich, Berlin 2008 (= Wissen im Entwurf 1). S. 73-102. Zitat S. 76.

273 Dienel 2006: S. 397-424. Zitat S. 397.

274 Ebenda: S. 399.

275 Ebenda. Barbara Wittmann bemerkt im Zusammenhang mit der Untersuchung von Schrift und Zeichnung als Symptome psychischer und physiologischer Funktionen und Dysfunktionen, dass schriftliche oder zeichnerische Spuren unabsichtlich gelegt und hinterlassen werden. Diese können „[...] eine Brücke in unzugängliches Gebiet schlagen [...].“ Vgl. Wittmann, Barbara: Symptomatologie des Zeichnens und Schreibens. Verfahren der Selbstaufzeichnung. In: Wittmann, Barbara (Hrsg.): Spuren erzeugen. Zeichnen und Schreiben als Verfahren der Selbstaufzeichnung. Zürich, Berlin 2009 (= Wissen im Entwurf 2). S. 7-20. Vgl. S. 7. Zitat: S. 10.

waren die fixierten Wissensbestände oft extrem kurz gehalten und für Außenstehende kryptisch. Dienel unterscheidet zwischen Viel- und Wenigschreibern.[276]

Die Notizbücher Kurt Grotrians und Wirths zeugen von den individuellen Prozessen der Wissensaneignung und Aufzeichnungsmethoden. In Anlehnung an Heßlers Kategorien der Orte des Wissens, in der sie fragt, wo Wissen aufgenommen und gespeichert wurde und Ashs Kategorie der geographischen beziehungsweise physikalischen Räume, die die Ensembles und Instrumente, mit denen geforscht und Daten erzeugt werden, dienten sie für ihre Verfasser als Wissens-*Speicher*.[277] Während Heßler unter Orte des Wissens Individuen, Institutionen, öffentliche Orte und Gruppen fasst, an denen sich die mikrohistorische Dimension der Wissensproduktion beobachten lässt, zählt sie hierunter, trotz der Frage danach, wo Wissen aufgenommen und gespeichert wird, keine Aufzeichnungsgegenstände wie zum Beispiel Notizbücher oder Manuskripte. Zwar verweist Ash in seiner Kategorie der geographischen beziehungsweise physikalischen Räume auf die Bedeutung von Instrumenten und apparativen Ensembles, mit denen geforscht und Daten erzeugt werden, zählt aber ebenfalls keine konkreten Aufzeichnungesgegenstände zu den Instrumenten der Wissensproduktion. Die Kategorie der Wissens-*Speicher* erweitert somit die von Ash und Heßler ausgearbeiteten Kategorien um konkrete Aufzeichnungsgegenstände wie Notizbücher oder Manuskripte als Räume, in denen Wissen aufgenommen und gespeichert wird und die gleichfalls Instrument der Wissensproduktion auf mikrohistorischer Ebene darstellen. Zudem wurde der Begriff Wissens-*Speicher*, bewusst aus den Ausfürhungen Dienels entlehnt, denn dieser betont im Gegensatz zu Hoffmann, die Eigenschaft der Notizbücher, Dinge aufzunehmen, jederzeit, nicht nur bei Bedarf, bereitzustellen und damit die Möglichkeit die eigenen Wissensbestände auch nach längerer Zeit zu ergänzen und miteinander zu verbinden. Hoffmanns Operationsraum bezieht sich hingegen hauptsächlich auf den Akt des Schreibens und Zeichnens, der diesen aufspannt. Dieser zeigt sich vielmehr in verschiedenen Aufzeichnungsgegenständen. Das Wort *Speicher* bezieht sich zudem nicht auf die Kapazität eines Computers, virtuelle Daten aufzunehmen, sondern vielmehr auf die spezifische Funktion der Notizbücher, Wissen aufzunehmen und bereitzustellen, die an einen Dachboden

---

276 Vgl. Dienel 2006: S. 399-400.
277 Vgl. Ash 2000: S. 235-243. Vgl. Heßler 2007: S. 18. Jutta Voorhoeve verbindet sogar einzelne Blätter mit einer Raummetapher. Sie erläutert, wie die formale Beschränkung des Formats es dem Maler Martin Kippenberger (1953-1997) ermöglichte, sich einen Zeichenraum zu schaffen, „[...] der ihm zur zeichnerischen Auseinandersetzung mit diesem Material herausfordert, ihm aber auch eine formale Rahmung, ein Konzept bereitstellt, in dem diese Zeichnungen zu einem Gefüge werden, das weit über die Semantik des Einzelblattes hinausreicht." Dieser spezifische Zeichenraum ist gekennzeichnet durch bestimmte Charakteristika, die das Zeichnen Kippenbergers beeinflussten. Vgl. Voorhoeve, Jutta: Briefpapier als Handlungsraum. Praktiken der Selbstaufzeichnung bei Kippenberger. In: Wittmann, Barbara (Hrsg.): Spuren erzeugen. Zeichnen und Schreiben als Verfahren der Aufzeichnung. Zürich, Berlin 2009 (= Wissen im Entwurf 2). S. 169-194. Zitat S. 169.

erinnert, in dem ebenfalls Dinge aufbewahrt, jederzeit wieder hervorgeholt, neu geordnet und mit einander neu in Bezug gesetzt werden können.

4.2 Carl Wirths Notizbücher aus den Jahren 1828 bis 1848

Der Orgel- und Instrumentenbauer Wirth baute Klaviere und Orgeln zu einer Zeit, in der sich die meisten seiner Kollegen bereits auf eine Instrumentengattung spezialisiert hatten. 1827 wanderte er nach St. Petersburg aus und widmete sich dort dem Bau von Flügeln, bevor er 1854 nach Stuttgart zurückkehrte.[278] Seine drei erhaltenen handschriftlich verfassten Notizbücher (II, IV, V), mit dem Format 17x23cm und jeweils 35 bis 60 nummerierten Seiten, belegen seine vielseitigen Interessen und Arbeitsbereiche. Neben seinem Namen vermerkte Wirth auf den Umschlägen von Buch IV und V St. Petersburg. Er datierte Buch II und IV auf das Jahr 1829, Buch V auf das Jahr 1831. Buch IV verwendete er bis 1848.[279] Wirth widmete Buch IV und V dem Thema der Akustik und beschriftete diese entsprechend. Er schrieb über Klavier- und Orgelbau, letzterer dominierte in den Büchern IV und V. In allen Büchern finden sich auffallend viele detaillierte Zeichnungen, denen sich das Textbild entsprechend anpasst. Die Bücher unterscheiden sich inhaltlich und hinsichtlich der Art und Weise, wie Wirth sein Wissen fixierte. Während Notizbuch II ein täglicher Begleiter war, benutzte er die Bücher IV und V, die in Schönschrift verfasst wurden, als eine Art Ideensammlung zum Themenfeld der Akustik. Das Intonieren und Stimmen sowie die klanglichen Eigenschaften von Werkstoffen und die Beschreibung von besonderen Orgelregistern und -pfeifen hatten in diesen Büchern einen großen Stellenwert. Diese Ausführungen zeichnen sich im Gegensatz zu denen in Buch II durch ihre größerere Genauigkeit und wesentlich detaillierteren Zeichnungen aus. Wirths Verfahren der Aufzeichnungen

---

278 Drei Orgeln sind von ihm erhalten, unter anderem in Augsburg (1825), Eichstätt (1822) und St. Petersburg (1833), sowie einige Klaviere und Flügel (1786, 1800) in München. Vgl. Henkel 2000: S. 709. Clinkscale führt Franz Joseph Wirth bereits als Orgel- und Klavierbauer auf. Vgl. Clinkscale 1993: S. 324. Vgl. Fischer/Wohnhaas 1994: S. 474. Vgl. Fischer, Hermann/Wohnhaas, Theodor: Augsburger Klavier- und Orgelbauer im 19. Jahrhundert. In: Blätter des Bayerischen Landesvereins für Familienkunde 36, 1973. S. 59-62.

279 Wirth, Carl: Theil II Handschriftliche Notizen. 1829, Format 17x21cm. Zitiert als Wirth Theil II. Wirth, Carl: Theil IV Akustik. 1829, Format 17x21cm. Zitiert als Wirth Theil IV. Wirth, Carl: Theil V Akustik. 1831, Format 17x21cm. Zitiert als Wirth Theil V. HS 7868, Archiv des Deutschen Museums München. Buch I und III fehlen, die Nummerierung und einige Hinweise in den Aufzeichnungen verweisen jedoch auf deren Existenz. Einige lose Zettel mit meist unbeschrifteten Zeichnungen verschiedener Instrumentenbestandteile liegen in den Notizbüchern. Wirths Tochter, Anna Maria Wirth, übergab die Notizbücher 1921 dem Archiv des Deutschen Museums. Wirth, Anna Maria: Brief an das Deutsche Museum, vom 11. Dezember 1920. Archiv des Deutschen Museums, VA 1764 (Jg. 1920-21 Sub. W). Deutsches Museum: Brief an Anna Maria Wirth, vom 10. Februar 1921. Archiv des Deutschen Museums, VA 1764 (Jg. 1920-21 Sub. W).

verfeinerten sich mit seiner wachsenden Erfahrung.[280] Es ist keine Systematik innerhalb der Bücher zu erkennen und so finden sich Beschreibungen einzelner Bestandteile neben der Zusammensetzung verschiedener Werkstoffe, Hinweisen zu Arbeitsweisen, dem Anfertigen einzelner Bestandteile und Anmerkungen zum Stimmen und der Intonation.[281] Die häufigen Anmerkungen, Verbesserungen und Durchstreichungen, auch in roter Farbe, die sich auf fast jeder Seite finden, fallen sofort ins Auge. Die Inhalte der einzelnen Bücher verband Wirth durch ein internes Ordnungssystem. Er verschlüsselte seine Notizbücher nicht durch die Verwendung einer Geheimschrift. Das Format der Bücher erscheint zunächst relativ groß. Trotzdem waren sie mobil und Wirth konnte sie, auch wenn sie nicht in seine Westentasche passten, als „[...] Wissensspeicher für unterwegs [...]"[282] ständig mit sich führen. In welchen Situationen sie von Wirth benutzt wurden, kann nur indirekt erschlossen werden.

4.2.1 Organisation verschiedener Wissenskomponenten

Um sein festgehaltenes Wissen zu verknüpfen und nutzbar zu machen, legte Wirth ein systematisches internes Ordnungssystem mit Verweisen auf andere Bücher und Seiten an, welches er konsequent beibehielt. Dieses Ordnungssystem zeigt sich zum Beispiel in Buch II auf Seite 23 in einer kurzen Passage über die Konstruktion der Füße von Orgelpfeifen, in der Wirth die Winkel der Pfeifenfüße berechnete. Zu einem späteren Zeitpunkt überarbeitete er diesen Abschnitt und fügte folgende Notiz hinzu: „ist nicht ganz richtig", strich den komplette Abschnitt durch und verwies auf eine andere Passage in Teil IV: „Sieh IV Tl. pag 4."[283] Diesen Verweis folgend findet sich im Notizbuch IV eine detaillierte Beschreibung und Zeichnung über die korrekte Konstruktionsweise.[284] Wirth fand oder lernte zu einem späteren Zeitpunkt eine bessere Methode und glich diese mit der ihm bereits bekannten Methode ab. Er beließ es nicht beim einmaligen Aufschreiben seiner Erkenntnisse, sondern arbeitete seine Notizbücher mehrmals durch und gebrauchte sie in seiner täglichen Arbeit.

Ein weiteres Beispiel für seine Wissensorganisation und seine Verwendung von Zeichnungen findet sich in Notizbuch IV (siehe Abb. 16, S. 105). Wirth fertigte zunächst ausführliche Zeichnungen an, die er nachträglich mit kurzen schriftlichen Erläuterungen versah, ständig ergänzte und verbesserte. Er fixierte zeichnerisch verschiedene Konstruktionsweisen von Orgelpfeifen, strich immer wieder etwas

---

280 Wirth Theil IV und V. Vgl. Hoffmann 2008a: S. 15.
281 Wirth Theil II.
282 Dienel 2006: S. 399.
283 Wirth Theil II: S. 23.
284 Wirth Theil IV: S. 4.

durch und fügte kurze Notizen hinzu.[285] Auffallend ist, dass er die konkrete Art und Weise ihrer Konstruktion nicht beschrieb, sondern zeichnete.

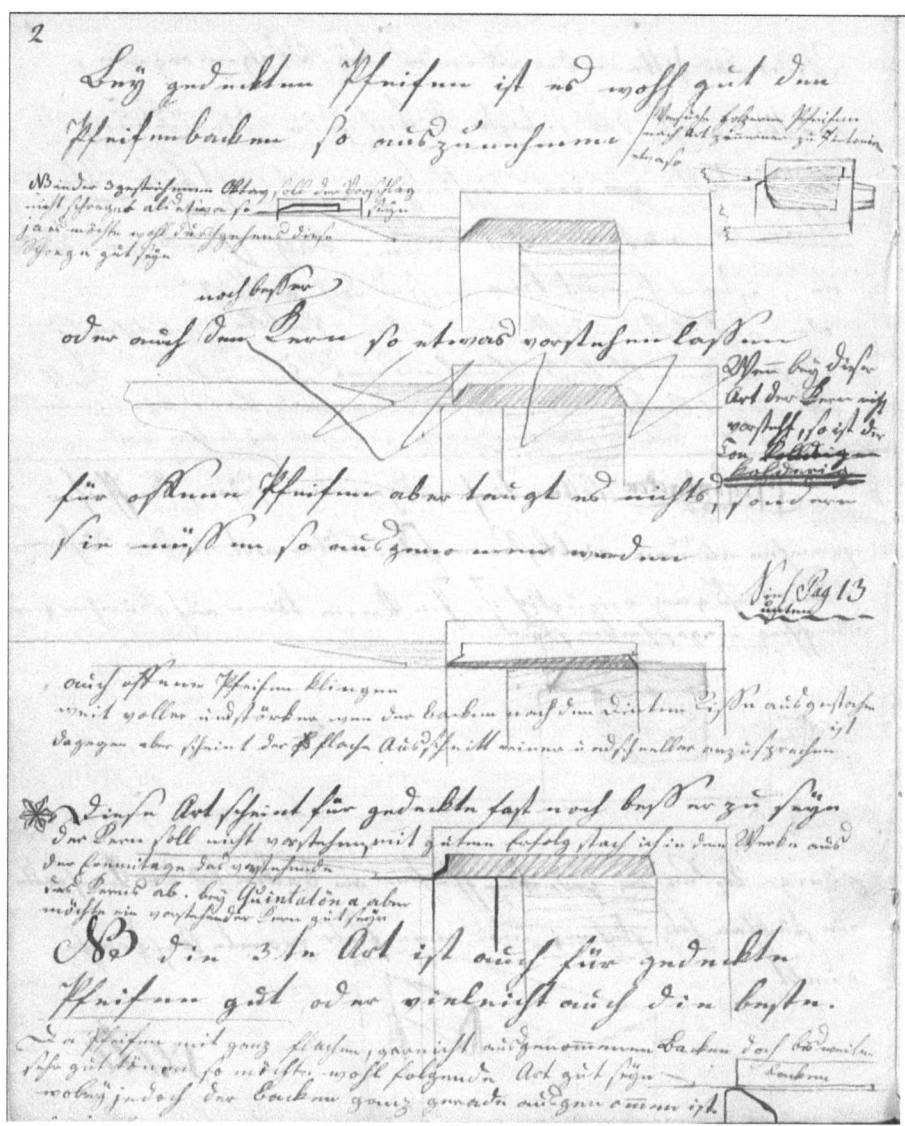

Abb. 16:　Auszug aus Theil IV, Wirth[286]

285 Wirth verwendete den Buchstaben y immer mit zwei Strichen über dessen Öffnung. Im Folgenden wird der Buchstabe nur als y zitiert. Vgl. Wirth Theil IV: S. 2.
286 Ebenda: S. 2. Archiv, Deutsches Museum München, HS 7868.

Im oberen Bereich der Seite strich er eine Zeichnung durch und bemerkte: „Wenn bey dieser Art der Kern nicht vorsteht, so ist der Ton [...] holderig."[287] Dieses erneute Durcharbeiten und Hinzufügen von Ideen oder Erfahrungen war typisch für Wirth. Er setzte am rechten Rand einen Verweis: „Sieh Pag. 13 unten"[288], dem folgend im gleichen Buch ein kurzer Abschnitt zur Pfeifenintonation zu finden ist:

> „Da bey Holzpfeifen immer der Ein=tritt des Windes zu höhren merken ist so möcht dafür vieleicht gut seyn in den Pfeifenbacken ein großes Loch zu machen und darüber Leder zu spannen nach Art der Trompetten=werke? (Ein gemachter Versuch hatte den gewünschten Erfolg nicht. Bey einer kleinen Orgel einer gar nicht für den Ton vortheilhaften Mensur fand ich folgende Backenformen für die beste [zwei Zeichnungen]."[289]

Auffallend an diesem kurzen Abschnitt ist der Verweis auf einen Versuch, der gezeigt hatte, dass die hier vorgestellte Konstruktionsweise nicht erfolgreich war.[290]

Seine Erfahrungen, im Sinne von Harpers *working knowledge* und Beobachtungen an Instrumenten kombinierte Wirth mit Wissen aus Fachbüchern, wie zum Beispiel: „Auszug aus Schlimbachs Werk. Über Struktur, Erhaltung, Stimmung, Prüfung [...] der Orgel. Leipzig".[291] Aber auch Wissen aus anderen Bereichen des Instrumentenbaus hielt er fest und übertrug es auf sein Tätigkeitsgebiet, wie beispielsweise aus dem Geigenbau:

> „Ein Geigenmacher soll behauptet haben, daß Geigen welche aus vielen [...] Stücken zusammengesetzt [sind], einen besseren Ton haben, als welch nur aus einem Stück sind. Man könnte daher bey einem Fligel den Resonanzboden aus lauter [...] nur schmalen Streifen zusammensetzen."[292]

Doch nicht nur aus anderen Bereichen des Instrumentenbaus erhielt Wirth sein Wissen, er fixierte auch Wissen aus gängigen Fachzeitschriften, zum Beispiel: „leicht schmelzbare Metall=Komposition (aus Dinglers polytechnische[n] [...]

---

287 Wirth Theil IV: S. 2.
288 Ebenda.
289 Ebenda: S. 13.
290 Ebenda: S. 19.
291 Ebenda: S. 24. In diesem Abschnitt finden sich kurze Anleitungen zum Stimmvorgang, Tabellen und Beschreibungen einzelner Pfeiffen und Instrumente mit exakten Fuß- und Zollmaßen, wie unter anderem einer Orgel in der Garnisonskirche in Berlin. Vgl. Ebenda S. 24-28. Vgl. Schlimbach, Georg Christian Friedrich: Über die Structur, Erhaltung, Stimmung, Prüfung etc. der Orgel. Leipzig 1801.
292 Wirth Theil II: S. 25.

Journal)."[293] Er hielt die hier vorgeschlagene Zusammensetzung einer Metalllegierung fest. Sie bestand aus Blei, Zinn und Wismut. Er schrieb die Mengenangaben und den jeweiligen Schmelzpunkt der einzelnen Metalle auf, gab zudem eine alternative Zusammensetzung an und wies auf die Besonderheiten ihrer Herstellung hin. Dieser Hinweis auf Dinglers Polytechnisches Journal zeigt, dass Wirth nicht nur die gängige Fachliteratur des Orgel- und Klavierbaus las, sondern auch technische Fachzeitschriften studierte und die in ihnen publizierten Artikel mit seinem Tätigkeitsfeld in Verbindung setzte.

Seine Notizbücher erlaubten ihm, eigene Gedanken, Ideen und Überlegungen ungezwungen zu notieren, wie folgender Passage zur Anordnung der Saiten über dem Resonanzboden zeigt:

> „bey Fortepiano soll die Saite über den Resonanzsteg nicht schreg (mit einem Stegstift, sondern gerade (mit 2 Stegstiften, […] vom Stimmstock auf die Anhängleiste zulaufen, den wenn einige Töne gestimmt werden so ziehen sie den Resonanzboden und Steg mehr auf die Saite und […] verstimmen so die […] schon gestimmte (oder vielleicht ist das nachrutschen daran schuld)."[294]

Er hatte beim Stimmen ein Problem festgestellt, und vermutete, dass eine schräge Anordnung der Saiten mit nur einem Stegstift dazu führte, dass durch das Stimmen einiger Töne diese Saiten den Steg und den Resonanzboden verschieben könnten.[295] Dadurch würden sich auch bereits gestimmte Saiten wieder verstimmen. Er schloss hieraus, dass die schräge Anordnung die Ursache des Problems war, und dass es besser sei, wenn die Saiten durch zwei Stegstifte gerade laufen würden. Er skizzierte das beobachtete Problem und notierte einen eigenen

---

293 Wirth Theil II: S. 26. Dinglers Polytechnisches Journal, erschien von 1820 bis 1931, seit 1874 herausgegeben von dem Augsburger Chemiker und Fabrikanten Johann Gottfried Dingler (1788-1855), gilt als eine der ältesten technischen Zeitschriften Deutschlands. Das Journal war von einer breiten thematischen Vielfalt geprägt und veröffentlichte in den ersten Jahrzehnten vor allem Übersetzungen französischer und britischer Zeitschriftenartikel. Es trug maßgeblich zur Verbreitung von Wissen über technische Innovationen im deutschen Kulturraum bei. Vgl. Deutsches Museum: Das Polytechnische Journal. Online-Ausgabe des in „Kultur+Technik", der Zeitschrift des Deutschen Museums, Heft 02/2003, erschienenen Artikels (http://www.deutsches-museum.de/bibliothek/unsere-schaetze/technikgeschichte/das-polytechnische-journal/). Abgerufen am 22. 02. 2010.
294 Wirth Theil II: S. 24.
295 Die auf den Resonanzboden positionierten hölzernen Stege (Bass und Diskant) übertagen die Saitenschwingung auf den Resonanzboden: „Zugleich begrenzen die Stege die klingenden Saitenlängen und bestimmen somit die Tonhöhe." Die auf dem Steg aufliegenden Saiten werden durch die metallenen Stegstifte, die schräg in den Steg eingeschlagen werden, in ihrer entsprechenden Position fixiert. Der Resonanzboden „[…] nimmt die Schwingungsenergie der Klangsaiten auf und reicht sie als Schallwellen an die Luft und damit an unser Ohr weiter." Die Resonanzböden sind gewölbt und auf der Unterseite durch aufgeleimte Rippen verstärkt. Dadurch wird der Druck der Saiten aufgefangen. Vgl. Schimmel 2000: S. 44-45. Zitate: S. 44.

Lösungsvorschlag. Ein ähnliches Beispiel, den Stimmstock[296] betreffend, findet sich auf Seite 29 des gleichen Buches:

> „Bey Fligeln scheint mir der Ton einer Saite um vieles besser zu seyn wenn an dem Stimmstocksteeg der Stift vor der Auflage der Saite ist ungleich so [Zeichnung], als wenn die Saite an der nehmlichen Stelle am Steeg und Stiften zugleich anligt als [...] so [Zeichnung]?"[297]

Die entsprechenden Zeichnungen (siehe Abb. 17) wurden mit Tinte gezeichnet und zeigen die jeweils unterschiedlichen Lagen der Saite am Steg. Diese kleinen Skizzen ergänzen seine schriftlich fixierten Überlegungen. Wirth beschrieb nicht die Lage der Saite zum Resonanzboden, sondern stellte diese zeichnerisch dar, um die unterschiedlichen Lagen der Saite zu veranschaulichen.

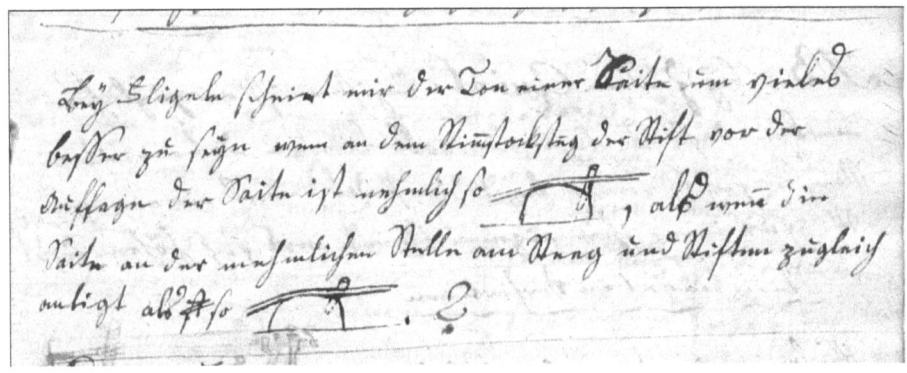

Abb. 17:   Auszug aus Theil II, Wirth[298]

In seinen Notizbüchern war es Wirth möglich, seinen Gedanken freien Lauf zu lassen und seine Ideen und Erkenntnisse niederzuschreiben. Er brauchte sich nicht zurückzuhalten oder die Bewertung anderer zu fürchten, denn was er in ihnen schrieb, blieb für Außenstehende unzugänglich. Sie waren nach Rößler ein „[...] theoriefreie[r], experimentelle[r] Raum mit der Aura des Intimen [...]."[299] Durch sein internes Ordnungssystem gelang es ihm, die einzelnen Komponenten seines Wissens zu verknüpfen und durch das ständige Durcharbeiten neu zu ordnen und zu aktualisieren. So kam es zu einer Verbindung von eigenen Erfahrungen und

---

296 Stimmstöcke bestehen aus mehreren Schichten speziellen Holzes, die verleimt werden. Dieses Bauteil wird vorne unter den Gusseisenrahmen eingepasst. In den Stimmstock werden die Stimmnägel durch den Eisenrahmen hindurch eingeschlagen, an denen später die Saiten befestigt werden. Vgl. Schimmel 2000: S. 46.
297 Wirth Theil II: S. 29.
298 Ebenda. Archiv, Deutsches Museum München, HS 7868.
299 Rößler 2008: S. 76. Es ist nicht zu klären, in welchem Umfang er Lehrlinge ausbildete und ob seine Aufzeichnungen für diese bestimmt waren.

Fachwissen aus Büchern, von Vermutungen und Beobachtungen, die Wirth an den Instrumenten selbst machte.

4.2.2   Von Instrumenten lernen

Zahlreiche Notizen verweisen darauf, dass Wirth von Instrumenten anderer Klavierbauer lernte, denn er verfügte über die Fähigkeit, Wissen über deren Konstruktion und Herstellungsweise aus ihnen heraus zu lesen. Dies zeigt sich unter anderem auf Seite 8 des Buches II (siehe Abb. 18), auf der er ausführlich die Verzierungen des Gehäuses eines Mahagoni Flügels beschrieb und eine kolorierte Zeichnung anfertigte:

> „[...] Die Eichenlaube könne durch ausgeschnittenes Zinn oder Papendeckel mit starker Politur aufgemacht [...] und dan gut Gold oder Metallgold aufgelegt werden und mit dunkel brauner Politur ausschattirt und umrissen, [...] und als dan nocheinmal der ganze Korpus überpolitirt werden vielleicht macht stattdessen die Goldfirniß der Spengler die beste Dienste [...]."[300]

In der kolorierten Seitenansicht des Flügelkorpus vermerkte er zudem „Hohlkehl glänzen stark [...]."[301]

Abb. 18:   Auszug aus Theil II, Wirth[302]

---

300 Wirth Theil II: S. 8.
301 Ebenda.
302 Ebenda. Archiv, Deutsches Museum München, HS 7868.

Unter dem Text finden sich zwei weitere Bleistiftzeichnungen für Pedal-Lyren (Verzierungen der Senkrecht vom Korpus zu den Pedalen verlaufenden Pedalzügen) sowie eine Bleistiftzeichnung eines Querfortepianos. Wirth hatte die von ihm beschriebenen Verzierungen an einem Flügel gesehen und seine Eindrücke in seinem Notizbuch notiert. Jedoch beschrieb er nicht nur die Verzierung an sich, sondern äußerte zudem Vermutungen zu den verwendeten Materialien und Verfahren. Dies ist die einzige kolorierte Zeichnung in allen erhaltenen Notizbüchern. Nicht nur die äußere Form, sondern auch einzelne Blattadern des Eichenlaubes und die filigranen Kapitelle an den Beinen sind zu erkennen. Er fixierte in seinen Notizbüchern nicht nur das Gesehene, sondern nahm auch eine Bewertung vor und hielt eigene Vermutungen bezüglich der verwendeten Materialien und Arbeitsweisen fest.

Im Notizbuch IV berichtete er von einer Beobachtung, die er während des Stimmens eines Klaviers machte:

> „Heute 7/11 1830 stimmte ich bey Kapitän Roda ein altes Forte-piano von ganz ausnehmend gutem Resonanz; ich bemerkte daran folgende Eigenschaften. I. war neben der Klaviatur im Diskant kein Querstück und unter dem Resonanzboden war alles frey. Der Resonanzboden ging etwa 6″ über die Klaviatur herein und neben dem [Vorsetzbrett] geht ein Starker Drahtstift durch die Klaviatur herauf worauf die Ecke des Resonanzbodens ruht; foran hat der Resonanzboden nur eine schwache Rahm und unter dem Resonanzboden sind etwa 5 bis 6 sehr starke Rippen welche unter dem Steege so ausgeschnitten sind [Zeichnung] der Steeg ist ¾″ hoch oben spitzig die [Schmukung] ist wenig die Steegstifte stehen [...] nur sehr wenig [schreg] der Resonanzboden ist etwa 1/8″ dick."[303]

Wirth verfügte über ein musikalisches Gehör, welches für Klavier- und Orgelbauer unentbehrlich ist, erkannte durch seine über Jahre ausgebildeten Fähigkeiten die guten Klangeigenschaften des Musikinstrumentes und ging diesen auf den Grund. Wie wichtig er selbst die Untersuchung von Musikinstrumenten einschätzte, zeigt folgender Satz: „[...] da aber in Paris [...] ein Flöteninstrument mit cresc. und decresc. erfunden worden seyn soll so wäre es weit vortheilhafter mit dem Dampfschiffe dahin zu reisen es zu kaufen abzuzeichnen und wieder zu verkaufen."[304]

Im Notizbuch IV findet sich eine Seite, in der Wirths Vorgehensweise sowohl beim Lernen von Instrumenten, der Fixierung von Wissen, sowie die für ihn große Bedeutung von Zeichnungen zu erkennen sind (siehe Abb. 19, S. 111). Am rechten Rand und im unteren Teil der Seite hatte Wirth eine detaillierte Zeichnung einer Mechanik für einen aufrechten Flügel in einer Seitenansicht angefertigt. Sie zeigt die Taste sowie die einzelnen Komponenten dieses Bauteils, jeweils mit den Buch-

---

303 Wirth Theil IV: S. 20.
304 Ebenda: S. 12.

staben a-k beschriftet. Die ausführliche Textpassage hatte er um die Zeichnung herum geschrieben. Zunächst erklärte Wirth, dass es sich um einen aufrechten Flügel mit einer englischen Mechanik handelte. Anschließend bewertete er dessen klangliche Eigenschaften:

> „Er hatte einen vorzüglichen Ton und war durchaus nur 2 Chörig; die Spielart war sehr gut, und gab sehr [...] exact an. Der Mangel der Fänger war im ganzen nicht zu bemerken; jedoch war [...] der Anschlag einiger Diskant Tasten, welche das der Stimmung wegen nöthige Klötzchen a nicht hatten weit [ker]niger."[305]

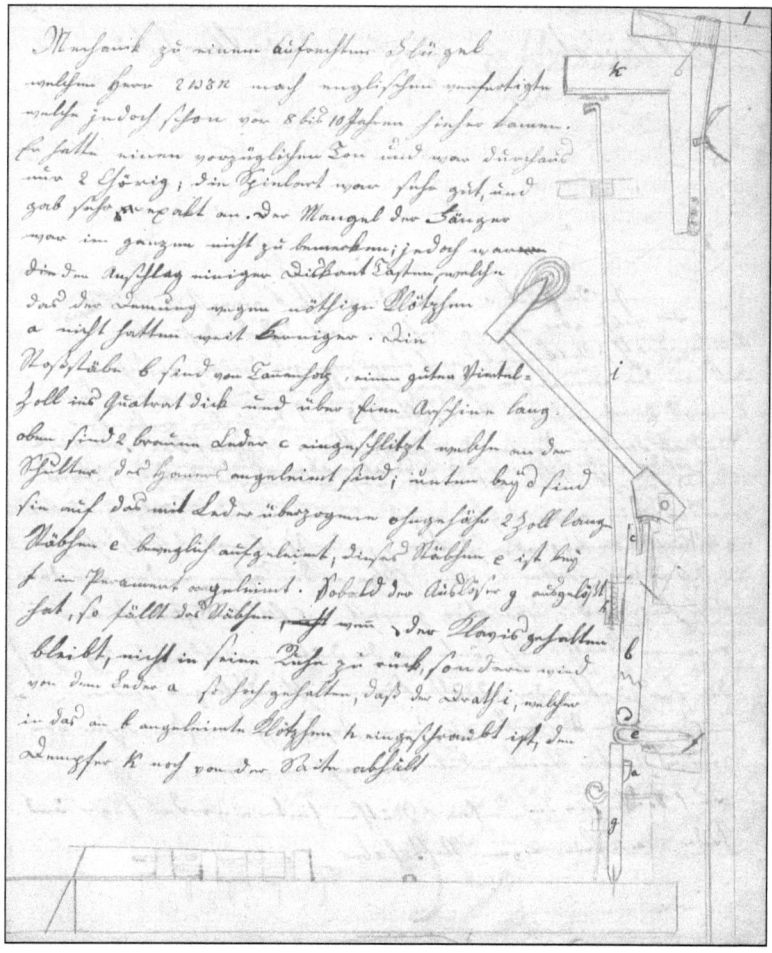

Abb. 19:   Auszus aus Theil V, Wirth[306]

---

305 Wirth Theil V: S. 1.
306 Ebenda. Archiv, Deutsches Museum München, HS 7868.

Auch das Bauteil a, ein Klötzchen, konnte diesen Mangel nicht beheben. Nun folgte eine präzise Beschreibung der einzelnen Bauteile:

„Stoßstäbe b sind von Tannenholz, einen guten Viertel=Zoll ins Quadrat dick und über eine a[…] lang. [O]ben sind 2 braune Leder c eingeschlitzt welche an der Schulter der Hammer angeleimt sind; unten bey d sind Sie auf das mit Leder überzogene ohngefähr 2 Zoll lange Stäbchen e beweglich aufgeleimt; dieses Stäbchen e ist bey f in Permanent eingeleimt."[307]

Wirth dokumentierte auch die exakten Maße und jeweiligen Materialien der einzelnen Bestandteile und stellte durch deren Beschriftung mit Buchstaben während des Schreibprozesses eine direkte Verbindung zwischen seiner Zeichnung und der schriftlichen Beschreibung her. Nachdem er die einzelnen Bestandteile beschrieben hatte, erklärte er deren Funktionsweise:

„Sobald der Auslöser g ausgelöst hat, so fällt das Stäbchen […] wenn der Klaris [Taste] gehalten bleibt, nicht in seine Ruhe zurück, sondern wird von dem Ende a so hoch gehalten, daß der Draht i, welcher in das an b angeleimte Klötzchen h eingeschraubt ist, den Dämpfer k noch von der Saite abhält."[308]

Zum Schluss erklärte Wirth die Funktionsweise der begutachteten Mechanik, das Zusammenspiel einzelner Komponenten und die an diesem Instrument beobachteten Besonderheiten. Diese Seite verdeutlicht Wirths Vorgehensweise bei der Erschließung eines Instrumentes oder einzelner Bauteile. Zunächst hielt er das Instrument oder das Bauteil zeichnerisch fest. Anschließend ergänzte er sie durch schriftliche Erläuterung, die er durch die Beschriftung der Zeichnung direkt miteinander verband. Es gelang ihm, durch eine Zeichnung und eine schriftliche Beschreibung die Wirkungsweise dieser Mechanik sowohl zu dokumentieren als sie auch von ihrem Standort zu lösen. Er konnte sie sich, sobald er sein Notizbuch zur Hand nahm, immer in Erinnerung rufen. Gleichzeitig nahm er auch eine Auswahl der Wissensbestände vor, die Eingang in seine Notizbücher fanden.

Wirths Notizen weisen auf eine variable Kommunizierbarkeit von Wissen hin. Denn Klavierbauer konnten nicht nur aus Büchern oder Fachzeitschriften lernen, sondern auch durch die Untersuchung von Instrumenten, wenn sie in der Lage waren, ihre Konstruktions- und Herstellungsweise zu entziffern. Das Wissen, welches Wirth aus den Instrumenten herauslas, war schwer in Worte zu fassen. Zudem war es eine Möglichkeit, nach Wissen zu suchen, das nicht in Lehrbüchern stand. Durch seine Zeichnungen konnte er dieses Wissen sowohl in seine Notizbücher übertragen, als es auch für Außenstehende geheimhalten. Denn nur er konnte den Inhalt seiner Zeichnungen letztlich vollständig in allen Details erfassen. Für Wirth waren seine Zeichnungen von zentraler Bedeutung. Seine Notizbücher

---

307 Wirth Theil V: S. 1.
308 Ebenda.

dokumentieren eindrucksvoll das Zusammenspiel von Zeichnung und Beschreibung, sowie die zeichnerische und schriftliche Verbalisierung seiner Gedanken.

4.2.3 In Zeichnungen gespeichertes Wissen

Teilweise steckten die fixierten Wissensbestände nur in Wirths Zeichnungen. Dies zeigt sich an einer kleinen, eher unscheinbaren, flüchtigen Skizze der Besaitung eines Flügels in Draufsicht, die Wirth am Rand einer Mechanikzeichnung in seinem Notizbuch V festhielt (siehe Abb. 20).

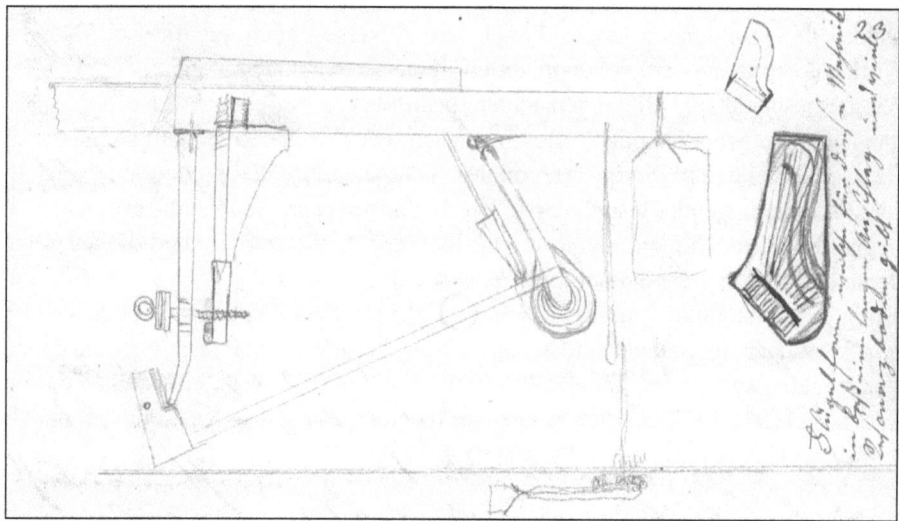

Abb. 20:   Auszug aus Theil V, Wirth[309]

Er fügte nur eine kurze Notiz hinzu: „Flügelform welche für diese Mechanik im Baß einen langen Aufschlag und viel Resonanzboden gibt."[310] Dieser kurze Satz erklärte den Zusammenhang zwischen der Zeichnung der Mechanik und der kleinen Skizze am Seitenrand. Wirth schlug damit die dokumentierte Bauweise der Flügelform für die zeichnerisch detailliert festgehaltene Mechanik vor. Diese kleine Skizze enthält erstaunlich viele Informationen, denn Wirth zeichnete nicht nur die äußere Form des Gehäuses, sondern fügte zudem die Tastatur, die Umrisse des Resonanzbodens sowie die Lage des Steges und den Verlauf der Saiten hinzu.

---

309 Wirth Theil V: S. 23. Archiv, Deutsches Museum München, HS 7868.
310 Ebenda.

Zeichnungen hatten nicht nur für Handwerker einen hohen Stellenwert.[311] Unter anderem weist Carlson auf die enorme Bedeutung von Zeichnungen für Edison in dessen Entwicklungsarbeit hin. Sie waren Teil von dessen „[…] process of generating ideas […].“[312] Edison selbst bezeichnete sie als „[…] rough ideas of how to carry out that which was necessary in my mind […].“[313] Für Friedhelm Neidhard, Renate Mayntz, Peter Weingart und Wengenroth besitzen bildliche Darstellungen eine besondere Fähigkeit: „Bilder lassen räumliche Anordnungen, eine mit Worten nur sequenziell beschreibbare Form von Gegenständen, auf einen Blick erkennen […] und vermögen oft besser als Texte und Zahlen, komplexe Zusammenhänge erkennbar zu machen.“[314] Zwar beziehen sich die Autoren auf wissenschaftliche Abbildungen, doch können ihre Aussagen auch auf die Zeichnungen Wirths übertragen werden, denn durch seine Zeichnungen konnte dieser seine Wissensbestände und die untersuchten Instrumente, beziehungsweise deren Bestandteile, einfacher als mit Worten festhalten. Durch seine Zeichnungen musste er die Bestandteile und deren Anordnung nicht ausführlich beschreiben, sondern konnte sie umfassender visuell darstellen. Nach Hoffmann können die gezeichneten Gegenstände jedoch nicht von ihrer Darstellung getrennt werden, und die jeweilige Darstellungsform hatte eine besondere Bedeutung.[315] Im Falle Wirths war dies eindeutig die Darstellungsform der Zeichnung. Durch seine Zeichnungen begegnete er dem jeweiligen Instrument und konnte durch diese Wechselbeziehung aus seinen Untersuchungen zeitverschoben Erkenntnisse gewinnen. Diese Zeichnungen dürfen jedoch nicht als die eigentlichen Gegenstände aufgefasst werden, sondern nur als Form ihrer Darstellung.

---

311 Der Sammelband „Notieren, Skizzieren" befasst sich mit der Rolle von Skizzen und Notizen im künstlerischen Schaffensprozess und konzentriert sich auf die Aktivität des Notierens und Skizzierens, nicht auf das fertige Produkt des Entwurfsprozess. Vgl.: Krauthausen, Karin/Nasim, Omar W. (Hrsg.): Notieren, Skizzieren. Schreiben und Zeichnen als Verfahren des Entwurfs. Zürich 2010 (= Wissen im Entwurf 3). Karin Krauthausen hebt die Rolle des Individuums im Entwurfsprozess hervor. Schreiben und Zeichnen fasst sie als Selbsttechnik auf, die durch regelmäßiges Üben erlernt werden kann. Notieren und Skizzieren sind Techniken der Wissensherstellung und Techniken, die es erlauben, auf gekonnte Weise mit Unvorhergesehem umzugehen. Insbesondere durch Skizzen können Formen, die optisch wahrgenommen werden, festgehalten und „[…] in das Liniengefüge der Zeichnung […] übertragen werden. Notieren und Skizzieren zeigen den menschlichen Faktor im Entwurfsprozess." Vgl. Krauthausen, Karin: Vom Nutzen des Notierens. Verfahren des Entwurfs. In: Krauthausen/Nasim 2010: S. 7-26. Vgl. S. 8-22. Zitat S. 20.

312 Carlson 2000: S. 147.

313 Edison zitiert nach Ebenda: S. 148.

314 Neidhardt, Friedhelm/Mayntz, Renate/Weingart, Peter/Wengenroth, Ulrich: Wissensproduktion und Wissenstransfer. Zur Einleitung. In: Neidhardt, Friedhelm/Mayntz, Renate/Weingart, Peter/Wengenroth, Ulrich (Hrsg.): Wissensproduktion und Wissenstransfer. Wissen im Spannungsfeld von Wissenschaft, Politik und Öffentlichkeit. Bielefeld 2008. S. 19-40. Zitat S. 22.

315 Vgl. Hoffmann 2008a: S. 7.

Wirths Notizbücher beinhalteten unterschiedlichste Wissensformen, die er überall nutzen konnte. Durch sein internes Ordnungssystem gelang es ihm, sein Wissen fortlaufend neu zu strukturieren. Die Funktion von Notizbüchern wandelte sich jedoch im Laufe des 19. Jahrhunderts. Ein Beispiel für diesen Prozess und die individuelle Nutzung von Schrift und Zeichnung sind die sieben erhaltenen Notizbücher von Kurt Grotrian aus den Jahren 1889 bis 1895.

4.3 Kurt Grotrians Notizbücher aus den Jahren 1889 bis 1895

Rund 60 Jahre nach Wirth füllte auch Kurt Grotrian insgesamt 14 Notizbücher mit persönlichen Eintragungen. Neben einem Adressbuch führte er sechs Reisetagebücher und sieben Notizbücher mit technischen Inhalten.[316] Die Funktion von Notizbüchern als Wissens-*Speicher* zeigt sich vor allem in seinen technischen Aufzeichnungen, die er während seiner Lehre und auf seiner sich daran anschließenden Wanderschaft verfasste. Kurt Grotrian hinterließ zudem seine Lebens- und Künstlererinnerungen, letztere schrieb er zusammen mit seiner Frau Elsbeth. Auch sein Bruder Willi hinterließ seine Memoiren. In den Erinnerungen der beiden Brüder wechseln sich Schilderungen von Lausbubenstreichen, Familienfeiern und Berichte aus ihren Lehr- und Wanderjahren ohne erkennbare Systematik ab.[317] Memoiren sind schwierig zu handhabende Quellen und äußerst subjektiv. Sie zeugen auf der einen Seite von der Veränderung der eigenen Erinnerung im Laufe der Zeit, auf der anderen Seite ermöglichen sie aber einen Einblick in die persönlichen Erinnerungen ihrer Verfasser, in das, was für sie jeweils von besonderer Bedeutung war. Während in Willi Grotrians Lebenserinnerungen dessen Lehr- und Wanderjahre dominierten, waren für Kurt vor allem die Künstlerkontakte entscheidend, die meist anekdotenhaft erzählt wurden.

Zahlreiche Künstler der damaligen Zeit waren zu Gast im Hause Grotrian, wie zum Beispiel Clara Schumann (1819-1896), Richard Strauss (1864-1949) sowie Richard Wagner (1813-1883) und dessen Familie, um nur die Bekanntesten zu nennen.[318]

---

316 In seinen Reisetagebüchern aus den Jahren 1889 bis 1906 dokumentierte Kurt Grotrian seine Geschäftsreisen nach Russland und Italien. Er hielt hauptsächlich seine Zugverbindungen mit Ankunfts- und Abfahrtszeiten, Hotels, Lieferanten, Musikalienhandlungen und deren Sortimente, sowie Preise fest. Vgl. Grotrian, Kurt: Reisetagebuch 1-7. O. J. Firmenarchiv Grotrian-Steinweg Pianofortefabrikanten GmbH & Co. KG, Braunschweig.

317 Vgl. Grotrian, Kurt: Künstlererinnerungen. O. J. Firmenarchiv Grotrian-Steinweg Pianofortefabrikanten GmbH & Co. KG, Braunschweig.

318 Unter anderem verzeichnete Kurt Grotrian folgende Gäste: Bernhard Stavenhagen (1862-1914), Ignaz Paderewsky (1860-1941), Pablo de Sarasate (1844-1908), Eugen d'Albert (1864-1932) und Annette Essipoff Leschetizky (1851-1914), Wassili Sapelnikow (1867-1941), Amalie Joachim (1839-1899), Sophie Menter (1846-1918), Conrad Ansorge (1862-1930), José Vienna da Motta (1868-1948), David Popper (1843-1913), Alfred Reisenauer (1863-1907), Felix Weingartner (1863-1942), Max Reger (1873-1916) und Edwin Fischer (1886-1960). Vgl. Grotrian: Künstlererinnerungen: S. 7-8, S. 14-50.

Die Künstlerbegegnungen waren nicht nur für die Familienmitglieder, sondern auch für das Unternehmen wichtig, waren doch die Stars der Branche wichtige Werbeträger. So avancierte Liszt zur Werbefigur für Bösendorfer, Clara Schumann dagegen wurde zur tragenden Werbefigur für Grotrian-Steinweg. Weder aus den Künstlererinnerungen, den Notizbüchern Kurt Grotrians noch dem Manuskript Willi Grotrians wird ersichtlich, ob zwischen den Brüdern und den Künstlern Fachgespräche über technische Verbesserungen der Grotrian-Steinweg-Instrumente stattgefunden haben. Dies bedeutet jedoch nicht, dass der Kontakt auf einer rein privaten Ebene verblieb. Es ist wahrscheinlich, dass man zum Beispiel beim gemeinsamen Essen ins Fachsimpeln kam. Ein solcher Austausch musste nicht zwingend schriftlich fixiert werden, konnte aber trotzdem zur Veränderung der Instrumente oder einzelner Bauteile geführt haben.

In seinen Memoiren hielt Kurt Grotrian seine Erinnerungen an seine Zeit als Lehrling fest. Er begann 1886 zunächst eine Lehre als Tischler bei der Braunschweiger Firma Osterloh und ging, wie sein Bruder Willi, danach zur Klavierbaufirma Kaim & Sohn[319] nach Kirchheim/Teck, um eine Lehre als Klavierbauer zu absolvieren.[320] Vor allem die Fähigkeiten seines Lehrmeisters Franz Ludwig Kaim (1822-1901) beeindruckten den Lehrjungen: „Seine Tätigkeit bestand darin, die herausgehenden Instrumente zu stimmen und fertig zu intonieren. […] Er stimme ein Instrument tadellos rein in dreiviertel Stunde […]. Eine Nachprüfung der Baßtöne, ob sie richtig getroffen waren, hatte Franz Kaim nicht nötig."[321] Nach seiner Lehre ging Kurt Grotrian auf Wanderschaft und sammelte bei den Klavierbaufirmen Ibach in Barmen, Kaps in Dresden und Pleyel in Paris wichtige Erfahrungen. Bevor er nach Braunschweig zurückkehrte, um seine Tätigkeit im väterlichen Betrieb aufzunehmen, zog es ihn noch nach London.[322] Er hatte das Handwerk von der Pike auf gelernt. In seiner Tischlerlehre lernte er den Umgang mit Holz und absolvierte parallel eine Ausbildung im Fachzeichnen. Zudem eignete er sich vertiefende Kenntnisse der Physik und Akustik am Polytechnikum Braunschweig an, bevor er

319 Vgl. Grotrian, Kurt: Meine Lebenserinnerungen. 1914. S. 77. Die Firma Kaim & Sohn kann zurück geführt werden auf Franz Anton Kaim (1788-1843), der als Instrumentenmacher in Kirchheim unter Teck in Baden-Württemberg tätig war und sein Handwerk in Wien erlernte. Nach dessen Tod übernahm sein Sohn Franz Ludwig Kaim (1823-1901) die Firma. Vgl. Clinkscale 1993: S. 161-162. Vgl. Clinkscale 1999: S. 207. Vgl. Schulze-Ardey, Ira: Die Geschichte der Klavierbauerfamilie Kaim aus Kirchheim unter Teck. Kirchheim unter Teck 1999.
320 Allerdings scheinen zwischen den beiden Firmen schon vor der Lehrzeit der Brüder Verbindungen bestanden zu haben. Vgl. Grotrian 1914: S. 77. Firmenarchiv Grotrian-Steinweg Pianoforte-fabrikanten GmbH & Co. KG, Braunschweig.
321 Ebenda: S. 94.
322 Ebenda: S. 164-165.

eine differenzierte Lehre als Klavierbauer absolvierte. Beide Lehren wurden nicht im väterlichen Betrieb, sondern in anderen Firmen und Städten absolviert, um unterschiedliche Techniken und Arbeitsweisen zu erlernen. Von seiner Ausbildungszeit und seinen auf der Wanderschaft erlangten Erfahrungen und gesammelten Wissensbeständen zeugen Kurt Grotrians erhaltene Notizbücher, die ihn in dieser Zeit begleiteten.

Seine Notizbücher (A-B und III-VII) haben die Formate 10 x 15,5 cm beziehungsweise 10 x 16,5 cm, einen festen Umschlag aus Leder oder Karton, eine Stiftlasche, linierte jedoch nicht nummerierte Seiten und wurden fast vollständig mit Bleistift geschrieben. Nach Dienels Kategorien der Notizbuchverfasser war Kurt Grotrian ein Vielschreiber. Er strukturierte seine Aufzeichnungen nicht inhaltlich in verschiedenen Büchern und hatte sich von Beginn an auf ein Format festgelegt. Kurt Grotrian hielt die unterschiedlichsten technischen und handwerklichen Themen des Klavierbaus fest und nutzte seine Notizbücher zum Sammeln eigener Ideen und Gedanken, beobachteter Arbeitsmethoden, zur Beschreibung von ihm selbst durchgeführte Tätigkeiten und untersuchter Konstruktionsweisen.[323] Bemerkenswert ist, dass er jeweils von beiden Seiten aus beginnend in seine Notizbücher schrieb. Im Gegensatz zu den Aufzeichnungen Wirths überwiegt neben einigen Skizzen Kurt Grotrians schriftliche Dokumentation. Seine Schrift und Skizzen haben in allen Notizbüchern einen flüchtigen Charakter. Nur zwei seiner sieben Notizbücher (Buch A und B) datierte und nummerierte Kurt Grotrian nicht.[324] Nummer III und VI entstanden 1889, das Notizbuch V 1891, Nummer VI 1892 und Nummer VII 1895. Aufgrund der Inhalte und einigen Verweisen auf selbige in den Büchern III bis VII ist anzunehmen, dass es sich bei den Notizbüchern A und B um die Notizbücher I und II handelt. Seine Notizbücher III-VII begann er immer mit einem ähnlichen Eintrag auf der ersten Seite:

> „Kurt Grotrian. Braunschweig Bohlweg 48. Sollte sich dieses Buch je einmal verlieren so zahle ich dem Wiederbringer, dem Einsender 5 M (fünf Reichsmark) als Finderlohn. Kurt Grotrian gegenwärtig bei F. Kaim u. Sohn. Den 1/VII 1889. Kirchheim u/Teck (Württemberg)."[325]

---

323 Vgl. Dienel 2006: S. 399-400.
324 Vgl. Grotrian, Kurt: Notizbuch A. Format 10 x 15,5cm. O. J. Zitiert als Grotrian Notizbuch A. Grotrian, Kurt: Notizbuch B. Format 10 x 15,5cm. O. J. Zitiert als Grotrian Notizbuch B. Grotrian, Kurt: Notizbuch III. Format 10,5 x 16,5cm, 1889. Zitiert als Grotrian Notizbuch III. Grotrian, Kurt: Notizbuch IV. Format 10,5 x 16,5cm, 1889. Zitiert als Grotrian Notizbuch IV. Grotrian, Kurt: Notizbuch V. Format 10 x 15,5cm, 1891. Zitiert als Grotrian Notizbuch V. Grotrian, Kurt: Notizbuch VI. 10,5 x 16,5cm, 1892. Zitiert als Grotrian Notizbuch VI. Grotrian, Kurt: Notizbuch VII. 10 x 16cm, 1895. Zitiert als Grotrian Notizbuch VII. Firmenarchiv Grotrian-Steinweg Pianofortefabrikanten GmbH & Co. KG, Braunschweig.
325 Grotrian Notizbuch III. Zur Geschichte der Firma Kaim & Sohn vgl. Schulze-Ardey 1999.

Diese ersten Zeilen zeugen von dem Wert, den seine Aufzeichnungen für ihn hatten. Nicht nur, dass Kurt Grotrian seinen Name und seine Adresse notierte, er stellte vielmehr einen Finderlohn in Aussicht, falls er sie verlieren sollte. Denn wäre sein Notizbuch verloren gegangen, wäre auch das in ihm dokumentierte Wissen verschwunden.

Einen großen Teil der Notizbücher nahmen technische Notizen, Beschreibungen von einzelnen Bestandteilen und Arbeitsprozessen sowohl der väterlichen Firma, seines Lehrbetriebes als auch aus Firmen, die er während seiner Wanderschaft besuchte, ein. Zum Beispiel: Kaims Rückwände, Kasten bei Pianinos, Bodenmacher, der Basssteg, einiges über Umbau, Flügel bei Kaim u. Sohn, der Stimmstock, Großes Pianino No I, Zusammensetzen, Saiten putzen, Hämmer einleimen, Flügelzusammensetzen, Stimmen, Mensur, Rud. Ibach Sohn, Flügeltransportmittel, Fahrbahn u. Fahrwagen.[326] Einhergehend mit seinem fortschreitenden Ausbildungs- und Kenntnisstand änderten sich auch die Inhalte seiner Notizbücher. In seinen frühen Notizbüchern dominierten Beschreibungen einzelner Bestandteile und verschiedener Arbeitsschritte in der Produktion. In den späteren Notizbüchern hielt er vor allem die Ausstattung der von ihm besuchten Betriebe und die von ihm beobachteten Besonderheiten der fremden Firmen fest.

Die äußere Gestalt der Notizen ist uneinheitlich. Kurt Grotrian gliederte seine Wissensbestände durch Überschriften, die er vom übrigen Text absetzte und teilweise unterstrich. Selten benutzte er Tinte zum Schreiben, sondern er verfasste seine meist flüchtig wirkenden Notizen hauptsächlich mit dem Bleistift. Dieser Charakter verfestigt sich in den häufigen Verbesserungen und Ergänzungen sowie durchgestrichenen Passagen. Im Gegensatz zu den detaillierten und exakten Zeichnungen Wirths skizzierte Kurt Grotrian nur flüchtig. Nur selten bezog sich der Text auf seine Skizzen, wie dies bei Wirth der Fall war. Kurt Grotrians schwer lesbare Handschrift und seine flüchtigen Skizzen verweisen auf den individuellen Charakter seiner Notizbücher, die nur für ihn bestimmt waren und die nur er las. Sie waren „[…] Selbstzeugnisse mit privatem Charakter […]"[327] und hatten keinen äußeren Adressaten. Dies zeigt sich auch in den häufig sehr kurzen und teilweise unvollständigen Sätzen, die für Außenstehende nur sehr schwer verständlich sind. Seine Notizbücher begleiteten Kurt Grotrian während seiner täglichen Arbeit und spiegeln seinen individuellen Wissensaneignungsprozess wieder. Insbesondere Kurt Grotrians Notizen zur Arbeitsorganisation und Infrastruktur unterschieden seine Notizbücher von den Aufzeichnungen Wirths und verweisen auf die durch

---

326 Vgl. Grotrian Notizbuch A-B, III-VII.
327 Dienel 2006: S. 399.

den Wandel zu industriellen Herstellungsmethoden vollzogene Veränderung des Klavierbaus. Denn Kurt Grotrian musste sich Kenntnisse im Umgang mit Arbeitern sowie der betrieblichen Infrastruktur und deren Organisation aneignen, sollte er doch zukünftig mit seinem Bruder Willi Grotrian die Tätigkeit mehrerer hundert Arbeiter koordinieren und die Produktion in weitläufigen Betriebsanlagen organisieren. Carl Wirth hingegen war in der ersten Hälfte des 19. Jahrhunderts noch nicht mit dieser Problematik konfrontiert.

4.3.1 Ständige Begleiter in der Lehre und auf Wanderschaft

Seine Notizbücher wurden für Kurt Grotrian während seiner Lehrzeit und später auf seiner Wanderschaft zum ständigen Begleiter. Er dokumentierte in ihnen das, was er lernte, die Besonderheiten der Konstruktions- und Arbeitsweisen, die vorherrschende Arbeitsorganisation und Infrastruktur seines Lehrbetriebes Kaim & Sohn. Eine längere Passage über den Stimmstock, dessen Beschaffenheit und die Art und Weise, wie er in die Instrumente eingesetzt wurde, ist ein Beispiel für die von ihm beobachteten Konstruktions- und Arbeitsweisen: „Der Kastenbau von C. Kleim[en] Flügel bei F. Kaim u. Sohn. Fortsetzung n[ach] Buch II. Der Stimmstock."[328] Der Stimmstock bestand vollständig aus Rotbuche. Die Konstruktion richtete sich nach dem Gussrahmen und das Werkstück wurde jeweils exakt an diesen angepasst. Kurt Grotrian registrierte in seinem Notizbuch die exakten Maße und jeden einzelnen Arbeitsschritt, sogar das Anziehen einer Schraube oder das Ansetzen von Schraubzwingen und bewertete diese Konstruktionsweise:

> „Die Art u. Weise wie bei Kaim d. Stimmstock aufgebaut u. verleimt wird scheint mit in allem (mit nur kleinen Zusätzen) [recht] empfehlenswert zu sein. Er schmiegt sich u. stimmt tief überall drückt gegen die [P]latte oben ein Eisen des Holzes, ein gutes Festsitzen der Stimmnägel ihm eigen. [...] Doch kann ich als Bezieher und Zusammensetzer nicht genügend urteilen."[329]

Durch seine Aufzeichnungen konnte Kurt Grotrian die beobachteten Arbeitsschritte jederzeit bis ins kleinste Detail nachvollziehen, auch nachdem er die Firma verlassen hatte. Sein aktuelles Notizbuch, so ist anzunehmen, trug er immer bei sich, um das, was er sah oder selbst ausgeführt hatte, situativ festhalten zu können,

---

328 Grotrian Notizbuch III.
329 Ebenda.

wie zum Beispiel eine besondere Hilfskonstruktion, die beim Kastenbau verwendet wurde.[330]

> „Sehr praktisch sind d. [Kähne], worauf die Kastenmacher schaffen. Da selbe bei [d...] genau Größe d. Kasten u. sind auf ihm die Spreizen u. Querstück angerissen. Beim Zusammenleimen d. Kasten nun [...] wird das buchene Querstück oben an eine Leiste gelegt, die auf den Modellrahmen aufge[schoben] ist, sonst legt man es in gerader Linie nach dem Kasten der jedes Mal beim Leimen unterleg[t] wird.“[331]

Zur Erleichterung des Zusammensetzens waren auf dieser Hilfskonstruktion die Maße und Lage der einzelnen Bestandteile der Kästen aufgezeichnet. Nicht nur einzelne Arbeitsschritte und Konstruktionsweisen hielt Kurt Grotrian fest, sondern auch auf den ersten Blick eher unscheinbar wirkende Hilfsmittel und Methoden, die ihm während seines Lehralltags begegneten.

Sein mit der Lehre stetig anwachsendes Wissen zeigt sich in Buch IV in einem Kapitel über die Konstruktion des Gusseisenrahmens bei Kaim (siehe Abb. 21, S. 121). Diese Doppelseite auf der rechten Seite die Skizze eines gusseisernen Rahmens. Daneben notierte Kurt Grotrian: „Kleine Platte N III F. Kaim u. Sohn.“[332] Auf den folgenden Seiten hielt er ausführlich die exakten Maße der Platte (Gußeisenrahmen), ihrer einzelnen Streben, Konstruktion sowie Befestigungsart und Positionierung innerhalb des Instrumentes fest. Der Unterschied zu Wirths Zeichnungen ist unübersehbar, doch wird auch an den Skizzen Kurt Grotrians deutlich, dass manche Sachverhalte sich leichter zeichnerisch als schriftlich ausdrücken ließen.

---

330 Die Funktion des Notizbuchs als mobiler Wissens-*Speicher* kann auch in der Gegenwart nicht nur in handwerklichen Berufen, sondern auch in der Wissenschaft beobachtet werden, wie folgende Aussage Rheinbergers über seine Forschungsarbeit während seiner Dissertation zeigt: „Ich hatte immer so ein kleines Notizbüchlein. Das hab ich überall mitgenommen, wo ich hingegangen bin, weil mich diese Experimente meistens bis in den Schlaf verfolgt haben. Besonders beim Busfahren, auf dem Weg ins oder vom Labor, da geht einem alles Mögliche durch den Kopf – und dann nichts wie raus mit dem Zettel und schnell aufschreiben." Krauthausen, Karin/Nasim, Omar, W.: Interview mit Hans-Jörg Rheinberger: Papierpraktiken im Labor. In: Krauthausen, Karin/Nasim, Omar W. (Hrsg.): Notieren, Skizzieren. Schreiben und Zeichnen als Verfahren des Entwurfs. Zürich 2010 (= Wissen im Entwurf 3). S. 139-158. Zitat S. 158.
331 Grotrian Notizbuch B.
332 Ebenda.

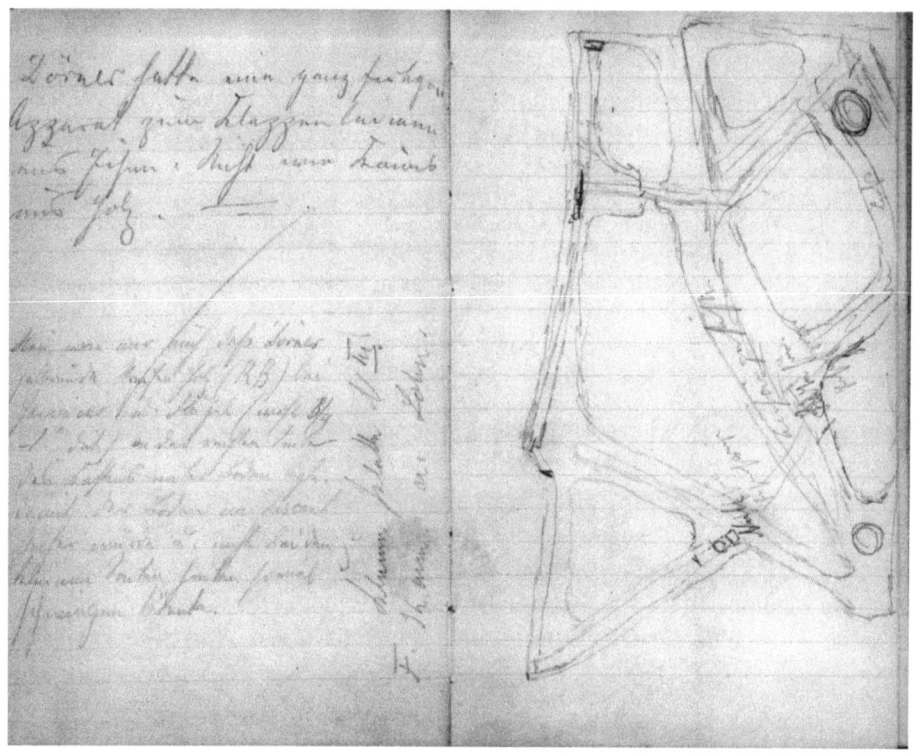

Abb. 21:   Auszug aus Notizbuch IV, Kurt Grotrian[333]

Nicht nur in seiner Lehrzeit, sondern auch während seiner sich anschließenden Wanderschaft führte Kurt Grotrian seine Notizbücher als ständige Begleiter mit sich und so finden sich unter anderem Notizen zu den Firmen Dörner in Stuttgart (siehe Abb. 21, linke Seite, erster Abschnitt), Kaps in Dresden, Ibach in Barmen und Pleyel in Paris. Aufgrund der universellen Einsetzbarkeit seiner Notizbücher war es Kurt Grotrian möglich, überall interessante und neue Konstruktions- und Arbeitsweisen zu erfassen und zu fixieren. So fiel ihm zum Beispiel bei der Firma Dörner eine für ihn neue Konstruktionsweise des Resonanzbodens auf:

> „Neu war mir auch, daß Dörner halbrunde Streifen Holz (RB) bei Pianino u. Flügel (wohl ¾ [...]) an der rechten Seite des Kastens unter Boden legte. Damit der Boden im Diskant steifer würde u. nicht bei den kleinen Seiten hinten soviel Schwingen konnte."[334]

---

333 Vgl. Grotrian Notizbuch IV. Abbildung kostenlos zur Verfügung gestellt von Pianofortefabrikanten GmbH & Co. KG, Braunschweig.
334 Grotrian Notizbuch IV. Streifen (Rippen) sind schmale längliche Holzstücke, die zur Verstärkung auf der Unterseite des Resonanzboden aufgeleimt werden. Vgl. Schimmel 2000: S. 45.

Seine Aufzeichnungen zeigen, dass auch noch Ende des 19. Jahrhunderts in den Wanderjahre wichtige Erkenntnisse und neue Einsichten gewonnen werden konnten. Kurt Grotrian erhielt dadurch Einblicke in verschiedenste Arbeitsschritte- und Bereiche. So schrieb er zum Beispiel über die Oberflächenbehandlung der Gusseisenrahmen bei Ibach:

> „Die Pianino Platten wurden bei Ibachs alle grob [bronziert]. D.h. zuerst wie schon beschrieben mit [f]lächig an Stimmstock gepasst (nur wenig aufzu-stechen, zu hebeln) dann mit gekochten Leinöl in welches [...] gegossen ist angestrichen in Ofen gestellt. 1 Tag darin lassen u [...] eben bis sie trocken (Ofen) dann werden sie 2 x mit Bronceöl (Broncetintktur) u. Bronce ange-strichen."[335]

Beim Bronzieren des Gusseisenrahmens wurden auf den Grauguss entsprechende Lacke aufgetragen und eine bestimmte Zeit getrocknet, bevor es an die Fein-arbeiten ging. Zuvor musste noch die Position des Resonanzbodens bestimmt werden, denn erst dann konnte der Stimmstock bearbeitet und der Resonanzboden mittels einer Vorrichtung eingepasst werden. Nicht nur, dass Kurt Grotrian die je-weiligen Methoden des väterlichen Betriebes und seiner Lehrbetriebe kennenlernte, er setzte sie auch miteinander in Bezug, wie die Notizen von seinem Aufenthalt bei Pleyel verdeutlichen:

> „[...] Die Dämpfung der Flügel war brilliant. Erstens waren alle Dämpfer fast [Zeichnung] oder Keile und nur die 9 letzten im Discant waren Plattdämpfer. Dann waren diese Keile wie schon beschrieben präpariert. [Prachtvoller] Filz auf einer Seite leicht eingeschnitten, Spitz geklopft. Es war also stets inmitt[en] der Keile nie spitz, sondern ähnlich bei unseren Pianinos eine Ledersch[icht] zwischen das Holz geleimt, wodurch der [D]ämpfer elastischer u. geräuschloser wurde."[336]

Einen wichtigen Teil seiner Aufzeichnungen nahmen die technische Ausstattung und Organisationsmethoden der von ihm besuchten Firmen ein. Sein Interesse an betrieblichen Infrastrukturen, Personalführung, Arbeitsorganisation und Lager-techniken hing zusammen mit der Industrialisierung des Klavierbaus, die vor allem in der zweiten Hälfte des 19. Jahrhunderts Klavierbaugroßbetriebe entstehen ließ, in denen in großen Fabrikanlagen hunderte von Arbeitern Instrumente herstellten. Diese neue Produktionsform machte es nötig, dass die Betriebe mit entsprechender Infrastruktur ausgestattet und eine effiziente Arbeitsorganisation eingeführt wurde. Zwar dürfte Wirth auch in Werkstätten mit mehreren Klavierbauern und einer bereits in der ersten Hälfte des 19. Jahrhunderts vorherrschenden Arbeitsteilung tätig gewesen sein, jedoch ist diese nicht mit den industriellen Klavierbaufabriken des späten 19. Jahrhunderts zu vergleichen. Im Gegensatz zu ihm musste Kurt

---

335 Grotrian Notizbuch IV.
336 Vgl. Ebenda.

Grotrian neben klavierbauerischen, auch seine betriebswirtschaftlichen Fähigkeiten ausbilden. Zwar stand Kurt Grotrian 1895 noch am Anfang seines Berufslebens, doch interessierte er sich schon zu dieser Zeit für die Führung eines Unternehmens und den Umgang mit Arbeitskräften. So verwundert es nicht, dass er zum Beispiel die Holzlagertechnik der Firma Ibach und die technische Ausstattung verschiedener Arbeitsräume wie den „Maschinen- und Fournirraum" und einzelnen Werkräume, wie der „Zusammensetzer Werkstatt" festhielt.[337] Zur Ausstattung der Räume, in denen die Resonanzböden bearbeitet und die Rippen auf selbige aufgeleimt wurden, vermerkte er:

> „Ausgezeichnet die mit Dampf erwärmten Ofen Thüren rechts u. links zum schieben rechts daneben gleich Ofen für Leim. Sehr sehr schön u. wenig [P]latz raubend der Raum oberhalb der Öfen ist dann geschlossen. (Die Fahrbahn also überbrückt u.) hier werden die Resonanzböden u. Spähne gelagert der Raum also richtig ausgenutzt."[338]

Auch kleine technische Hilfsmittel, die den Produktionsprozess erleichterten, weckten sein Interesse:

> „Wagen zum Fortbewegen von zugeschnittenen Stegen pp. 2 Größere Räder rechts u, links in der Mitte. Dann 1 kleiners vorn u. hinten in der Mitte [Zeichnung des Rades] zum drehen um sich beweglich. Der [W]agen konnte also nur auf 2 Räder stehen. [...] Bodenmacher hat unter seine Platte liegt diese auf Rasten einen Holzstift, dadurch leichteres Rollen der Platte."[339]

Diese Hilfsmittel fielen ihm als nützlich auf, reichte das beschriebene Wagensystem doch bis in die Vorratsräume und ermöglichte so innerhalb der weitläufigen Fabrikanlage einen relativ einfachen Transport sämtlicher Bauteile. Vor allen bei den großen, sperrigen und schweren Komponenten war dies für einen zügigen Produktionsablauf von großer Bedeutung. Auch bei Grotrian-Steinweg wurden Fahrbahnen und Fahrstühle zur Bewegung der Instrumente und einzelner Bestandteile genutzt (siehe Kapitel 3.4). Bei Ibach beeindruckte ihn die Arbeitsorganisation, die über ein ausgeklügeltes System bestehend aus „Arbeits-Hauptbuch", „Arbeitszettel" und dazugehörigen „Kasten" sowie einem „Magazinverwalter" koordiniert wurde.[340] Jede Abteilung verfügte zudem über ein eigenes Materiallager: „Neben dem großen Magazinbuch ist auf dem Magazin noch ein zweites kleineres Buch in welchen das Datum, von Klavier fertiggestellt u. abgeschickt wird, welche Leisten, Griff etc. daran gekommen eingetragen wurden."[341] Die Firma Kaps hingegen verfolgte ein anderes System der Arbeitsorganisation: Ein Regalsystem mit Fächern

---

337 Grotrian Notizbuch IV.
338 Ebenda. Der Begriff Spähne bezieht sich auf einzelne Bretter aus denen die späteren Resonanzböden zusammengeleimt werden.
339 Ebenda.
340 Vgl. Ebenda.
341 Grotrian Notizbuch VII.

für einzelne Modelle und Abschnitte, ergänzt durch ein Zettelsystem.[342] Bei einem Besuch der Firma Blüthner in Leipzig am 23. November 1895 weckte hingegen deren Holzlagertechnik sein Interesse. Obwohl er nicht auf das Firmengelände gelangen konnte, versuchte Kurt Grotrian sich trotzdem von dem hier praktizierten Holzlagerungsprinzip etwas abzuschauen:

> „Großartig war das Holz gestapelt. Ein Grund zur Erleichterung mag darin liegen, daß viele Bretter einer Dickte stets vorhanden sind.[343] Außerdem ist ja die Aufrechterhaltung solcher Ordnung sehr kostspielig, kommt aber durch die Güte des vorarbeiten Holzes [...] wieder heraus. Außerdem war eine Unmenge Holz auf einem verhältniß mäßig kleinen Platz aufgebaut. Es waren außerdem die Stapelhölzer untereinander gleich dick dadurch lagen die Bretter gerade nicht hohl oder windschief. [...] Auf solchen Holzlagern waren meist oben noch kleine Stöße Resonanzholz oder quer laufende Stämme. [...] Stoß aber war oben durch Schutz Bretter abgedeckt u. so gegen die [...] Stösse u. Schauer geschützt."[344]

Diese schriftliche Beschreibung der Holzlagerungsethode bei Blüthner ergänzte Kurt Grotrian durch eine Skizze (siehe Abb. 22, S. 125). Die Doppelseite ist eines der wenigen Beispiele, wie Kurt Gortrian seine schriftlichen Ausführungen durch eine Zeichnung ergänzte. Auf der linken Seite beschrieb er die beobachteten Holzstapel und fügte auf der rechten Seite eine Zeichnung hinzu, die die beschriebene Stapeltechnik verdeutlichen sollte. Die Hölzer, vor allem das Klangholz für den Resonanzboden, waren wertvolle Rohstoffe und wichtiges Kapital der Klavierbaufirmen. Das Holz musste über Jahre, zunächst an der freien Luft, später in speziellen Trockenräumen getrocknet werden, um die gewünschten Resonanzeigenschaften aufzuweisen. Dieser Vorgang war äußerst wichtig zur Produktion hochwertiger Klaviere. Aus diesem Grund ist verständlich, warum Kurt Grotrian den Blick über den Zaun der Konkurrenz wagte. Das auf den Betrachter zunächst verwirrend wirkende Nebeneinander unterschiedlichster Notizen verdeutlicht den spontanen Gebrauch der Notizbücher. So findet sich auf einer Seite eine kurze Notiz zur Konstruktion eines Bodens, auf der folgenden Seite beschrieb Kurt Grotrian hingegen eine Hilfskonstruktion, die zur Unterstützung bei einem völlig anderen Arbeitsschritt verwendet wurde.[345] Sein Alltag in der Lehre und auf Wanderschaft dürfte Kurt Grotrian nicht genügend Zeit für eine systematische Notizbuchführung gelassen haben.

---

342 Grotrian Notizbuch VII.
343 Der Begriff Dickte bezieht sich auf die Dicke der einzelnen Bretter.
344 Grotrian Notizbuch VII.
345 Grotrian Notizbuch IV.

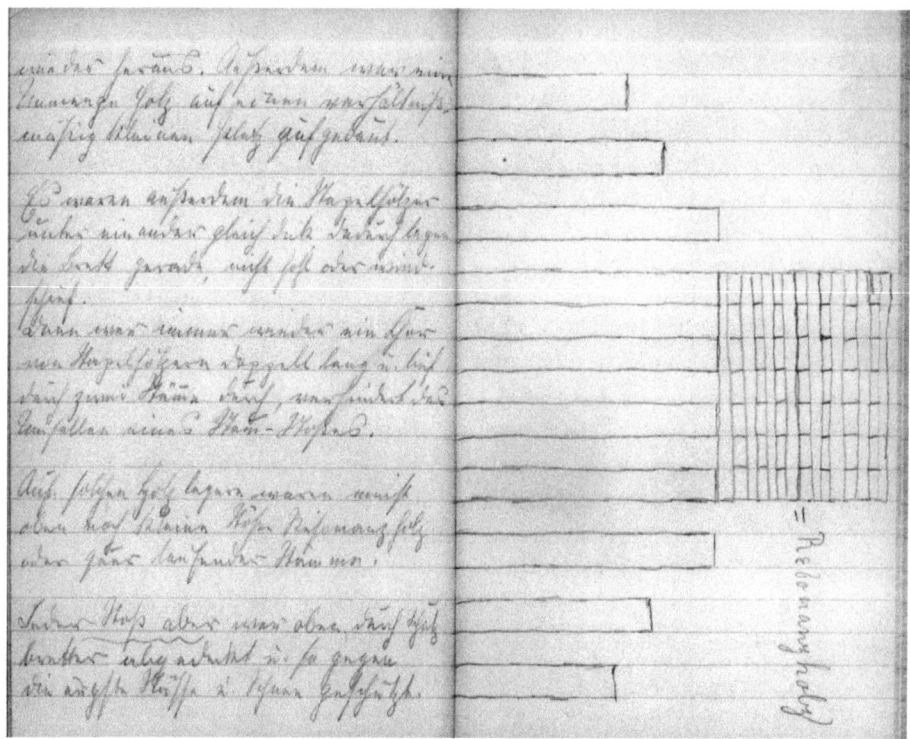

Abb. 22:   Auszug aus Notizbuch VII, Kurt Grotrian[346]

Kurt Grotrian beließ es jedoch nicht nur dabei, sich die besuchten Firmen zu erschließen, sondern orientierte sich während seines Aufenthaltes bei Pleyel in Paris auch über die Firmengrenzen hinaus und besuchte zur Weiterbildung eine externe Forschungseinrichtung:

> „Conservatoire des arts et metier. Täglich öffentliche Vorträge mit Experimenten bester Professoren u. Doktoren für jedermann offen u. besonders für Kunsthandwerker zugeschnitten. Was ich dort bemerkens gesehen: [...] Viele prachtvolle Apparate v. König jun. Stimmgabeln. Alter prachtvoller Flügel v. Schwanen, Paris 1786. Unter dem Flügel (Klaviaturbank u. Kasten wiederum Saiten auch Mechanismus, Hämmer mit Fußpedalen in Tätigkeit zu setzen."[347]

---

346 Vgl. Grotrian Notizbuch IV. Abbildung kostenlos zur Verfügung gestellt von Pianoforte-fabrikanten GmbH & Co. KG, Braunschweig

347 Ebenda. Es könnte sich hier um Rudolph Koenig, einen der bekanntesten Instrumentenmacher für wissenschaftliche Instrumente in der zweiten Hälfte des 19. Jahrhunderts in Paris handeln. Vgl. Pantalony 2009. Vgl. Max Planck Institute for the History of Science, Berlin: The Virtual Laboratory. Essays and Resources on the Experimentalization of Life. People: Koenig, Rudolph (http://vlp.mpiwg-berlin.mpg.de/people/data?id=per325). Abgerufen am 26. 02. 2010.

Kurt Grotrian konnte in seinen Notizbüchern all das festhalten, was er beobachtete oder für wichtig erachtete. Waren dies im einen Moment spezielle Modelle, Pinsel oder Transportsysteme, im anderen Moment die Arbeitsteilung und Holzlagerungsmethode einer fremden Firma, die sein Interesse weckten. Häufig schrieb er nur einen Satz, doch dieser eine Satz genügte ihm, um sich an das Gesehene und Empfundene genau zu erinnern.

4.3.2 Individuelles *working knowledge*

Beim Arbeitsschritt des Beziehens, dem Aufspannen der Saiten auf den Gusseisenrahmen und Vorbereitungsarbeiten an den Mechanikhämmern tritt Kurt Grotrians individuelles *working knowledge* sehr deutlich hervor. Am 17. Juli 1889 bezog er ein „kleines Pianino 5081"[348] in seinem Lehrbetrieb Kaim & Sohn und begann mit den Vorbereitungsarbeiten. Der Kasten (Korpus) wurde aufgebockt, unter den Stimmstock eine dicke Leiste gelegt und die Löcher für die Stimmnägel in das Holz des Stimmstocks vorgeschnitten, „[…] damit beim Bohren d. Fournir nicht splittert [...]."[349] Nach dem ersten Bohren der Löcher erfolgte ein zweites Bohren. Kurt Grotrian versuchte genau zu beschreiben, wie sich das Bohren dieser Löcher anfühlen musste: „Da muß man unten so weit drehen bis daß es ganz leicht geht auch so aufpassen daß rechts ein Loch bleibt man es […] ganz rein bekommt."[350] Diese Formulierung zeigt, dass er versuchte, ein bestimmtes Gespür zu beschreiben, die Fähigkeit zu spüren, wie lange und wie intensiv er bohren musste. Seine Formulierung belegt, dass er wusste, wann „[…] es ganz leicht geht […]", doch für einen Außenstehenden war diese Beschreibung wenig hilfreich. Auch beim nächsten Arbeitsschritt, dem Aufreiben oder Aufrauhen der Bohrlöcher, versuchte Kurt Grotrian sein Gespür zu beschreiben:

> „[…] dabei ist [die] Bohrwinde ganz von sich abzuhalten, denn d. Saiten, ziehen d. Stifte nach unten, also nur nicht zu viel aufreiben nur der erste d. Ahornfournier soll freilassen da es schon vorgekommen, daß er [durch] das drehen d. Stifte gesplittert ist."[351]

Kurt Grotrian konnte keinerlei exakte Maßangaben an dieser Stelle tätigen. Aber er wusste wie viel „[…] nur nicht zu viel aufreiben […]" war und schrieb sich eine Gedächtnisstütze in sein Notizbuch, die nur er richtig interpretieren konnte.[352] Es war wichtig, dass die Löcher für die Stimmwirbel nicht zu groß wurden, hielten diese doch nur durch Reibung im Holz. Nach dem Aufreiben jedes Loches folgte das Einpassen verschiedener Eisenteile.

---

348 Grotrian Notizbuch III.
349 Ebenda.
350 Ebenda.
351 Ebenda.
352 Ebenda.

Nun ging es an das Beziehen, das Aufspannen der Saiten auf den Gusseisenrahmen. Nach einigen Vorarbeiten schlug Kurt Grotrian die Stimmstifte ein, in die die Saiten am Stimmstock eingefädelt werden.[353] Er bemerkt: „[...] doch darf man sie nicht zu tief schlagen [...].“[354] Die exakte Tiefe konnte Kurt Grotrian nicht angeben, sondern musste ein Gespür dafür entwickeln. Nachdem die Stimmstifte exakt positioniert waren, ging er an das Einfädeln der Saiten. Bei diesem Arbeitsschritt brauchte Kurt Grotrian *kinesthetic sense,* den er während seiner Lehrzeit entwickelt hatte: „Der linke Zeigefinger drückt die Saite gleich links herum u. fest an u. passt auf u. fühlt dass in schönen Ringe liegt.“[355] Die Saite legte sich um die Stimmnägel jeweils in mehreren Ringen. Diese sollten möglichst gleichmäßig sein und er musste mit dem Zeigefinger fühlen, ob dies gegeben war. Nun mussten die Stimmnägel eingeschlagen und für weitere Justierungsarbeiten an anderen Bauteilen zunächst lose angezogen werden. Danach wurden die Saiten mit einem Schraubenzieher in gleiche Abstände gelegt. Mit Hilfe eines Lehrjungen waren an die Saiten Ösen mit einer Spinnmaschine gedreht worden, um sie am anderen Ende der Gußeisenplatte in die Anhängestifte hängen zu können. Dann zwickte Kurt die Saiten des Pianinos in Halbtonschritten und schraubte den Stimmstock auf.[356]

Kurt Grotrians *working knowledge* zeigte sich nicht nur beim Beziehen, sondern bei fast jedem Arbeitsschritt, wie zum Beispiel beim Einleimen der Hammerköpfe für die Mechanik:

> „Sie [Hammerköpfe] sind bei Kaims in einem Kasten in welchen sie in Baumlage [Höhe] trocknen (Kasten hatte 2 Teile für alte u. neue) Das erste ist nun das man sich immer von den längst getrockneten für 2 Spiele 180 Stück circa heraus stellt. Nun teilt man die 180 in 2 Teile man wirft sie sonst auf die Bank u. sondert nach dem Klange 50 Stück circa [hohe] für den Discant ab.“[357]

Ein geschultes Gehör, war hierfür von Nöten. Er konnte jedoch nicht die klanglichen Eigenschaften der Holzteile der Hammerköpfe an sich in seinem Notizbuch fixieren, wusste aber, wie sich die Hammerköpfe anhören mussten. Er brauchte für diesen Arbeitsschritt nicht nur ein ausgezeichnetes Gehör, sondern

---

353 Die aus Stahl bestehenden Stimmstifte, auch Stimmwirbel oder Stimmnägel genannt, werden in den hölzernen Stimmstock eingepasst, der aus mehreren Holzschichten besteht. Die Stimmwirbel werden nicht eingeleimt. Sie halten ihre Position nur durch Reibung. Die Saiten werden in die Stimmwirbel eingefädelt und aufgedreht. Durch das Drehen der Wirbel verändert sich die Spannung der Saiten und sie werden gestimmt. Dies geschieht mit dem Stimmhammer, einer Art Schlüssel, der aus einem Holzgriff mit einem metallenen Aufsatz mit Achtkantloch besteht, welches das Negativstück zum Stimmwirbel darstellt. Der Stimmhammer wird auf den Stimmwirbel aufgesetzt und die Spannung der Saite durch Hebelwirkung verändert. Vgl. Schimmel 2000: S. 46-47. Vgl. Restle 2000: S. 160-161.
354 Grotrian Notizbuch III
355 Ebenda.
356 Der Begriff Zwicken bezeichnet das erste Stimmen einer Saite.
357 Grotrian Notizbuch III.

auch *kinesthetic sense*. Nachdem er die Hammerköpfe sortiert hatte, widmete er sich nun der Auswahl der Stiele, auf die die Hammerköpfe aufgeleimt wurden:

> „Jetzt legt man eine [...] so [Zeichnung] auf die Bank u. rollt auf der geraden Fläche jeden dabei macht man dan jedes Mal auf die obere Seite dort wo der Stiel am holsten ist einen Bleistiftstrich. Während die linke einen fortlegt, muß die rechte einen neuen [aufle]gen."[358]

Kurt Grotrian dokumentierte, welche Hand welchen Arbeitsschritt verrichten sollte, er brauchte aber zur Markierung der Stiele *knowledge of materials* das er nicht formalisieren konnte. Er musste diese Stelle mit seinen Händen erfühlen. Diese Fähigkeit hatte er während seiner Lehrzeit als Tischler bereits verinnerlicht. Nachdem die Stiele markiert waren, spannte er ein Klötzchen, das mit unterschiedlichen Markierungen versehen war, in die Werkbank ein und bearbeitete die Stiele mit einer Feile: „Auf das Hirnholz legt man einen Hammerstiel (man hat gleich einen [...] in der Hand) ziemlich weit nach vorne, die rechte Hand führt die Feile u. muß gleich beim Zustoßen fester aufgedruckt werden [...]."[359] Dies musste er in seinen Fingern fühlen, er benötigte *kinesthetic sense* und *knowledge of material,* um die Feile fest genug, aber nicht zu fest über das Material zu führen. Nachdem er die Hammerstiele vorbereitet hatte, bearbeitete er nun die Hammerköpfe, die bei Kaim von der Stuttgarter Firma G. F. Wörner bezogen wurden.[360] Auch beim Aufrauen der Löcher in den Hammerköpfen für die Stiele kam es auf sein *working knowledge* an: „Reibt nun die Löcher, aber nur ganz ganz wenig, auf damit die Stiele besser ihren Platz finden."[361] Nachdem er die Hämmer in die verschiedenen Lagen (Bass, Übergang und Diskant) eingeteilt hatte, die jeweils von Klaviermodell zu Klaviermodell variierten, musste er die Hammerköpfe einleimen. Wieder spannte er eine Vorlage mit entsprechenden Markierungen in die Werkbank ein und positionierte hierauf die zu bearbeitenden Teile:

> „Jetzt nimmt man einen Hammerstiel in die [...] rechte Hand das einzuleimende Ende gleich unten die linke Hand rührt den Leimspachtel bei <u>jedem</u> Stiel damit immer die Haut entfernt wird. Nun tunkt man den Hammer noch ½ cm in den Leimtopf mit beiden Händen zu den Kopf zurück. Jetzt bestreicht man ringsum noch ein wenig Leim aber steckt den Stengel in Hammerkopf drückt bis der Leimriß vorn. Geht jetzt auf die Kerbe legt in sie den Hammerkopf mit einer Kante u. schlägt mit kräftigen Hieben den Stiel herein, bis der Schall anzeigt, daß das Stielende auch aufsitzt."[362]

Ein spezifisches Geräusch gab Kurt Grotrian den richtigen Sitz des Hammerstieles an und er bestimmte nach Gehör und dem zu spürenden Widerstand beim Ein-

---

358 Grotrian Notizbuch III.
359 Ebenda.
360 Die 1865 gegründete Firma produzierte bis 1912. Vgl. Henkel 2002: S. 270.
361 Grotrian Notizbuch III.
362 Ebenda.

schlagen, wann der Stiel tief genug im Hammerkopf positioniert war. Nachdem der Stiel in den Hammerkopf eingeschlagen war, richtete er diesen entsprechend der Markierungen der Zulage aus. Nachdem die Hämmer eingepasst, ausgerichtet und exakt zu den Saiten sowie untereinander positioniert waren, konnte er zunächst die Diskanthämmer einleimen. Den Sitz des Hammers und dessen Höhe kontrollierte er anschließend durch ein Lineal und nahm gegebenenfalls Korrekturen vor. Auch die weitere Bearbeitung der Hämmer bedurfte Erfahrung und Fingerspitzengefühl:

> „Die linke Hand nimmt den Hammer (Mittelfinger, Daumen, Zeigefinger oben) der Schnitzer wird oben unmittelbar an Kernholz aufgesetzt (doch hüten, daß man Schnitzer nicht am durchgezogenen Draht stumpft) Jetzt drückt man fest auf, in der Mitte muß Schnitzer immer am Kernholz herunter streifen, außen soll er eine Höhlung machen, ist man auf ¼ unten angelangt, muß auch der Schnitzer zu Ende sein, man drückt ihn also nochmals ganz heraus u. dreht dabei den Hammer herum doch darf man nicht kippeln eher noch hängen lassen. So wird es auch auf der anderen Seite gemacht. Das ganze muß so leicht aussehen u. auch gehen, als ob man Butter schneidet."[363]

Um diesen Arbeitsschritt auszuführen, brauchte Kurt Grotrian viel Erfahrung im Umgang mit Holz und dessen Bearbeitung mit einem Schnitzer.[364] Er brauchte *knowledge of material*, denn er musste wissen, wie das Holz beschaffen war und er brauchte *kinesthetic sense*, um es mit dem Schnitzer entsprechend bearbeiten zu können. Als nächstes richtete er die Fänger und die Dämpfung aus:

> „Jetzt nun muß gerichtet werden, daß jede Dämpfung gleich fest oder locker an ihrer Saite sitzt u. dieses sieht man bequem wenn man ganz leicht den Pedalzug tritt, welche Dämpfer sich da gleich bewegen welche liegen bleiben. Wieviel dieses sein muß läßt sich schlecht in Maßen angeben. Der Stößer soll eine Idee Luft haben ehe die Dämpfer sich bewegen, doch auch nicht zu viel, denn sonst würde der Zusammengepreßte Filz sich ausdehenen u. doch dämpfen."[365]

Den genauen Abstand zwischen den Dämpfern und den Saiten konnte er nicht dokumentieren, denn den richtigen Abstand zu finden, war abhängig von einem erfahrenen Auge das die „[…] Idee Luft […]" im Blick hatte und den Abstand nicht zu groß werden ließ. Wurde der Abstand zu groß, hätte sich der Filz verändert und sich negativ auf den Klang ausgewirkt. Der richtige Abstand zwischen Dämpfer und Fänger war vom Gefühl und der Erfahrung des ausführenden Mitarbeiters abhängig und von Instrument zu Instrument verschieden. Kurt Grotrian schrieb mehr als 100 Seiten über die Arbeiten an der Mechanik. Auch in seinen

---

363 Grotrian Notizbuch IV.

364 Ein Schnitzer ist ein handgeführtes Schneidwerkzeug, welches aus einer scharfen Klinge besteht, die zu einer Spitze geschliffen und in einen meist hölzernen Heft (Griff) eingelassen ist. Mit ihm lassen sich sehr feinfühlig einzelnen Späne von dem entsprechenden hölzernen Werkstück abtragen.

365 Grotrian Notizbuch IV.

anderen Notizbüchern finden sich Aufzeichnungen zu diesem komplizierten Arbeitsschritt. Auffallend ist die äußerst präzise und detaillierte Dokumentation jeder einzelnen Handbewegung. So zeugen seine Aufzeichnungen auch von seinem *working knowledge*, das an Praktiken und Körpergefühl desjenigen gebunden war, der über dieses verfügte und nicht verbalisiert und damit auch nicht gänzlich formalisiert werden konnte.

In seinen Notizbüchern finden sich aber nicht nur Hinweise auf sein individuelles *working knowledge,* sondern auch Notizen, die auf eine Formalisierung des Wissens verweisen, beispielsweise mehrere Rezepte für Polituren zur Oberflächenbehandlung der Instrumente:

> „Recept No. I
> 1 ltr. Wasser
> 10 Gramm concentr. Schwefelsäure
> 2 Gramm Concentr. Salzsäure
> No II
> 8 Gramm grobe Benzoe
> 1 Gramm S[…]
> 1 Gramm Schellack loser."[366]

Die Rezeptnummern fügte Kurt Grotrian zu einem späteren Zeitpunkt mit Tinte hinzu. Neben den einzelnen Rezepten bewertete er die Polituren für den Korpus der Instrumente und bezog sich auf die Arbeitsweisen eines Kollegen oder Freundes: „Abpolieren! Leopold stellt wie schon gesagt seine grundirten Flügel mit den noch […] [zu] beseitigten Wolken fort, da solches Beseitigen des Öles beim Grundpolieren gar keinen Zweck hätte."[367] Anschließend beschrieb er den Poliervorgang an sich. Der Polierer muss zunächst das „[…] herausgequollene Öl […]" und den „[…] dicht aufgelagerten Schmutz […]" von der Fläche entfernen:[368]

> „Ist eine gründliche Reinigung notwendig, so muß Wasser u. pulverisierter Bimstein nehmen, sonst genügt aufgestreute Schlemmkreide (mit Pulver u. Sand die Steinchen entfernen), welche mit einem trockenen Lappen auf die Fläche herumgeschmiert wird. Doch darf in diesem Falle nicht zu viel Bimstein im anderen zu viel Schlemmkreide nehmen sonst wird leicht die Politur fortgenommen. Beim Bimstein nicht zu viel Wasser nehmen, damit das Fournir nicht aufquillt, bei großen Flächen immer Streifenweise […]."[369]

---

366 Grotrian Notizbuch IV.
367 Ebenda.
    Mit dem Begriff „Wolken" beschreibt Kurt Grotrian die kreisförmigen Rückstände des verwendeten Öls, die sich auf den zu polierenden Oberflächen abzeichneten. In Buch IV finden sich zehn Seiten, die als einzige in allen erhaltenen Notizbüchern mit Tinte geschrieben wurden.
368 Grotrian Notizbuch IV.
369 Ebenda.

Formalisiertes Wissen wie diese Rezepte und nicht formalisierbares *working knowledge* wurden kombiniert. Die Menge der Schleifmittel konnte Kurt Grotrian nicht in exakten Mengenangaben festhalten. Die Mischung zum Aufrauen der Oberflächen musste eine bestimmte Konsistenz haben, für dessen Herstellung er Erfahurung brauchte.[370] Außerdem musste er entscheiden, wann welches Schleifmittel angewandt wurde. Nachdem der Schmutz von den zu polierenden Flächen entfernt war, folgte die eigentliche Polierarbeit nach den entsprechenden Rezepten, die nun zur Anwendung kamen: „Dann das Wasser Recept I (Schwefel u. Salzsäure) auf Fläche spritzen, doch ja nicht zu viel (als ob man Öl aufspritzt) jetzt mit Handballen, dieses gehörig verschaffen, bis auf der ganzen Fläche ein weißbläulicher Nebelschimmer liegt."[371] Jedoch musste Kurt Grotrian auch hier wissen, wieviel des Wassers zur Anwendung kommen sollte, wie viel „[…] ja nicht zu viel […]"[372] war. Das formalisierte Wissen in Form von exakten Rezepten funktionierte erst in Kombination mit informellem individuellen *working knowledge*. Beide Wissenskomponenten zeigen sich in Kurt Grotrians Notizbücher.

4.3.3   Entwurfsarbeit

Nicht nur Wissen, welches Kurt Grotrian während seiner Lehrzeit und auf seiner Wanderschaft erlangte, zeigt sich in seinen Notizbüchern, sondern auch Wissen, welches er in der väterlichen Firma erworben hatte. Auf über 70 Seiten beschrieb er den Entwurf eines Flügels am Zeichenbrett. Die Firma konnte auf bereits bestehende Entwürfe zurückgreifen. Diese Modelle, Zeichnungen, Schablonen und andere angesammelte Wissensbestände waren äußerst wichtig für die Konstruktion neuer Modelle. So bezeichnete Kurt Grotrian eine neu gegründete Firma, die nicht auf frühere Konstruktionen zurückgreifen konnte, als mittellos. Der Entwurf begann mit der systematisch angelegten Zeichnung des Gusseisenrahmens. Die unterschiedlichen Bestandteile, Abmessungen, Anschlagslinien der Hämmer auf den Saiten, Saitenlänge und Mensur mussten nach und nach berechnet und in die Zeichnung übertragen werden. Zunächst wurde das Diskant und Bassfeld festgelegt bevor die „[…] klingende […] Länge der glatten Saiten, die Mensur […]"[373] festgesetzt wurde. Auch hier griff Kurt Grotrian auf Erfahrungen und bereits erprobte Modelle der väterlichen Firma zurück: „Die Maaße für Anschlag u. Mensur lagen im Zeichenzimmer. Entweder nun man nimmt die erprobten Mensuren der Fabrik oder besser, von fremden Fabriken abgenommen, oder solche aus Hansing etc."[374] Bereits 1891 existierte ein spezielles Zeichenzimmer innerhalb der Firma Grotrian-Steinweg, in dem die unterschiedlichsten Modelle am Zeichenbrett konstruiert

---

370 Grotrian Notizbuch IV.
371 Ebenda.
372 Ebenda.
373 Ebenda.
374 Grotrian Notizbuch V.

wurden. Diesem Zeichenzimmer widmete sein Bruder Willi Grotrian 1906 in seinem Manuskript mehrere Kapitel (siehe Kapitel 5.5). Neben den Erfahrungen und Modellen der eigenen Firma wurden gute Modelle und Konstruktionen bei fremden Firmen abgeschaut oder auf Modelle aus der Fachliteratur zurück-gegriffen, wie zum Beispiel auf das Lehrbuch von Hansing, in dem dieser unter anderem eine Mensurtheorie aufstellte.[375]

Nach dem Festlegen der Mensur folgten die Positionierung des Steges und der Agraffen sowie des Rahmenanfangs, der Anhängestifte für die Saiten, des Diskant- und Bassfeldes.[376] Auch hier wurden bereits erprobte Konstruktionen übernommen, abgesehen von der Anordnung der Basssaiten:

> „[…] Regel, wenn man die Baßsaiten […] erst breit auseinanderzieht, also hinten fächerförmig verteilt, so sieht dieses erstens sehr schön aus und ist zeitgemäß u. der Baß wir[kt] schön durch, da die Saiten viel Boden gewinnen. Aber de[m] entgegen steht die […] richtige Regel, daß rechts u. links man die Saiten nach außen nach ein[e] genügende Bodenfläche vorhanden sein soll."[377]

Der technische Fortschritt des kreuzsaitigen Bezuges, der auch ein Auffächern der Basssaiten erlaubte, wurde bewusst in die Konstruktion aufgenommen. Es kam darauf an, einen Weg zu finden, die Saiten fächerförmig so anzuordnen, dass der Bezug sowohl dem technischen Fortschritt, dem ästhetischen Geschmack der Zeit, als auch den klanglichen Eigenschaften gerecht wurde, denn ein gewisser Abstand zur Außenwand musste gewahrt werden, um den Klang nicht zu verschlechtern. Bei der Konstruktion eines Instrumentes wirkten demnach viele unterschiedliche Gesichtspunkte zusammen. Dabei dürften neben technischen, akustischen und ästhetischen Gesichtspunkten noch weitere, wie Kosten oder Pfadabhängigkeit hin-sichtlich der Produktionsweise und den verfügbaren Maschinen, eine wichtige Rolle gespielt haben:

> „Daß wir die Baßsaiten hinten nicht weiter auseinander[legen] geschah eben darum, daß wir rechts die Maaße einhalten musste[,] wir hätten ja sonst nötig gehabt, den ganzen Flügel hinten breiter zu machen, ihn so eine andere Form, geben u. die Breite natürlich auch bis zum Discant fortlaufen lassen müssen u. dadurch – wie es die Erfahrung gezeigt – einen schlechten Ton im Discant erhalten."[378]

---

375 Vgl. Hansing 1888. Siehe Kapitel 7.5.
376 Agraffen legen das Ende des freischwingenden Teils einer Saite fest. Durch diese kleinen Messingteile, die auf dem Gusseisenrahmen hinter den Stimmwirbel positioniert werden, werden die Saiten geführt, um den oberen Druckpunkt des freischwingenden Teils der Saite zu bestimmen. Vgl. C. Bechstein: Häufig gestellte Fragen (http://www.bechstein.de/service/faq/morefaqs/default.aspx). Abgerufen am 22. 01. 2011.
377 Grotrian Notizbuch V.
378 Ebenda.

Aufgrund dieser Erfahrung wurde auf eine breitere Anordnung verzichtet. Nach dem Anordnen der Saiten wurde auf dem Zeichenbrett die Position der Stimmwirbel festgelegt und wie viele ein- und zweichörige Saiten im Bassfeld zu verwenden waren. Ebenso wurde die Anzahl und Position der Basssaiten und Stegstifte bestimmt und eingezeichnet. Bei der Positionierung des Rahmens und der Agraffen griff Kurt Grotrian erneut auf Erfahrungswerte zurück und orientierte sich an bereits vorhandenen Zeichnungen. Danach folgte die Positionierung der Stegstifte und eines Chores hinter dem Steg. Anschließend wurden die Anhängestifte der Platte eingezeichnet. Nun ging es daran, die Linien einzuzeichnen, die die „[...] Höhe in der die Stimmwirbel zu stehen kommen [...]"[379], anzeigten. Die einzelnen Wirbel mussten wiederum exakt aufeinander abgestimmt werden. Nach der Anordnung der Stimmwirbel wurden die entsprechenden Saitenlinien gezogen und die Lage der Rasten-Spreizen bestimmt. Es folgten die Form des Korpus und die Lage des Gusseisenrahmens. Als letzten Arbeitsschritt der ersten Zeichnung dokumentierte Kurt Grotrian: „Dann mit Blaustift alle Linien zur Platte nachziehen. So daß ihr Bild klar zu erkennen ist. Jetzt geht man zur Probezeichnung."[380] Auf die Probezeichnung folgte ein hölzernes Modell, nach dem wiederum ein Eisenmodell für das Abgießen des Rahmens angefertigt werden sollte. Zusätzlich wurde in der Firma Grotrian-Steinweg basierend auf einer weiteren Zeichnung ein Zinkmodell für den Schlosser, Boden- und Kastenmacher angefertigt. An weitere externe Zulieferer wurde auf Grundlage der Modelle der Auftrag zur Fertigung einer entsprechenden Klaviatur und Mechanik gegeben. An dieser Stelle enden Kurt Grotrians Aufzeichnungen zum Entwurf eines Flügels. Dieser Abschnitt unterscheidet sich wesentlich von seinen übrigen Notizen und wurde äußerst bedacht verfasst. Kurt Grotrian formalisierte die Vorgehensweise beim Entwurf eines Gusseisenrahmens im väterlichen Betrieb, griff auf vorhandenes Wissen zurück und dokumentierte auf diese Weise nicht nur sein eigenes, sondern auch Wissen, welches in der väterlichen Firma vorhanden war und in den Entwurfsprozess einfloss. Es wird deutlich, dass beim Entwurfsprozess *working knowledge* und eine Vielzahl von Handwerkern und externen Betrieben einbezogen waren. Auffallend an dieser Passage ist, dass er zur Darstellung des Entwurfsverfahrens kaum auf zeichnerische Mittel zurückgriff. Detaillierte Zeichnungen des Rahmens oder des Kastens fehlen in den Notizbüchern, müssen jedoch prinzipiell existiert haben, denn sonst konnte der Modellschreiner kein Holzmodell anfertigen. Nur drei flüchtige Skizzen zeigen die Anschlagslinien und die Spreizen. Kurt Grotrian drückte sich demnach vor allem schriftlich aus. Innerhalb der Firma Grotrian-Steinweg wurde das notwendige Wissen in Form von technischen Zeichnungen festgehalten, die sorgfältig aufbewahrt wurden und auf die immer wieder zurückgegriffen werden konnte (siehe Abb. 12, S. 86).

---

379 Grotrian Notizbuch V.
380 Ebenda.

Während Wirth seine Notizbücher vor allem nutzte, um sein Wissen, hauptsächlich auf dem Gebiet der Akustik zu dokumentieren und zu ordnen, war sich Kurt Grotrian bereits in seiner Lehrzeit seiner spätere Aufgabe als Betriebsleiter einer Klavierbaufabrik mit hunderten von Arbeitern bewusst. So unterschiedlich die thematischen Inhalte zwischen Wirth und Kurt Grotrians Notizbüchern sind, so unterschiedlich sind auch die Mittel, mit denen die beiden ihr Wissen festhielten. Während Wirth sich in detaillierten Zeichnungen ausdrückte, wählte Kurt Grotrian meist die sprachliche Artikulation. Beiden dienten ihre Notizbücher als materielle Aufzeichnungsinstrumente, in denen sie auf individuelle Weise unterschiedlichste Wissensformen speicherten. Daneben zeigt die Analyse, dass das individuelle Wissen der Klavierbauer nicht nur aus informellem *working knowledge* bestand. Dieses war ein wichtiger Bestandteil ihres Wissens und sie versuchten es auch in ihren Notizbüchern zu umschreiben, was ihnen jedoch nicht in Gänze gelang. *Working knowledge* wurde vielmehr mit anderen Wissenformen, wie Wissen aus Fachbüchern, oder Wissen, das von Instrumenten gelesen wurde, kombiniert. Klavierbauer nutzten ihre Notizbücher als Instrument der Wissensproduktion. In diesem Sinne nahm mit den Aufzeichnungen Kurt Grotrians der Prozess der Formalisierung und Standardisierung von Wissen innerhalb der Firma Grotrian-Steinweg seinen Anfang. Das 1906 von Willi Grotrian verfasste Manuskript ist als nächste Stufe dieses Prozesses zu sehen, in dem er versuchte, das interne Firmenwissen zu formalisieren und zu standardisieren.[381] Sein Manuskript ist sowohl Zeugnis dieses Prozesses, als auch Bestandteil desselbigen.

---

381 Grotrian 1906.

5. Wissens-*Speicher* der Formalisierung und Systematisierung von Firmenwissen

> „Natürlich gibt es keine Geheimnisse im Klavierbau, denn fast alles ist sichtbar und nachmessbar. Wohl aber bleiben die Vorgänge in der Seele des Menschen, wenn er an seine Arbeit herantritt, und die ihn bestimmen, gerade so und nicht anders zu denken und zu handeln, ihm selbst oft unbewusst, ein Geheimnis."[382]
>
> Carl Georg Berger

Mit der Durchsetzung industrieller Produktionsweisen vollzog sich in der Firma Grotrian-Steinweg ein Prozess der Formalisierung und Systematisierung von Firmenwissen, der sich unter anderem in Willi Grotrians Manuskript: „Beschreibung der Aufgaben von Teilen und Arbeitsfolgen im Klavierbau" aus dem Jahr 1906 widerspiegelt.[383] Hatte sein Bruder Kurt Grotrian bereits Ende des 19. Jahrhunderts seine individuelle Wissensaneignung in seinen Notizbüchern dokumentiert, nahm nun Willi Grotrian in 28 Kapiteln eine Formalisierung und Systematisierung des Firmenwissens vor. Er gewährte Einblicke sowohl in den Stand der Produktions- und Bauweise der Klaviere, der Konstruktionsarbeit, sowie der technischen Ausstattung der Grotrian-Steinweg Pianofortefabrikanten kurz nach der Wende zum 20. Jahrhundert. Das Manuskript wurde auffallend sorgfältig und ordentlich geschrieben. Es könnte sich auch um eine Reinschrift früherer Aufzeichnungen handeln und das Endprodukt eines längeren Prozesses der Aneignung von Wissen und dessen Systematisierung und Formalisierung darstellen. Die Manuskriptseiten befinden sich lose, jedoch geordnet, in einer Mappe im Firmenarchiv der Firma Grotrian-Steinweg. Inhaltlich weist das Manuskript drei thematische Bereiche auf, die nacheinander in mehreren Kapiteln abgehandelt wurden. Zunächst beschäftigte sich Willi Grotrian mit der Bauweise einzelner Instrumentenbestandteile sowie deren Herstellung, zum Beispiel Rasten, Umbau, Pianino Mechanik, Pedale, Bezug und Fournierbehandlung.[384] Im zweiten Themenkomplex beschrieb er ausführlich die Konstruktionsarbeit zum Beispiel den Entwurf von Zeichnungen und Modellen im Zeichenzimmer.[385] Der dritte Themen-

---

382 Berger, Carl Georg: Aus der Werkstatt des Klaviermachers. Wien 1955. Unpubliziertes Manuskript. Firmenarchiv L. Bösendorfer Klavierfabrik GmbH, Wiener Neustadt, Österreich. Zitat: S. 4.
383 Er verfasste es auf liniertem Papier mit Bleistift. Grotrian 1906.
384 Ebenda.
385 Ebenda.

komplex umfasst mehrere Kapitel zur technischen Ausstattung des Betriebes, wie etwa zu den Arbeitsmaschinen.[386] Das Manuskript enthält Beschreibungen eines großen Teils der Betriebsbereiche der Firma Grotrian-Steinweg. Kapitel zu Verwaltung, Vertrieb, Werbung und Künstlerkontakten fehlen jedoch. Willi Grotrians Manuskript zeugt jedoch nicht nur von der Formalisierung und Standardisierung der Produktion, die bereits im 19. Jahrhundert im Klavierbau begonnen hatte. Dies wird vor allem in den Kapiteln zur Bauweise und Herstellung, sowie zur technischen Ausstattung des Betriebes deutlich. Die industrialisierte Produktionsweise erforderte vielmehr eine Formalisierung und Systematisierung des Wissens und des Produktionsmanagement aufgrund einer sich verändernden Belegschaft und Organisation der Fabriken. Zunehmend wurden ungelernte oder angelernte Arbeiter eingestellt und die ausgebildeten Handwerker nur noch für bestimmte Tätigkeitsbereiche eingesetzt, die ein hohes Maß an handwerklicher Erfahrung voraussetzten. Im Zuge dieser Entwicklung wandelten sich auch die Lehrlingsausbildung sowie das Wissen und dessen Dokumentation. Konnten Kurt Grotrian und Wirth noch auf ihre fundierte handwerkliche Ausbildung und ihr in jahrelanger Tätigkeit erworbenes *working knowledge* zurückgreifen, war dies bei den ungelernten beziehungsweise angelernten Arbeitern nicht der Fall. Sie verfügten nicht über die Fähigkeit, bestimmte Tätigkeiten und die dabei empfundenen Gefühle mit ihren Aufzeichnungen zu verknüpfen und sich an diese zu erinnern. Im Zuge der allgemein in der deutschen Industrie sich veränderten Belegschaft und Lehrlingsausbildung musste auch das Wissen auf andere Weise festgehalten werden, sodass es für ungelernte und angelernte Arbeiter vermittelbar wurde. Es musste vom individuellen zum *working knowledge* für andere werden. Das Manuskript ist im Gegensatz zu den Notizbüchern Kurt Grotrians und Wirths eher als Lehrbuch für die Belegschaft anzusehen, in dem Willi Grotrian den ungelernten und angelernten Arbeitern, denen ein umfassendes Verständnis für das Klavier und dessen Bauweise fehlte, erklärte, was ein Klavier ist. Hielten die ganzheitlich arbeitenden Handwerker ihr Wissen noch in Notizbüchern fest und nutzen diese als Strickleiter zu ihrem Wissen, an der sie sich immer wieder hochziehen konnten, musste die Speicherung von Arbeitswissen nun anders vonstatten gehen. War vor der Industrialisierung die handwerkliche Ausbildung, das Hineinwachsen in den väterlichen Betrieb und damit eine umfassende Ausbildung üblich, wandelte sich dieses im Zuge der Industrialisierung, wie Hermann-Josef Rupieper für die Maschinenfabrik Augsburg und Nürnberg (M.A.N.) darstellt.[387] Denn M.A.N. ging dazu über, selbst Lehrlinge innerhalb der Fabrik für bestimmte Tätigkeitsbereiche,

---

386 Grotrian 1906.
387 Vgl. Rupieper, Hermann-Josef: Arbeiter und Angestellte im Zeitalter der Industrialisierung. Eine sozialgeschichtliche Studie am Beispiel der Maschinenfabrik Augsburg und Nürnberg (M.A.N.) 1837-1914. Frankfurt 1982. Zur vorindustriellen Ausbildung zum Beispiel im Textilgewerbe siehe: Adelmann, Gerhard: Die ländlichen Textilgewerbe des Rheinlandes vor der Industrialisierung. In: Rheinische Vierteljahresblätter 43, 1979. S. 260-288.

die sich durch einen Mangel von qualifizierten Arbeitern auszeichnete, auszubilden. In den 1890er Jahren löste die industrielle Lehrlingsausbildung die handwerkliche langsam ab.[388]

Willi Grotrians Manuskript war im Gegensatz zu den Notizbüchern seines Bruders nicht nur für seinen individuellen Gebrauch bestimmt. Er schrieb nicht nur für sich, sondern auch für die Mitarbeiter und das Führungspersonal seiner Firma und war demnach nicht frei in dem, was er fixierte. Sein Schreiben kann nach Hoffmann als gerichtet und strukturiert angesehen werden.[389] Trotzdem fanden persönliche Erfahrungen und Wissensbestände Eingang in diesen Aufzeichnungsgegenstand der kollektiven Wissensproduktion. Willi Grotrian verfasste es weder in Kurz- noch Geheimschrift. Er nummerierte die Kapitel des Manuskripes und versah sie mit einprägsamen Überschriften. Auffallend ist, dass er keinerlei Zeichnungen verwendete und keine Maße angab, sondern an den entsprechenden Stellen eine Lücke ließ. Zwar war er bemüht, das Firmenwissen zu formalisieren und zu systematisieren und es dadurch seinen Mitarbeitern zugänglich zu machen, doch musste er auch sicherstellen, dass Fremde, die nicht zur Firma gehörten oder abtrünnige Arbeiter nicht durch detaillierte Zeichnungen und Maßangaben an wichtige Komponenten des internen Firmenwissens gelangten und daraus Vorteile ziehen konnten. Entscheidend ist hier der Unterschied zwischen *working knowledge*, das prinzipiell nie gänzlich formalisiert werden konnte und solchen Wissen, welches zwar formalisiert werden konnte aber geheim gehalten werden musste.

Zur Zeit der Entstehung des Manuskriptes arbeitete Willi Grotrian bereits mehrere Jahre im väterlichen Betrieb, hatte seine Ausbildung als Tischler und Klavierbauer absolviert, sowie Erfahrungen auf seinen Wanderjahren in Europa und Amerika gesammelt und war 1895 zusammen mit seinem Bruder Teilhaber geworden. Vor allem seine Wanderjahre hatten ihn geprägt, die er ausführlich in seinen Lebenserinnerungen beschrieb. Im Gegensatz zu seinem Bruder führten ihn seine Wanderjahre auch nach Amerika.[390] Er arbeitete zum Beispiel 1891 bei Steinway & Sons in New York, jedoch unter falschem Namen. Es zog ihn zu den verschieden-

---

388 Vgl. Rupieper 1982: S. 83-89. Vgl. Blankertz, Herwig: Bildung im Zeitalter der großen Industrie. Pädagogik, Schule und Berufsbildung im 19. Jahrhundert. Hannover 1969. S. 119-127. Neben M.A.N. bildeten viele Unternehmen Lehrlinge selbst aus, wie zum Beispiel das Maschinenbauunternehmen J. M. Voith. Vgl. Nieberding, Anne. Unternehmenskultur im Kaiserreich. J. M. Voith und die Farbenfabriken vorm. Friedr. Bayer & Co. München 2003. S. 114-119.

389 Vgl. Ebenda: S. 7-20.

390 Willi und Kurt Grotrian waren Söhne eines wohlhabenden Fabrikinhabers, der über ausreichende finanzielle Mittel verfügte um sie auf ausgedehnte Wanderschaft zu schicken.

sten Klavierhersteller der USA, zum Beispiel zur Firma Wm. Knabe[391] nach Baltimore, Chickering in Boston, Bush[392] und der Musikalienhandlung Lyon & Healy in Chicago.[393] Nie blieb er länger als sechs Monate bei einer Firma und lernte so die unterschiedlichsten Produktions- und Konstruktionsweisen kennen. Wanderjahre blieben auch nach 1900 üblich, wie Schmidt in ihrer Studie über Facharbeiter um 1900 zeigte. Sie argumentiert, dass diese Facharbeiter nach ihrer Lehre in Deutschland, in Europa und in Übersee wanderten, um Arbeitserfahrungen zu sammeln. Es bestand zwar kein Zunftzwang mehr, doch trotzdem wurde auch noch Ende des 19. Jahrhunderts das Wandern als „[…] unentbehrlicher Bestandteil der beruflichen Ausbildung […]"[394] angesehen. Gewandert wurde, um sich weiter-zubilden und „[…] individuell Chancen zu nutzen."[395] So berichtet ein Dreher, dass „[…] es mir in meinem Beruf nützen würde, wenn ich auch in anderen Ländern die Arbeitsweise kennenlernte."[396] Schmidt resümiert:

> „Auf der Wanderschaft konnten sie die Herstellung unterschiedlicher Produkte, Betriebe verschiedener Größe, diverse Formen der Arbeitsteilung und alle Arten von Maschinen kennenlernen. Das erweiterte den Horizont der Ge-lernten, von denen manche während ihrer Lehrzeit innerhalb eines Betriebes im besten Fall dazu gekommen waren, unterschiedliche Maschinen zu bedienen."[397]

Auch nach seinen Wanderjahren war Willi Grotrian bemüht sich ständig weiter-zubilden und am Austausch mit Wissenschaftlern interessiet, wie ein Hinweis auf ein Treffen mit Hansing, dessen 1888 veröffentlichtes Buch „Das Pianoforte in seinen akustischen Anlagen"[398] zu einem Standardwerk des Klavierbaus avancieren sollte, belegt:

---

391 William Knabe, geboren 1803 in Kreuzberg, kam 1833 nach Baltimore. 1839 macht er sich zusammen mit dem ebenfalls aus Deutschland stammenden Henry Gaehle selbstständig und gründete die Firma Knabe & Gaehle, die ab 1860 zu den erfolgreichsten Klavierbaubetrieben der Südstaaten Amerikas gehörte. Vgl. Dolge 1911: S. 282-286.
392 Die Firma Bush wurde von dem 1829 geborenen William Henry Bush gegründet. 1854 ging er nach Chicago in die Holzindustrie und gründete 1886 zusammen mit seinem Sohn William Lincoln Bush, der Klavier- und Orgelbau gelernt hatte und dem aus Deutschland stammenden Klavierbauer John Gerts eine Klavierbaufirma unter dem Namen W. H. Bush & Company. Vgl. Dolge 1911: S. 355-357.
393 Vgl. Grotrian, Willi: Curiculum Vitae. 1929.
394 Schmidt, Dorothea: Die Großen und die Kleinen – Industrie und Handwerk in Bremen von der Mitte des 19. Jahrhunderts bis zum Ersten Weltkrieg. In: Gewerbefleiß Beitrag zur Sozial-geschichte Bremens. Heft 19. Bremen 1997. S. 13-47. Vgl. S. 39. Vgl. auch: Schmidt, Dorothea: Massenhafte Produktion? Produkte, Produktion und Beschäftigte im Stammwerk von Siemens um 1914. Münster 1993. S. 234.
395 Ebenda: S. 235.
396 Ebenda: S. 236.
397 Schmidt 1997: S. 237.
398 Hansing, Siegfried: Das Pianoforte in seinen akustischen Anlagen. Breslau 1888.

„Am 26. August fuhr ich per Bahn nach Schwerin, um die Bekanntschaft des Klavierkonstrukteurs und von mir geschätzten Fachschriftstellers Siegfried Hansing zu machen, was mir zur vollsten Zufriedenheit gelang. Nach Austausch unserer Ansichten verließ ich per Rad am 28. die schöne Seestadt [...]."[399]

Willi Grotrians Mansukript stellte wie die Notizbücher seines Bruders unterschiedliche Wissensbausteine bereit und fungierte als Ordnungsinstrument. Die Unterschiede und Gemeinsamkeiten dieser beiden Wissens-*Speicher*, in Bezug auf die in ihnen gespeicherten Wissensformen in Abhängigkeit zu dem jeweiligen Ausbildungsstand der Brüder, gilt es herauszufinden. Auf den ersten Blick wird dies vor allem an der äußeren Gestalt beider Quellen ersichtlich. Wiesen die Notizbücher und die darin fixierten Sachverhalte einen eher flüchtigen und individuellen Charakter auf, erscheint das Manuskript in einem anderen Licht, denn es wurde sehr ordentlich und mit Bedacht angelegt. Waren die Notizbücher nicht für äußere Adressaten bestimmt und dienten nicht als Kommunikationsmittel, scheint das Manuskript im Gegensatz hierzu gerade für äußere Adressaten bestimmt gewesen zu sein. Dies musste nicht zwingend die allgemeine Öffentlichkeit gewesen sein. Willi Grotrian fixierte hier nicht seine spontanen Ideen und Erfahrungen unsystematisch nebeneinander. Er nahm vielmehr eine Ordnung seiner Wissensbestände und der Firma vor und stellte diese als Wissensbausteine anderen bereit.

5.1 Formalisierung und Systematisierung der Produktions- und Konstruktionsweisen

In den ersten 16 Kapiteln beschäftigte sich Willi Grotrian mit der Produktions- und Konstruktionsweise der einzelnen Instrumentenbestandteile. Prinzipiell unterschied er zwischen den Arbeiten an einem Flügel und denen an einem Pianino und beschrieb die einzelnen Bestandteile. Er begann mit dem Rastenbau für Pianinos und Flügel, die das elementare Stabilitätsbauteil jedes Instrumentes bildeten. Danach folgten der Gusseisenrahmen, die Umbauten, die Mechanik, die Dämpfung und die Klaviatur. Den Abschluss bildeten die Furnierarbeiten und die Anfertigung der Instrumentengehäuse. Auffällig ist die systematische Anordnung der einzelnen Kapitel. Er hielt in seinem Manuskript präzise alle benötigten Informationen zu den jeweiligen Bauteilen fest. Meist begann er mit der Beschreibung der Funktion des jeweiligen Bauteils, wie zum Beispiel bei den Rasten: „Hauptaufgabe derselben: I. Stimmstock gegen Durchbiegung [...] in der Länge Stimmstock gegen Kippen nach vorn in der Höhe zu schützen II. Der Platte einen Halt gegen Windschiefheit zu sein."[400] Danach folgten detaillierte Ausführungen zu den jeweils durchzufüh-

---

399 Grotrian 1929: S. 41.
400 Grotrian 1906: S. 1a.

renden Arbeiten. So musste zum Beispiel bei den Arbeiten an der Raste zunächst der Gusseisenrahmen sorgfältig aufgelegt und positioniert werden.[401] Willi Grotrian diskutierte unterschiedliche Bauweisen der Rasten und die sich hieraus ergebenden Veränderungen für die Konstruktion:

> „Da der Flgl nur auf 3 Beinen steht, fällt das leichte [Reagieren] auf [W]indschiefheit fort, doch ist auch hier die [Zeichnung der Sternrasten] Construktion gut, da sie die Wände an der zweckmässigen Stelle versteift und dem Hinterfussbacken eine gute Auflage verleiht."[402]

Die Sternraste war eine spezielle Konstruktionsweise für Pianinos und Flügel, die von der Firma Grotrian-Steinweg entwickelt wurde und noch heute Verwendung findet. Die Spreizen der Raste waren aus Kiefern und Buchenholz. Jedoch beließ er es nicht nur bei der Beschreibung der eigenen Konstruktionsweise, sondern setzte sich auch mit den Konstruktionsweisen der Konkurrenz auseinander, wie zum Beispiel einem Klaviaturboden von Steinway & Sons: „Voller Steinway Clav Boden unnütz. Steinways Buchendickte für Claviaturverschiebung dagegen gut."[403] Auch Willi Grotrian lernte an Instrumenten und hatte einen Steinway-Flügel untersucht und basierend auf seinen Beobachtungen diese Bewertung vorgenommen. Die Instrumente stellten, wie bereits bei Wirth und Kurt Grotrian herausgearbeitet, Wissen bereit, von denen durch entsprechende Fähigkeiten deren Konstruktions- und Produktionsweise abgelesen und transferiert werden konnte. Hierfür bedurfte es *working knowledge*.

Willi Grotrian hielt auch Wissen über die einzelnen Produktionsabläufe innerhalb der Firma fest, kam es gerade in einem Betrieb mit industriellen Produktionsmethoden neben der Qualität doch auch auf ökonomisch sinnvolle Abläufe an. So mussten zum Beispiel die Deckel der Klaviere, vor allem der Flügel, zweimal poliert werden.[404] Wenn ein Bauteil zweimal poliert und lackiert werden musste, brauchte es auch entsprechend längere Zeit zum Trocknen. Sollte der Arbeitsablauf nicht unnötig gestört werden, mussten die entsprechenden Teile bereits zu einem früheren Zeitpunkt zum Polieren und Lackieren gegeben werden, um Verzögerungen, damit Zeitverlust und letztendlich finanzielle Einbußen zu vermeiden. Willi Grotrian musste auch das Produktmanagement standardisieren und für einen reibungslosen Ablauf innerhalb der weitläufigen Fabrikanlage sorgen, um wirtschaft-

---

401 Vgl. Grotrian 1906: S. 1b.
402 Ebenda: S. 2a. „Die Raste ist eigenartig gebogen. Sie besteht aus einer Anzahl Buchendickten, die nach vorheriger sorgfältiger Pflege in Form gepreßt und verleimt werden, um die gewünschte Form zu erhalten. – Durch diese gebogene Raste bekommt der Klangkörper eine so große Stabiliät, wie sie von keiner anderen Konstruktion zu erwarten ist [...]." Werbeprospekt: Die Sonderheiten in der Konstruktion der Grotrian-Steinweg Instrumente. Nach 1930. Firmenarchiv Grotrian-Steinweg Pianofortefabrikanten GmbH & Co. KG, Braunschweig.
403 Grotrian 1906: S. 2b.
404 Ebenda: S. 6b.

lich arbeiten zu können. Die Arbeitsabläufe mussten aufeinander abgestimmt und koordiniert werden. Ebenfalls diskutierte er die Auswahl der unterschiedlichen Materialien und deren Verwaltung, wie zum Beispiel in dem Kapitel über die Furniere, jene dünnen Holzblätter, meist aus Edelhölzern, die auf weniger edle und somit günstigere Hölzer aufgeleimt wurden. Furniere werden auch heute noch unter anderem im Auto-, Möbel- und Klavierbau verwendet, um sichtbare Oberflächen zu veredeln. Birnbaumholz wies Eigenschaften auf, die es besonders geeignet machte, um zu Furnieren verarbeitet zu werden: „Dieses ist hart genug um gegen Eindrücke möglichst unempfindlich zu sein, nimmt eine gute Politur an, die auch ganz gut steht u. lässt sich gut [...] hobeln, abziehen u. schleifen."[405] Die wertvollen Hölzer, welche von einem Händler bezogen wurden, mussten mit Sorgfalt behandelt werden:

> „Der beim Händler ausgesuchte Fournir muss sofort abgesandt werden und beim Abladen und aufstapeln recht vorsichtig behandelt werden. Er muss keine [u]nnöthigen Wege machen, da er doch jedes mal etwas leidet und darf nicht gar zu trocken liegen, da er sonst noch leichter bricht."[406]

In der Firma Grotrian-Steinweg wurde ein Holzbuch über die gekauften und gelagerten Holzbestände geführt.[407] Durch die Formalisierung und Standardisierung der Produktion wurde auch eine Formalisierung und Systematisierung des Wissens und eine umfassende Organisation der Betriebsabläufe notwendig. Diese unterschiedlichen Wissensbausteine speicherte Willi Grotrian in seinem Manuskript. Zu dem formalisierten und systematisierten Firmenwissen zählten auch Informationen über Zulieferer und Produzenten einzelner Instrumentenbestandteile, wie zum Beispiel die Produzenten der Eisenplatten:

> „Rotehütte Eigenheit [...]: sauberer Guss, ziemlich gerade, aber sehr hart [...] preiswerth sehr coulant. Elisabethhütte: sehr weich aber unsauberer Guss, [...] oft schief am billigsten sehr coulant. Holzhausen: schön weich, leidlich sauber, oft krumm, sehr langweilig [...] Modelle theurer eingebildet. Grimme: schön weich, leidlich sauber, leidlich [...] gerade, nicht billig etwas umständlich, doch da am Platze wegen [Ändern] angenehm, riesiger Kleinigkeits Krämer, mässig lieferbar."[408]

Diese ökonomischen Informationen waren für eine effiziente Produktion wichtig und mussten bereitgestellt werden. Damit die Zulieferer die gewünschten Bestandteile herstellen konnten, bedurfte es ebenfalls einer Formalisierung und Systematisierung des Firmenwissens auf welches diese wiederum zugreifen konnten. Die Firma Grotrian-Steinweg arbeitete zum Beispiel mit externen Mechanikherstellern

---

405 Das Holzbuch ist nicht mehr vorhanden. Es ist anzunehmen, dass in ihm alle benötigten Hölzer mit Ankaufsdatum und Lagerungszeit dokumentiert wurden. Grotrian 1906: S. 15 Ia.
406 Ebenda.
407 Vgl. Ebenda.
408 Ebenda: S. 3c.

zusammen, die die firmentypischen Mechaniken herstellten. Diese wurden dann innerhalb der eigenen Firma weiter bearbeitet:

> „Zinkmodelle für alles [...] de[m] Mechanikmacher anfertigen, der auch Querschnittzeichnung und schematischen Grundriss mit eingeschriebenen Massen erhalten muss. Für jede Flügelgrösse muss Mechanikmodell vollständig ausprobirt vorhanden sein, der Zeichnung entsprechend. Hiernach wird ein Zusammensetzer Modell gemacht, welches um die Achsen genau und bequem angibt, und vorn auf Elfenbein [...] Riss angeschlagen wird."[409]

Diese Modelle und Zeichnungen wurden für jedes Klaviermodell angefertigt. Die erarbeiteten Mechanikeigenschaften mussten in formalisiertes und systematisiertes Wissen übersetzt werden, um die richtige Anordnung, Beschaffenheit und Positionierung der einzelnen Mechanikbestandteile sicherzustellen. Ebenso bedurfte es einer Übersetzung für den Mechanikhersteller, der dieses komplizierte Bauteil nach den Angaben der Firma anfertigte, und einer Übersetzung in ein Modell für den Zusammensetzer, der das Bauteil später innerhalb der Klavierfabrik bearbeiten musste.

Die Wissensübermittlung zwischen Zulieferer und Klavierbaufirma geschah nicht nur über Modelle, sondern auch in schriftlicher Form. So finden sich im Firmenarchiv der Firma Renner Quellen, die von dieser Kommunikation zeugen. Die Klavierbaufirmen mussten dem Zulieferer in geeigneter Form die Maße und Vorgaben, das formalisierte Wissen, welches diese benötigten, um die jeweiligen Mechaniken exakt nach den Vorgaben ihrer Kunden herzustellen, übermitteln. Im Fall des Mechanikenherstellers Renner, dem in Deutschland führenden Zulieferer, geschah die Übermittlung dieses formalisierten Wissens neben Modellen und technischen Zeichnungen durch Teilungsformulare. Hierbei handelte es sich um Vordrucke, in denen sämtliche Informationen bezüglich der Zusammenstellung des Materials, der Ausrichtung und detaillierte Maßangaben der jeweiligen Mechanik festgehalten wurden. Für jedes Mechanikmodell, das von Klaviermodell zu Klaviermodell der entsprechenden Klavierbaufirmen variierte, wurde ein Teilungsformular angelegt, das im Laufe der Jahre mit immer mehr Anmerkungen, Verbesserungen und Veränderungen versehen wurde. Das Teilungsformular 727 zeugt in beeindruckender Weise von dem ständigen Arbeiten im und mit dem Teilungsformular und beinhaltete sämtliche Informationen für eine Mechanik der Firma Grotrian-Steinweg. Durch ihre Teilungsformulare konnte die Firma Renner die bestellte Mechanik bis ins kleinste Detail festhalten. Zum Beispiel für das Gestell, die Hebelglieder, die Dämpfungsarme, die Zubehöre, die Mechanik- und Klaviaturmaße sowie die Winkelangaben. Dem Teilungsformular wurde eine Blaupause mit

---

409 Grotrian 1906: S. 9f.

technischen Zeichnungen verschiedener Einzelteile beigefügt.[410] Teilweise wirkten diese Teilungsformulare wie ein undurchdringliches Gewirr aus Maß-, Winkel- und Materialangaben und unzähligen, kaum zu durchschauenden Anmerkungen zu den tausenden von Einzelteilen der Mechanik. Die Teilungsformulare wurden für das entsprechende Klaviermodell immer auf dem neuesten Stand gehalten, was an den zahlreichen Durchstreichungen und Ergänzungen deutlich wird. Neben konkreten Wünschen und Vorgaben übermittelten die Klavierbaufirmen aber auch Anregungen zur Verbesserung der Mechanik an den Zulieferer.[411] So findet sich im Teilungsformular 727 eine Seite die Überschrieben ist mit „Beanstandungen". Hier wurden die Verbesserungsvorschläge des Auftraggebers festgehalten. So äußerte 1927 die Firma Grotrian-Steinweg in bezug auf ein Bauteil der Mechanik, das die Aufwärtsbewegung des Hammerkopfes aufhält, folgenden Wunsch: „Die Auslöser-puppenschrauben sitzen zu fest in der Auslöserleiste u. wir möchten Sie bitten, die Schrauben beim Eindrehen etwas zu wachsen, damit diesselben sich leichter bewegen lassen."[412] Es bestand demnach ein reger Austausch zwischen Klavierbau-firmen und ihren Zuliefereren. Dieser war für beide Seiten von enormer Bedeutung, musste die Auftragsfirma sich doch auf die Produkte des Zulieferers verlassen können und der Zulieferer war auf der anderen Seite auf die Rückmeldungen seiner Auftraggeber angewiesen, um seine Produkte ständig zu optimieren und den Wünschen der Kunden anzupassen.[413] So wurden die innerhalb der jeweiligen Firmen erarbeiteten Mechanikeigenschaften auf vielfältige Weise an die Zulieferbetriebe weitergeleitet. In Form von Modellen, Technischen Zeichnungen und Teilungsformularen konnten die Klavierbaufirmen das zum Bau der Mechaniken

---

410 Teilungsformular Nr. 727. Besteller Grotrian, Steinweg Nachf. Braunschweig, vom 4. Februar 1920. Firmenarchiv Louis Renner GmbH & Co. KG, Gärtringen.

411 Vgl. Teilungsformular Nr. 727. Vgl. Teilungsformular Nr. 1086. Besteller Grotrian, Steinweg Nachf. Braunschweig, vom 22. Juli 1924. Vgl. Teilungsformular Nr. 4241. Besteller Grotrian-Steinweg, Braunschweig, vom 9. September 1927. Vgl. Teilungsformular Nr. 4516. Besteller Grotrian-Steinweg, Braunschweig, vom 22. 7. 1938. Vgl. Teilungsformular Nr. 4570. Besteller Grotrian-Steinweg, Braunschweig, vom 28. November 1942. Vgl. Teilungsformular Nr. 61/120. Besteller Grotrian-Steinweg, Braunschweig, vom 21. 1. 1949. Firmenarchiv Louis Renner GmbH & Co. KG, Gärtringen.

412 Teilungsformular Nr. 727. Der Hammerkopf vollzieht durch den Tastenanschlag und die sich daran anschließenden Vorgänge in der Mechanik eine Aufwärtsbewegung. Die Auslöserpuppe bremst diese Bewegung ab. Anschließend wird der Hammer von der Stoßzunge angestoßen und schlägt durch Bewegungsenergieübertragung die zur Taste gehörende Saite an. Durch weitere Bauteile wie Repetierfeder und Fänger wird dem Spieler ermöglicht, den Ton schnell hintereinaner zu wiederholen (Repetieren), ohne die Taste vollständig loslassen zu müssen anzuschlagen. Vgl. Schimmel 2000: S. 36. Eine deaillierte Erläuterung zur Funktionsweise der Mechanik findet sich in: Ebenda: S. 30-39.

413 Nicht nur Grotrian-Steinweg arbeitete mit Renner zusammen, unter anderem auch die Wiener L. Bösendorfer Klavierfabrik. Siehe u. a. Teilungsformular Nr. 4046. Besteller L. Bösendorfer, Wien, vom 15. November 1916. Vgl. Teilungsformular Nr. 4048. Besteller L. Bösendorfer, Wien, vom 16. Dezember 1916. Vgl. Teilungsformular Nr. 777. Besteller L. Bösendorfer, Wien, vom 16. Januar 1921. Vgl. Teilungsformular Nr. 4226. Besteller L. Bösendorfer, Wien, vom 23. Juli 1926. Vgl. Teilungsformular Nr. 4523. Besteller L. Bösendorfer, Wien, vom 9. November 1938. Firmenarchiv Louis Renner GmbH & Co. KG, Gärtringen.

notwendige Wissen formalisieren und standardisieren. Die Mitarbeiter des Mechanikherstellers konnten basierend auf ihrem *working knowledge* und das in den Teilungsformularen formalisierte und systematisierte Wissen die Mechaniken anfertigen.

5.2 Firmeninternes *working knowledge*

Das firmeninterne *working knowledge* zeigt sich in dem Kapitel über die Arbeiten am Gusseisenrahmen, in dem Willi Grotrian Erfahrungswerte, die innerhalb der Firma gesammelt wurden fixierte: „Eisendraht auf Steg hat sich bei unserer breiten Chorlage nicht bewährt, da Saiten rutschen. […] Hohlfläche nicht bewehrt, Stab klimt leicht."[414] Solche für Außenstehende kryptisch erscheinenden Umschreibungen zeigten sich auch bei seinen Ausführungen zu den Umbauten, den äußeren Arbeiten an den Gehäusen der Pianinos und Flügeln. Willi Grotrians *working knowledge* trat zudem in seinen Ausführungen zu den verwendeten Materialien hervor. So bemerkte er zur Verwendung von Erle für die äußeren Wände der Klaviere: „[…] Fugen sich nicht so zeigen wie Kiefern, wenn auch jahrelang gepflegt."[415] Er hatte beobachtet, dass Kiefernholz an den Stoßstellen schnell unschöne Fugen aufwies, welche auch durch intensive Pflege des Holzes nicht zu verhindern waren. Diese Eigenschaft wies Erlenholz nicht auf und wurde daher von ihm bevorzugt. Auch in der Herstellung der Flügeldeckel zeigten sich diese Erfahrungen. Der Deckel bestand aus mehreren Schichten verleimten Holzes, welche unterschiedlich lange trocknen mussten und zudem teilweise einer Ofentrocknung unterzogen wurden. Vor allem die charakteristischen Flügeldeckel mussten völlig eben sein. Nachdem die Deckelform nach einer Schablone festgelegt worden war, wurde selbige mit der Bandsäge ausgesägt und die Kanten gefräst. Die Kanten wurden nun in Leim getränkt und der Deckel anschließend gesäubert. Es durften keinerlei Leimreste auf dem Deckel verbleiben, denn diese würden sich später in der polierten Fläche deutlich zeigen. Bereits bei der Holzauswahl kam es auf Erfahrungswerte an: „2mm schwarz gebeizten Birnbaumfurnir zu Deckel, gut trocknen und hochkant hinstellen. Oberdeckel darf weder Äste noch Ga[…]en haben und sog. gemasertes Holz mögl. oben nicht nehmen. Die welligen Hirnstellen zeigen sich immer später."[416] Das firmeninterne *working knowledge* wurde ebenfalls bei der Berabeitung der Seitenwände benötigt:

---

414 Grotrian 1906: S. 3b.
415 Ebenda: S. 6a.
416 Ebenda: S. 7b.

„Zur Wand haben wir als bestes ausprobiert 8mm [rohe] Buchendickten zu nehmen, dieselben auf Dicktenmaschine zu hobeln, und dann gut gewärmt zu verleimen. Sie müssen 4-6 Wochen auf Baum[…]lage trocknen, sonst giebt es Risse in die Wände, die Langwand wird Krumm und der Flügelarm vorn reisst leicht und trocknet von Hohlkehle u. Stimmstock los […]."[417]

Innerhalb der Firma Grotrian-Steinweg wurden verschiedene Hölzer für die Furniere der Flügelwände getestet. Die 8 mm Buchendickte schien hierfür nach eigenen Erfahrungen am besten geeignet zu sein. Es kam darauf an, dass dieses Holz einen bestimmten Feuchtigkeitsgrad hatte. Stimmte dieser nicht, so rissen die Wände ein und die Langwand bog sich. Jedoch gab Willi Grotrian die entsprechende Trockenzeit mit 4-6 Wochen an. Eine ziemlich vage Zeitangabe. Es kam auf *working knowledge*, auf *knowledge of material* an, das er nicht gänzlich formalisieren konnte. Willi Grotrian versuchte in seinem Manuskript sowohl sein individuelles als auch das firmeninterne Wissen zu speichern. Dies gelang ihm allerdings nicht völlig, wie das Beispiel der Holztrocknungszeit zeigte. Vieles blieb für außenstehende undeutlich und bedurfte einer Übersetzung oder Erläuterung wie diese Ausführungen zur Mechanik bestätigen:

„Guter Federdraht ist von gröster Wichtigkeit, er soll elastisch, weder zu weich noch zu hart sein, da er sonst nachlässt oder steif & zuckend wird. Möglichst richtig ausprobierte Stärke auch wegen geringerer Arbeit ist rathsam. Loses oder hartes Nasenleder verursacht Patschen."[418]

Der richtige Draht konnte durch Ausprobieren und gegeneinander Abwägen gefunden werden. Das Manuskript von Willi Grotrian zeichnet sich durch die Kombination aus persönlichem und firmeninternem *working knowledge*, formalisiertem Wissen aus Fachbüchern und Erkenntnissen aus Gesprächen mit Wissenschaftlern aus. Diese Verbindung unterschiedlicher Wissensformen wird in dem Kapitel über den Bezug der Instrumente, wie in keinem anderem Kapitel des Manuskriptes deutlich, das sich grundlegend von den anderen unterscheidet. Nicht nur, dass Willi Grotrian detailliert jeden einzelnen Arbeitsschritt beschrieb, er diskutierte vielmehr unterschiedliche Methoden, Materialien und Aussagen aus der Fachliteratur. So stellte er zunächst das akustische Prinzip dar, welches die Länge und Dicke der Saiten bestimmt:

„Für den Bezug gilt als oberster Grundsatz, dass, gemäss dem acustischen Prinzip: tiefe Töne […] beanspruchen längere Saiten diese auch grössere Steifheit besitzen müssen um regelmässige Schwingungen ausführen zu können. Ein Bindfaden von ½ mm Länge lässt sich noch gut im Kreise schleudern, aber um

---

417 Grotrian 1906: S. 7c.
418 Ebenda: S. 8i.

ein 2 […] [meter] langes Stück dieselben Bewegungen ausführen zu lassen, muss man den Durchmesser auf Strickesstärke erhöhen!"[419]

Die Beweglichkeit der Saiten stand in Abhängigkeit zu ihrer Länge und ihrem Durchmesser. Auch die Spannung musste mit dem Durchmesser wachsen. Er rezipierte an dieser Stelle formalisiertes Wissen aus der Fachliteratur. Allerdings beließ er es nicht nur bei der Lektüre der gängigen Fachliteratur, er überprüfte diese Aussagen an einem Monochord.[420] Willi Grotrian kritisierte, dass viele Klavierbaufirmen kaum Versuche durchführten. Das Resultat sei:

> „Derartige Verschlimmbesserungen sind überall an der Tagesordnung, wo das Ohr über Tonqualität zu entscheiden hat. Es ist in dieser Beziehung ein sehr unvollkommenes/Instrument, viel schlimmer als der Fuss, der je nachdem ob er einem Sachsen, Bayern, Rheinländer, Württemberger oder Braunschweiger gehört dieselben Millimeter jedesmal anders misst."[421]

Das Monochord war seit dem Altertum bekannt. Bereits Pythagoras (*um 570 v. Chr.) arbeitete damit und fand heraus, dass die Länge der Saite sich auf die Tonhöhe auswirkte.[422] Auch Willi Grotrian baute auf dieses seit jeher bekannte Wissen auf. Nur nach Gehör zu arbeiten, würde keine reproduzierbaren Ergebnisse erzielen. Er bekräftigte im Folgenden das Prinzip der „[…] methodisch wachsenden Saiten Länge, Stärke & Spannung […]"[423] das in der Firma Grotrian-Steinweg angewendet wurde. Zudem setzte er es mit Erkenntnissen aus der Fachliteratur in Bezug:

> „Hansing, nach meiner Ansicht der bei weitem beste Theoretiker auf unserem Gebiete, dessen Schriften mir so viele Anregungen schon boten und dem ich hier meinen Dank auch schriftlich aussprechen möchte, mulitpliziert von Halbton zu Halbton mit und kommt […] vom obersten anfangend, beim Stimm a auf mm. Dieses Resultat ist mir zu kurz, da der moderne […] Tigelgußstahldraht gut höhere Spannungen vertragen kann. […]. Ich […] um diese Spannung […] durch Länge zu erreichen, eine Stimmlänge von mm vor und erhalte damit eine Mulitplicationszahl von von Halbton zu Halbton und von Octave zu Octave."[424]

An dieser Stelle wird der Unterschied zwischen prinzipiell nicht angebbarem *working knowledge* und Wissen deutlich, dass absichtlich geheim gehalten wurde. Willi Grotrian ließ im Text bewusst Lücken, wenn er die entsprechenden Maße nicht angeben wollte. Er hatte sich neben seinem *working knowledge* ein fundiertes

---

419 Grotrian 1906: S. 15a.
420 Ebenda. In der Firma Grotrian-Steinweg gab es ein Monochord. Es ist auch auf einem Foto in dem Betriebsfotoalbum abgebildet (siehe Abb. 12, S. 86).
421 Grotrian 1906: S. 15a-b.
422 Berger 1955: S. 28.
423 Grotrian 1906: 15b.
424 Ebenda: 15b-c.

Fachwissen durch die damalige Fachliteratur angeeignet. Hansing, ein gelernter Tischler, publizierte 1888 sein Fachbuch „Das Pianoforte in seinen Akustischen Anlagen".[425] Zwar war Hansing kein Wissenschaftler, doch verfügte er über ein beeindruckendes physikalisches Wissen, welches sich in seinen Publikationen widerspiegelte. Er versuchte wissenschaftliche Erkenntnisse auf den Klavierbau anzuwenden und für Handwerker verständlich und anschaulich aufzuarbeiten.[426] Willi Grotrian diskutierte in seinem Manuskript das von Hansing vorgeschlagene System, setzte es mit dem firmeneigenen System, dem Firmenwissen und dem damaligen Stand der Technik, dem Tiegelgussstahl, in Bezug und nahm eine Bewertung vor. Wie wichtig Willi Grotrian die Saiten für den Ton des Instrumentes erachtete, zeigt sich im folgenden Satz:

> „Als die eigentliche Tonquelle kommt den Saiten und ihrer richtigen Anordnung die bei weiten grösste Bedeutung zu. Sind ihre Verhältnisse unglücklich gewählt, hat eine Verbesserung des Tones mit dem Resonanzboden, der nur als Vergrösserungsglas wirkt absolut keinen Zweck. Erst muss die Mensur[427] tadellos in Ordnung sein 2[tens] dann kommt ein guter, richtig bearbeiteter Hammer, 3tens der Resonanzboden in zweckensprechender reactionsfähiger Anlage, [...] 4tens leistungsfähige Mechanik nuancierende, Kraftvolle glatte Spielart & Repetition 5. Haltbarkeit der Stimmung 6tens sauberes & schönes Äusseres des Kastens 7tens Weiter nichts, aber dass ist gerade genug."[428]

Er legte hier seine Vorstellung eines gelungenen Instrumentes dar und nahm gleichzeitig eine Bewertung der einzelnen Bestandteile hinsichtlich deren Bedeutung für den Klang vor. An erster Stelle standen für ihn die Saiten. Erst an dritter Stelle ordnete Willi Grotrian den Resonanzboden ein, der in der Literatur häufig als das klangrelevante Bauteil und Herz des Klaviers bezeichnet wird. Dieser verstärkt die Schallwellen der durch den Hammer angeschlagenen Saiten. Nicht zuletzt kam es auf die Dauerhaftigkeit der Stimmung an: „Ich probiere den vollständigen Bezug auf dem Monochorde aus und lege sofort zur Übersicht dann eine Tabelle an, die ich in die übrigen einreihe. Eine solche Statistik ist absolut nothwendig."[429] Systematisch arbeitete er an der Verbesserung der Bezüge und verglich die älteren mit den von ihm entwickelten neueren. Er erkannte die Schwächen der bisherigen Methode, verbesserte diese und war als treibende Kraft aktiv an der Entwicklungsarbeit der Firma Grotrian-Steinweg beteiligt. Tatsächlich findet sich im Firmen-

---

425 Hansing 1888.
426 Siehe Kapitel 7.4.
427 „Es [das Wort Mensur] umfasst die Längenmaße der Saiten für jeden einzelnen Ton, die Saitenstärke, die Anschlagspunkte der Hammerköpfe, die Saitenspannung, und im weiteren Sinne auch die Saitenlage und die Saitenteilung." Berger 1955: S. 36.
428 Grotrian 1906: S. 15f-g.
429 Ebenda: S. 15g.

archiv eine Mappe „Diverse fremde Instrumente Mensuren [etc.]"[430], die Aufzeichnungen zu Bezügen unterschiedlichster Klaviere, auch fremder Hersteller beinhaltet. Jedes untersuchte Instrument wurde auf einem Blatt dokumentiert. Mit Bleistift wurde in Tabellenform die jeweilige Saitenlänge und -dicke eingetragen. Gelegentlich wurden Zeichnungen der jeweiligen Gusseisenrahmen sowie weitere Notizen zu den unterschiedlichsten Bauteilen ergänzt. Zudem finden sich einzelne Blätter zu Resonanzböden, auf denen der Urheber unter anderem die Form, Dicke und Berippung des jeweiligen Resonanzbodens meist mit einer detaillierte Zeichnung mit exakten Maßangaben und mehreren Anmerkungen dokumentierte. Unter anderem finden sich dort Instrumente von Blüthner und Steinway & Sons.[431] Es kann jedoch nicht nachgewiesen werden, ob diese Aufzeichnungen von Willi Grotrian stammen. Aufgrund seiner Ausführungen in seinem Manuskript und der sich ähnelnden Handschriften erscheint dies jedoch wahrscheinlich.

5.3 Versuchsgeleitete Konstruktionsarbeit

Die Konstruktionsarbeit innerhalb der Firma Grotrian-Steinweg wurde in mehreren Kapiteln detailliert dargestellt. Vor allem die Anfertigung verschiedener Zeichnungen, die bereits Kurt Grotrian in seinen Notizbüchern in den 1890er Jahren erwähnte, und die Arbeit am Monochord beschrieb Willi Grotrian ausführlich. Die Arbeiten am Monochord zur Festlegung der Länge und Dicke der Saiten hatte er bereits in den Kapiteln des Abschnittes Bau- und Herstellungsweise erwähnt und deren herausragende Bedeutung betont. Diese Wertschätzung zeigt sich auch in dem dem Monochord gewidmeten Kapitel:

> „Eine Klavierfabrik ohne Monochord ist ein Bau ohne Grundmauern, so unabkömmlich ist mir dieses Instrument geworden und so grundlegend für ein Modell sind die damit vorzunehmenden Arbeiten und wenn auch leider nicht maasgebend für den Klang selbst, denn dieses lässt sich nur im Klavier beurtheilen, so sind die [...] Resultate des vielhundertstündigen Arbeitens ein gar nicht zu missende Erfahrung eines Klaviermachers."[432]

Wie bereits erwähnt, war das Monochord seit dem Altertum bekannt und die von Willi Grotrian dargelegten Ausführungen boten für jemanden der ebenfalls mit dem Monochord arbeitete keine neuen Erkenntnisse, die geheimgehalten werden mussten. Es bedurfte jedoch einer gewissen Übung im Umgang mit diesem Instrument zur Überprüfung von Saiten. Die Arbeit an diesem Hilfsmittel forderte mehrere Sinnesorgane gleichzeitig:

---

430 Grotrian-Steinweg: Diverse fremde Instrumente Mensuren [etc.]. Mappe. O. J. Firmenarchiv Grotrian-Steinweg Pianofortefabrikanten GmbH & Co. KG, Braunschweig.
431 Ebenda.
432 Grotrian 1906: S. 21a.

„Man übt das Auge durch die deutlich wahrzunehmenden Schwingungen, dem Ohre ein Helfer zu werden in der Beurtheilung der richtigen Spannung im Verhältniss zur Länge und Bespinnung der Saiten. Die Hand kann dann die Elastizität als dritter im Bunde nachprüfen."[433]

Drei Sinneswahrnehmungen mussten zusammenspielen: sehen, hören und fühlen, um die bestmögliche Saitenlänge und -dicke durch systematisches Untersuchen und Prüfen zu bestimmen. Der an diesem Hilfsinstrument Arbeitende musste über *knowledge of material* und *kinesthetic sense* verfügen. Er musste durch *learning by doing* ein Gespür für den Umgang mit dem Material und eine spezifische Fähigkeit für dessen Bearbeitung entwickeln. Ferner kam es zur Kombination von individuellem *working knowledge* mit systematischen Versuchen und Erkenntnissen aus der gängigen Fachliteratur: „Auf Grund der Abbildung in Blüthner & Gretschel ist die [...] Selbstanfertigung eines practisch brauchbaren Monochords ganz gut zu bewerkstelligen."[434] Der Leipziger Klavierfabrikant Julius Blüthner (1824-1910) veröffentlichte zusammen mit dem Mathematiker Heinrich Friedrich Gretschel (1830-1892) eines der noch heute gängigen Standardwerke des Klavierbaus, welches Willi Grotrian gelesen hatte und nun zitierte.[435] Er hatte sein Monochord selbst gebaut und nutzte es, um sein persönliches Wissen zu erweitern, aber auch um die Wissensbestände sowie die Bau- und Herstellungsweisen der Firma zu formalisieren:

„Nach Fertigstellung [des Monochordes] interessiert mich zunächst die Festigkeitsgrenzen [...] aller Nummern [...] verschiedener [Saiten] Fabrikate aufzustellen und erhielt ich [beiflgende] Tabelle, bei denen ich zu bemerken habe, dass die geringste Oberflächenverletzung durch die Zange beim Ösendrehen schon ein starkes Hinabgehen der zerreissfertigkeit im Gefolge hat, aber nie zu vermeiden ist [...] Den thatsächlichen Verhältnissen entspricht eine Öse auch besser als ein Einspannen des Drahtes in Kla[mmern] wie es die Werke bei Zereisproben machen und dadurch höhere Zahlen erziehlen."[436]

Er verließ sich nicht auf die Angaben der Hersteller sondern führte selbst eine Saitenprüfung durch. Dabei war er darauf bedacht, eine möglichst wirklichkeitsgetreue Situation herzustellen und befestigte die Saiten mit Ösen, wie sie auch später in den Instrumenten eingehängt wurden, anstatt sie einzuspannen. Er führte die Versuche mehrfach durch und kam unter anderem zu folgenden Erkenntnissen:

---

433 Grotrian 1906: S. 21a.
434 Ebenda.
435 Blüthner, Julius/Gretschel, Heinrich: Lehrbuch des Pianofortebaus in seiner Geschichte, Theorie und Technik. Weimar 1872. Henkel bezeichnet dieses Buch als eines der wichtigsten Quellenwerke zum Klavierbau des 19. Jahrhunderts. Vgl. Henkel 2000: S. 67.
436 Grotrian 1906: S. 21b.

„Möglichst harter Draht ist keineswegs mein Ideal da er gegen Torsion zu empfindlich, bei der kleinsten Gelegenheit dann plötzlich ohne Voranzeichen reisst, ja splittert, oft schon beim Ösendrehen. Zu weicher Draht taugt natürlich auch nicht, da er sich leicht längt und keine Stimmung hält, gegen Druck und Reibung am Stegstiften ectr. zu empfindlich ist und an Klangfähigkeit nicht das beste leistet. […] Der Draht muss tüchtig federn und dabei gegen Torsion noch unempfindlich bleiben, dann ist er gut und hat normale Längung."[437]

Willi Grotrian sammelte am Monochord Erfahrungen mit unterschiedlich beschaffenen Drähten und beobachtete die jeweiligen Eigenschaften durch seine systematischen Prüfungen. Auffallend ist, dass er erneut keinerlei Maßangaben festhalten wollte oder konnte, sondern nur vage die Eigenschaften des Drahtes beschrieb: er sollte nicht zu hart aber auch nicht zu weich sein. Die angelegten separaten Tabellen beinhalteten hingegen die exakten Maße. Dies verweist auf eine Taktik der Geheimhaltung zumindest in seinem Manuskript hin. Willi Grotrian nutzte sein Monochord nicht nur zur Überprüfung verschiedener Drähte, sondern führte an ihm auch Versuche zur Umspinnung der Basssaiten durch:

„Der Vorteil einer möglichst leichten Umspinnung an dieser Stelle veranlasst mich auch Aluminium zu probieren doch war dasselbe zu weich, […] löste sich los, färbte furchbar ab, riss leicht, kurz erwies sich als zu unsolide. Eisen nimmt man des Rostens, welches dann vollständige Taubheit im Gefolge hat, halber nicht gerne, daher blieb es beim als gut erprobten und enggesponnenen Kupfer […] Messing ist ein klein wenig […] leichter und muss daher zur Erreichung derselben Spannung etwas stärker gesponnen werden, doch ist der Unterschied zu klein um zwei Materialien zu rechtfertigen. Der Klang selbst ist unter gleichen Bedingungen derselbe wie bei Kupfer bespinnst."[438]

Die Versuche mit Aluminium, Eisen und Messing führten nicht zum gewünschten Erfolg und auch wirtschaftliche Abwägungen flossen in seine Entscheidung ein. Die Verwendung von Messing wäre mit höheren finanziellen Kosten und höheren Arbeitsaufwand verbunden gewesen. Die für die Umspinnung zuständigen Arbeiter hätten sich zudem erst in das neue Material einarbeiten müssen, den Umgang damit lernen, *kinesthetic sense* und *knowledge of material* ausbilden müssen. Zudem hätte der Einsatz eines neuen Materials zumindest eine Umrüstung der Spinnmaschine bedeutet. Allerdings war das Monochord nicht immer für eine Überprüfung geeignet: „Leider hat indessen das Monochord versagt, bei mir wenigstens, - zur Feststellung des bestens Anschlages, was ich sehr bedauere und auf die Unvollkommenheit des Resonanzbodens zurückführe. […] Die Tonqualität kann man durch das Monochord nicht feststellen."[439] Willi Grotrian nahm eine systematische Fixierung seines am Monochord erlangten Wissens vor. Er setzte sein über mehrere

---

437 Grotrian 1906: S. 21b-c.
438 Ebenda: S. 21d.
439 Ebenda: S. 21e.

Jahre ausgebildetes Erfahrungswissen im Sinne des *working knowledge* während seiner Versuche ein und versuchte dieses in seinem Manuskript zu speichern. Neben seinem Manuskript speicherte er sein Wissen auch zum Beispiel in Tabellen. Aus dem Manuskript wird ersichtlich, dass Willi Grotrian als Leiter des Unternehmens für bestimmte Tätigkeitsbereiche zuständig war. Diese lagen vor allem in der Forschung, Entwicklung und Konstruktion, wie sein Manuskript eindrucksvoll belegt. Die eigentlichen handwerklichen Tätigkeiten wurden von den Arbeitern durchgeführt. Er selbst musste zusammen mit seinem Bruder Kurt Grotrian das Unternehmen leiten, die Produktion koordinieren und für neue Entwicklungen und damit für neue Produkte sorgen, die auf dem neuesten Stand der Technik und Forschung waren.

5.4 Entwerfen – Zeichnung und Anfertigung von Modellen

Willi Grotrian widmete der Anfertigung verschiedener Modellzeichnungen insgesamt fünf Kapitel. Wie bereits sein Bruder Kurt beschrieb er den Prozess des Entwerfens eines Klaviermodelles am Zeichenbrett. Bedeutend ist, dass jegliche Zeichnungen im Manuskript fehlen. Zum einen waren diese Zeichnungen großformatig und wurden gerollt an anderer Stelle aufbewahrt. Zum anderen dürfte dies auch auf den Faktor der Geheimhaltung hinweisen, denn schließlich war das Manuskript nicht nur für Willi Grotrians persönlichen Gebrauch bestimmt. Auch er beschrieb zunächst, wie sein Bruder, die Ausstattung des Zeichenzimmers. Die Zeichenbretter waren mit einer Rahmenkonstruktion ausgestattet, auf die das Zeichenpapier gespannt wurde.[440] Auch wenn die exakte Verwendung des Manuskriptes heute nicht mehr rekonstruiert werden kann, so ist doch zu vermuten, dass Willi Grotrian es nicht ausschließlich für seinen privaten Gebrauch verfasste. Sein inhaltlicher Aufbau und die behandelten Themen verweisen vielmehr darauf, dass es für das Führungspersonal in der Fertigung verfasst wurde. Das Fotoalbum der Firma aus dem Jahren 1924 zeigt einen voll ausgestatteten Zeichenraum (siehe Abb. 12, S. 86), in dem mehrere Papierrollen aufbewahrt wurden. Bereits das Aufspannen des Zeichenpapieres musste mit größter Sorgfalt geschehen. Ziel war es, eine ebene und glatte Fläche zu erhalten, die exakt ausgerichtet war. Es durften keine Falten oder Ähnliches auftreten und das Zeichenpapier durfte nicht verrutschen. Dies bildete die Grundlage für eine saubere und genaue technische

---

440 Grotrian 1906: S. 16a. Die Konstrukteure und Zeichner des deutschen Maschinenbaus zum Beispiel verfügten von der Mitte des 19. Jahrhunderts bis zum Ersten Weltkrieg über gleichbleibendes Zeichenmaterial. Sie zeichneten auf Reißbrettern (Holzbretter), die entweder flach oder leicht geneigt auf den Tisch gelegt wurden. Auf diese Bretter wurde das Zeichenpapier, beziehungsweise die Leinwand aufgespannt. Vgl. König, Wolfgang: Künstler und Strichezieher. Konstruktions- und Technikkulturen im deutschen, britischen, amerikanischen und französischen Maschinenbau zwischen 1850 und 1930. Frankfurt 1999. Vgl. S. 120.

Zeichnung und der Zeichenvorgang konnte beginnen. Wie Kurt Grotrian legte Willi zunächst die Anschlagslinie (die Stelle an der die Saiten durch die Hämmer angeschlagen werden) mit roter Tinte fest, von der sich alle weiteren Linien ableiteten.[441] Nachdem diese gesetzt war, folgte die: „[…] senkrecht auf der Anschlagslinie in einer durchdachten Entfernung von der Brett Kante gezogene 1[…] D Chorlinie, die bis an[…] das andere Ende des Brettes durchgeführt wird."[442] Ausgehend von diesen Linien, die waagerecht mit Buchstaben und senkrecht mit Zahlen beschriftet wurden, wurde die Fläche in Dezimeterquadrate eingeteilt. Es folgten Berechnungen des Abstandes, sowie der Anschlagslinie zur oberen Kante. Die Positionierung der Chöre richtete sich nach der Größe des Instrumentes. Hierfür kam erneut das bereits ausführlich von Willi Grotrian beschriebene Monochord zum Einsatz.[443]

Sein *working knowledge*, das in seine Entwürfe einfloss, zeigte sich in mehreren Passagen in denen er seine Erfahrungen und Beobachtungen niederschrieb:

> „Die D Spreize müsste eigentlich vom äussersten Stifte der anliegenden Chore gleichweit entfernt liegen. Nun jedoch in der [Praxis] dieses zu erreichen muss man auf der D Seite extra mm mehr Luft lassen, denn die Platte […] zieht sich auf dieser Seite immer an den Bodensteg […] heran. (Vielleicht auch die Platte in umgekehrter Richtung […] wo die eigentliche Veränderung vorsich geht, habe ich noch nicht feststellen können. Es könnte auch der Steg allein sein) [Klammer durchgestrichen] Ich glaube, dass […] der Zug der Bassaiten seine Kraft bis dahin auf die Platte äussert."[444]

Willi Grotrian nutze sein Manuskript als Wissens-*Speicher,* in dem er auch Vermutungen fixieren konnte. Die Durchstreichung weist darauf hin, dass er sein Manuskript mehrmals bearbeitete. Als nächstes wurden die Saiten-, Anschlags- und Mensurlängen sowie die Stegstifte positioniert. Die Mensurlängen zählten zu den wichtigsten Geheimnissen eines Klavierbaubetriebes und wurden nahezu immer unter Verschluss gehalten. Es folgten die Anhängestifte und die Anhängeplatten im Diskant- und Bassbereich. Für den Umgang mit Eisen bedurfte es ebenfalls *working knowledge*. In seiner Ausbildung und langjährigen Arbeit als Klavierbauer hatte Willi Grotrian Erfahrungen im Umgang mit den unterschiedlichsten Materialien sammeln und *kinesthetic sense* und *knowledge of material* ausbilden können. Gusseisen schrumpfte beim Erkalten. Auf dieses Schwindmaß musste bereits beim Entwurf der Modelle geachtet und die Holzmodelle entsprechend vergrößert angefertigt werden. Hierauf hatte bereits Kurt Grotrian in seinen Notizen aus den 1890er Jahren verwiesen.[445] Es folgte die Festlegung des Stimmstockes, die

---

441 Grotrian 1906: S. 16b.
442 Ebenda.
443 Vgl. Ebenda: S. 16c-d.
444 Ebenda: S. 16f.
445 Siehe Kapitel 4.3.3

Wirbeleinteilung sowie die Befestigungsschrauben und Druckstabschrauben, die die Platte später mit der Raste verbinden sollte. Für die Mechanikmacher musste eine besondere Zeichnung angefertigt werden. Willi Grotrian beendete dieses Kapitel mit einigen Überlegungen zu den Unterschieden von Flügel- und Pianinozeichnungen.

In fünf weiteren Kapiteln beschäftigte er sich mit den unterschiedlichen Zeichnungen, die für einen vollständigen Entwurf notwendig waren. Hierzu zählten unter anderem die Flügelquerschnittzeichnungen, Klaviaturzeichnungen und eine Mutationszeichnung. Letztere zeigte die Anordnung der Pedalzüge. Auch Henkel weist auf eine systematische Entwurfsarbeit im Klavierbau hin. Die Konstruktionen des Korpus, der Mensur und der Mechanik basierten auf Berechnungen und erfolgten nicht zufällig. Nicht jedes Instrument wurde vollständig neu konstruiert. Hatte ein Instrumentenmacher ein geeignetes Modell gefunden, welches seinen akustischen und ästhetischen Vorstellungen entsprach, wurde dieses jahrelang verwendet, modifiziert und schrittweise verändert. Diese moderne Konstruktionsweise orientierte sich an der akustischen Anlage, die die Grundlage für die äußeren Umrisse der Instrumente bildete. Zunächst wurde die Hammeranschlagslinie gezeichnet. Ausgehend von diesem geraden Strich wurden „[…] die Saitenlängen in bestimmten Proportionen in Richtung des Stimmstocks und in Richtung des Resonanzbodensteges aufgetragen."[446] Dadurch ergaben sich die schwingende Länge und die entsprechenden Anschlagsstellen der Hämmer. Auf Grundlage der akustischen Anlage wurde dann anschließend der Korpus entworfen.[447] Sowohl Willi Grotrian als auch sein Bruder begannen den Entwurf eines neuen Instrumentes mit der Konstruktion der akustischen Anlage. Vielmehr finden sich in ihren Aufzeichnungen keine Hinweise auf die Konstruktion des Korpus.

Für jeden Klaviertyp wurde innerhalb der Firma Grotrian-Steinweg ein eigenes Modell von einem Tischler angefertigt, der über die hierfür notwendigen Fähigkeiten verfügte: „Zur Herstellung dieser Arbeiten muss […] wie schon erwähnt, ein ausgezeichneter Tischler herausgesucht werden, auf dessen Gewissenhaftigkeit man sich im hohen Grade verlassen kann."[448] Der Tischler musste das exakte Modell, in diesem Beispiel für den Gusseisenrahmen, aus Holz fertigen. Waren diese Modelle unsauber oder ungenau, würden auch die nach diesen Modellen von einem externen Zulieferer gegossenen Rahmen ungenau und die hieraus resultierenden Fehler viel Zeit und Geld kosten. Im schlimmsten Fall wären die danach gefertigen Rahmen unbrauchbar. Neben den Arbeiten im Zeichenzimmer und deren eigentlicher Herstellung mussten die Modelle ständig überprüft werden. Die Anfertigung der Modelle erfolgte anhand der beschriebenen Mensurzeichnung.

---

446 Henkel 1994: S. 20.
447 Vgl. Ebenda: S. 18-20.
448 Grotrian 1906: S. 23a.

Ausgehend von dieser Zeichnung wurde zunächst eine Doppelschwindmaß-
zeichnung angefertigt, um die Eigenschaften des Eisengusses beim Erkalten zu
Schwinden, zu kompensieren.[449] Das doppelte Schwindmaß ergab sich daraus, dass
von dem Holzmodell zunächst ein weiteres Eisenmodell gegossen und ausgehend
von diesem die eigentlichen Gusseisenrahmen hergestellt wurden. Dieser zwei-
fache Schwund musste bereits bei der Anfertigung des Holzmodelles berücksichtigt
werden. Um ein exaktes Modell zu erhalten, konnte nur äußerst gerades Holz verwendet werden. Waren die einzelnen Modellteile angefertigt, wurden diese zusammengesetzt: „Auf Formvollendung ist grosser Werth zu legen, da nachher im
glänzenden broncierten Lacke die Flächen und Fluchtfehler genauer sichtbar sind
als im Holzmodelle.“[450] Das Bronzieren bildet den letzten von mehren Schritten der
Oberflächenbehandlung des Gusseisenrahmens. Es verleiht diesem Bauteil seine
charakteristische bronzefarbene Optik. Der Tischler, der die Modelle anfertigte,
musste nicht nur die Fähigkeit besitzen, das gespeicherte Wissen aus den Zeichnungen zu lesen, sondern auch präzise arbeiten und über *working knowledge* verfügen, um ein exaktes Modell zu bauen, damit die Gießereien die gewünschten
Bauteile herstellen konnten. Die Gießereien arbeiteten nach den Holzmodellen der
Auftragsfirma, von denen sie zunächst ein Eisenmodell herstellten, von dem dann
der eigentliche Rahmen gegossen wurde. Die Klavierbaufirmen übermittelten den
Gießereien ihre Vorstellungen durch Holzmodelle, von denen die Arbeiter der
Gießereien die in ihnen gespeicherten Wissensbestände ablasen. Dabei dürfte auch
bei den Gießereien, beziehungsweise bei den in der Gießerei arbeitenden
Menschen, *working knowledge* von großer Bedeutung gewesen sein, damit sich die
gegossenen Rahmen nicht von den Modellen unterschieden. Die Modelle zeugen
ebenfalls von einer Formalisierung und Systematisierung des Firmenwissens. Jeder,
der über entsprechende Fähigkeiten verfügte, konnte die in ihnen gespeicherten
Wissensbestände lesen. Eine solche Formalisierung und Systematisierung war notwendig, sollten in einem großen Industriebetrieb hohe Stückzahlen produziert und
mit externen Zulieferern zusammengearbeitet werden, die meist weit vom eigenem
Werk entfernt ihre Fertigungsanlagen betrieben. Diese waren auf formalisierte und
systematisierte Wissensbestände angewiesen. Gleiches gilt zum Beispiel auch für
die Mechanik- und Klaviaturhersteller. Dabei spielten formalisierte Wissensbestände in Form von Zeichnungen und Modellen mit dem *working knowledge* der
Arbeiter zusammen.

Das Manuskript Willi Grotrians wirft ein Schlaglicht auf die Konstruktionsarbeit
der Firma Grotrian-Steinweg im Jahr 1906. Um diese in einen weiteren zeitlichen
Rahmen einzubetten, wird an dieser Stelle auf die von Wolfgang König in seiner
Studie „Künstler und Stricheziehr" entwickelten Konstruktionstypen des deut-

---

449 Grotrian 1906: S. 23a.
450 Ebenda: S. 23b.

schen Maschinenbaus zurückgegriffen.[451] Seine Konstruktionskategorien bieten ergänzend zu den Kategorien der Wissensräume, (Wissens-*Speicher*, Wissens-*Stätte* und Wissens-*Forum*) die Möglichkeit, basierend auf dem in diesem Kapitel untersuchten Wissens-*Speicher*, die Konstruktionsarbeit innerhalb der Firma Grotrian-Steinweg näher zu bestimmen und zu charakterisieren. König erarbeitete vier Konstruktionstypen: Meisterkonstruktion, Erfinderkonstruktion, Konstrukteurskonstruktion und Firmenkonstruktion beziehungsweise das Rationelle Konstruieren. Die Meisterkonstruktion war geprägt von der Einheit von Konstruktion und Fertigung. Die Funktionen von Meister und Besitzer konnten in einer Person, abhängig von der technischen Kompetenz des Unternehmers vereinigt sein. Verfügte der Unternehmer über genügend technische Kompetenzen wurden die Produkte in „[…] einem kommunikativen Prozeß zwischen Unternehmer und Werkstatt entwickelt […].“[452] Mündliche Anweisungen und Skizzen waren die wichtigsten Kommunikationsmittel für den Unternehmer. Er konnte dadurch jedoch nur Hinweise für die Fertigung des Produktes geben. Die Konstruktion der vollständig in der Werkstatt gefertigten technischen Produkte bezog sich vor allem auf Verbesserungen an vorhandenen Produkten. Die in Jahrzehnten erworbene technische Erfahrung war ausschlaggebend für diesen Konstruktionstypus, der sich bis ins 20. Jahrhundert noch in handwerklich oder kleingewerblich geprägten Betrieben fand. Bei der Erfinderkonstruktion begann sich die Konstruktion aus der Fertigung herauszulösen. Im Maschinenbau entwickelten sich Stabsstellen beim Werkleiter oder technischem Direktor, dessen Mitarbeiter bei der Produktentwicklung mitwirkten. Dadurch wurden die Konstruktions- und Entwicklungsabteilungen aus der Fertigung herausgelöst und es kam zu einer Arbeitsteilung zwischen Fertigung und Konstruktion. Kommuniziert wurde über unbemaßte Werkstattzeichnungen, die die Maschinenteile in Originalgröße abbildeten. Aufgrund der mangelnden Exaktheit der Zeichnungen war die Fertigung weiterhin an der Konstruktion beteiligt. Nicht zuletzt mussten die Meister „[…] als Träger der im Betrieb kumulierten Erfahrung […]“[453] konstruktive Veränderungen vornehmen. Eine relativ scharfe Trennung zwischen Fertigung und Konstruktion vollzog sich in der Konstrukteurskonstruktion während der deutschen Hochindustrialisierung seit 1870. In den entstandenen Maschinenbaugroßbetrieben entstanden spezielle Konstruktionsabteilungen innerhalb der technischen Büros mit spezialisierten Mitarbeitern wie Konstruktionsleitern, Detailkonstrukteuren, Zeichnern und Pausern. Entscheiden war die bemaßte Werkstattzeichnung für eine vollständige Trennung zwischen Konstruktion und Fertigung. Bei der Firmenkonstruktion bliebe Fertigung und Konstruktion organisatorisch getrennt, wurden aber im Zuge

---

451 Vgl. König 1999: S. 106.
452 Ebenda: S. 106.
453 Ebenda: S. 107.

der Rationalisierungsbewegung unter anderem durch Normen aufeinander bezogen.[454]

Zwar lässt sich ein Klavierbaubetrieb nur bedingt mit einem Maschinenbaubetrieb vergleichen, doch können einzelne Charakteristika der von König entwickelten Konstruktionstypen in der Konstruktionsarbeit der Firma Grotrian-Steinweg wiedergefunden werden. 1906 wies die Konstruktionsarbeit der Firma vor allem Charakteristika von Typen der Meisterkonstruktion und der Erfinderkonstruktion auf. Die in der Meisterkonstruktion dominierende Einheit von Konstruktion und Fertigung wurde innerhalb der Firma Grotrian-Steinweg zu dieser Zeit praktiziert. Willi Grotrian verfügte als gelernter Tischler und Klavierbauer über die entsprechende technische Kompetenz und stand in einem kommunikativen Prozess mit seinen Arbeitern. Er war als Leiter des Unternehmens vor allem mit den Tätigkeitsbereichen Forschung, Entwicklung und Konstruktion betraut. Es ist jedoch davon auszugehen, dass um 1906 die Produkte im Sinne der Meisterkonstruktion in Zusammenarbeit mit der Fertigung hergestellt wurden. Es gibt jedoch zudem Hinweise auf eine beginnende Erfinderkonstruktion. Darauf weist vor allem das Zeichenzimmer und die Verwendung des Monochords hin. Willi Grotrian war als Leiter des Unternehmens und durch seine technischen Fähigkeiten auch als technischer Leiter tätig und tüftelte an neuen und der Verbesserung bestehender Konstruktionen. So wurde seine Arbeit von seinen Zeitgenossen in einem Nachruf wiefolgt beschreiben:

> „Er begann damit, sämtliche Modelle des Hauses nacheinander mit der ihm eigenen Zähigkeit und Gewissenhaftigkeit von Grund auf neu zu konstruieren. […] Nach dieser jahrelangen Arbeit ging er an die große Aufgabe, den Herstellungsgang dieser von ihm gezeichneten Modelle in allen technischen Einzelheiten festzulegen und den Betrieb vollständig durchzuorganisieren […]."[455]

Die entsprechenden Ausführungen im Manuskript bestätigen diese subjektive Aussage und verweisen auf einen systematischen Entwurfs- und Konstruktionsprozess. Abweichend von der Typisierung Königs ist jedoch, dass bereits 1906 bemaßte Zeichnungen verwendet und exakte Modelle angefertigt wurden. Trotzdem kann noch nicht von einer reinen Konstrukteurskonstruktion oder gar Firmenkonstruktion gesprochen werden. Mit der Einrichtung des Laboratoriums in den 1920er Jahren (siehe Kapitel 6) machte die Firma Grotrian-Steinweg den bedeutsamen Schritt zur Konstrukteurskonstruktion.

---

454 Vgl. König 1999: S. 107-108, S. 212-127.
455 O. A.: Dr. Ing. e.h. Willi Grotrian-Steinweg †. In: Zeitschrift für Instrumentenbau 51, 1930/31. S. 451-452. Zitat S. 451.

5.5 *Working knowledge* und betriebswirtschaftliche Aspekte

In den Ausführungen zum Holzeinkauf und den hierfür notwendigen Fähigkeiten zeigt sich das Zusammenspiel von *working knowledge* und betriebswirtschaftlichen Aspekten. Besondere Aufmerksamkeit wurde dem Rohstoff Holz in dem Kapitel „Holzpflege & Holzhof, Holzkauf"[456] gewidmet. Holz war und ist einer der wichtigsten Werkstoffe im Klavierbau. Durch seine spezifischen Eigenschaften bedurfte es besonderer Fähigkeiten, einem Gespür für das Material (*knowledge of material*) und für dessen Bearbeitung (*kinesthetic sense*). Für eine große Klavierbaufirma war es wichtig, immer genügend Holzvorräte zu haben, waren doch für bestimmte Bauteile Trocknungszeiten von mehreren Jahren notwendig. Der Einkauf, die Lagerung und die Pflege mussten koordiniert werden und so hatte bereits Kurt Grotrian in seinen Notizbüchern aus den 1890er Jahren von dem Holzhof der Firma Blüthner in Dresden berichtet.

Hughes stellte in seinen Studien über Edison[457] fest, dass dieser in seinen Notizbüchern technische, wissenschaftliche, ökonomische, organisatorische und personalpolitische Themen verband, die Edison für seine Entwicklungen alle als relevant ansah. Hugh bezeichnete diese Kombination als *seamless web*.[458] Sein Ansatz bietet im Zusammenhang mit der bereits festgestellten und in dem Manuskript gespeicherten Kombination von individuellem sowie firmeninternem *working knowledge*, formalisiertem Wissen und wissenschaftlichen Erkenntnissen die Möglichkeit, weitere Inhalte dieses Wissens-*Speichers* aufzuspüren und miteinander zu verbinden. So zeigen sich Ansätze eines solchen *seamless web* auch im Manuskript Willi Grotrians, der in dem Kapitel über den Holzhof und den Holzeinkauf nicht nur Themen wie Produktionsweise und technische Artefakte betreffend einfließen ließ, sondern diese explizit mit ökonomischen und betriebswirtschaftlichen Themen verband. Denn bei diesem Kapitel über den Holzkauf und dessen Lagerung wurde deutlich, dass neben dem *working knowledge* auch betriebswirtschaftliche Aspekte in die Entscheidungen Willi Grotrians einflossen.

Bereits die unterschiedliche lange Lagerung der Hölzer, bedurfte der Koordination:

> „Das Antrocknen der verschiedenen Holzarten nimmt recht verschieden lange Zeit in Anspruch. Die weichen Hölzer trocknen schnell, die harten langsam. So ist Tanne und Fichte in nicht zu grosser Stärke, also bis mm in Jahren lufttrocken, während Rotbuchen dazu 5 Jahre braucht."[459]

---

456 Grotrian 1906: S. 24a-i.
457 Vgl. Hughes 1986: S. 285-287. Vgl. Hughes 1983: S. 29.
458 „It would perhaps be more correct to say that he defined problems as econotechical. Because technological change involved economic, legal, and legislative factors as well as technical and scientific ones […]." Ebenda: S. 29.
459 Grotrian 1906: S. 24a.

Die Hölzer wurden, wie von Kurt Grotrian für die Firma Blüthner berichtet, auch in Braunschweig zunächst im Freien gelagert. Hier zeigte sich das über Jahre gesammelte *working knowledge*, aber auch betriebswirtschaftliches Denken:

> „Das Lagern ohne Dach im freien halte ich im Gegensatz zu Collegen für nicht angebracht, selbst Nothdächer sind immer nur ein Behelf, da [...] durchlässige Stellen [...] dabei unvermeitlich sind. Man wird darunter die obersten Bretter an den Stapelhölzern schlecht finden, sobald das Holz über ein Jahr so liegt. Daher sind mein Ideal recht grosse hohe und luftige 2 Etagige Schuppen, die unten das starke und Hartholz, oben die weichen Hölzer, Bretter und [...] das schwächere Holz aufnehmen. Auch das Schiefstapeln mit Stammenden nach oben hat keinen Zweck, die Stapelhölzer wirken genau so schädlich als bei geraden Stapeln. Leb. Bäume dicht bei oder gar über Stapeln lassen das Holz noch viel leicht faulen, es wird darum ganz grün und trocknet nicht an der Oberfläche."[460]

Willi Grotrian hatte unterschiedliche Lagerungsmethoden beobachtet, denn verschiedene Umstände konnten den wichtigen und teuren Rohstoff schädigen. Eine Beschädigung der Hölzer, gar ihre Zerstörung, würde empfindliche finanzielle Einbußen für den Betrieb bedeuten. Deshalb galt es bereits bei der Lagerung ein System zu finden, welches die Qualität der Hölzer nicht beeinträchtigte und nicht zu einem finanziellen Verlust führte. Am wichtigsten war die Belüftung der aufgestapelten Hölzer: „[...] muss Prallsonne auch abgehalten werden [...]. Luft und Wind dagegen sind werthvoller Bundesgenossen, denen der Zutritt möglichst erleichtert werden solle. Daher trocknet der März am besten [...]."[461] Um solche Trocknungsbedingungen zu schaffen, musste der Holzlagerplatz entsprechend organisiert und mit geeigneten Schuppen ausgestattet werden:

> „Das unter Schuppen langsam getrocknete Holz bleibt viel gerader als [...] draussengelagertes, was durch Nässe krumm wird, und auch mehr Risse bekommt. Sobald das Holz zu frisch ist, hat man grosse Verluste im Trockenzimmer, denn dort geht dann erst das [...] Reissen und Ziehen vor sich. Ich halte daher die langsame für die sparsamste Methode."[462]

In diesem Zitat tritt der Geschäftsmann deutlich hervor, der die finanziellen Einbußen durch falsch gelagertes Holz direkt ansprach. Das Holz musste bereits auf dem Holzplatz einen bestimmten Trocknungsgrad erreicht haben, bevor es in das Trockenzimmer kam. Doch wann war dieser Trockengrad erreicht? Durch *knowledge of material* konnte man dies an der Borke erkennen: „Sobald grössere Stücke sich los[...]zulösen bei Rothbuchen ist es draussen lange genug gelagert und luftgetrocken geworden."[463] Willi Grotrian hatte durch *working knowledge* ein

---

460 Grotrian 1906: S. 24a.
461 Ebenda.
462 Ebenda: S. 24b.
463 Ebenda.

für ihn sichtbares Zeichen für den Zeitpunkt gefunden, an dem das Holz von der Außenlagerung in die Innenlagerung gebracht werden musste. Er dokumentierte die Organisation des Holzplatzes und der Stapel: Die stärksten und längsten Bäume sollten zuunterst gelagert werden, um ein Schief werden des Stapels zu vermeiden. Als Basis für die Stapel schlug Willi Grotrian Steinquader oder gemauerten Backstein vor. Der Trockenvorgang ging innerhalb des Fabrikgebäudes im Trockenzimmern weiter. Nach entsprechender Trocknung wurden die Hölzer weiter zu den Abrichte- und Hobelmaschinen geleitet, dennoch kehrten sie erneut für eine Woche ins Trockenzimmer zurück, bevor sie verleimt wurden. Wie sehr es auf die exakte Temperatur ankam, zeigt folgender Satz: „Fournierte Arbeiten vertragen nur bis 20° Wärme, sonst reissen sie, wie ich das auszuprobieren leider Gelegenheit hatte."[464] Die große Bedeutung von *working knowledge* zeigte sich vor allem beim Holzkauf:

> „Ich bin der Ansicht, dass ein Specialmeister den Einkauf, falls er ehrlich ist, besser und vorteilhafter vornehmen kann als der Inhaber, der obgleich er Holz Kenner selbstverständlich sein muss, doch nie die eingehenden Erfahrungen eines täglich sich nur im Holze beschäftigenden Holzmannes haben kann."[465]

Deutlich tritt an dieser Stelle der Unterschied zwischen dem Geschäftsführer, der die Finanzen des Betriebes im Blick haben musste und dem erfahrenen Holzmeister, der vor allem die Qualität des Holzes im Blick hatte, hervor.

5.6 Manuskripte im Klavierbau

Die Formalisierung und Systematisierung von Firmenwissen wie sie Willi Grotrian mit seinem Manuskript vornahm sollte kein Einzelfall bleiben. Solche Texte sind eher selten, doch findet sich im Archiv der L. Bösendorfer Klavierfabrikanten ein weiteres Manuskript eines Klavierbauers. Ca. 50 Jahre nach Willi Grotrian verfasste der ehemalige technische Leiter der L. Bösendorfer Klavierfabrikanten, Carl Georg Berger (von 1901 bis 1928 technischer Leiter) ein Manuskript mit dem Titel: „Aus der Werkstatt des Klaviermachers".[466] Im Gegensatz zum Manuskript von Willi Grotrian war dieses sehr wohl zur Veröffentlichung gedacht. Berger bot es 1956 dem Österreichischen Bundesverlag an, der es jedoch ablehnte.[467] Er schrieb sein Manuskript basierend auf seinen Erfahrungen, die er als Klavierbauer und langjähriger technischer Leiter eines Klavierbaubetriebes sammeln konnte und nahm ebenfalls eine Formalisierung und Systematisierung von Firmenwissen vor.

---

464 Grotrian 1906: S. 24d.
465 Ebenda: S. 24g.
466 Berger 1955. Bergers Lebensdaten sind nicht quellenkundlich belegbar.
467 Österreichischer Bundesverlag Wien: Schreiben vom 14. März 1956 an Carl Georg Berger. Firmenarchiv L. Bösendorfer Klavierfabrik GmbH, Wiener Neustadt, Österreich.

Auch dieses Manuskript beinhaltete individuelles *working knowledge*, formalisiertes und systematisiertes Firmenwissen, sowie Beschreibungen typischer Produktionsmerkmale. Im Gegensatz zu dem firmeninternen Manuskript von Willi Grotrian, der sich fast ausschließlich auf die Produktionsweisen der eigenen Firma bezog, weist das Manuskript von Berger einen höheren Allgemeinheitsanspruch auf. Er bezog sich zwar auch auf firmenspezifisches Wissen, doch verfasste er sein Buch so, dass es für jeden interessierten Klavierbauer, nicht nur für die Belegschaft der Firma Bösendorfer, wichtige und neue Wissensbestände beinhaltete. Bereits Bergers Vater, Franz Berger (1858-1925), war ab 1869 Betriebsleiter bei Bösendorfer gewesen und so wuchs Carl Georg Berger im Haushalt eines Orgel- und Klavierbauers auf und hatte, wie sein Vater bei Bösendorfer gelernt. Sein ganzes Arbeitsleben sollte er der Firma treu bleiben.[468] Berger verfasste ein 127 seitiges maschinengeschriebenes Manuskript, welches in 19 Kapiteln die unterschiedlichsten Bereiche des Klavierbaus behandelte. Er begann mit einem Kapitel über die Zeichnung, gefolgt unter anderem von Ausführungen über Saiten, Mensur, Anschlag, Rahmen, Modellen, Resonanzboden, Mechanik, Stimmen und Intonieren. Damit deckte er vor allem den Bereich der Konstruktionsarbeit ab, schrieb aber nichts über die Ausstattung der Klavierfabrik Bösendorfer. Ein Anliegen Bergers war es, seine in jahrelanger praktischer Arbeit gesammelte Erfahrung im Sinne des *working knowledge* öffentlich zugänglich zu machen: „Bei der Abfassung dieses Buches bestand nicht die Absicht, ein neues Lehrbuch über Klavierbau herauszubringen, der Leitgedanke war vielmehr, die Erfahrungen, welche ich im Laufe einer 60 jährigen Tätigkeit im Klavierbau sammelte, anderen mitzuteilen."[469] Wie Willi Grotrian bezog sich auch Berger auf Hansing, dessen Buch er, neben den Werken von zum Beispiel Blüthner und Gretschel aber auch anderen zu den wichtigsten Lehrbüchern des Klavierbaus zählte.[470] Hansings Buch gehörte demnach auch 1955 noch zum gängigen Wissenskanon des Klavierbaus (siehe Kapitel 7.5). Auch Berger war mit der Fachliteratur des Klavierbaus vertraut und dieses Wissen floss ebenfalls in sein Manuskript ein. Für ihn zählten aber nicht nur wissenschaftliche Erkenntnisse. Daneben gab es noch *working knowledge*, das er durch sein Manuskript versuchte allgemein zugänglich zu machen. Denn neben exakten Maßangaben und detaillierten technischen Zeichnungen, bedurfte es mehr um ein gutes Klavier zu bauen:

---

468 Hutterstrasser, Carl: Hundert Jahre Bösendorfer. Wien 1928: S. 24.
469 Berger 1955: S. 3.
470 Ebenda.

„Natürlich gibt es keine Geheimnisse im Klavierbau, denn fast alles ist sichtbar und nachmessbar. Wohl aber bleiben die Vorgänge in der Seele des Menschen, wenn er an seine Arbeit herantritt, und die ihn bestimmen, gerade so und nicht anders zu denken und zu handeln, ihm selbst oft unbewusst, ein Geheimnis. Das ist auch der Grund, weshalb bei der Nachmachung eines Klavieres von A durch den Klaviermacher B, letzten Endes doch ein B Klavier entsteht."[471]

Es bedurfte oft *working knowledge*, bestehend aus *knowledge of material* und *kinesthetic sense*, was jedoch nur bis zu einem gewissen Grad formalisiert werden konnte, trotzdem wollte Berger versuchen seine Erfahrungen anderen zugänglich zu machen. Jeder Klavierbauer verfügte über sein eigenes, individuelles *working knowledge*. Dieses zeigt sich vor allem in den Kapiteln über das Stimmen und Intonieren. Er richtete sich zunächst an Klavierbauer, die das Stimmen erlernen wollten und betonte die Bedeutung von *working knowledge*, welches durch jahreslanges Üben, durch *learning by doing* erworben wurde. Für ihn war das Stimmen eine Kunst. Zum ersten Mal verwendete er den Begriff Kunst in seinem Manuskript und grenzte damit den Arbeitsschritt des Stimmens von der Konstruktionsarbeit deutlich ab. Entscheidend dabei war das Hören von Schwebungen:

„[...] das An- und Abschwellen der Tonstärke beim Zusammenklang zweier oder mehrerer Töne. Macht z. B. eine Saite 440 Schwingungen in einer Sekunde und eine andere 441, so wird der Zusammenklang dieser beiden Saiten nicht gleichmäßig stark verlaufen, sondern es wird im Verlauf einer Sekunde ein einmaliges Zu- und ein einmaliges Abnehmen der Tonstärke, ein sogenannter Tonstoß zu hören sein, man sagt dann, die Töne machen in einer Sekunde eine Schwebung."[472]

Zwar gab Berger eine Tabelle für das Stimmen an, doch am wichtigsten blieb das *working knowledge,* denn das Gehör musste auf das Hören von Schwebungen trainiert werden:

„Das Hören der Schwebungen [...] manchem Anfänger oft Schwierigkeiten. Er soll sich aber dadurch nicht abhalten lassen, denn das Ohr übt sich sehr bald darauf ein. [...] Bei einigen Übungen kann man diese Schwebungen sogar annähernd zählen und mit der Zeit bekommt das Ohr ein [...] Gefühl für die Geschwindigkeit der Schwebung."[473]

Der Stimmer musste ein Gefühl im Ohr, einen *kinesthetic sense* für die Schwebungen, aber auch im Umgang mit dem Stimmhammer *kinesthetic sense* und *knowledge of material* in seinen Händen entwickeln. In seinem Resümee verwies Berger erneut auf die Erfahrung, die sich im Laufe der Tätigkeit herausbilden musste:

---

471 Berger 1955: S. 4.
472 Ebenda: S. 114-115.
473 Ebenda: S. 117-118.

„Im Anfang wird es vielleicht (vielleicht!?) schwer gehen, aber sehr bald wird sich das Ohr an das Hören der Schwebungen gewöhnen und auch die Hand wird bald darauf kommen, wie der Stimmhammer zu führen ist. [...] Zum Schluss können wir nur immer wiederholen: Üben und wieder üben!"[474]

Nur duch *learning by doing* konnte sich das für das Stimmen spezifische *working knowledge* ausbilden. Auch der Intoneur musste *working knowledge* ausbilden, dies zeigte sich bereits beim Anschlagen der einzelnen Töne. Beim Intonieren ging es unter anderem um die Klangfarbe des Instrumentes und den gleichmäßigen Anschlag der Tasten. Der Filz der Hämmer wurde mit Intoniernadeln durch mehrmaliges Einstechen weicher:

> „Je nach dem Härtegrad des Filzes wird mit mehr oder weniger Stichen (es empfiehlt sich, die Anzahl der Stiche zu zählen, um eine gleichmäßige Wirkung zu erzielen) und entsprechend tief am Scheitel des Hammer (immer in der Richtung zur Kernspitze) vorgestochen."[475]

Sowohl durch den Anschlagsfinger als auch durch das Gehör musste der Intoneur durch *knowledge of material* und *kinesthetic sense* die zu harten Hämmer herausfinden. Beim Bearbeiten des Filzes mit der Intoniernadel musste der Intoneur herausfinden, wie oft und wie stark er die Intoniernadel in den Filz einstechen musste. Intoniernadeln bestanden aus unterschiedlich vielen Nadeln, die im gleichen Abstand meist in einen hölzernen Griff, auch Heft genannt, eingelassen waren. Es gab verschieden bestückte Intoniernadeln, mit unterschiedlicher Anzahl, unterschiedlichem Abstand und Länge der Nadeln. Beim ersten Stechen der Hämmer wurde die Mechanik beim Pianino auf eine hölzerne Bank gelegt, beim Flügel wurde die Klaviatur vorgezogen, bis die Hämmer bearbeitet werden konnten. Der jeweilige Hammer wurde zum Stechen in eine hölzerne Vorrichtung gelegt, die ihn stabilisierte. Der Filz der Hämmer durfte nicht zu hart sein, aber er durfte auch nicht durch zu festes oder häufiges Einstechen mit der Intoniernadel zu weich werden. Dies musste der Intoneur im Gefühl haben, in seinen Fingerspitzen und er musste mit seinem geschulten Gehör die durch das Einstechen erfolgten Veränderungen der Klangfarbe wahrnehmen. Der Intonationsvorgang fand meist in einem speziellen Raum statt, der von Störgeräuschen möglichst frei war.

Im Gegensatz zu Willi Grotrian, der keinerlei Maßangaben verwendete, fällt bei Berger auf, dass dieser millimetergenaue Angaben verwendete, wie zum Beispiel bei der Entfernung der Anschlagslinie zum Stimmstock und der Tastatur.[476] Anscheinend handelte es sich hier um Maße, die jedem Klavierbauer bekannt waren und aus diesem Grund keiner besonderen Geheimhaltung bedurften. Berger

---

474 Berger 1955: S. 120-121.
475 Ebenda: S. 121.
476 Vgl. Ebenda: S. 11.

lieferte, zusammen mit der ebenfalls in seinem Manuskript abgebildeten beschrifteten Konstruktionszeichnung sehr genaue Informationen über die Konstruktionsweisen der Firma Bösendorfer. Er führte mehrere Versuche mit verschiedenen Saiten an einem dem Monochord ähnlichen Gerät durch, dokumentierte diese in ausführlichen Tabellen und verglich seine Ergebnisse mit der Mensurtheorie Hansings.[477] Berger veranschaulichte Hansings Theorie, in dem er die Berechnung eigener Mensuren anhand der von Hansing verwendeten Formeln demonstrierte und mehrere Beispiele bezüglich des Zusammenspiels von Länge, Steifheit und Durchmesser der Saiten präsentierte. Berger verband seine Ausführungen mit wissenschaftlichen Erkenntnissen. So wies er in Bezug auf einen unreinen Klang auch auf Hansing hin. Er kombinierte sein Erfahrungswissen mit der gängiger Fachliteratur wie Hansings Buch oder einem Lehrbuch zum Stimmen von Otto Funke mit dem Titel „Theorie und Praxis des Klavierstimmens"[478], Walter Pfeiffers Buch: ‚Vom Hammer: Untersuchungen aus einem Teilgebiet des Flügel- u. Klavierbaus'[479] oder Karl Jungs (1901-1990) „Dehnbuch Klavierbau".[480] Jung war seit 1924 Lehrer an der Fachschule für Orgel- und Klavierbau in Ludwigsburg. Er verfasste 1949, basierend auf seiner Lehrtätigkeit und seinen praktischen Erfahrungen sein Dehnbuch, mit welchem er seinen Schülern eine Art Handbuch zur Verfügung stellte. Das Dehnbuch machte seinem Namen alle Ehre, denn sein Umfang sollte sich im Laufe der Jahre stetig erweitern und die Schüler während ihrer schulischen Ausbildung begleiten. Das Buch bestand aus einer losen Blattsammlung aus Texten, Zeichnungen, Tabellen und Diagrammen zum Schwingungsverhalten des Resonanzbodens, der Stimmenlehre, den Berechnungen der Saitenmensuren, der Konstruktion von Klavieren und dem Zusammensetzten von Pianinos und Flügeln. Es war zunächst nur für Schüler der Fachschule gedacht, jedoch machte es Jung (vermutlich um 1949) im Selbstverlag auf Anfrage auch einem weiteren Personen-

---

477 „Eine der bekanntesten Mensuren ist die von Hansing, welche er ausführlich in seinem Buch ‚Das Pianoforte in seinen akustischen Anlagen' beschreibt und begründet. Hansing vertritt darin die Anschauung, dass es für den guten Klang der Saiten am vorteilhaftesten ist, wenn ihre Steifigkeit in einem bestimmten Verhältnis zu ihren Schwingungszahlen steht. Beginnend mit dem höchsten Ton im Klavier, dem c^5, soll die tiefere Oktave, das c^4, welches die halbe Schwingungszahl des c^5 hat, auch nur die halbe Steifigkeit der Saite des c^5 haben. Hansing nimmt an, dass die Steifigkeit der Saite im quadratischen Verhältnis zu ihrer Länge, bei Verdopplung ihrer Länge, abnimmt." Berger 1955: S. 36. Ein kurze Erläuterung der Hansingschen Mensur findet sich in: Henkel 1994: S. 26-27.
478 Funke, Otto: Theorie und Praxis des Klavierstimmens. Dresden 1940.
479 Pfeiffer, Walter: Vom Hammer: Untersuchungen aus einem Teilgebiet des Flügel- u. Klavierbaus. Stuttgart 1948.
480 Berger 1955: S. 76. Zu Lehrbüchern des Klavierbaus siehe Kapitel 7.5.

kreis zugänglich.[481] Die Oscar-Walcker Schule in Ludwigsburg geht zurück auf die Gewerbeschule Ludwigsburg, an der ab 1924 Abendfachkurse für Orgel- und Harmoniumbauer durchgeführt wurden. Bereits 1907 konnten Orgelbauer freiwillig den Zeichenunterricht besuchen. 1935 folgte ein Meistervorbereitungskurs. Ab 1938 wurden Lehrgänge für Klavierbauer durchgeführt. Diese Schule ermöglichte eine systematische, formalisierte, schulische Ausbildung von Lehrlingen im Orgel-, Harmonium- und Klavierbau.[482]

Das Manuskript von Willi Grotrian ist als Wissens-*Speicher* anzusehen. Damit ist auch dieses, wie die Notizbücher Wirths und Kurt Grotrian, ein Beispiel für die Erweiterung der Ausführungen Ashs zu geographischen beziehungsweise physikalischen Räumen und Heßlers Orten des Wissens, um einen konkreten Aufzeichnungsgegenstand als Instrument der Wissensproduktion.[483] Denn in ihm konnte Willi Grotrian unterschiedliche Wissensbestände sammeln. Hierzu zählten neben individuellem und firmeninternem *working knowledge* auch Wissen aus der Fachliteratur, Wissen, welches aus eigenen Versuchen gewonnen wurde und Erkenntnisse aus Gesprächen mit Wissenschaftlern. Im Gegensatz zu den Notizbüchern Wirths und Kurt Grotrians, fungierte das Manuskript als Kommunikationsmittel und bildete keinen „[...] theoriefreien, experimentellen Raum mit der Aura des Intimen [...]"[484] und war nicht als Wissens-*Speicher* für unterwegs konzipiert worden. Das Manuskript bezeugt nicht nur ein Nebeneinander unterschiedlicher Wissensformen, sondern auch deren Kombination mit betriebswirtschaftlichen und ökonomischen Überlegungen, die an das von Hugh herausgearbeitete *seamless web* von Edison erinnern.[485] Die von Willi Grotrian vorgenommene Formalisierung und Systematisierung des Firmenwissens, sollte ein von ihm engagierter Physiker in einem firmeninternen Labortaorium fortführen.

---

481 Jung, Karl: Dehnbuch Klavierbau. Ludwigsburg 1949. Archiv der Oscar-Walcker-Schule, Ludwigsburg. Neben dem Dehnbuch Klavierbau verfasste Jung auch ein Denhbuch Orgelbau: Jung, Karl: Dehnbuch Orgelbau. Ludwigsburg 1959. Archiv der Oscar-Walcker-Schule, Ludwigsburg. Zu Karl Jung siehe: Knippel, Hans-Christoph: Chronik der Bundesfachschule für Musikinstrumentenbau an der Oscar-Walcker-Schule. Ludwigsburg 2008: S. 37, S. 107-108.
482 Vgl. Knippel 2008: S. 13, S. 28-36, S. 67-75. Leider sind außer den Dehnbüchern Jungs kaum Quellen zur berufsschulischen Ausbildung an der Oskar-Walcker Schule vorhanden. Auf einige etablierte Lehrbücher wird in Kapitel 7.5 eingegangen.
483 Vgl. Heßler 2007: S. 18. Vgl. Ash 2000: S. 37.
484 Zitat: Rössler 2008: S. 76. Vgl. Dienel 2006: S. 399.
485 Vgl. Hughes 1986: S. 285-287. Vgl. Hughes 1983: S. 29.

6. Firmeninterne Wissens-*Stätte* – ein akustisches Laboratorium

> „Laboratorien gelten heute als Emblem wissenschaftlichen Experimentierens und als die privilegierten Orte wissenschaftlichen Forschens und Lehrens in vielen verschiedenen Disziplinen."[486]
>
> Ursula Klein

Willi Grotrian initiierte 1927 die Einrichtung eines akustischen Laboratoriums innerhalb des Fabrikgebäudes der Firma Grotrian-Steinweg, in dem der Physiker Hörig zahlreiche akustische Versuche durchführte. Basierend auf seinen wissenschaftlichen Erkenntnissen und in Kombination mit dem vorhandenen internen Firmenwissen, dem informellen *working knowledge* der Belegschaft und den lokalen Konstruktions- und Produktionsweisen arbeitete er unter anderem Konstruktionsvorschläge für die Instrumente der Grotrian-Steinweg Pianofortefabrikanten aus.

In der jüngeren Technik- und Wissenschaftsgeschichte wird eine Verbindung zwischen Laboren beziehungsweise Laboratorien, die häufig mit Raummetaphern umschrieben werden, und Wissen nachgezeichnet und deren gegenseitige Bedingtheit ausgearbeitet. So bezeichnet unter anderem Ursula Klein Laboratorien der frühen Neuzeit als „[...] institutionelle Räume des Wissens [...] [und] Orte des Experimentierens [...]."[487] Sie seien zudem „[...] technologische Innovations- und handwerkliche Produktionsstätten [...]."[488] Auch Rheinberger bezeichnet das Labor mit einer Raummetapher und zieht eine direkte Verbindung zum dort hervorgebrachten Wissen. Er charakterisiert das Labor als einen „[...] Ort der Forschung, an dem neues Wissen entsteht [...]."[489] Labore gehören für ihn zu „[...] Experimentalsystemen als den materiellen Arrangements, in denen sich moderne

---

486 Der Begriff „Labor" bezeichnete bis ins 19. Jahrhundert vornehmlich chemische Laboratorien. In der frühen Neuzeit wurden auch besondere Typen handwerklicher Werkstätten, bei denen es sich meist um innovative Werkstätten handelte, als Laboratorium bezeichnet. Vgl. Klein, Ursula: Die technowissenschaftlichen Laboratorien der Frühen Neuzeit. In: NTM Zeitschrift für Geschichte der Wissenschaften, Technik und Medizin 16, 2008. S. 5-38. Vgl. S. 7-9. Zitat S. 5.

487 Ebenda: S. 10.

488 Ebenda: S. 11.

489 Vgl. Rheinberger, Hans-Jörg: Kritzel und Schnipsel. In: Dotzler, Bernhard J./Weigel, Sigrid (Hrsg.): „fülle der combination" Literaturforschung und Wissenschaftsgeschichte. München 2005. S. 343-356. Zitat S. 343.

Wissensproduktion abspielt [...]."[490] Die wissenschaftliche Aktivität in Experimentalsystemen, als kleinste vollständige Arbeitseinheit der Forschung, kann immer nur eine lokal eingeschränkte sein.[491] Das Laboratorium der Firma Grotrian-Steinweg, eine firmeninterne Wissens-*Stätte*, kann in diesem Zusammenhang mit Ashs Kategorie der geographischen Räume, den „[...] Räumlichkeiten und Stätten der Forschung selbst [...]"[492] sowie Heßlers Kategorie der geographischen Bedingtheit von Wissen, den Orten der Wissensproduktion, deren Bedeutung für „[...] die Wissensproduktion und die Diffusion und Rezeption des Wissens [...]"[493] sowie den Zusammenhang von lokalen Wissenformen, die in einem spezifischen lokalen Kontext entstehen, gesehen werden. Die Kategorie der Wissens-*Stätte* grenzt jedoch die von Ash in seiner entsprechenden Kategorie aufgenommenen regionalen oder weltweiten Netzwerke sowie geographische Gebiete der Wissensproduktion aus und konzentriert sich auf die Hervorbringung und Zirkulation eines in einem lokalen Kontext entstehenden spezifischen Wissens. Der Begriff der *Stätte*, der hier verwendet wird, bezieht sich im Unterschied auf die Raummetaphern Kleins und Rheinbergers, auf die konkrete Örtlichkeit des Laboratoriums, denn dieser Begriff ist als Synonym für konkrete Einrichtungen wie zum Beispiel Labore und Institutionen, an denen Wissen erzeugt wird und zirkuliert, anzusehen. Zudem wurde der Begriff der *Stätte* von Hörig selbst benutzt um sein Laboratorium und dessen Charakteristika zu beschreiben.[494]

Die 49 erhaltenen Mitteilungen aus dem Laboratorium der Firma Grotrian-Steinweg erlauben es in Kombination mit weiteren Quellen diese Wissens-*Stätte* zu analysieren und die hier vollzogenen Forschungsprozesse, die untersuchten Forschungsobjekte sowie das produzierte und fixierte Wissen darzustellen. In dieser innerbetrieblichen Institution generierte Hörig nicht nur formalisiertes Wissen.[495] Er stand auch im engen Kontakt mit den Handwerkern und Arbeitern der Firma.

---

490 Rheinberger 2005: S. 343. „Experimentalsysteme [...] sind die eigentlichen Arbeitseinheiten der gegenwärtigen Forschung. In ihnen sind Wissensobjekte und die technischen Bedingungen ihrer Hervorbringung unauflösbar miteinander verknüpft. Sie sind zugleich lokale, individuelle, soziale, institutionelle, technische, instrumentelle und, vor allem, epistemische Einheiten." Vgl. Rheinberger 2006: S. 8-9.
491 Vgl. Ebenda: S. 22, S. 25. Jedes Experimentalsystem ist durch zwei verschiedene, nicht voneinander trennbaren Strukturen geprägt: technische und epistemische Dinge, die in einem Wechselspiel stehen. Epistemische Dinge sind die Gegenstände der Forschung selbst, die Wissensobjekte denen die Anstrengung der Wissenschaft gilt. Technische Dinge umfassen die Experimentalbedingungen wie Instrumente, Aufzeichnungsapparate und so weiter. Die technischen Bedingungen definieren den Horizont und die Grenzen der Experimentalsysteme. Vgl. Ebenda: S. 27-29.Vgl. Rheinberger 2005: S. 344.
492 Vgl. Ash 2000: S. 237.
493 Vgl. Heßler 2007: S. 17.
494 Vgl. Hörig, Heinrich: Mitteilungen aus dem Laboratorim, Nr. 15: Unterlagen zu programmatischen Laboratoriumsvortrag im engeren Kreis, vom 28. 01. 1927. Vgl. S. 1.
495 Vgl. Hörig, Heinrich: Mitteilungen aus dem Laboratorium Nr. 1- 53. Firmenarchiv Grotrian-Steinweg Pianofortefabrikanten GmbH & Co. KG, Braunschweig.

Damit fand sowohl ein direkter, als auch ein schriftlicher Austausch durch die regelmäßig verfassten Mitteilungen aus dem Laboratorium zwischen dem Wissenschaftler und den Handwerkern statt, die Hörig vor allem zur Dokumentation seiner Forschungsarbeit nutzte. In diesem Laboratorium verband sich formalisierbares wissenschaftliches Wissen mit internem Firmenwissen und informellem *working knowledge*, dessen sich Hörig in Kombination mit den lokalen Produktions- und Konstruktionsweisen in seiner Forschungsarbeiten bediente. Im Zentrum dieses Kapitels stehen das Laboratorium, die dort vollzogene Forschungsarbeit und das generierte sowie an lokale Praktiken geknüpfte Wissen. Die Etablierung des Laboratoriums begann mit der Suche nach einem geeigneten Physiker, der die nötigen Kenntnisse und Fähigkeiten besaß, aber auch die Bereitschaft aufbrachte, ein firmeninternes Laboratorium aufzubauen, zu leiten und mit Handwerkern und Technikern eng zusammenzuarbeiten.

6.1 Auf der Suche nach einem Physiker

Willi Grotrian hatte bereits 1906 durch sein Manuskript eine Formalisierung und Systematisierung des Firmenwissens vorgenommen (siehe Kapitel 5).[496] Diese Bemühungen gipfelten in der Einrichtung des Laboratoriums Ende der 1920er Jahre innerhalb des Fabrikgebäudes der Grotrian-Steinweg Pianofortefabrikanten. Um einen geeigneten Physiker zu finden, trat Willi Grotrian in Kontakt mit Wissenschaftlern und gab zudem eine Anzeige in der Zeitschrift für Technische Physik auf.[497] Auf diese Anzeige meldete sich der Physiker Hörig mit einem Brief, in dem er sein Interesse an der Erschließung eines neuen Gebietes der Physik, der Bearbeitung physikalischer Fragen im Klavierbau, sowie den vielseitigen Arbeiten in einem firmeninternen Laboratorium bekundete.[498] Hörig, geboren in Leipzig, studierte Physik und promovierte 1908 am Theoretischen-Physikalischen Institut der Universität Leipzig mit einer experimentellen Arbeit zur Thermoelektrizität.[499] Von 1914 bis 1916 war er als Forschungsassistent am Physikalischen Institut der Technischen Hochschule Stuttgart tätig. Seine Forschungsarbeit konzentrierte sich auf Elastizität bei hohen Temperaturen und Wärmestrahlung. Er publizierte vor

496 Grotrian 1906.
497 Vgl. Hörig, Heinrich: Mitteilungen aus dem Laboratorium Nr. 22: Tagung des Schwingungsausschusses des V.D.I. am 25/26 3.1927 in Braunschweig: „Ergebnis" für das Laboratorium, vom 19.04.1927. Firmenarchiv Grotrian-Steinweg Pianofortefabrikanten GmbH & Co. KG, Braunschweig. Vgl. S. 17.
498 Vgl. Hörig, Heinrich: Brief an Willi Grotrian vom 18. Mai 1926. Firmenarchiv Grotrian-Steinweg Pianofortefabrikanten GmbH & Co. KG, Braunschweig. Zitiert als Hörig 1926d.
499 Vgl. Hörig, Heinrich: Über den Einfluss des Druckes auf die thermoelektrische Stellung des Quecksilbers und der eutektischen Kalium-Natrium-Legierung. Leipzig 1908.

allem auf dem Gebiet der metallischen Leitung.[500] Ab 1917 arbeitete er bei der Stuttgarter Firma Robert Bosch und leitete bis 1923 das von ihm aufgebaute physikalische Laboratorium.[501] Er beschäftigte sich unter anderem mit der Ausarbeitung von Elektronenröhren, forschte über Brennstoffpumpen für Automobildieselmotoren und verfasste ein Patent über „[…] Zündungs- und Verteilersysteme für Automobilmotoren mittels Röhrengeneratoren und Steuerung durch Elektronenröhren."[502] Zudem begann er an akustischen Fragen zu arbeiten. 1924 war er kurze Zeit als technischer Leiter in der Stuttgarter Radio-A.G. beschäftigt. Es ist nicht bekannt, inwieweit er hier mit der Thematik der Akustik in Berührung kam. Jedoch ist davon auszugehen, dass er in diesem Betrieb durchaus mit akustischen Fragen konfrontiert wurde. Willi Grotrian überzeugte vor allem seine praktischen Erfahrungen und Fähigkeiten, wie einige Markierungen an dem von Hörig eingesandtem Lebenslauf zeigen.[503] Hörig verfügte desweiteren über Erfahrungen in der Zusammenarbeit mit Wissenschaftlern, Ingenieuren, Technikern und Handwerkern, die ihm in seiner Tätigkeit innerhalb eines firmeninternen Laboratoriums später nützlich sein sollten: „[…] dass ich [Hörig] zwei Assistenten hatte, einen promovierten Physiker und einen Ingenieur, einen Glasbläser, zwei Mechaniker und einen Hilfsarbeiter. Ausserdem stand die sehr gut eingerichtete grosse Versuchswerkstatt und eventuell der Betrieb zur Verfügung."[504]

Hörig war nicht nur in der Zusammenarbeit mit unterschiedlichen Berufsgruppen geübt, sondern hatte zudem bereits Erfahrungen in einem firmeninternen Laboratorium und mit Forschungsarbeiten innerhalb einer Firma sammeln können. Es kam schließlich zu mehreren Treffen zwischen Hörig und Willi Grotrian sowie zu einem Treffen mit dem damaligen Technischen Leiter Eilert.[505] Die Einrichtung des

---

500 Vgl. Hörig, Heinrich: Über die elektromotorische Kraft im Temperaturgefälle eines Metalls. In: Physikalische Zeitschrift 14, 1913. S. 446-447. Vgl. Hörig, Heinrich: Über die elektromotorische Kraft im Temperaturgefälle eines Metalls. Versuche an Silber und Nickel. In: Annalen der Physik 43, 1914. S. 525-554. Vgl. Hörig, Heinrich: Über elektromotorische Kraft im Temperaturgefälle eines Metalls. Theoretisches. In: Physikalische Zeitschrift 15, 1914. S. 388-393. Vgl. Hörig, Heinrich: Versuche über den Einfluß der Bestrahlung mit ultraviolettem Licht auf das Emissionsvermögen von Metallen im Ultrarot. In: Physikalische Zeitschrift 17, 1916. S. 178-191.
501 Vgl. Hörig, Heinrich: Brief an Kurt Grotrian vom 5. Juni 1926. S. 1-3. Zitiert als Hörig 1926e. Firmenarchiv Grotrian-Steinweg Pianofortefabrikanten GmbH & Co. KG, Braunschweig. Zitat S. 2.
502 Vgl. Hörig, Heinrich: Brief an Willi Grotrian vom 2. Februar 1926. Skizze meiner Berufstätigkeit. S. 1-3. Vgl.: S. 2.
503 Vgl. Ebenda: S. 2-3.
504 Ebenda: S. 3.
505 Vgl. Hörig, Heinrich: Brief an Willi Grotrian vom 2. März 1926. Zitiert als Hörig 1926a. Vgl. Hörig, Heinrich: Brief an Willi Grotrian vom 7. März 1926. Zitiert als Hörig 1926b. Vgl. Hörig, Heinrich: Brief an H. Eilert vom 10. April 1926. Zitiert als Hörig 1926c. Vgl. Hörig 1926d. Vgl. Grotrian, Willi: Brief an Heinrich Hörig vom 14. Mai 1926. Firmenarchiv Grotrian-Steinweg Pianofortefabrikanten GmbH & Co. KG, Braunschweig.

Laboratoriums verzögerte sich zunächst durch einen Fabrikbrand im Jahr 1926.[506] Bereits zu dieser Zeit war Hörig in beratender Tätigkeit für die Firma tätig. So richtete die Firma im Juni 1926 zum Beispiel die Frage nach alternativen Materialien für den Klavierbau an ihn.[507] Im Juni 1926 schickte Hörig insgesamt vier Berichte an Willi Grotrian. Er beschäftigte sich mit Bakelit-Kunststoffen, die als Bakelit-Lacke eine Alternative für den Resonanzlack hätten darstellen können und wandte sich diesbezüglich schriftlich an verschiedene Firmen.[508] Desweiteren regte Hörig an, eine Fachbibliothek in der Firma Grotrian-Steinweg einzurichten. Im März 1926 skizzierte er in einer Mitteilung seine Vorschläge für physikalische Forschungsarbeiten im Klavierbau.[509] Hörig betonte, dass bis jetzt der Klavierbau auf eine „[...] ausserordentliche[...] Fülle von technisch-akustischen Erfahrungen [...]"[510] basierte, die jedoch physikalisch nicht nachgewiesen wurden und so plädierte er für eine Verwissenschaftlichung des Klavierbaus: „Denn es ist nicht anzunehmen, dass man nur auf Grund der Erfahrung schon überall die günstigsten Verhältnisse erreicht hat."[511] Er setzte sich die umfassende physikalische Analyse des Klaviers zum Ziel seiner Tätigkeit innerhalb des Laboratoriums. Sein Forschungsprogramm umfasste:

– Physikalisch-objektive Klanganalysen der klanglichen Eigenschaften eines fertigen Klavieres, zur Unterstützung der nicht zu ersetzenden subjektiven Beurteilung.[512]

– Schallstärkenmessungen zur Bestimmung der Klangstärken in Bezug auf die Bestimmung der Anschlagsintensität durch einen Schallstärkenmesser.[513]

– Resonanzbodenversuche bezüglich der physikalischen und chemischen Behandlung des Resonanzholzes und dessen dadurch herbeigeführten Verände-

---

506 Vgl. Grotrian-Steinweg Pianofortefabrikante: Brief an Heinrich Hörig vom 5. Mai 1926. Firmenarchiv Grotrian-Steinweg Pianofortefabrikanten GmbH & Co. KG, Braunschweig.
507 Vgl. Grotrian, Kurt 1926.
508 Vgl. Hörig, Heinrich: Brief an Willi Grotrian vom 11. Juni 1926. Firmenarchiv Grotrian-Steinweg Pianofortefabrikanten GmbH & Co. KG, Braunschweig. Zitiert als Hörig 1926f.
509 Hörig Heinrich: Mitteilung aus dem Laboratorium Nr. 1: Überblick über einige physikalisch-technische Probleme, im Anschluss an die am 9. März 1926 mit Herrn Dr. Willi Grotrian-Steinweg gehabte Besprechung von H. Hörig. Vgl. Hörig, Heinrich: Brief an Willi Grotrian vom 19. Juni 1926. Firmenarchiv Grotrian-Steinweg Pianofortefabrikanten GmbH & Co. KG, Braunschweig. Zitiert als Hörig 1926g.
510 Mitteilung aus dem Laboratorium Nr. 1: S. 1.
511 Ebenda.
512 „Meines Wissens hat man bisher die klanglichen Eigenschaften der fertigen Instrumente ausschliesslich mit dem Ohr – also subjektiv – beurteilt. Ich bin weit davon entfernt, diese Beurteilungsmethode für entbehrlich zu halten – denn der letzte Zweck des Flügels ist ja die Befriedigung des künstlerischen Ohres. Aber für die Zwecke des wissenschaftlich-technischen Weiterbauens halte ich es für grundwichtig, eine [...] objektive Klanganalyse auszubilden." Ebenda: S. 2.
513 Vgl. Ebenda: S. 6-7.

rung, beziehungsweise die Ersetzung des Holzes durch papierartige Stoffe, die bereits in der Elektrotechnik verwendet wurden.[514]

– Verbesserung der Mechanik, um den vom Finger ausgehenden Impuls auf die Taste optimaler auszunutzen, sowie die Untersuchung neuer Materialien.[515]

– Physikalische Analysen der Saitenprobleme hinsichtlich einer Überprüfung der gängigen Mensurtheorien, einer Saitenprüfung durch thermoelektrische Mess-methoden, Versuche mit elektrochemischem Verzinken beziehungsweise Ver-zinnen oder einfaches Fetten der Saiten zum Rostschutz, Versuche für alter-native Befestigungsarten der Saiten und der Untersuchung über die Wirkungs-weise der Stimmwirbel, sowie einer neuen Konstruktion.[516]

– Physikalische Untersuchung des Einflusses von Temperatur auf Stimmhaltung und Klangcharakter zur Konstruktion eines temperaturkompensierenden Flügels.[517]

Zwar betonte er die Notwendigkeit wissenschaftlicher Forschung, doch erkannte er auch das nicht zu vernachlässigende interne Firmenwissen und das individuelle *working knowledge* der Belegschaft, welches er sich für seine Arbeit zunutzen machen wollte, an.[518] Für Hörig hatte ein firmeninternes, gegenüber einem externen oder universitären Laboratorium entscheidende Vorteile:

> „Die Vorteile eines solchen Fabriklaboratoriums liegen selbstverständlich vor allem darin, dass […] eine viel intensivere Zusammenarbeit zwischen Praktiker und Wissenschaftler möglich ist, als bei anderen Systemen. Das Laboratorium kann sich organisch entwickeln, sich den Bedürfnissen der Fabrik anp[as]sen, alle Einrichtungen und Erzeugnisse der Fabrik sind sofort zur Verfügung. Alle entwickelten Versuchseinrichtungen gehören der Fabrik, bei richtiger Hand-habung lassen sich die Arbeiten weitgehend geheim halten, usw., usw."[519]

Als nachteilig empfand Hörig die hohen Anschaffungskosten für Material, Mess-apparate und die weitere Ausstattung, aber auch die Bereitstellung geeigneter Räumlichkeiten, die den Bedingungen für ein exaktes physikalisches Arbeiten ent-sprechen mussten.[520] Der wichtigste Vorteil eines firmeninternen Laboratoriums lag in der engen Zusammenarbeit zwischen Wissenschaftlern und Praktikern, dem Austausch von wissenschaftlichem Wissen und *working knowledge* sowohl inner-halb des Laboratoriums als auch innerhalb der Firma. Nun mussten nur noch

---

514 Vgl. Mitteilung aus dem Laboratorium Nr. 1: S. 7-9.
515 Vgl. Ebenda: S. 9-10.
516 Vgl. Ebenda: S. 10-13.
517 Vgl. Ebenda: S. 13-14.
518 Vgl. Ebenda. 1: S. 11.
519 Ebenda: S. 15.
520 Vgl. Ebenda: S. 15-18.

geeignete Räumlichkeiten innerhalb der Fabrikanlage gefunden und mit der Ausstattung begonnen werden.

6.2 Einrichtung und Ausstattung

Basierend auf seinem Forschungsprogramm aus Mitteilung Nr. 1 ging Hörig nun daran, sein Laboratorium einzurichten. Er veranschlagte einen relativ großen Platzbedarf, denn er wollte die Versuche direkt an den Instrumenten durchführen. Hierfür benötigte er einen großen Raum, denn ein Konzertflügel konnte eine Länge von bis zu 2,90 m aufweisen. Das Laboratorium wurde innerhalb des Firmengebäudes im Keller untergebracht. Dies hatte mehrere Vorteile: zum einen waren die Räumlichkeiten weit von den eigentlichen Produktionsanlagen und Maschinen entfernt. Dies gewährleistete Ruhe und Abgeschiedenheit, sowie eine möglichst geringe Erschütterung durch die eingesetzten Maschinen und den von ihnen ausgehenden Vibrationen und Erschütterungen, die die Ergebnisse der präzisen akustischen Messungen beeinträchtigen würden. Zum anderen waren die Räumlichkeiten sowohl für die Belegschaft, als auch für Besucher der Fabrik nicht sofort einsehbar und die Versuchsaufbauten konnten vor allzu neugierigen Blicken geschützt werden. Trotz dieser Abgeschiedenheit konnte Hörig jederzeit in Kontakt mit den Mitarbeitern, Willi Grotrian und Eilert als technischen Leiter treten und einzelne Mitarbeiter konnten ebenfalls jeder Zeit mit ihm Kontakt aufnehmen und Fragen und Anregungen an ihn richten. Ein erhaltener Grundriss gibt Aufschluss über Größe und Anlage der Versuchsräume (siehe Abb. 23, S. 172). Das Laboratorium bestand aus drei Zimmern mit einer gewölbten Decke von 2,50 m Höhe. Das größte Zimmer mit 9,00 m x 7,50 m war der Experimentiersaal. Desweiteren zählten eine Werkstatt, ein Büro und ein WC zum Laboratorium. Später wurde noch eine Dunkelkammer, im Zuge der Absicht, Klangfiguren an schwingenden Holzplatten fotografisch zu dokumentieren, eingerichtet. Die Abtrennung zum restlichen Keller wurde durch hölzerne Trennwände gewährleistet, die zwischen die Stützpfeiler eingezogen wurden. In einem Nebenraum wurden eine Vakuumanlage und eine schalldichte Kabine untergebracht. Obwohl das Laboratorium im Keller untergebracht war, verfügte es über insgesamt acht Fenster. Die Treppe in den Keller führte durch eine Tür zu den Laboratoriumsräumen. Das Labor wurde mit den für Hörigs akustische Forschung notwendigen Anschlüssen für Strom, Wasser, Gas und Druckluft ausgestattet.[521]

---

521 Hörig, Heinrich: Mitteilungen aus dem Laboratorium Nr. 38: Laboratoriumsbericht: 20. Juli 1927 bis 21. Januar 1928, vom 21.01.1928. S. 6. Vgl. Bilder aus dem Laboratorium der Firma Grotrian-Steinweg, Braunschweig (Laboratorium: Dr. phil. H. Hörig, Physiker). O. J. Foto Nr. 11. Vgl. Hörig, Heinrich: Ein Blick in das Laboratorium der Firma Grotrian-Steinweg in Braunschweig. In: Zeitschrift für Instrumentenbau 50, 1929/30. S. 42-46. Vgl. S. 43. Grotrian-Steinweg Pianofortefabrikanten GmbH & Co. KG, Firmenarchiv Braunschweig.

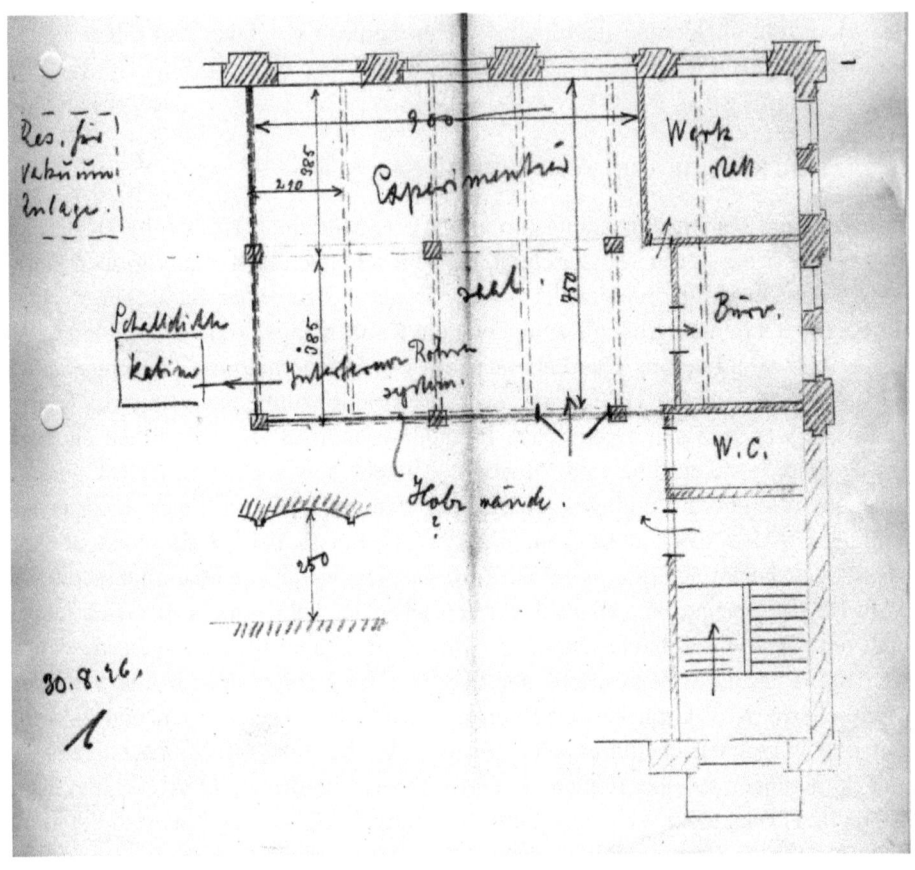

Abb. 23:   Grundriss Laboratorium[522]

Um exakte Messungen an verschiedenen Bauteilen und Materialien durchführen zu
können, benötigte Hörig unter anderem einen Wechselstromgenerator mit einem
Frequenzbereich von 30 bis 1.000 Hz inklusive eines Messtisches, Widerstände für
die Resonanzversuche an schwingenden Platten, Hochfrequenzmessgeräte für
Gleich- und Wechselstrom, Galvanometerspiegel (plan und hohl), Oszillographen,
Messbrücken und Widerstände, Vakuumpumpen, Rohrwiderstände, Wattmeter
(200 Watt und Frequenzbereich bis 100.000 Hz), eine spezielle Drehbank für Ver-

522 Vgl. Hörig, Heinrich: Mitteilungen aus dem Laboratorium Nr. 6: Laboratoriumsprojekt,
    Gesichtspunkte für Wahl und Einrichtung des Laboratoriumsraumes, vom 30.08.1926.
    Firmenarchiv Grotrian-Steinweg Pianofortefabrikanten GmbH & Co. KG, Braunschweig.
    Abbildung kostenlos zur Verfügung gestellt von Pianofortefabrikanten GmbH & Co. KG,
    Braunschweig.

suchszwecke mit einer Einrichtung zum Gewindeschneiden und Frässupport.[523] Diese Gerätschaften wurden von verschiedenen Firmen bezogen, von denen Hörig schriftlich Angebote einholte.[524] Zur Ausstattung des Laboratoriums gehörte auch die Werksbibliothek der Firma Grotrian-Steinweg, die Hörig in sein Laboratorium verlegen ließ. Bestandteil seiner Wissens-*Stätte* war nach seiner Auffassung eine gutsortierte Bibliothek mit den gängigen Fachbüchern der Akustik und des Klavierbaus. Diese Bibliothek findet sich noch heute in der Firma Grotrian-Steinweg. Sie umfasste bereits zu Zeiten Willi und Kurt Grotrians die gängige Fachliteratur des Klavierbaus und der Akustik in deutscher, englischer und französischer Sprache und wurde ständig bis heute erweitert. Die Brüder notierten in den meisten Büchern, wann sie in Besitz des jeweiligen Buches gelangten und wann sie es gelesen hatten. So finden sich zum Beispiel mehrere Ausgaben von Hansings Werk „Das Pianoforte in seinen Akustischen Anlagen"[525], Blüthner und Gretschels „Lehrbuch des Pianofortebaus"[526], Welcker von Gontershausens „Der Clavierbau"[527], J. Kuhn-Kellys „Die Kunst des Clavierstimmens"[528] bis hin zu Helmholtz Werk „Die Lehre von den Tonempfindungen"[529] und John Tyndalls „Der Schall"[530]. Es wurden zudem Bücher aus anderen Fachgebieten, zum Beispiel zu den Materialeigenschaften von Hölzern, wie Hermann Nördlingers „Die techni-

---

523 Vgl. Hörig, Heinrich: Mitteilungen aus dem Laboratorium Nr. 5: Laboratoriumsprojekt, Unterlagen zu Briefen, die Angebote von Laboratoriumsmaschinen usw. anfordern sollen, vom 26.08.1926. S. 1-5. Vgl. Hörig, Heinrich: Mitteilungen aus dem Laboratorium Nr. 14: Unterlagen zu Bestellungen für das Laboratorium, vom 25.11.1926. S. 1-4. Firmenarchiv Grotrian-Steinweg Pianofortefabrikanten GmbH & Co. KG, Braunschweig.
524 Vgl. Mitteilungen aus dem Laboratorium Nr. 5.
525 Vgl. Hansing 1888. Vgl. Hansing, Siegfried: Das Pianoforte in seinen akustischen Anlagen. Schwerin 1909². Vgl. Hansing, Siegfried/Hansing-Perzina, Emmy: The Pianoforte and its Acoustic Properties. New York 1904.
526 Vgl. Blüthner/Gretschel 1872.
527 Vgl. Gontershausen, Welcker von: Der Klavierbau in seiner Theorie, Technik und Geschichte. Frankfurt 1864.
528 Kuhn-Kelly, J.: Die Kunst des Clavierstimmens. Sowie Erfahrungen und Ansichten bezüglich Clavierhandel und Clavierbau. Leipzig 1884.
529 Im Archiv der Grotrian-Steinweg Pianofortefabrikanten findet sich folgende Ausgabe: Helmholtz, Hermann von: Die Lehre von den Tonempfindungen als physiologische Grundlage der Theorie der Musik. Braunschweig 1870. Pantalony zeigt wie Helmholtz in seiner Forschung mathematische, physikalische und physiologische Aspekte verband und betont die hohe Bedeutung der von ihm entwickelten und verwendeten wissenschaftlichen Instrumente, zum Beispiel verschiedene Resonatoren. Vgl. Pantalony 2009: S. 19-36. Zu Helmholtz siehe auch: Rieger, Matthias: Helmholtz Musicus: die Objektivierung der Musik im 19. Jahrhundert durch Hermann von Helmholtz' Lehre von den Tonempfindungen. Darmstadt 2006.
530 John Tyndall war ein bekannter britischer Physiker. Er hielt unter anderem acht Vorlesungen mit dem Titel „Der Schall", die 1869 in Deutschland erschienen. Vgl. Tyndall, John: Der Schall. Acht Vorlesungen, gehalten in der Royal Institution von Großbritannien. Herausgegeben von Hermann von Helmholtz und G. Wiedmann. Braunschweig 1869. In der Bibliothek der Firma Grotrian-Steinweg findet sich folgende Ausgabe: Tyndall, John: Der Schall. Autorisierte deutsche Ausgabe nach der 6. englischen Auflage des Originals. Braunschweig 1897³. Zu Tyndall siehe: Brock, William Hodson/MacMillan, Norman/Mollan, R. Charles (Hrsg.): John Tyndall. Essays on a Natural Philosopher. Dublin 1981.

schen Eigenschaften der Hölzer"[531] oder Franz Wilhelm Exners und Georg Lauboecks „Das Biegen des Holzes"[532] angeschafft. Auch Schulbücher zum Anfertigen von technischen Zeichnungen, wie Arthur Demmers „Das Fachzeichnen der Tischler"[533] Teil I bis III, fanden ihren Weg in die firmeninterne Bibliothek Grotrian-Steinwegs und zeugen von einem äußerst breit angelegten fachlichen Interesse innerhalb der Firma, das über den Klavierbau hinausreichte. Die Bibliothek umfasst heute rund 160 Bände.[534]

Das Laboratorium wurde in einer kommentierten Fotodokumentation mit dem Ziel einer nach außen gerichteten Darstellung festgehalten. Tatsächlich sollten diese Aufnahmen später für einen Artikel in der Zeitschrift für Instrumentenbau sowie für nationale und internationale Werbebroschüren genutzt werden, in denen mit den angewandten wissenschaftlich Methoden der Firma Grotrian-Steinweg die Produkte intensiv beworben wurden. Gleichzeitig wurde auf Geheimhaltung sensibler Versuchsaufbauten geachtet, indem diese nicht dokumentiert wurden.[535] Fast alle Fotografien wirken aus diesem Grund inszeniert und gestellt. Der Fotograf wählte bewusst die jeweiligen Perspektiven, um eine ästhetisch ansprechende Fotografie zu gestalten. Auf keiner Fotografie sind Menschen bei der Arbeit zu sehen, auch Hörig wird nie gezeigt. Trotz dieser Inszenierung bieten die Bilder einen Einblick in die Ausstattung und die Forschungsarbeiten, die Hörig leistete. So zeigt eine Fotografie die verschiedenen Messgeräte, wie Analysewaage, Dicken- und Winkelmesser, Mikroskop, Messuhren, Mikrometerlibelle, Kurvenmesser, Härteprüfer, Federwaage, Hygrometer und einige weitere Apparaturen.[536] Neben dem großen Experimentiersaal und einem Büro verfügte Hörig auch über eine mechanische Werkstatt, die in Ausschnitten in Abbildung 24 (siehe S. 175) zu sehen ist.

---

531 Nördlinger, Hermann: Die technischen Eigenschaften der Hölzer: für Forst und Baubeamte, Technologen und Gewerbetreibende. Stuttgart 1860.

532 Exner, Franz Wilhelm/Lauboeck, Georg: Das Biegen des Holzes: ein für Möbelfabrikanten, Wagen- und Schiffbauer, Böttcher etc. wichtiges Verfahren: mit besonderer Rücksichtnahme auf die Thonetsche Industrie. Weimar 1893.

533 Demmer, Arthur: Das Fachzeichnen der Tischler in der gewerblichen Berufsschule. Tl 1. Unterstufe. Berlin 1926. Demmer, Arthur: Das Fachzeichnen der Tischler in der gewerblichen Berufsschule. Tl 2. Mittelstufe. Berlin 1927. Demmer, Arthur: Das Fachzeichnen der Tischler in der gewerblichen Berufsschule. Tl 3. Oberstufe. Berlin 1928.

534 An dieser Stelle können nur einige Werke der umfassenden Bibliothek der Firma Grotrian-Steinweg genannt werden. Vgl. Hörig, Heinrich: Mitteilungen aus dem Laboratorium Nr. 16: Bibliothek, vom 17.02.1927. S. 1. Firmenarchiv Grotrian-Steinweg Pianofortefabrikanten GmbH & Co. KG, Braunschweig.

535 Zur Werbestrategie der Firma Grotrian-Steinweg Ende der 1920er Jahre siehe Kapitel 6.3.

536 Vgl. Bilder aus dem Laboratorium: Foto Nr. 3. Zur Bedeutung von Firmenalben und der Verwendung von Fotografien als Quellen der Technikgeschichte siehe Kapitel 3.2 und 3.4.

Abb. 24:   Präzisionsdrehbank[537]

Unter anderem hatte er eine Präzisionsdrehmaschine mit diversen Dreh- und Fräs-
werkzeugen zur Verfügung. Die Fotografie zeigt einen Ausschnitt der Werkstatt
mit gewölbter Kellerdecke. An der linken Seite befindet sich ein Fenster, das
Tageslicht in den Raum ließ. An der Stirnseite steht die Präzisionsdrehbank. Hinter
der Drehbank sind Regale und Werkzeugkästen mit unterschiedlichen Utensilien
angebracht. Ein Durchgang an der rechten Seite führt in den Experimentiersaal, in
dem ein Versuchsflügel zu erkennen ist. Die Bildunterschrift weist auf den
enormen Stellenwert dieser Präzisionsdrehbank für die Forschungsarbeit innerhalb
des Laboratoriums hin. Diese Drehbank wurde benutzt, um präzise Bauteile für
Versuchsaufbauten zu fertigen. Hörig war dadurch in der Lage, teure Spezial-
anfertigungen von Zulieferern zu vermeiden. Die Werkstatt wirkt sehr aufgeräumt.
In der Werkbank war kein Werkstück eingespannt. Es wurde demnach nur die Ausstattung der Werkstatt beziehungsweise die Präzisionsdrehbank, die Hörig für Ver-
suchsanordnungen verwendete, auf den Fotografien illustriert, jedoch kein Versuch
oder konkrete Arbeiten dokumentiert.

---

537 Bilder aus dem Laboratorium: Foto Nr. 10. Fotografie kostenlos zur Verfügung gestellt von
   Pianofortefabrikanten GmbH & Co. KG, Braunschweig.

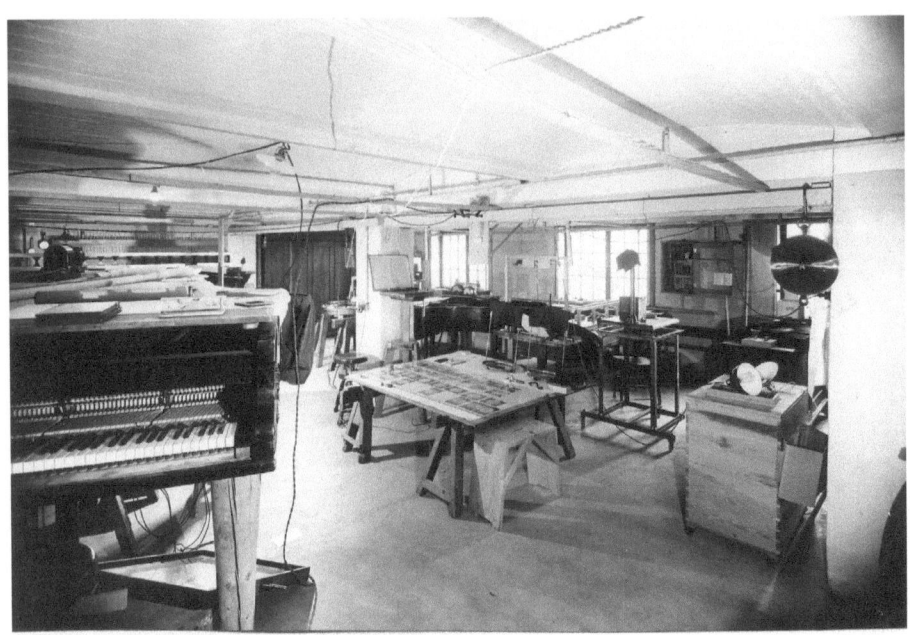

Abb. 25:   Blick in den Experimentiersaal[538]

Zwei weitere Fotografien zeigen die restliche Werkstatt und ihre Ausstattung.[539] Der große Experimentiersaal (siehe Abb. 25) wurde ebenfalls fotografisch dokumentiert). Auch dieses Bild wirkt inszeniert. Erneut sind keine konkreten Arbeiten oder Versuche zu sehen. Der Betrachter erhascht einen perspektivisch reizvollen Blick. Am linken Bildrand ist ein Flügel zu erkennen, der für Experimente und Messungen vorbereitet wurde, um direkte Einblicke auf verschiedene Bauteile zu erhalten.

Unter Anderem wurde er auf besonders hohe Füße gestellt und die vordere Verblendung der Mechanik sowie die unter der Tastatur entfernt. Der Deckel wurde durch eine schlichte, höherliegende Holzplatte ersetzt, auf der verschiedene Utensilien liegen. Eine Lampe wurde in unmittelbarer Nähe zu dem Flügel angebracht, um eine genügende Ausleuchtung am Versuchsflügel zu gewährleisten. Zudem wurde ein Spiegel unter dem Flügel positioniert, der eine bequeme Sicht auf die Unterseite ermöglichte. Weitere Versuchsaufbauten, auch ein weiterer Flügel, lassen sich an der Fensterseite erkennen. In der Mitte ist eine Platte auf zwei Böcke

---

538 Bilder aus dem Laboratorium: Foto Nr. 13. Fotografie kostenlos zur Verfügung gestellt von Pianofortefabrikanten GmbH & Co. KG, Braunschweig.
539 Vgl. Ebenda: Foto Nr. 8, Nr. 10.

Abb. 26:   Messapparat für Resonanzböden, Rasten und Eisenrahmen[540]

gelegt worden. Auf dieser Platte scheinen sich geordnete Fotografien von
Versuchen, vermutlich den Versuchen mit Resonanzbodenplatten zur Begutachtung
zu befinden. Neben Versuchen an Instrumenten führte Hörig auch Messungen an
einzelnen Bestandteilen wie Resonanzböden, Rasten und Eisenrahmen durch.
Abbildung 26 zeigt einen weiteren Teil des großen Experimentiersaals und einen
Prüfstand, auf dem Hörig unterschiedliche Bestandteile der Klaviere exakt vermessen konnte. Der aus Metall gefertigte Messapparat wurde in einem Teil des
großen Experimentiersaals auf gemauerten Fundamenten fest installiert. Die
Fotografie zeigt die Seitenansicht des Apparates. Das Gehäuse eines Flügels ist zu
erkennen, welches im Messapparat positioniert wurde, denn Hörig führte auch
Untersuchungen an bereits fertiggestellten Instrumentenbestandteilen durch. Auch
diese Fotografie wirkt inszeniert, die gewählte Perspektive ist wohl durchdacht und
der Messapparat gut ausgeleuchtet.

Eine Fotografie dieser Strecke weist jedoch einen gänzlich anderen Charakter auf
(siehe Abb. 27, S. 178). Sie wirkt zufälliger und weniger geplant als die übrigen
illustrierenden Fotografien. Auch sie wurde im großen Experimentiersaal aufgenommen. Sie zeigt einen Prüfstand zur Schwingungsmessung an kreisrunden

---

540 Bilder aus dem Laboratorium: Foto Nr. 5. Fotografie kostenlos zur Verfügung gestellt von
     Pianofortefabrikanten GmbH & Co. KG, Braunschweig.

Abb. 27:   Prüfstand für Messungen an kreisrunden Resonanzholzplatten[541]

Resonanzholzplatten. An der linken Seite ragt ein Versuchsflügel ins Bild. Der
Prüfstand bestand aus zwei eisernen Ringen in denen Platten aus unterschiedlich
zusammengesetzten und verleimten Resonanzholzspänen (einzelne Bretter) eingespannt werden konnten. Er ermöglichte die Visualisierung von homogenen und
nicht homogenen Resonanzböden, durch einen mit Wechselstrom gespeisten
Elektromagneten. Dieser homogene Resonanzboden wurde bereits Anfang der
1921 Jahre innerhalb der Firma entwickelt und gehörte für viele Jahre zum festen
Bestandteil der Grotrian-Steinwegschen Instrumente. An der Stirnseite befindet
sich eine Tafel, auf der Zeichnungen zu erkennen sind.

Im vorderen Teil der Fotografie ist der Prüfstand, ein schwerer eiserner Ring zu
sehen. In unmittelbarer Nähe sind zahlreiche Messapparaturen platziert. Über dem
Prüfstand wurde ein Spiegel zur Beobachtung des Versuchsablaufs angebracht, um
eine Draufsicht auf die untersuchten Resonanzholzplatten zu ermöglichen. Eine
technische Zeichnung im Maßstab 1:5 aus dem Jahr 1926 gibt Aufschluss über die
exakten Maße und die Ausführung des Prüfstandes (siehe Abb. 28, S. 179). Er
bestand aus zwei Stahlringen, zwischen denen die Holzplatten eingespannt und mit

---

541 Bilder aus dem Laboratorium: Foto Nr. 17. Fotografie kostenlos zur Verfügung gestellt von
    Pianofortefabrikanten GmbH & Co. KG, Braunschweig.

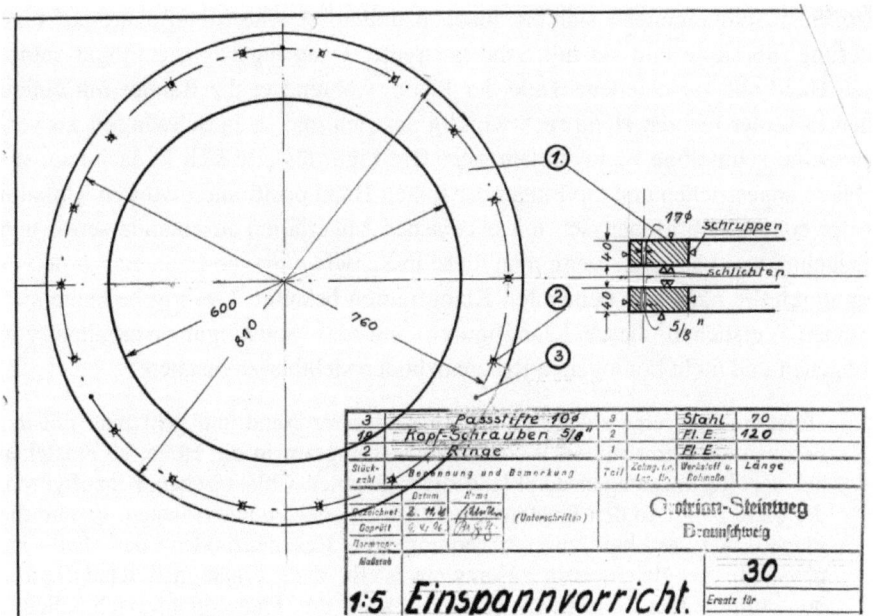

Abb. 28: Technische Zeichnung: Einspannvorrichtung zu Schwingungs-
messungen an Resonanzholzplatten[542]

Schrauben fixiert wurden. Die zwei Ringe hatten einen Innendurchmesser von 600
mm, einen Außendurchmesser von 810 mm und einen Teilkreis mit Bohrungen mit
einem Durchmesser von 760 mm. Die Ringe waren jeweils 40 mm stark und die
Holzdicke der einzuspannenden Platten konnte variabel sein. War das Resonanz-
holz zwischen den beiden Ringen positioniert, so wurden die Vorrichtung mit drei
Passstiften übereinander zentriert und anschließend durch 18 Kopfschrauben
fixiert. Der Eisenring war auf einem schweren Fundament montiert. Die technische
Zeichnung enthielt alle Informationen, die ein Zulieferer benötigte, um diese Vorrichtung anzufertigen. Es handelte es sich hierbei um eine Sonderanfertigung, denn
dieser Prüfstand war konkret auf die Forschungsarbeit Hörigs zugeschnitten.

Die Resonanzholzplatten wurden in den Ring eingespannt und in der Mitte mit
unterschiedlichen Frequenzen zum Schwingen angeregt. Dann gab Hörig schwarz
gefärbten Sand auf die Platten. Durch die Schwingungen zeichneten sich nun
Chladnische-Klangfiguren ab, die Ernst Florens Friedrich Chladni (1756-1827)
entdeckt hatte. Chladni war studierter Jurist, betätigte sich aber auf den Gebieten
der Musik, des Musikinstrumentenbaus und der Physik. Er wollte die unsichtbaren

---

542 Technische Zeichnung: Einspannvorrichtung, vom 02. 11. 1926. Firmenarchiv Grotrian-Steinweg Pianofortefabrikanten GmbH & Co. KG, Braunschweig. Abbildung kostenlos zur Verfügung gestellt von Pianofortefabrikanten GmbH & Co. KG, Braunschweig.

akustischen Schwingungen sichtbar machen, indem er eine Metallplatte auf eine Halterung montierte und sie mit Sand bestreute. Dann legte er die Finger seiner linken Hand auf verschiedene Teile der Platte, während er die Ränder mit einem Bogen in seiner rechten Hand rechtwinklig anstrich und so in Schwingungen versetzte. Eine zehnteilige Figur bildete sich. Die Figur änderte sich je nachdem, wo die Platte angestrichen und die Finger der linken Hand positioniert wurden. Chladni war der erste Gelehrte, der sich mit elastischen Materialien auseinandersetzte und untersuchte, was passierte, wenn man diese in Schwingung versetzte. Er wurde vor allem durch die nach ihm benannten Klangfiguren bekannt.[543] Hörig bediente sich in seinen Versuchen dieser Klangfiguren, um das Schwingungsverhalten von homogenen und nicht homogenen Resonanzböden sichtbar zu machen:

> „Bestreut man eine solche Platte mit schwarzen Sand und geht man mit der Frequenz des erregenden Wechselstromes langsam in die Höhe, so entstehen bei den Resonanzlagen der Platte die bekannten Chladnischen Klangfiguren: der Sand bleibt an den Knotenstellen (Linien oder Punkten) liegen. Ist nun die Platte, wie es bei unseren homogenen Resonanzböden der Fall ist, physikalische gleichwertig zusammengestellt, dann erhält man Klangfiguren von auffallender Symmetrie […]. Ist aber die Platte nicht nach solchen Prinzipien zusammengestellt, […] so erhält man weitgehend unsymmetrische Klangfiguren."[544]

Die Platte in Abbildung 29 (siehe S. 181) wurde mit 216 Hz angeregt. Die Linien zeichneten sich symmetrisch ab. Die in Abbildung 30 (siehe S. 181) gezeigte Platte wurde mit 210 Hz angeregt. Das Holz der beiden Hälften der Platte war hinsichtlich ihrer klangrelevanten Eigenschaften verschieden. Die einzelnen Späne des homogenen Resonanzbodens wurden nach ihrer Elastizität und ihrem spezifischen Gewicht ausgewählt.[545] Diese Fotografien von den Schwingungsversuchen an Resonanzholzplatten dokumentieren die Chladnischen Klangfiguren.

---

543 Vgl. Jackson, Myles W.: Harmonious Triads. Physicists, Musicians, and Instrument Makers in Nineteenth-Century Germany. Cambridge, Mass. 2006. Vgl. S. 13-19. Vgl. Jackson, Myles W.: Standardizing Aesthetics: Physicists, Musicians, and Instrument Makers in Nineteenth-Century Germany. In: Kursell, Julia (Hrsg.): Sounds of Science – Schall im Labor (1900-1930). Berlin 2008 (= Preprint 348, Max-Planck-Institut für Wissenschaftsgeschichte). S. 112-134. Vgl. S. 120. Vgl. Lichau, Karsten/Tkaczyk, Viktoria/Wolf, Rebecca: Anregungen. In: Lichau, Karsten/Tkaczyk, Viktoria/Wolf, Rebecca (Hrsg.): Resonanz. Potential einer akustischen Figur. München 2009. S. 11-32. Vgl. S. 15-20. Vgl. Szendy, Peter: Klangfiguren (a hit in the lab). In: Kursell, Julia (Hrsg.): Sounds of Science - Schall im Labor (1800-1930). Berlin 2008 (= Preprint 246, Max-Planck-Institut für Wissenschaftsgeschichte). S. 21-27. Vgl. S. 21-25. Chladni forschte auf dem Gebiet der experimentellen Akustik, war um die Etablierung einer Standartstimmung bemüht und arbeitete zudem im Musikinstrumentenbau. So entwickelte er zum Beispiel zwei Musikinstrumente, das Euphone und das Clavicylinder. Zu seiner Tätigkeit als Musikinstrumentenbauer und auf dem Feld der experimentellen Akustik siehe Jackson 2006: S. 19-44. Zu seinen Arbeiten an der Normalstimmung siehe: Jackson 2008: S. 115, 121-123.
544 Hörig 1929/30: S. 45.
545 Werbeprospekt: Die Sonderheiten in der Konstruktion der Grotrian-Steinweg Instrumente.

Abb. 29: Homogener Resonanzboden[546]

Abb. 30: Nicht homogener Resonanzboden[547]

---

546 Bilder aus dem Laboratorium: Foto Nr. 24. Fotografie kostenlos zur Verfügung gestellt von Pianofortefabrikanten GmbH & Co. KG, Braunschweig.
547 Bilder aus dem Laboratorium: Foto Nr. 27. Fotografie kostenlos zur Verfügung gestellt von Pianofortefabrikanten GmbH & Co. KG, Braunschweig.

Interessant im Zusammenhang mit den Schwingungsversuchen ist, dass es Hörig neben der wissenschaftlichen Forschung weiterhin auch auf Erfahrungswerte, auf das *working knowledge* der Belegschaft, ankam. So bemerkte er: „[…] neben der Messung des Holzes kommt auch noch das erfahrene Auge des Bodenmachers zu seinem Recht!"[548] Trotz einer ausgeklügelten wissenschaftlichen Vermessung des Resonanzholzes konnte er nicht auf das *working knowledge* des Bodenmachers verzichten.

Trotzdem sah er bestimmte Bereiche, in denen nur die wissenschaftliche Forschung zum Erfolg führen konnte.[549] Er wollte eine Verbindung zwischen Handwerk und Wissenschaft schaffen, indem er physikalische Gesetze und deren Anwendung im Klavierbau überprüfte und zudem die wissenschaftlichen Erkenntnisse der Physik für diese Branche nutzbar machte. Hörig dokumentierte diese Versuchsreihe ausführlich mit Fotografien. Der illustrative und demonstrative Charakter der Fotografien aus dem Laboratorium erklärt sich aus ihrer späteren Verwendung. Sie wurden zur Illustration eines Artikels für die Zeitschrift für Instrumentenbau verwendet, in welchem Hörig das Laboratorium und seine Arbeit beschrieb und einer breiten Öffentlichkeit präsentierte. Er stellte in diesem Artikel das Laboratorium als Chance dar, den Klavierbau physikalisch zu erforschen und akustische Versuche in enger Verbindung mit einer Firma und den Erfahrungswerten der hier beschäftigten Mitarbeiter durchzuführen. Seine Darstellung des Laboratoriums und der hier geleisteten Forschungsarbeit blieb auf einer rein beschreibenden illustrierenden Ebene, die mit den Fotografien bildlich ergänzt wurde. Natürlich wollte und konnte er keine Details preisgeben, schon gar nicht in der Zeitschrift für Instrumentenbau, welches eines der zentralen Organe der Musikinstrumentenbaubranche war (siehe Kapitel 7).[550] Neben seinem Artikel in der Zeitschrift für Instrumentenbau veröffentlichte Hörig noch zwei weitere Artikel in anderen Zeitschriften. Im Juni 1929 publizierte er in der Deutschen Allgemeinen Zeitung in der Sonderbeilage „Kraft und Stoff" einen Artikel zum Thema „Das Holz in der Akustik" und im September des gleichen Jahres in der wissenschaftlichen Fachzeitschrift „Die Schalltechnik" einen Artikel zum Thema „Pianofortebau und technische Akustik".[551] Auch in diesen Artikeln betonte er die Kombination von Wissenschaft und Handwerk deutlich:

---

548 Bilder aus dem Laboratorium: Foto Nr. 30.
549 Hörig 1929/30: S. 42-43.
550 Ebenda.
551 Vgl. Hörig, Heinrich: Das Holz in der Akustik. Sonderdruck aus der Beilage „Kraft und Stoff" der Deutschen Allgemeinen Zeitung 25, 20. Juni 1929. Inwiefern seine Arbeiten auch für die Physik von Bedeutung waren, ist nicht zu klären. Vgl. Hörig, Heinrich: Pianofortebau und technische Akustik. Mitteilung aus dem Laboratorium der Grotrian-Steinweg Werke, Braunschweig. In: Sonderdruck aus „Die Schalltechnik" 5, 1929a.

„[…] und es ist heute der Zeitpunkt gekommen, in dem die Wissenschaft, insbesondere die Physik, grundlegende Fortschritte im Pianofortebau ermöglicht […]. Man kann beinahe sagen, daß ein Experimentieren nach wissenschaftlichen Grundsätzen ohne den Beistand erstklassiger Pianofortefachleuten ausgeschlossen ist. [Der] Verfasser hat sehr bald eingesehen, daß neben der grundsätzlichen Klarstellung der Schwingungs- und Materialphysik geradezu ein systematisches Studium der Werkstatterfahrung nötig und, richtig betrieben, äußerst fördernd ist. In den Werkstätten ist anerkennenswert experimentiert, aber leider wenig protokolliert worden […]“[552]

Physikalische Forschung alleine reichte nicht aus. Hörig erkannte, dass es in einem Klavierbaubetrieb auch auf das besondere Wissen der hier Arbeitenden, ihr *working knowledge* ankam und er versuchen musste, dieses für seine Zwecke zu nutzen, um zu dem gewünschten Ergebnis zu gelangen. Er stellt die Wichtigkeit der Verbindung zwischen Kunst, Technik und Wissenschaft heraus:

„ [W]ird bei allen Arbeiten dauernd ein sorgfältiger Kontakt mit der Fabrikation beobachtete, denn der Zweck der Laboratoriumtätigkeit ist ja die Befruchtung der Praxis – und dieses stete Infühlungbleiben mit den Männern der Praxis hat sich ausgezeichnet bewährt. Es ist von der größten Bedeutung, all die vielen kleinen Erfahrungen, die sich bei der Fabrikation ergeben, auch wissenschaftlich zu erfassen, durchzudenken und für den Aufbau einer ‚Physik des Flügel‘ mit im Auge zu behalten. Es muß ein gegenseitiger Berfuchtungsprozeß zwischen Wissenschaft und Praxis sein! […] Die Seele des Pianofortebaues ist die Vereinigung von Kunst, Wissenschaft und Technik. “[553]

Hörig erkannte, dass dieses Wissen nicht formalisiert werden konnte. Es verblieb als leiblich gebundene Fähigkeit in den Händen und Körpern der Handwerker. Wenn er dieses besondere Wissen für seine Arbeit nutzbar machen wollte, so musste er eng mit dessen Trägern zusammenarbeiten, denn deren Fähigkeiten und Erfahrungswerte standen in keinen Aufzeichnungen oder Lehrbüchern. Daraus ist zu schließen, dass das Laboratorium als Wissens-*Stätte* eng verknüpft mit den Produktions- und Konstruktionsweisen der Firma Grotrian-Steinweg war. Innerhalb der Firma waren lokal bedingtes Wissen und Praktiken vorhanden, die es auch in der Laboratoriumsarbeit zu berücksichtigen galt. Aus den Aussagen Hörigs wird deutlich, dass Theorie und Praxis, formalisiertes wissenschaftliches Wissen und leiblich gebundenes *working knowledge*, von großer Bedeutung für den Klavierbau, auch nach dessen Industrialisierung waren. Problematisch war, dass das *working knowledge* bei seinen Trägern verblieb und fast nicht dokumentiert werden konnte. So verwies Hörig auf die Problematik Erfahrungen in geeigneter Form zu dokumentieren und für jeden sichtbar und verwendbar zu machen: „Jeder Praktiker im Pianofortebau weiß, wie schwer es ist, die verschiedensten und oft so wichtigen

552 Hörig 1929a: S. 1.
553 Hörig 1929/30: S. 44, 46.

Erfahrungen zu formulieren und der Vergessenheit nicht anheimfallen zu lassen."[554] Sowohl formalisierbares wissenschaftliches Wissen, als auch nicht formalisierbares und nicht dokumentierbares *working knowledge* waren wichtige Bestandteile des Klavierbaus. Hörig dokumentierte seine Forschungen detailliert in den „Mitteilungen aus dem Laboratorium", um sie für die Praxis sichtbar und anwendbar zu machen.

Die Fotografien aus dem Laboratorium wurden neben der Veröffentlichung in der Zeitschrift für Instrumentenbau zudem intensiv für Werbebroschüren genutzt. Die Werbestrategie der Firma wandelte sich seit 1900. Wurde zuvor vor allem auf die handwerklichen Traditionen und die Expertise namhafter Künstler wie Clara Schuhmann verwiesen, kam nun der industrielle und fortschrittliche Charakter der Produktion zum Tragen und die Werbebroschüren in den 1920er Jahren hoben die angewendeten wissenschaftlichen Standards hervor. Vor allem in der englischsprachigen Werbung wurden die Fotografien aus dem Laboratorium verstärkt eingesetzt, um die wissenschaftliche Forschung innerhalb der Firma Grotrian-Steinweg herauszustellen.[555]

6.3 Mitteilungen aus dem Laboratorium

Großer Wert wurde auf die Dokumentation der im Laboratorium durchgeführten Versuche und die daraus resultierenden Erkenntnisse gelegt. Hiervon zeugen die erhaltenen Mitteilungen aus dem Laboratorium, die Hörig in regelmäßigen Abständen verfasste. Diese Mitteilungen fungierten vornehmlich als Kommunikationsmittel zwischen Hörig und Willi Grotrian. Denn in dem Laboratorium als Wissens-*Stätte* zirkulierte Wissen sowohl direkt zwischen Hörig, Willi Grotrian und der Belegschaft der Fabrik, sowie schriftlich durch die Mitteilungen aus dem Laboratorium. 49 Mitteilungen[556] sind im Firmenarchiv erhalten:

---

554 Hörig 1929/30: S. 44.
555 Vgl. Werbeprospekt: Hof-Pianoforte-Fabrik Grotrian, Helffereich, Schulz, Th. Steinweg Nachf. Braunschweig. 1989. Vgl. Werbeprospekt: Grotrian, Helffereich, Schulz, Th. Steinweg Nachf. Brunswick. 1899. Vgl. Werbeprospekt: Grotrian-Steinweg Nachf. Manufacturers of the Court, Baunschweig Germany. 1904. Vgl. Werbeprospekt: Grotrian, Steinweg Nachf. Hof=Pianofortefabrik Braunschweig. Um 1910. Vgl. Werbeprospekt: Grotrian, Steinweg Nachf. Braunschweig. Nach 1912. Vgl. Werbeprospekt: Grotrian-Steinweg Braunschweig. 1927. Vgl. Werbeprospekt: The Immortal Grotrian-Steinweg Piano with the Homogeneous Soundingboard. Nach 1927. Vgl. Werbeprospekt: The Birthplace of the World's Master Piano. Nach 1927. Firmenarchiv Grotrian-Steinweg Pianofortefabrikanten GmbH & Co. KG, Braunschweig.
556 Hörig, Heinrich: Mitteilungen aus dem Laboratorium Nr. 1-53. Firmenarchiv Grotrian-Steinweg Pianofortefabrikanten GmbH & Co. KG, Braunschweig.

1	Überblick über einige physikalisch-technische Probleme, im Anschluss an die am 9. März 1926 mit Herrn Dr. Willi Grotrian Steinweg gehabte Besprechung von Dr. H. Hörig
2	Klavier und Kultur
3	Verschiedenes
4	*(fehlt)*
5	Laboratoriumsprojekt, Unterlagen zu Briefen, die Angebote von Laboratoriumsmaschinen usw. anfordern sollen
6	Laboratoriumsprojekt, Gesichtspunkte für Wahl und Einrichtung des Laboratorumsraumes
7	Bemerkungen zum Eilertschen Klavier
8	Neues Stimmstockmaterial
9	Stahlresonanzboden von Fridolf Frankel in Stockholm
10	Laboratorium Unterlagen zu Briefen
11	Stimmhaltungsprobleme und die damit zusammenhängenden konstruktiven Fragen
12	Laboratoriumsanschaffungen 1926
13	Unterlagen zur Empfangsbestätigung von Katalogen usw.
14	Unterlagen zu Bestellungen für das Laboratorium
15	Unterlagen zu programmatischen Laboratoriumsvortrag im engeren Kreis
16	Bibliothek
17	Patentanmeldung für die Bakelit-Kunststoff-Verwendung
18	Entwurf eines Propaganda-Aufsatzes über Grotrian-Steinweg Flügel
19	Bakelitkunststoffe
20	Konstruktionsunterlagen für Herrn Dr. Paul Pallme König
21	Laboratoriumsbericht
22	Tagung des Schwingungsausschusses des V.D.I. am 25/26.3.27 in Braunschweig: „Ergebnis" für das Laboratorium
23	Die Föpplschen Messungen der „Dämpfungsfähigkeit"
24	Bemerkungen zu Metallkonstruktionen im Pianofortebau
25	Historische Sammlung *(fehlt)*
26	Kaimkantator und Stegprobleme überhaupt
27	Bakelit-Kunststoffbesprechung mit Dr. Schumann von der A.E.G.
28	Bakelit-Kunststoff-Besprechung mit Herrn Dr. Meurer von der Firma Meirowsky u. Co. A.G. Porz a. Rh. am 4. Mai 1927
29	Laboratoriumsbericht; 20. April bis 30. Mai 1927
30	Resonanzbodenlack
31	Besuch von Herrn Dr. Hansen am 13., 14., 15. Juni 1927
32	*(fehlt)*
33	Das Diskantproblem
34	Neukonstruktion des 160er Flügels
35	*(fehlt)*

36	Untersuchung des Flügels Grotrian, Helfferich, Schulz, Th. Steinweg Nachfolger Nr. 4666, Baujahr 1882
37	Vorversuche über den „B-Effekt" und das Ausstreichen der Saiten
38	Laboratoriumsbericht: 20. Juli 1927 bis 21. Januar 1928
39	Rast- und Damm-Versteifungsversuche am Konzertflügel
40	Zur Statik des Steges
41	Statik des Bodens (Vorläufige Mitteilung)
42	Eine Bemerkung zur Bassabbindung des Konzertflügels
43	Laboratoriumsetat
44	Konzertflügelversuche und damit zusammenhängende Fragen
45	Bemerkungen zu Bechsteinschen Konzertflügel
46	Konzertflügelversuche – Ergebnisse und Folgen
47	Stegprobleme (Kaimkantator, Agraffenstege usw.)
48	Konzertflügelversuche. Insbesondere über die Versuchsflügel E 259 und E 264 mit runder Diskantecke und starrer, runder Bassabbindung. Rippenstudien
49	Wölbungsstudien
50	Monographische Tafeln von Elisabeth Hörig
51	Fotografische Arbeiten
52	*(fehlt)*
53	Wölbungsstudie an einem alten Konzertflügel

Tabelle 5: Mitteilungen aus dem Laboratorium

Neben detaillierten Beschreibungen der durchgeführten Versuche, theoretischen Abhandlungen und organisatorischen Dingen, verfasste Hörig auf Anregung Willi Grotrians in regelmäßigen Abständen kurze Tätigkeitsberichte.[557] Diese Berichte und die Dokumentation der Forschungsarbeit dienten dazu, das Wissen zwischen ihm und Willi Grotrian schriftlich zirkulieren zu lassen. Zudem legte Hörig eine systematisch geordnete Forschungskartei an mit dem Zweck:

> „[…] dass nichts von diesen Überlegungen und Konstruktionsgedanken verloren gehen kann und ich jederzeit, selbst nach Jahren im Stande sein werde bei Bearbeitung irgend einer speziellen Frage mein gesamtes Arbeitsmaterial sofort wieder griffbereit hinzulegen. […] Es ist mein Wunsch, diese Kartei, so weit sie für die Fabrik Interesse hat, in Maschinenschrift zugänglich zu machen."[558]

Dass er solch eine für Forscher gängige Kartei, meist in Handschrift, der Fabrik zugänglich machen wollte, zeugt davon, dass das Wissen auch durch materielle Aufzeichnungsgegenstände wie den Mitteilungen und der geplanten maschinengeschriebenen Kartei, weitergegeben werden sollte. Hörig nutzte aber auch den

---

557 Hörig, Heinrich: Mitteilungen aus dem Laboratorium Nr. 21: Laboratoriumsbericht, vom 14. 04. 1927. S. 1. Firmenarchiv Grotrian-Steinweg Pianofortefabrikanten GmbH & Co. KG, Braunschweig.
558 Ebenda: S. 9. Die Kartei konnte nicht im Firmenarchiv gefunden werden.

direkten Austausch mit Willi Grotrian und den Mitarbeitern der Fabrik, so berichtete er über seine Arbeit bezüglich des Einspannens von Resonanzbodenplatten in den beschriebenen Prüfstand zur Überprüfung ihres Schwingungsverhaltens folgendes:

> „[…] und bemühe mich deshalb immer wieder, mir über die praktischen Erfahrungen berichten zu lassen. Leider ist es in den meisten Fällen, wegen mangelnder Aufzeichnungen sehr schwer etwas Genaues in Erfahrung zu bringen."[559]

So fand ein ständiger direkter und schriftlicher Austausch innerhalb der Firma und dem Laboratorium statt. Hörig wollte die Erfahrungen der Mitarbeiter systematisch sammeln und dokumentieren, sie so unabhängig von der jeweiligen Person und allgemein zugänglich machen:

> „Der Zweck dieser Bestrebung ist: all die verschiedenen Erfahrungen technischer Art, die in der Fabrik seit Jahren gemacht wurden, zu erfassen und karteigemäss festzuhalten, sodass man jederzeit, wenn irgend ein besonderer Teil zur Diskussion steht, die früheren Erfahrungen und Ansichten rasch überblicken kann."[560]

Er wollte einen allgemein zugänglichen Wissenspool der Firma Grotrian-Steinweg schaffen, so dass das informell zwischen den Personen zirkulierende *working knowledge* formalisiert, dokumentiert und unabhängig vom jeweiligen Träger jederzeit zugänglich gemacht werden konnte. Zunächst notierte Hörig die Ergebnisse aus Besprechungen in seiner privaten Kartei. Er beabsichtigte auch, einen Fragebogen zu erstellen, von dem er sich eine zügige Erschließung der Erfahrungswerte der Belegschaft versprach. Hörig musste hier erkennen, dass nicht alles Wissen durch systematisches Abfragen zu erfassen war. Es ist nicht bekannt, ob eine solche Kartei entstand oder der Fragebogen zum erhofften Erfolg führte, denn weder die Kartei noch der Fragebogen sind im Firmenarchiv erhalten.

Hörig führte einige seiner Versuche in direkter Absprache mit Willi Gortrian durch, zum Beispiel einen Versuch „[…] über das Einsetzen von Stimmwirbeln in Novotext und Presszell […]."[561] Zudem hatte er Kontakt zu Professoren der Technischen Hochschule in Braunschweig.[562] Auch die Zusammenarbeit mit dem damaligen technischen Leiter Eilert, ist in den Mitteilungen des Laboratoriums dokumentiert: „[…] obwohl ich [Hörig] eigentlich keine Minute Zeit hatte, mochte ich doch Herrn Eilert seine Bitte nicht abschlagen, ihm einen Boden [Resonanzboden] nach

---

559 Mitteilungen aus dem Laboratorium Nr. 21: S. 9.
560 Ebenda: S. 15.
561 Vgl. Hörig, Heinrich: Mitteilungen aus dem Laboratorium Nr. 29: Laboratoriumsbericht; 20. April bis 30. Mai 1927, vom 27. 05. 1927. Firmenarchiv Grotrian-Steinweg Pianofortefabrikanten GmbH & Co. KG, Braunschweig. S. 2.
562 Vgl. Ebenda: S. 2-3.

meinen Kurvengesichtspunkten zu entwerfen."[563] Es fand ein reger Austausch zwischen Belegschaft und Wissenschaftlern im Laboratorium statt. Dass dieser Austausch wichtig war, zeigt auch folgender Satz, den Hörig in Zusammenhang mit der Beschreibung der Zusammenarbeit mit firmeninternen Meistern schrieb:

> „Dieser Kontakt mit der Praxis ist etwas, was ich ausserordentlich schätze, denn die ausschlaggebenden Punkte sind ja gewöhnlich Kleinigkeiten, die man meist nur zufällig kommt. [...] Als ein erfreuliches Plus ist zu buchen, ein intensiver Kontakt mit den Fragen der Praxis [...] [und] eine Fülle von Anregungen [...]"[564]

Neben einem intensiven Kontakt zu Handwerkern suchte Hörig auch Kontakt zur Ingenieurswissenschaft. So nahm er unter anderem im März 1927 an einer Tagung des Schwingungsausschusses des VDI (Verein Deutscher Ingenieure) in Braunschweig teil.[565] Im Rahmen der Tagung wurde auch die Firma Grotrian-Steinweg von den Teilnehmern besichtigt. In der entsprechenden Mitteilung wägte Hörig einen eigenen Vortrag über die „[...] physikalischen Probleme des Pianofortebaus [...]"[566] für solch eine Tagung ab. Er beabsichtigte das Laboratorium innerhalb der Wissenschaft zu positionieren. So plante er im gleichen Jahr einen Vortrag an der Hochschule Braunschweig, um zu zeigen, dass er nach neuesten wissenschaftlichen Erkenntnissen arbeitete und forschte:

> „Es handelt sich meiner Ansicht nach darum – unter Nutzbarmachung der ‚Neugierdefunktion‘ der Zuhörer – in Erscheinung treten zu lassen, dass das Laboratorium Grotrian-Steinweg, im Gegensatz zu so vielen anderen sogenannten wissenschaftlichen Industrielaboratori[en] zu einer Stätte entwickelt werden soll, wo nach gesunden Grundsätzen, die sich auch in akademischen Kreisen sehen lassen können, in wissenschaftlich einwandfreier Weise die Physik des Klaviers [...] ausgearbeitet wird [...]. Hinzutritt die kritische Erwägung, dass, [...] bei dem jetzigen Stande der technischen Akustik, die Einführung der wissenschaftlichen Forschung in diesen typisch empirisch-konservativ entwickelten Industriezweig tatsächlich <u>aussichtsreich</u> ist."[567]

Dieser Vortrag sollte Kontakt zu Vertretern der Hochschule und Wissenschaft aufbauen, die wissenschaftliche Arbeitsweise innerhalb des Laboratoriums demonstrieren und den Grundstein für eine weitere Zusammenarbeit legen.[568] Hörig bezeichnete das Laboratorium selbst als *Stätte*, in der eine Akustik des Klaviers entwickelt werden sollte und setzte es in direkte Verbindung mit dem wissenschaftlichen Erkenntnisgewinn.

---

563 Mitteilungen aus dem Laboratorium Nr. 38: S. 2.
564 Ebenda: S. 6-7, S. 8.
565 Vgl. Mitteilungen aus dem Laboratorium Nr. 22.
566 Vgl. Ebenda: S. 2.
567 Mitteilungen aus dem Laboratorium Nr. 15: S. 1.
568 Vgl. Ebenda. Ob es zu einer solchen Zusammenarbeit kam, ist nicht bekannt.

Neben dem direkten Austausch zwischen Hörig, Willi Grotrian und den Mitarbeitern, dienten die Mitteilungen aus dem Laboratorium der schriftlichen Kommunikation durch formalisierte Zeichensysteme. Sie geben Aufschluss über die Forschungsarbeit und Forschungsobjekte Heinrich Hörigs und gewähren einen Einblick in die tägliche Forschungspraxis. Diese Mitteilungen sind an sich als Wissens-*Speicher* zu betrachten, in denen durch Schrift Wissensbestände übermittelt, bewahrt und mobilisiert werden.[569] Die Mitteilungen aus dem Laboratorium werden an dieser Stelle dennoch nicht vornehmlich hinsichtlich ihrer Eigenschaften als Wissens-*Speicher* untersucht, wie die Notizbüchern Kurt Grotrians und Wirths (siehe Kapitel 4) und das Manuskript von Willi Grotrian (siehe Kapitel 5), sondern sie werden vor allem herangezogen, um die innerhalb des Laboratoriums stattgefundene Forschungsarbeit und das hierbei generierte Wissen, dessen Zirkulation und Kombination mit anderen Wissensbeständen der Firma Grotrian-Steinweg und deren Mitarbeitern zu analysieren. Rheinberger argumentiert, dass sich der Forschungsprozess und die Forschungsobjekte in grafischen Spuren abzeichnen könne. Die Mitteilungen aus dem Laboratorium sind demnach als „[...] primärverschrifteten Forschungsspuren [...]"[570] anzusehen, die er als Teil des Erkenntnisprozesses und „[...] integrierte[s] Gedächtnis ganzer Reihen von Experimenten [...]"[571] ansieht. Epistemische Dinge können im Kontext solcher grafischer Spuren, die in einem Experimentalsystem, in diesem Fall in einem Labor entstehen, verortet werden. Es gibt verschiedene „[...] primärverschriftete[...] Forschungsspuren [...]"[572] wie Exzerpte von Forschungsliteratur, Notizen, Ideenfragmente, Skizzen von Experimenten und Laborprotokolle. Zu letzteren sind die Mitteilungen aus dem Laboratorium zu zählen. Laborprotokolle und andere primärverschriftete Forschungsspuren sind Teil des Erkenntnisprozesses. Sie erlauben im Vergleich mit veröffentlichten Artikeln einen unmittelbareren Zugriff auf die Forschungsaktivität und die Forschungsobjekte. Durch die Analyse von Protokollen kann das schrittweise Vorgehen des Forschers rekonstruiert werden. Die Protokolle dienen nicht nur als Speicher von Daten. Sie übersetzen und zeigen durch ihre Struktur und ihre graphische Ausführung auch das eigentliche Untersuchungsobjekt. Rheinberger bezeichnet solche Laborprotokolle als „[...] Raum des primären wissenschaftlichen Schreibens [...]"[573] Dieser Raum des Versuchens und Ausprobierens ist konstitutiv für „[...] das Machen von Wissenschaft [...]"[574] Individuelle Laborprotokolle weisen einen eigenen Charakter auf. Zwar besitzen sie eine literarische Form, waren hier dennoch nicht für die Öffentlichkeit bestimmt und unterschieden sich zudem

---

569 Vgl. Ash 2000: S. 37. Vgl. Heßler 2007: S. 18. Vgl. Hoffmann 2008a: S. 7-20.
570 Rheinberger 2005: S. 344.
571 Ebenda: S. 346.
572 Ebenda: S. 344.
573 Ebenda: S. 346.
574 Ebenda.

vom privaten Tagebuch der einzelnen Forscher.[575] So lassen die Mitteilungen aus dem Laboratorium der Firma Grotrian-Steinweg einen relativ unmittelbaren Einblick in die Forschungsaktivität und die Forschungsobjekte Hörigs zu, waren sie doch nicht für ein wissenschaftliches Publikum oder für eine direkte Veröffentlichung verfasst, sondern begleiteten vielmehr seine tägliche Arbeit. Diese primärverschrifteten Forschungsspuren dienten nicht nur der Sicherung von Daten, sondern waren immer schon Teil einer „[…] umfassenden Labordiskursivität […]."[576] So repräsentieren Laborprotokolle das „[…] integrierte Gedächtnis von Experimentenreihen […]".[577] Durch Reduktion und Umwandlung des Erinnerungsumfanges wird dieser in ein „[…] flexibles Flickwerk von Zeichen […]"[578] übersetzt. Im Falle des Laboratoriums Grotrian-Steinweg zeigt sich dieses Flickwerk in den Mitteilungen aus dem Laboratorium, die Teil des Wissensaustausches beziehungsweise der Labordiskursivität zwischen Hörig und Willi Grotrian sowie weiterer Mitarbeiter der Firma waren. Die Mitteilungen aus dem Laboratorium dienten neben einem direkten Austausch, der Kommunikation über formalisierte Zeichensysteme innerhalb des Laboratoriums, sowie innerhalb der Firma Grotrian-Steinweg. Rheinbergers Ausführungen bieten in Bezug auf die Analyse der alltäglichen Forschungsarbeit Hörigs eine Schnittstelle zum Konzept der Wissensräume. Die Mitteilungen aus dem Laboratorium sollen an dieser Stelle nicht nur als Wissens-*Speicher* gesehen, sondern vielmehr herangezogen werden, um durch diese „[…] primärverschrifteten Forschungsspuren […]"[579] den Blick auf den Forschungs- und Erkenntnisprozess Hörigs zu lenken. Dieser Prozess war durch eine Kombination verschiedener Wissensbestände gekennzeichnet, die in den Mitteilungen gespeichert wurden.

6.4 Tägliche Forschungsarbeit

Hörig führte zahlreiche Versuche in seinem Laboratorium durch, die sich nicht nur aus seinem eigenen wissenschaftlichen Erkenntnisinteresse heraus, sondern häufig auch aus Gesprächen mit Willi Grotrian oder den Arbeitern entwickelten, die ihm Probleme und Wünsche bezüglich einer verbesserten Konstruktionsweise zutrugen. Davon zeugt unter anderem ein Versuch zu „Stimmhaltungsproblemen und den damit zusammenhängenden konstruktiven Fragen"[580], den Hörig auf Anregung Willi Grotrians durchführte: „Herr Wilhelm [Willi] Grotrian-Steinweg teilte mir mit, dass […] nicht […] befriedigende Stimmhaltung zu der Erwägung geführt

---

575 Rheinberger 2005: S. 355.
576 Ebenda: S. 345.
577 Ebenda: S. 346.
578 Ebenda.
579 Ebenda: S. 344. Vgl. S. 344-349.
580 Vgl. Hörig, Heinrich: Mitteilungen aus dem Laboratorium Nr. 11: Stimmhaltungsprobleme und die damit zusammenhängenden konstruktiven Fragen, vom 13. Oktober 1926. Firmenarchiv Grotrian-Steinweg Pianofortefabrikanten GmbH & Co. KG, Braunschweig.

habe, Eisenrahmen und Rast in anderer Weise zu verbinden, als es bisher geschehen ist."[581] Willi Grotrian vermutete, dass die nicht zufriedenstellende Stimmhaltung[582] der Instrumente mit der Verbindung von Eisenrahmen und Rast zusammenhing. Hörig sollte dieses Phänomen untersuchen und geeignete Lösungsmöglichkeiten ausarbeiten. Dadurch, dass das Laboratorium innerhalb des Fabrikgebäudes untergebracht war, stand einem direkten Austausch zwischen Handwerkern, Technikern und Wissenschaftlern nichts im Wege. Die Mitteilungen aus dem Laboratorium zeugen von einer parallel verlaufenden schriftlichen Fixierung der geleisteten Forschungsarbeit.

Hörig begann mit Ausführungen zu den verwendeten Materialien Gusseisen, Stahlsaiten und Holz und deren jeweiligem Verhalten bei Temperaturschwankungen. Die unterschiedlichen Ausdehnungsweisen galt es in Einklang zu bringen. Holz dehnte sich anisotropisch zur Faser wesentlich stärker als isotropisch zur Faser aus. Dies galt es in Einklang mit der Ausdehnung des Gusseisens zu bringen: „[…] für eine gewisse Richtung und zwar eine solche, die der Längsrichtung näher kommt als der Querrichtung der Faser sollte es möglich sein, die Ausdehnung gleich der des Gusseisens machen zu können."[583] Prinzipiell nahm Hörig an, dass die Richtung der Ausdehnung bei einer Holzplatte und einem Gusseisenrahmen verschieden waren. Sowohl die Rippen des Resonanzbodens, des Steges und des Stimmstockes wiesen alle ebenfalls Ausdehnungen auf, die es zu beachten und in Beziehung zueinander zu setzen galt. Dass Willi Grotrian die Mitteilungen aus dem Laboratorium las und so auch in einen unmittelbaren Austausch mit Hörig trat, zeigen zahlreiche Anmerkungen in den Mitteilungen, die von Willi Grotrian stammen könnten.[584] So kommentierte er unter anderem den zuletzt zitierten Satz mit „ja", setzte an manchen Stellen Fragezeichen, unterstrich einige Passagen und nahm weitere Kennzeichnungen vor. Bei der Raste vermutete Hörig zunächst eine größere Ausdehnung als beim Rahmen. Später wurde größer durchgestrichen und durch kleiner mit der Anmerkung „[w]eil es sich um Längsausdehnungen handelt"[585] handschriftlich versehen. Sowohl die Ausführungen Hörigs als auch die Anmerkungen Willi Grotrians sind an dieser Stelle qualitativ unpräzise. Unter Raste verstand Hörig zunächst „[…] den Teil […] [der] auf dem der Boden aufliegt […] und der den

581 Mitteilungen aus dem Laboratorium Nr. 11: S. 1.
582 „[…] Eintretung einer dauernden Verstimmung nach Durchlaufen eines Kreislaufes der Temperatur." Ebenda: S. 2.
583 Mitteilungen aus dem Laboratorium Nr. 11: S. 3.
584 Zwar ist nicht völlig sicher zu klären, ob diese Anmerkungen von Willi Grotrian stammen, jedoch ist aufgrund der sehr ähnlichen Handschrift zu seinem Manuskript, sowie seine Initiative bei der Einrichtung des Laboratoriums und sein Aufgabenbereich die Konstruktionsarbeit betreffend, davon auszugehen. Zum Verhalten von Holz bei Temperaturschwankungen siehe Brettel, Gerald: Untersuchung der linearen Wärmedehnungskoeffizienten des Holzes parallel und senkrecht zur Faser in Abhängigkeit von der Rohdichte bei höheren Temperaturen. Unpublizierte Diplomarbeit, Hamburg 1974. Vgl. S. 37-68, S. 89.
585 Mitteilungen aus dem Laboratorium Nr. 11: S. 6.

ganzen Umbau aufnimmt."[586] Er vermutete für die sternförmige Versteifung der Raste enorme Ausdehnungen, die „[…] im Verdacht stehen müssen, zu <u>irreversiblen</u> Temperaturwirkungen Anlass zu geben."[587] Allerdings wurde an diesen Satz handschriftlich ein Fragezeichen gesetzt. Hörig wollte die Verbindung zwischen Rast und Resonanzboden genauer untersuchen. Er ging davon aus, dass, wenn der Rahmen und der Boden noch nicht miteinander verschraubt waren, es bei Temperaturschwankungen den Boden, der durch den Rastenrand getragen wurde, unter dem Rahmen verschob. Er wollte eine alternative Befestigungsart entwickeln, um die durch Temperaturschwankungen auftretenden, jedoch nicht völlig zu verhindernden Verstimmungen zu vermeiden:

> „Jedenfalls aber habe ich das Gefühl, dass bei <u>möglichst guter Verbindung</u> des Rahmens mit der Rast – und sei das auch nur an einzelnen, aber weitgehend einwandfreien Punkten – die nach Vollendung […] des Temperaturkreislaufs <u>zurückbleibende</u> Verstimmung ein <u>Minimum</u> sein wird [Anmerkung mit Bleistift: ja]."[588]

Prinzipiell beabsichtigte er die bei Grotrian-Steinweg verwendete Konstruktion des Flügelrahmens nicht zu verändern, sondern diese wesentlich zu verbessern:

> „Vielmehr handelt es sich meiner Ansicht nach nur darum, wie man dieses System so verbessern kann, dass die Verbindung […] von Rast und Rahmen einwandfreier wird. Denn: ich vermute, dass die eine Holzschraube, die jeweils den Arm des Rahmens mit der Rast verschraubt, ungenügend ist. Diese Auffassung vertritt meines Wissens auch Herr Schlüter [Anmerkung mit Bleistift: kann sein]."[589]

Hörig untersuchte die bei Grotrian-Steinweg gängige Verbindungsweise von Rast und Rahmen. Seine Forschung war demnach mit den lokalen Konstruktionsweisen eng verbunden. Zunächst formulierte er seine physikalischen Überlegungen. Er ging davon aus, dass der Resonanzboden möglichst fest mit der Masse des Aufbaus verbunden sein sollte. Hörig wollte den Boden möglichst wenig mit dem Gusseisenrahmen verdecken „[…] damit dieser frei austrahlen kann […]".[590] Zudem sollte der Rahmen nicht selbst als „[…] akustischer Strahler […]" fungieren und seine Eigenschwingungen mussten gegebenenfalls abgedämpft werden.[591] Diese beiden Punkte wurden von Willi Grotrian zustimmend kommentiert. Hörig ging auch davon aus, dass ein „[…] Gleiten von Rast und Rahmen in den Verbindungspunkten […]"[592] bei Temperaturschwankungen vermieden werden sollte. Diesem

---

586 Mitteilungen aus dem Laboratorium Nr. 11: S. 6-7.
587 Ebenda: S. 7.
588 Ebenda: S. 10.
589 Ebenda.
590 Ebenda: S. 11.
591 Ebenda.
592 Ebenda.

Punkt stimmte Willi Grotrian nicht zu. Diese Anmerkungen zeigen, dass Hörig zwar wissenschaftliche Forschung betrieb, diese hingegen immer mit den Erfahrungen, dem *working knowledge* von Handwerkern kombiniert und dem Wissenschaftler von den Handwerkern nicht immer Recht gegeben wurde. Basierend auf seinen theoretischen Überlegungen arbeitete Hörig zwei Vorschläge für eine alternative Befestigungsart von Rast und Rahmen aus. Seinem ersten Vorschlag für neue Befestigungselemente, den sogenannten Pfoten, legte er eine Entwurfszeichnung mit drei Varianten zur Gestaltung der Befestigungspunkte bei. Er wollte durch die Befestigungspunkte eine zuverlässige Verbindung zwischen Rahmen und Rast schaffen und zugleich den Flächendruck auf den Boden möglichst gering halten. Ausschlaggebend bei dieser Konstruktion war eine möglichst ebene Unterseite sowie Augen, da sonst keine Verbesserung eingetreten wäre. Abbildung 31 zeigt die verschiedenen Pfoten jeweils in Draufsicht mit Schnitt durch die Rippe und Schnitt, allerdings ohne Maßangaben.

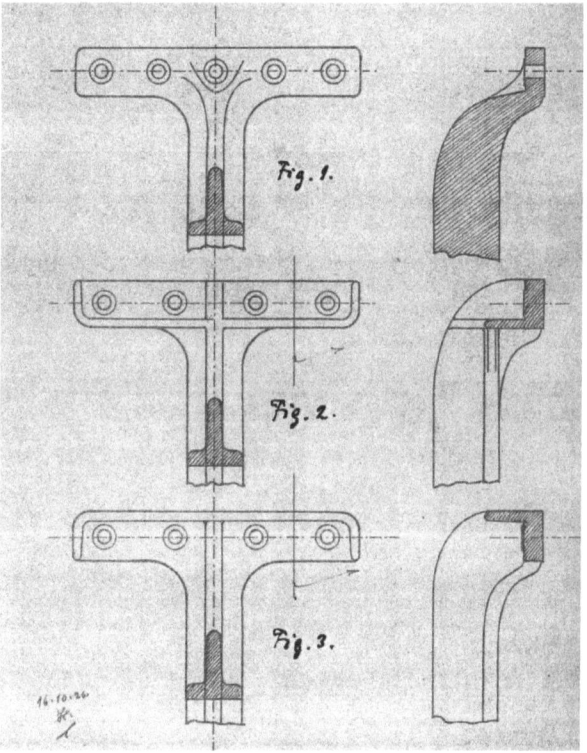

Abb. 31:   Pfoten zur Verbindung von Gusseisenrahmen und Rast[593]

---

593 Mitteilungen aus dem Laboratorium Nr. 11: Fig. 1-3. Abbildung kostenlos zur Verfügung gestellt von Pianofortefabrikanten GmbH & Co. KG, Braunschweig.

Die Zeichnungen wurden mit Fig. 1 bis 3 beschriftet. Die einzelnen Pfoten weisen verschiedene Versteifungen auf. Die in Fig. 1 (Pfote 1) abgebildete Pfote zeigt eine V-förmige Verstärkung und erinnert an eine Tierpfote mit fünf Fingern, während die Pfote in Fig. 2 (Pfote 2) eine Kreuzverstärkung die Pfote in Fig. 3 (Pfote 3) T- sowie erhalten hatte. Aus den drei Zeichnungen lässt sich eine Entwicklung ablesen. Der Öffnungswinkel von Pfote 1 wurde bei der Konstruktion für Pfote 2 von 1 auf 180 Grad erhöht. Zugleich wurde der Längssteg bis zur Hinterkante ver- längert, der Quersteg auf der Innenkante positioniert. Dies führte, obwohl der Längssteg verlängert wurde, zu keiner wesentlichen Verbesserung der Steifigkeit. Durch das Hinzufügen eines Quersteges auf der hinteren Kante von Pfote 3, konnte die Konstruktion versteift werden. Dies war noch experimentell zu überprüfen. Diese Konstruktion würde mit „[…] einer, beliebig[en,] den Randverhältnissen anpassbaren Platte verbunden […]"[594] werden. Ein prinzipielles Problem war, dass die Pfoten der Arme praktisch nie exakt planparallel zur Raste stand, und so nur schwer mit den herkömmlichen Befestigungsweisen eine exakte Auflagefläche auf den Rand erzielt werden konnte. Auf dieses Problem hatte Hörig einen Mitarbeiter aufmerksam gemacht. Abbildung 32 zeigt eine Kugelgelenkkonstruktion in Schnitt und Draufsicht mit jeweils zwei Detailzeichnungen (Fig. 4).

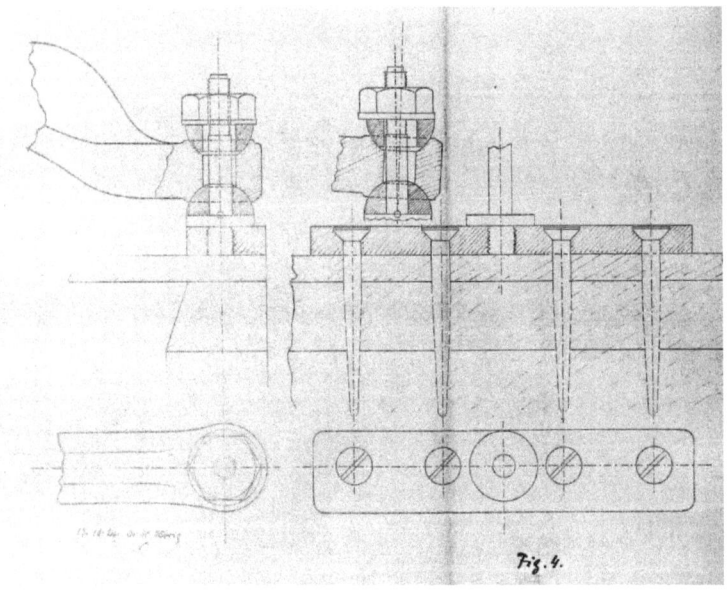

Abb. 32:   Pfote mit verstellbarem Kugelgelenk[595]

---

594 Mitteilungen aus dem Laboratorium Nr. 11: S. 13.
595 Ebenda: Fig. 4. Abbildung kostenlos zur Verfügung gestellt von Pianofortefabrikanten GmbH & Co. KG, Braunschweig.

Im rechten Schnitt ist das verstellbare Kugelgelenk zu erkennen. Die Pfote wurde auf einen mit Gewinde versehenen Stehbolzen eingefädelt und saß zwischen zwei Halbkugeln. Durch die Fixierung mit einer Sechskant-Mutter konnten Rahmen und Rast individuell ausgerichtet und durch Anziehen oder Lösen der Mutter justiert werden. Der untere Teil dieser Konstruktion wurde mit vier konisch zulaufenden Senkholzschrauben befestigt. Der rechte Schnitt verdeutlicht die nach allen Seiten mögliche, durch diese Konstruktion gewährleistete, Justierung der Pfote. In der rechten Draufsicht sind die vier Schlitzschrauben zu erkennen, deren Köpfe eingesenkt wurden. Dadurch war eine völlig ebene Auflagefläche gewährleistet:

> „Auch bei dieser beliebigen Lage würde durch die kugelförmigen Unterleg-scheiben in kugelförmig ausgesenkter Bohrung die [Schraubenmutter] voll-kommen satt aufliegen usw.: die Verbindung wäre mechanisch definiert, spannungsfrei – ein Vibrieren, das etwas zu einem akustisch bemerkbaren Schwingen des Rahmens führen könnte, wäre ausgeschlossen."[596]

Diese Variante wurde von Hörig als die geeignetere eingeschätzt. Interessant ist nun die kurze handschriftliche Anmerkung „zu teuer"[597], die suggeriert, dass diese Version aus Kostengründen nicht gewählt wurde. Hier dürften nicht nur die Her-stellungskosten des Kugelgelenkes von Bedeutung gewesen sein. Es ist anzuneh-men, dass die Verwendung der sphärisch gelagerten Pfote eine Veränderung der Gussrahmenkonstruktion und eine aufwändige Bearbeitung durch Senkfräsen der Kugelkalotte mit einem teuren Spezialwerkzeug nach sich zog, was bei den optimierten Pfoten der Fall war. Würde der Rahmen um beziehungsweise neu kon-struiert, hätte dies ebenfalls Veränderungen der anderen Bauteile nach sich gezogen. Hinzu käme, dass diese neue Befestigungsweise auch ein Einarbeiten der Beschäftigten bedeutete, die sich erst auf dieses neue Bauteil einstellen und Erfah-rungen in dessen Verarbeitung sammeln müssten. All dieses würde Zeit und Geld kosten. So waren letztlich auch die nicht zu unterschätzenden ökonomischen Aspekte für Willi Grotrian, als Mitinhaber der Firma bei seinen Entscheidungen maßgeblich und er entschied sich für die für ihn insgesamt günstigere Konstruktion durch Abwägung des technischen Nutzens und der entstehenden Kosten, obwohl diese aus technischer Sicht die schlechtere Wahl war.

Die Zeichnungen wurden zwar mit H. Hörig signiert, doch es ist anzunehmen, dass seine Frau Elisabeth Hörig die benötigten Zeichnungen anfertigte. So wurden die in Mitteilung Nr. 50 dokumentierten nomographischen Tafeln zum Beispiel von ihr hergestellt und sie wurde an dieser Stelle namentlich als Urheberin genannt.[598] Dies weist auf eine durchaus typische Arbeitsteilung hin. Während der Mann die For-

---

596 Mitteilungen aus dem Laboratorium Nr. 11: S. 14.
597 Ebenda: S. 13.
598 Hörig, Heinrich: Mitteilungen aus dem Laboratorium Nr. 50: Monographische Tafeln von Elisabeth Hörig, vom 25. April 1929. Firmenarchiv Grotrian-Steinweg Pianofortefabrikanten GmbH & Co. KG, Braunschweig.

schungsarbeit, basierend auf seinem wissenschaftlichen Wissen übernahm, widmete sich die Frau dem Anfertigen von technischen Zeichnungen, basierend auf ihrer Fingerfertigkeit. Bei den Zeichnungen der Pfoten handelt es sich um unbemaßte Entwurfszeichnungen.[599] Im Gegensatz zur der Konstruktionszeichnung des Prüfstandes (siehe Abb. 28, S. 179) fehlen Maßeintragungen, sowie technische Hinweise bezüglich des Materials, die in einer Tabelle oder einem Schriftfeld eingetragen wurden.

Die dargestellte Forschungsarbeit Hörigs und der Umgang mit technischen Zeichnungen innerhalb des Laboratoriums lassen Rückschlüsse über die Konstruktionsarbeit innerhalb der Firma Grotrian-Steinweg zu, die sich seit der Wende zum 20. Jahrhundert gewandelt hatte, wie sie im Manuskript von Willi Grotrian aus dem Jahre 1906 dokumentiert wurde. Erneut sollen die Konstruktionstypen Königs, Meisterkonstruktion, Erfinderkonstruktion, Konstrukteurskonstruktion und Firmenkonstruktion beziehungsweise Rationelles Konstruieren ergänzend zu den Kategorien der Wissensräume herangezogen werden, um die Konstruktionsarbeit der Firma Grotrian-Steinweg zu charakterisieren und ihre Weiterentwicklung darzustellen.[600] Die Konstruktionsarbeit der Firma wies um 1906 vor allem Komponenten der Meisterkonstruktion auf, in der die Einheit von Konstruktion und Fertigung vorherrschend war. Willi Grotrian oblag es als gelernter Tischler und Klavierbauer die Hauptaufgabe der Konstruktionsarbeit, die er in Zusammenarbeit mit der Fertigung bewerkstelligte. Bereits damals zeichneten sich Komponenten einer beginnenden Erfinderkonstruktion ab, bei der sich die Konstruktion aus der Fertigung herauszulösen begann, auf die das Vorhandensein des Zeichenzimmers und die Arbeit mit dem Monochord verwiesen, die ebenfalls in Willi Grotrians Aufgabengebiet lagen. Mit dem eingerichteten Laboratorium verstärkten sich nun die Komponenten der Erfinderkonstruktion und erste Hinweise auf eine beginnende Konstrukteurskonstruktion, die durch eine relativ scharfe Trennung zwischen Konstruktion und Fertigung gekennzeichnet und durch spezielle Konstruktionsabteilungen, die nach bemaßten Werkstattzeichnungen arbeiteten, geprägt waren. Der mit der Etablierung des Zeichenzimmers begonnene Prozess der Herauslösung der Konstruktion aus der Fertigung, schritt mit dem Laboratorium und der hier vorgenommenen Forschungs- und Konstruktionsarbeit weiter voran. Hörig hatte zumindest einen Teil der Konstruktionsarbeit inne, die er jedoch in Absprache sowohl mit Willi Grotrian, als auch den Mitarbeitern und damit der Fertigung durchführte. Auffallend sind auch die verwendeten unbemaßten Zeichnungen, die ebenfalls ein Merkmal der Erfinderkonstruktion waren und den Meistern Veränderungen und Modifizierungen erlaubten, beziehungsweise die Fertigung bewusst einbezogen. Das Laboratorium ist als spezielle Konstruktionsabteilung anzusehen, in der Hörig als Physiker, basierend auf akustischer Forschung,

---

599 Es sind keine quellenkundlichen Belege über Elisabeth Hörigs Berufsausbildung vorhanden.
600 Vgl. König 1999: S. 103-164.

Konstruktionsarbeit betrieb. Das Kriterium der bemaßten Werkstattzeichnung, die eine vollständige Trennung zwischen Konstruktion und Fertigung ermöglichen sollte, trifft für das Laboratorium nicht zu. Diese unbemaßten Zeichnungen und der Austausch zwischen Hörig und den Mitarbeitern der Firma deuten auf eine Kombination von Meister-, Erfinder- und Konstrukteurskonstruktion hin. Die Laboratoriumsberichte zeugen von dieser Kombination, denn Hörig nutzte neben seinem wissenschaftlichen Wissen und dem Austausch mit Willi Grotrian die Gelegenheiten, die ihm sein firmeninternes Laboratorium bot um in direkten Austausch mit der Fertigung zu treten und das firmeninterne als auch individuelle *working knowledge* der Firma und der Mitarbeiter für seine Arbeit zu nutzen.

Das von Willi Grotrian initiierte akustische Laboratorium bestand von 1926 bis 1931.[601] Es ist nichts über Hörigs weiteren Berufsweg bekannt. Auch sind keine Quellen bezüglich der Schließung des Laboratoriums überliefert. Es ist jedoch anzunehmen, dass dessen Auflösung in Zusammenhang mit den Auswirkungen der Weltwirtschaftskrise, die auch die Klavierbaubranche empfindlich traf und dem Tod Willi Grotrians (1931) standen. Das Laboratorium fungierte als Wissens-*Stätte*, in der Theorie und Praxis kombiniert wurden. Formalisiertes wissenschaftliches Wissen und *working knowledge* trafen innerhalb der Firma Grotrian-Steinweg aufeinander und wurden verbunden.

Das Besondere dieses akustischen Laboratoriums war seine zu vermutende Einzigartigkeit. Zwar gab es in anderen Klavierbaufirmen durchaus Zeichenzimmer oder spezielle Konstruktionsbüros, doch für den Untersuchungszeitraum ist keine andere Firma bekannt, die gezielt einen Wissenschaftler engagierte, um die eigene Konstruktionsarbeit wissenschaftlich zu begründen. Auch in der gängigen Forschung zum Klavierbau finden sich keine Hinweise auf ein derartiges Laboratorium in einer Klavierbaufirma. Doch die Besonderheit des Laboratoriums lag nicht nur in seiner Einmaligkeit, sondern auch an der in ihm auszumachenden Verschmelzung unterschiedlicher Wissensformen. Die Analyse Hörigs Forschungsarbeit verdeutlicht, dass auch in der Forschung *working knowledge* notwendig war, dass Forscher nicht nur Theoretiker waren, sondern auch *working knowledge* entwickelten und dass sich Praktiker des theoretischen Wissens bedienten. So spiegelten sich die unterschiedlichen Wissensformen des Klavierbaus in dieser Wissens-*Stätte* wider. Diese Kombination unterschiedlicher Wissensformen findet sich auch im „Sprechsaal" der Zeitschrift für Instrumentenbau wieder, die sich seit der ersten Ausgabe 1880 zu einem bedeutenden Wissens-*Forum* des Klavierbaus entwickeln sollte. Auch hier tritt die Kombination unterschiedlicher Wissensformen deutlich hervor, wie vor allem in den Artikeln Hansings, der bestrebt war, komplizierte akustische Zusammenhänge für Klavierbauer möglichst einfach zu erklären.

---

601 Für diesen Zeitraum finden sich Aufzeichnungen im Firmenarchiv der Grotrian-Steinweg Pianofortefabrikanten GmbH & Co. KG in Braunschweig.

7.   Wissens-*Forum* der Diskussion – der „Sprechsaal"

> „Die Schule der Musik giebt ihren Kunstjüngern
> erst dann die rechte Weihe, wenn sie den Geist in
> ein Gebiet führt, wo neben der Technik auch eine
> geistige Erkenntnis der Tonkunst erwachen muss.
> Auch für den Pianomacher giebt es eine solche
> Schule, es ist die Lehre der Akustik."[602]
>
> Siegfried Hansing

Die Zeitschrift für Instrumentenbau, erstmals herausgegeben 1880, war mit Abstand eine der wichtigsten Fachzeitschriften für den Musikinstrumentenbau. Bereits in ihrer ersten Ausgabe wurde eine Rubrik etabliert, die den Lesern ein Forum bot, um über die verschiedensten Themen des Musikinstrumentenbaus zu diskutieren: der „Sprechsaal". Hier konnten Handwerker, Musiker und Wissenschaftler ihr Wissen und ihre Ideen vorstellen und sich gegenseitig austauschen. Bereits in der ersten Ausgabe der Zeitschrift wurde die Raummetapher Saal benutzt, um die besondere Funktion dieser Rubrik hervorzuheben.[603] Der „Sprechsaal" ist ein Beispiel für die Kategorie des Wissens-*Forums*. Während Heßler in ihrer Kategorie der Migration des Wissens die technischen, sozialen und politischen Möglichkeiten der Diffusion von Wissen an konkreten Orten und den Einfluss politischer Systeme nachzeichnet, erweitert die Kategorie des Wissens-*Forum* Heßlers Ausführungen um einen Wissensraum, der abgelöst von konkreten Orten besteht und weitgehend frei von politischen Zwängen eine Zirkulation von Wissen erlaubt. Parallelen weist die Kategorie des Wissens-*Forums* ebenfalls mit Ashs Kategorie der symbolischen Räume, in denen Wissen im öffentlichen Raum inszeniert und durch dessen Darstellung und Repräsentation Wissensräume geschaffen werden, auf. Ash fasst hierunter unter anderem Ausstellungen in Museen und die Anordnung botanischer und zoologischer Gärten. Auch hier geht die Kategorie der Wissens-*Forums* weiter, in dem sie die Darstellung von Wissen in einer Zeitschrift, die im Gegensatz zu zum Beispiel Ausstellungen in Museen, nicht nur abgelöst von konkreten Orten, sondern auch weitestgehend von materiellen Gegenständen existiert. In diesem Wissens-*Forum* drückt sich die Materialität der Gegenstände, über die geschrieben wird, nur in Form des Papiers und der Druckerschwärze aus. Jedoch vollzieht sich auch hier eine Inszenierung im öffentlichen Raum.[604] In der Zeitschrift für Instrumentenbau

---

602 Hansing 1888: S. 2.
603 Die Analyse der Zeitschrift für Instrumentenbau wurde basierend auf folgender Digitalisierung durchgeführt: Vifa Musik, Virtuelle Fachbibliothek für Musikwissenschaften, Bayerische Staatsbibliothek: Digitalisierungen, Zeitschrift für Instrumentenbau.
     (http://www.vifamusik.de/index.php?pcontent=zs_instr_bau). Abgerufen am 16. 09. 2009.
604 Vgl. Ash 2000: S. 239. Heßler 2007: S. 17.

konnte Wissen, kodiert durch Zeichensysteme, zirkulieren. Zwischen den Personen kam es zwar zu keinem direkten, aber zu einem schriftlichen Austausch. Dieses Fachorgan sollte sich zu einem zentralen Publikationsorgan des Musikinstrumentenbaus entwickeln, die das gesamte Themengebiet der Branche abdeckte und mit dem „Sprechsaal" ihren Lesern die Möglichkeit bot, miteinander zu diskutieren. Dieser „Sprechsaal" wurde unter anderem intensiv von Hansing genutzt, um der Musikinstrumentenbaubranche seine Forschungen auf dem Gebiet der Akustik des Klaviers zu präsentieren. Hansings Artikel der 1880er Jahre und sein 1888 publiziertes Buch „Das Pianoforte in seinen akustischen Anlagen"[605] zeugen von einem Nebeneinander unterschiedlicher Wissensformen im Klavierbau, die sich gegenseitig beeinflussten.

Die innerhalb des „Sprechsaals" publizierten Beiträge weisen zudem auf einen Vorgang hin, welcher Shapin und Simon Schaffer als *virtual witnessing* bezeichnen. Shapin und Schaffer entwickelten dieses Konzept unter anderem am Beispiel des im 17. Jahrhundert tätigen Naturforschers Boyle. Das virtual witnessing sollte die tatsächliche Zeugenschaft, wie sie in der frühen Neuzeit bei Experimenten üblich war, durch Protokolle und deren Publikation in Zeitschriften nach und nach ersetzten. Das *virtual witnessing* ermöglichte einem größeren Personenkreis Zugang zu Wissen, denn dieser Zugang war nicht länger an eine tatsächliche Zeugenschaft gebunden.[606] Der Leser musste dem Autor dahingehend vertrauen, dass sich die Dinge wirklich in der Weise vollzogen hatten, wie sie in den Veröffentlichungen dargestellt wurden. Shapin und Schaffer sehen die Versuchsberichte nicht nur als Texte, als Beschreibungen der durchgeführten Versuche an, sondern insistieren, dass sie mehr enthielten: „We usually think of an experimental report as a narration of some prior visual experience: it points to sensory experiences that lie behind the text."[607] Neben der textlichen waren auch die visuellen Darstellungen für das *virtual witnessing* von großer Bedeutung. Diese waren bildliche Repräsentationen des durchgeführten Experimentes oder des entwickelten Artefaktes. Für Boyle selbst waren diese Darstellungen von großer Bedeutung: „Their role was to be a supplement to the imaginative witness procided by the words in the text."[608] Boyle nutzte die Darstellungen, um zu untermauern, dass die Dinge wirklich getan wurden und dass sie so getan wurden wie dargelegt. Sie sollten das Misstrauen schwächen und das *virtual witnessing* unterstützen. Der Leser wurde als Zeuge rekrutiert und in die Lage versetzt, die dargestellten Experimente als Tatsachen anzusehen. Aus diesem Grund waren die Durchführung der Experimente und ihre Darstellung als gleichwertig anzusehen. Für Boyle war es

---

605 Vgl. Hansing 1888.
606 Vgl. Shapin, Steven/Schaffer, Simon: Leviathan and the Air-Pump. Hobbes, Boyle, and the Experimental Life. Princeton 1985. Vgl. S. 60-65.
607 Ebenda: S. 61.
608 Ebenda.

jedoch ebenso wichtig, auch die Dinge darzustellen, die das Gelingen eines Experiments verhinderten. Klar ist, dass es keinen Bericht geben kann, der alle Gegebenheiten und Umstände eines Experimentes erfassen kann.[609] Eine Analyse der Beiträge des „Sprechsaals" liefert einige Beispiele für das *virtual witnessing*, wie die zahlreichen Artikel Hansings zur Akustik des Klaviers, in denen er ein großes Publikum durch die Darstellungen seiner Versuche in Texten und Zeichnungen an diesem Vorgang teilhaben lässt.[610]

7.1 Ein zentrales Publikationsorgan der Musikinstrumentenbaubranche entsteht

Die „Zeitschrift für Instrumentenbau" wurde 1880 von Paul de Wit (1852-1925) in Zusammenarbeit mit Oskar Laffert in Leipzig gegründet und erschien in 63 Jahrgängen in zwei beziehungsweise drei Ausgaben pro Monat bis 1943 in seinem Verlag.[611] De Wit, in Maastricht geboren, siedelte 1879 nach Leipzig über und arbeitete zunächst bei einem Musikverlag, bevor er am 1. Oktober 1880 die erste Ausgabe der Zeitschrift für Instrumentenbau heraus gab. Im Laufe ihrer Geschichte avancierte die Zeitschrift zu einem der wichtigsten Organe der verschiedenen Genossenschaften und Verbände der Musikinstrumentenbaubranche.[612] Sie war eine der herausragenden Fachzeitschriften der Branche, wenn auch nicht ihre einzige. Für die Musikinstrumentenbaubranche sind mehrere Fachzeitschriften dieser Art bekannt. Unter anderem die „Neue Zeitschrift der Musik" (Herausgegeben von 1834 bis heute) und die „allgemeine musikalische Zeitung" (Herausgegeben von

---

609 Vgl. Shapin/Schaffer 1985: S. 60-65. Die Bedeutung von visuellen Darstellungen betonen auch Nikolow und Bluma. Vgl.: Nikolow, Sybilla/Bluma, Lars: Bilder zwischen Öffentlichkeit und wissenschatlicher Praxis. Neue Perspektiven für die Geschichte der Medizin, Naturwissenschaft und Technik. In: NTM Zeitschrift für Geschichte der Wissenschaft, Technik und Medizin 10, 2002: S. 201-208. Vgl. Nikolow, Sybilla/Bluma, Lars: Science Images between Scientific Fields and the Public Sphere. A Historiographical Survey. In: Hüppauf, Bernd-Rüdiger/Weingart, Peter (Hrsg.): Science Images and Popular Images of Science. New York 2008. S. 33-51. Vgl. S. 34-35.
610 Zwar können die detaillierten Versuchsprotokolle Boyels kaum mit den beschreibenden Versuchsdarstellungen Hansings verglichen werden, doch dienten diese Hansing dazu, seine Leser virtuell an seinen Versuchen teilhaben zu lassen.
611 Oscar Lafferts Lebensdaten sind nicht bekannt. Henkel führt ihn als Inhaber der für das Jahr 1888 nachgewiesene C. Laffert Pianofabrik in Breslau auf. Laffert war Aktionär der Dresdner Firma Apollo. Vgl. Henkel 2000: S. 352. Zu de Wit siehe u. a.: Blume, Friedrich/Finscher, Ludwig/Constapel, Bettina (Hrsg.): Musik in Geschichte und Gegenwart (MGG). Kassel 1994-2008². Personenteil 17, Vin-Z. S. 1044.
612 Hiervon zeugen die jeweiligen Titelblätter. Zum Beispiel: „Offizielles Organ der Berufsgenossenschaft der Musikinstrumenten-Industrie, des Verbandes Deutscher Pianoforte-Fabrikanten, des Verbandes Deutscher Klavierhändler, des Vereins der Orgelbaumeister Deutschlands, des Vereins Deutscher Musikwerke-Fabrikanten, des Vereins Deutscher Harmonium-Fabrikanten, des Verbandes der Klaviatur-Fabrikanten und des Vereins der Geigenmacher von Österreich." Vgl. Zeitschrift für Instrumentenbau 40, 1919/20. S. 1.

1789 bis 1882). Solche Fachzeitschriften waren auch in anderen Bereichen üblich, so zum Beispiel die „Zeitschrift für Instrumentenkunde" (Herausgegeben von 1880 bis 1956) die für den Bereich der wissenschaftlichen und mathematischen Instrumente eine ähnliche Rolle spielte. Die Zeitschrift für Instrumentenbau zeichnete sich gegenüber den anderen Fachzeitschriften dadurch aus, dass sie nahezu alle Thematiken und Bereiche des Musikinstrumentenbaus berücksichtigte, im In- und Ausland rezipiert wurde und es eine rege Beteiligung mit Beiträgen zu unterschiedlichsten Themen gab. De Wit verstand die Zeitschrift für Instrumentenbau als: „Central-Organ für die Interessen der Fabrikation von Musikinstrumenten und des Handels, für ausübende Künstler und Musikfreunde."[613] Dadurch entwickelte sie sich nicht nur zu einem nationalen, sondern auch internationalen Organ, ermöglichte die Zirkulation von Ideen, Texten und Gegenständen und verband die Branchenmitglieder sowie die hinter den Mitgliedern stehenden Firmen und Institutionen miteinander. Zudem dokumentiert sie die Entwicklungen im Musikinstrumentenbau für die Zeit von 1888 bis 1943 und begleitete diese Branche über ein halbes Jahrhundert lang.[614] De Wit wollte einen Meinungsaustausch innerhalb der Branche ermöglichen, eine Plattform für neue Entwicklungen, Konstruktions- und Arbeitsmethoden bereitstellen und wissenschaftliche Erkenntnisse und Theorien vorstellen:

> „Populäre theoretische Aufsätze aus dem Felde der Physik, Akustik, Mechanik etc., praktische Mittheilungen bewährter Fachmänner, Darstellung in Wort und Bild von den Erzeugnissen, Einrichtungen, Maschinen und dergl. der einzelnen Branche, Berichte über Rohmaterialien und Bestandtheile. Im volkswirtschaftlichen Theile werden u. A. die Arbeitsverhältnisse entsprechende Berücksichtigung finden, während im Feuilleton: Historisches und Biographisches, wie aus allen Hauptplätzen Musikberichte nahmhafter Kritiker und specieller Be-

---

613 Der Herausgeber: Zur Einführung. In: Zeitschrift für Instrumentenbau 1, 1880/1881. S. 1-2. Zitat S. 1. Neben der Zeitschrift für Instrumentenbau gab de Wit unter anderem das Nachschlagewerk „Paul de Wits Weltadressbuch der Musikinstrumentenindustrie" heraus, welches mehrere Auflagen erfuhr und baute eine bedeutende Sammlung historischer Musikinstrumente auf, die die Grundlage für die Heyder Sammlung (heute im Grassi Museum für Musikinstrumente der Universität Leipzig) und die Sammlung alter Musikinstrumente zu Berlin an der Königlichen akademischen Hochschule für Musik (heute im staatlichen Institut für Musikforschung) bildete. Vgl. De Wit, Paul: Paul de Wits Weltadressbuch der Musikinstrumentenindustrie. Leipzig 1890. Vgl. Grassi Museum für Musikinstrumente der Universität Leipzig: Geschichte, Sammlung Heyer (http://mfm.uni-leipzig.de/_dt/dasmuseum/heyer.php). Abgerufen am 17. 09. 2009. Vgl. auch: Grassi Museum für Musikinstrumente der Universität Leipzig: Geschichte, Sammlung Paul de Wit (http://mfm.uni-leipzig.de/_dt/dasmuseum/dewit.php?navid=9). Abgerufen am 17. 09. 2009. Vgl. auch: Staatliches Institut für Musikforschung Berlin: Geschichte (http://www.sim.spk-berlin.de/Uebersicht_453.html). Abgerufen am 17. 09. 2009. Vgl. Dolge 1911: S. 429.
614 Vgl. Verlag und Schriftleitung der „Zeitschrift für Instrumentenbau" Paul de Wit: 50 Jahre „Zeitschrift für Instrumentenbau" und Verlag Paul de Wit. In: Zeitschrift für Instrumentenbau 51, 1930/31. S. 9-12. Vgl. Paul de Wit : Zum zehnten Jahrgange. In: Zeitschrift für Instrumentenbau 10, 1889/90. S. 1.

sprechung der zur Anwendung gekommenen Instrumente mit der ausübenden musikalischen Kunst Fühlung gegeben werden."[615]

Er begrenzte die Zeitschrift nicht auf einzelne Instrumente, sondern wollte jegliche Art von Musikinstrumenten und deren Neuerungen berücksichtigen: vom Klavier, über Streich- und Zupfinstrumente, Orgel und Harmonium, Blasinstrumente, Schlaginstrumente bis hin zu mechanischen Musikinstrumenten und Musikautomaten.[616] De Wit sollte seine Ziele erreichen, diente seine Zeitschrift gleichermaßen als Fachorgan sowohl für Produzenten, Wissenschaftler, als auch für Künstler und Händler. Neben Darstellungen von Musikern, Konzerten und Musik im allgemeinen wurden auch instrumentenkundliche und instrumententechnische Forschungen, technische Weiterentwicklungen und Erfindungen aus den unterschiedlichsten Bereichen des Musikinstrumentenbaus sowie historische Betrachtungen hierzu veröffentlicht. Die geschichtliche Entwicklung unterschiedlicher Musikinstrumente war vor allem in den ersten Jahrgängen ein besonders häufig aufgegriffenes Thema. Hiervon zeugten nicht nur die für jede Ausgabe obligatorischen Patentnachrichten, in denen technische Neuerungen mit einer kurzen Beschreibung, einer detaillierten Zeichnung sowie der Patentnummer und dem Namen des Erfinders der gesamten Branche vorgestellt wurden, sondern auch mehrere thematische Artikel, wie zur Entwicklung des Klaviers oder der Geige. Zum Beispiel fand die Entwicklung der sogenannten Janko Klaviatur[617] Ende des 19. Jahrhunderts genauso Eingang, wie die zu Beginn des 19. und 20. Jahrhunderts beliebten mechanischen und elektrischen Musikinstrumente beziehungsweise -automaten.[618]

Auch Firmen nutzten diese Zeitschrift, um ihre Entwicklungen und Forschungen vorzustellen. Zu ihnen zählte unter anderem die Firma Grotrian-Steinweg, die wie in Kapitel 6 ausgeführt, im 50. Jahrgang 1929/30 ihr Laboratorium in einem mehrseitigen Artikel mit zahlreichen Fotografien durch den Physiker Hörig vorstellte. Zudem wurden bekannte Instrumentenbauer, Wissenschaftler oder Musiker zu Geburtstagen und Todestagen durch längere Artikel geehrt, wie zum Beispiel

---

615 Der Herausgeber 1880/81: S. 1.
616 Ebenda.
617 Der ungarische Mathematiker Paul von Jankó (1856-1919) entwickelte 1882 eine Klaviatur, bei der die zwölf Tasten einer Oktave in stetem Wechsel als Ober- und Untertasten angeordnet sind. Jede Taste hat dabei drei Angriffsstellen, so dass sie sich äußerlich als eine Terrasse von sechs Tastenreihen darstellt. Ihre Vorzüge sind eine geringere Spannweite der Hand in den Oktaven (was sehr weite Akkordgriffe und neue Figurationen ermöglichte), einfacherer Einbezug des Daumens ins Spiel, sowie chromatische Glissando-Effekte. Vgl. Kammertöns/Mauser 2006: S. 367-368. Vgl. Stanley, Sadie (Hrsg.): The New Grove Dictionary of Music and Musicians. London 2001². Band 12. Hunchir to Jennefelt. S. 806.
618 Musikautomaten sind mechanisch und/oder elektrisch angetriebene, selbstspielende Musikinstrumente, die ohne Interpreten Musik erzeugen können. Zur Geschichte der Musikautomaten Vgl. Donhauser 2007. Vgl. Donhauser 2006.

Hansing und Willi Grotrian.[619] Jedes Heft enthielt einen Anzeigenteil, der eine Plattform für Fabrikbetreiber und Instrumentenbauer bot, um nach fähigen Arbeitern und neuen Rohstoffen Ausschau zu halten. Händler konnten zudem geeignete Produzenten und Besitzer von Musikinstrumenten sowie Dienstleister wie zum Beispiel Klavierstimmer ausfindig machen.[620] Auch die zahlreichen Verbände und Genossenschaften nutzten die Zeitschrift für ihre Anliegen. Zum Beispiel diskutierten die Verbände im Zuge des Ersten Weltkrieges und der folgenden Weltwirtschaftskrise in zahlreichen Artikeln die immer schwieriger werdenden Absatzmöglichkeiten für Musikinstrumente. Die Zeitschrift wurde zudem für zahlreiche Berichte von Ausstellungen und Messen in Deutschland und der ganzen Welt genutzt. Eine besondere Rolle spielte der „Sprechsaal":

> „Unserm Programme gemäss in der ‚Zeitschrift für Instrumentenbau' dem Meinungsaustausch der Berufsgenossen eine besondere Stätte zu bereiten, kommen wir heut nach, indem wir einen besonderen Theil ‚Sprechsaal' eröffnen [...]. Wissenschaftliche wie sachliche Fragen – (einzig und allein mit Ausschluss von persönlichen Streitpunkten) – sollen hier ohne redactionelle Bearbeitung und Verantwortlichkeit in Rede und Gegenrede erörtert werden."[621]

Insgesamt wurden ca. 1510 Beiträge zu den Themen Orgel und Harmonium, Orgel- und Harmoniumbau (ca. 400), Klavier, Klavierbau, Stimmen (ca. 300), Streich- und Zupfinstrumente, Streich- und Zupfinstrumentenbau (ca. 200), Blas- instrumente, Blasinstrumentenbau (ca. 30), Akustik (ca. 50), Wirtschaft und Handel (ca. 300), Ausstellungen (ca. 30) und sonstigen Themen (ca. 200) im „Sprechsaal" veröffentlicht. Die Rubrik erfüllte verschiedene Funktionen: (1) Publikation und Diskussion wissenschaftlicher Ergebnisse aus den verschiedenen Bereichen des Musikinstrumentenbaus, (2) Diskussion aktueller zeitspezifischer Fragen, (3) Publikation und Diskussion zu Themen aus Handel und Wirtschaft, (4) Publikation und Diskussion technischer Neuerungen und Erfindungen, (5) Erwiderungen und Diskussionen zu Beiträgen anderer Rubriken der Zeitschrift, (6) Äußerung konkreter Fragen an die Branche, (7) sonstige Themen. Die Beiträge des „Sprech- saals" kamen aus den unterschiedlichsten Bereichen der Musikinstrumenten- branche und beschäftigten sich sowohl mit den Instrumenten an sich, als auch mit technischen Weiterentwicklungen und der Produktion. Hansing zum Beispiel nutzte den „Sprechsaal" vor allem zur Publikation seiner Forschungen und veröffentlichte insgesamt 38 Beiträge in dieser Rubrik. Er präsentierte dadurch

---

619 Vgl. Pfeiffer, Walter: Siegfried Hansing. Zu seinem siebzigsten Geburtstage. In: Zeitschrift für Instrumentenbau 32, 1911/12. S. 981-982. Vgl. Pfeiffer, Walter: Siegfried Hansing †. In: Zeit- schrift für Instrumentenbau 33, 1912/13. S. 1082-1083. Vgl. O. A. 1930/31: S. 451-452.
620 Vgl. Zeitschrift für Instrumentenbau, Jg. 1-63.
621 Die Redaction der „Zeitschrift für Instrumentenbau": Sprechsaal. In: Zeitschrift für Instrumentenbau 1, 1980/81. S. 236.

seine Erkenntnisse der gesamten Instrumentenbaubranche und hatte so die Möglichkeit, diese einem breiten fachkundigen Publikum zur Diskussion zu stellen.[622] Vor allem die Autoren des „Sprechsaals" boten der Leserschaft die Möglichkeit an ihren Experimenten und Neuerungen teilzunehmen, ohne diese persönlich beobachtet oder begutachtet zu haben. Eine typisch zeitspezifische Frage des „Sprechsaals" war zum Beispiel, ob Frauen den Klavierstimmerberuf ergreifen konnten und sollten.[623] Fragen zu Wirtschaft und Handel wurden vor allem in den Jahrgängen während des Ersten Weltkriegs und der Weltwirtschaftskrise vermehrt erörtert. Während der Kriegsjahre ging es neben Schwierigkeiten des Verkaufs vor allem um die Problematik der Rohstoffbeschaffung, beispielsweise um das für die Rahmen benötigte Eisen. Auch der kriegsbedingte Mangel an Facharbeitern wurde thematisiert. Während der Weltwirtschaftskrise verlagerte sich die Diskussion zur Problematik des Handels und des Verkaufs der Musikinstrumente als teure Luxusgüter.[624] Im „Sprechsaal" wurden auch neue Erfindungen oder Weiterentwicklungen präsentiert, wie beispielsweise ein „Zerlegbares Harmonium in Pianino-Form".[625] In diesem Fall wurde ein Patent mit entsprechender Patentnummer und detaillierter Zeichnung vorgestellt und erläutert. Der „Sprechsaal" wurde zudem zur Diskussion früherer Beiträge, die sowohl im „Sprechsaal" als auch in anderen Rubriken publiziert wurden, genutzt. Hansing diskutierte zum Beispiel in Nummer 34 des Jahrgangs 33 mit dem Beitrag „Die Polemik des Herrn Geo. Brauer über meine akustischen Darlegungen"[626] einen früheren Artikel Brauers aus Nr. 32 desselben Jahrganges zum Thema: „Die harmonischen Obertöne[627] und ihre Bedeutung für die Harmonie und Stimmkunst."[628] Der „Sprechsaal" erschien bis zum 56.

---

622 Vgl. Zeitschrift für Instrumentenbau 1, 1880/81; 2, 1881/82; 3, 1882/83; 5 1884/85.

623 Vgl. Zeitschrift für Instrumentenbau 14, 1893/94; 16, 1895/96.

624 Vgl. Zeitschrift für Instrumentenbau 35, 1914/15 bis 51, 1930/31.

625 Vgl. O. A.: Zerlegbares Harmonium in Pianino-Form. In: Zeitschrift für Instrumentenbau 11, 1890/91. S. 190-192. In der Rubrik wurden mehrmals solche neuen Erfindungen vorgestellt, es kann an dieser Stelle nur ein Beitrag als Beispiel angeführt werden.

626 Hansing, Siegfried: Die Polemik des Herrn Geo. Brauer über meine akustischen Darlegungen. In: Zeitschrift für Instrumentenbau 31, 1910/11. S. 1270-1271.

627 Ein Ton ist physikalisch gesehen eine reine Sinus-Schwingung $A \cdot \sin(\omega_o t + \varphi)$. Er ist charakterisiert durch Frequenz (ω_o), Amplitude (A) und Phase (φ). „Ein musikalischer ‚Ton' (abgesehen von den leblosen Sinustönen elektronischer Instrumente) ist physikalisch bereits ein Klang, nämlich die Überlagerung mehrerer Sinustöne, eines Grundtons und einiger Obertöne. Untertöne entstehen in klassischen Musikinstrumenten eher selten." Vgl. Gerthsen, Christian/Kneser, Hans O./Vogel, Helmut: Physik. Ein Lehrbuch zum Gebrauch neben Vorlesungen. Berlin 1989[16]. Vgl. S. 179.

628 Brauer, Geo: Die harmonischen Obertöne und ihre Bedeutung für Harmonie und Stimmkunst. In: Zeitschrift für Instrumentenbau 31, 1910/11. S. 1179-1181. Vgl. O. A.: Vermischtes. In: Zeitschrift für Instrumentenbau 3, 1882/83. S. 30-32. Vgl. auch Hansing, Siegfried: Werthe Redaction! In: Zeitschrift für Instrumentenbau 3, 1882/83. S. 50. Hansing hatte bereits im Jahrgang 3 (1882/83) auf einen Artikel Brauers reagiert und schrieb im Sprechsaal eine Entgegnung bezüglich eines Artikels in der Rubrik Verschiedenes, die 1859 in Frankreich eingeführte einheitliche Stimmung von allen Instrumenten mit 870 Schwingungen pro Sekunde betreffend.

Jahrgang 1935/36 in jedem Jahrgang in unregelmäßigen Abständen. Er ermöglichte den kontinuierlichen Austausch von Wissensbeständen unterschiedlicher Art. Um die Funktion der Rubrik „Sprechsaal" als Wissens-*Forum* genauer zu erläutern, wird im folgenden Unterkapitel die Publikationspraxis Hansings genauer untersucht, die anschließend an einem Beispiel spezifiziert und in Bezug zu dem Phänomen des *virtual witnessing* gesetzt wird.

7.2 Siegfried Hansing und der „Sprechsaal"

Hansing wurde am 14. Juni 1842 in Bückenburg geboren und lernte zunächst von 1856 bis 1860 Tischler. 1864 bis 1865 arbeitete er bei dem Klavierbauer Ernst Rowold[629] in Salzwede und besuchte die Baugewerkschule in Niendorf: „[…] in der er sich die physikalischen und mathematischen Kenntnisse erwarb, die für ein tieferes Eindringen in den Bau des Pianofortes unerläßlich sind."[630] Anschließend war er in der Pianofabrik Baldamus in Stendal und Berlin beschäftigt, bevor er 1870 seinen eigenen Betrieb Hansing & Bövers in Bückeburg gründete.[631] Die OHG löste sich bald darauf wieder auf und Hansing führte die Firma bis 1884 fort. Im selben Jahr wanderte er nach Amerika aus und arbeitete bei Steinert in Boston.[632] 1886 wechselte er zu Behr, Bros & Co. nach New York und wurde 1889 zu deren technischem Leiter.[633] 1888 erschien schließlich sein Lehrbuch „Das Pianoforte in seinen akustischen Anlagen".[634] Er entwickelte in seinem Buch unter anderem eine Mensur-Theorie nach wissenschaftlichen Erkenntnissen, die er in der 2. Auflage 1909 überarbeitete.[635] Erneut gründete Hansing 1894 eine Firma mit dem Namen Hansing & Scott in New York, die bereits 1898 wieder geschlossen wurde und er kehrte nach Deutschland zurück. Hier trat er eine Stelle als technischer Leiter bei der Firma Perzina in Schwerin an, die er von 1898 bis 1904 inne hatte.[636] Danach

---

629 Ernst Rowold war von 1854 bis 1865 Klavierbauer in Salzwedel. Vgl. Henkel 2000: S. 526.
630 Pfeiffer 1911/12: S. 981.
631 1852 wird die Pianofabrik Baldamus in Berlin von Friedrich Baldamus gegründet. Sie zieht 1879 nach Stendal um und 1887 tritt Friedrichs Sohn Ernst (†1830) als Teilhaber ein und die Firma wird umbenannt in „Baldamus & Sohn, Pianofortefabrik, Stendal". Ab 1909 betreibt Ernst Baldamus nur noch eine Piano-, Harmonium- und Musikwerkhandlung bis zu seinem Tod 1930. Nach 1932 und einem Konkursverfahren gibt es keine Nachweise mehr. Vgl. Henkel 2000: S. 33.
632 Der aus Köln stammende Ales Steinert betrieb zu Zeiten Hansings insgesamt drei „Piano-Geschäfte" in New Haven, Providence und Boston. Vgl. Hansing, Siegfried: Pianohandel in Nordamerika. In: Zeitschrift für Instrumentenbau 6, 1885/86. S. 134-135.
633 Eine New Yorker Firma, die 1881 gegründet wurde. The Bluebook of Pianos: Behr Bros & Co. (http://www.bluebookofpianos.com/kron2.htm#BEHR). Abgerufen am 10. 03. 2010.
634 Vgl. Hansing 1888.
635 Vgl. Hansing 1909.
636 Die Pianofortefabrik Gebr. Perzina bestand von 1871 bis 1945 in Schwerin und geht auf Anton Perzina zurück, der seine Fabrik 1871 von Zittau nach Schwerin verlegte. Zu Zeiten Hansings beschäftigte die Fabrik 100 Arbeiter und soll 1899 jährlich 650 Pianinos hergestellt haben. Vgl. Henkel 2000: S. 466-467.

arbeitete er ebenfalls als technischer Leiter von 1904 bis 1907 bei der Firma Feurich in Leipzig. Er starb am 9. Juni 1913 in Schwerin.[637] Den Nachruf verfasste Walter Pfeiffer (1886-1960), der seine Ausbildung als Klavierbauer in den USA und bei Hansing in der Firma Gebr. Perzina in Schwerin absolviert hatte:[638] „Mit ihm haben wir einen Führer, eigentlich den einzigen, den das heutige Schrifttum des praktischen Pianofortebaues aufweist, verloren [...]."[639] In einem Artikel zu Hansings 70. Geburtstag wurde dieser sogar in einem Satz mit den Helden des Klavierbaus, Cristofori, Silbermann, Stein, Erard, Streicher und Pape genannt, die durch ihre Weiterentwicklungen das moderne Klavier technisch wegweisend voranbrachten: „[...] unter denen von heute, die in die Tiefe gingen und als Fachschriftsteller den ganzen Stoff wissenschaftlich anfaßten und zu verarbeiten suchten, kommt für uns, für unsere Betriebe nur einer in Betracht, und das ist Siegfried Hansing."[640] Pfeiffer ordnete ihn und sein Lehrbuch in die damals gängige Literatur zum Klavierbau ein. Er nannte einige ältere, als historische Beiträge angesehene Standardwerke von Carl Kützing, Giacomo Ferdinando Sievers und von Gontershausen, die allesamt nicht auf dem damaligen Stand der Technik waren.[641] Hansings Buch wurde neben den aktuellen Büchern von Blüthner und Gretschel sowie dem Buch von Oscar Bie „Klavier, Orgel, Harmonium; das Wesen der Tasteninstrumente" als Standardwerk des Klavierbaus eingereiht.[642] Es gehörte demnach zur damaligen gängigen Fachliteratur der Klavierbaubranche. Pfeiffer

---

637 Vgl. Henkel 2000: S. 219-220. Vgl. Pfeiffer 1911/12: S. 981-982. Die noch heute bestehende 1851 gegründete Julius Feurich Pianofortefabrik beschäftigte zu Zeiten Hansings ca. 100 Arbeiter. Vgl. Henkel 2000: S. 141-144. Auf Anregung von Dolge, de Wit und Pfeiffer wurde Hansing ein Grabdenkmal durch Spenden der Klavierbaubranche gesetzt: „Dem verdienten Meister der Klavierbaukunst von Fachleuten und Freunden dankbarst gewidmet". Hansing, Emma: Siegfried Hansing's Grabmal. In: Zeitschrift für Instrumentenbau 34, 1913/14. S. 1129-1130. Zitat S. 1130. Vgl. Dolge, Alfred: Dem Andenken Siegfried Hansing's. In: Zeitschrift für Instrumentenbau 34, 1913/14. S. 220.

638 Pfeiffer „[...] promovierte im Juli 1923 mit der Dissertation ‚Geschichte und Theorie der Verlängerungen in der Klaviermechanik' an der Universität Innsbruck. Auch seine Arbeiten ‚Taste und Hebeglied' und ‚Vom Hammer' haben bis heute Gültigkeit [...]." Henkel 2000: S. 473. Vgl. Pfeiffer, Walter: Taste und Hebeglied des Klaviers. Eine Untersuchung ihrer Beziehungen im unmittelbaren Angriff. Leipzig 1920. Vgl. Pfeiffer 1948.

639 Pfeiffer 1912/13: S. 1082.

640 Pfeiffer 1911/12: S. 981.

641 Vgl. Kützing, Carl: Das Wissenschaftliche der Fortepiano-Baukunst. Bern 1844. Carl Kützing (*1798) war Klavierbauer in Bern und schrieb mehrere Bücher zum Klavierbau. Vgl. Henkel 2000: S. 350. Vgl. Gontershausen 1864. Vgl. Sievers, Giacomo Ferdinando: Il Pianoforte. Guido practica per costruttori, accordatori, dilettanti e possessori di pianoforti con 300 disegni parte intercalati nel testo e parte in apposito atlante. Napoli 1868.

642 Vgl. Blüthner/Gretschel 1872. Vgl. Bie, Oscar: Klavier, Orgel, Harmonium; das Wesen der Tasteninstrumente. Leipzig 1910. Bie (1864-1938) studierte Literatur und Kunstgeschichte, promovierte 1886 und habilitierte 1890. Er war Privatdozent für Kunstgeschichte an der Technischen Hochschule Berlin bevor er 1901 eine Professur antrat. Er veröffentlichte mehrere kunsthistorische Studien und war Herausgeber der Freien Bühne, aus der später die freie Rundschau entstehen sollte. Letztere war eine der wichtigsten literarischen Zeitschriften des Kaiserreichs, sowie der Weimarer Republik. Vgl. Blume/Finscher/Constapel 1994-2008²: Personenteil 2, Bag-Bi. S. 1593.

hatte bei Hansing gelernt und es ist anzunehmen, dass er ihm nahe stand. Doch auch unabhängig von seiner persönlichen Befangenheit belegt sein Nachruf, dass Hansing bei den Klavierbauern seiner Zeit nicht nur ein angesehener Handwerker, sondern auch ein beachteter Theoretiker war. Dolge nennt ihn in einem Atemzug mit den großen Akustikern der damaligen Zeit:

> „The science of acoustics as developed by Chladny, Tyndall, Helmholtz, and in its direct relation to the piano, especially by Siegfried Hansing, has given us much enlightenment as to the proper and correct laying out of a scale, also the laws controlling the production of sound by percussion and otherwise, but none of these scientists can advise as to the scientifically correct construction of the soundboard."[643]

Dolge sah Hansing als einen Wissenschaftler, der grundlegende Forschungsarbeit auf dem Feld der Akustik für den Klavierbau geleistet hatte und Willi Grotrian bezeichnete ihn in seinem Manuskript als Theoretiker. Hansing hatte sich nach Einschätzungen seiner Zeitgenossen im Laufe seines Lebens vom solide ausgebildeten Handwerker über Führungspositionen als technischer Leiter in Klavierbetrieben im In- und Ausland zu einem Theoretiker entwickelt. Diese Entwicklung kulminierte in der Veröffentlichung seines Fachbuches in deutscher und später auch in englischer Sprache. Davor publizierte Hansing vor allem in den ersten vier Jahrgängen der Zeitschrift für Instrumentenbau Artikel zur Akustik, die Pfeiffer in seinem Nachruf ebenfalls würdigte.[644] Hansing war kein akademisch ausgebildeter Wissenschaftler im engeren Sinne, denn er hatte kein Studium absolviert, wies keine universitäre Anbindung auf und publizierte nicht in physikalischen Fachzeitschriften. Er versuchte dennoch in seinen Veröffentlichungen die wissenschaftliche Akustik für den Klavierbau anzuwenden und verständlich für Klavierbauer aufzubereiten.[645] Hansing nutzte den „Sprechsaal" intensiv, um seine Erkenntnisse einer breiten Öffentlichkeit zu präsentieren und in einen Austausch mit seinen Kollegen zu treten. Er publizierte zwischen 1880 und 1913 insgesamt 38 Artikel im „Sprechsaal". Bereits im ersten Jahrgang der Zeitschrift für Instrumentenbau erschienen zwei Artikel von ihm. Seine Beiträge zur Akustik überwiegen.[646] Er publizierte aber auch zu Themen des Klavierbaus, der Wirtschaft und des Handels. Bis zur Publikation seines Buches 1888 veröffentlichte er 29 Beiträge zur Akustik, drei Beiträge zum Klavier beziehungsweise Klavierbau sowie einen Beitrag zu Wirtschaft und Handel.

Im Jahrgang 4, 1883/84 beschrieb er detailliert eine Pianinomechanik, die er nach seiner Auswanderung in New York begutachtet hatte. Diese Mechanik war den

---

643 Dolge 1911: S. 106.
644 Vgl. Zeitschrift für Instrumentenbau. Jg. 1-5.
645 Siehe Kapitel 7.4.
646 Diese enden im Jahr der Publikation seines Buches.

klimatischen Bedingungen Amerikas angepasst und bedurfte aus diesem Grund nur einer geringen Regulierung.[647] Sein dritter Beitrag zum Themenfeld Klavierbau zeigt, dass er den „Sprechsaal" zur Diskussion nutzte. Er veröffentlichte 1888 eine Erwiderung auf einen Artikel zur Dämpfung von Klavieren. Ein Satz weist auf die besondere Funktion des „Sprechsaals" hin: „Wer sich das Vergnügen machen will, über Pianobau zu schreiben, und noch dazu in unserer Fachzeitung, der muß es sich auch gefallen lassen, daß an ihm Kritik geübt wird."[648] Sein Beitrag zum Themenfeld Wirtschaft und Handel stand ebenfalls in Verbindung mit seiner Auswanderung nach Amerika und er schrieb im Jahrgang 6 (1885/86) über den „Pianohandel in Nordamerika". Er berichtete von der mangelnden Fähigkeit deutscher Pianinos im Vergleich zu amerikanischen die Stimmung zu halten sowie über die in Amerika stattfindende Diskussion, als Werbestrategie namhafte Pianisten und deren Lob zu nutzen, der Ausstattung von Musikalienhandlungen in Boston sowie deren Verkaufsstrategien.[649]

Nach der zweiten Auflage seines Buches 1906, sowie dessen englischer Übersetzung 1904, folgten 1908 zwei weitere Beiträge zum Themenfeld Klavierbau sowie 1911 und 1912 jeweils ein Beitrag zur Akustik. Es scheint, als ob Hansing die Grundlagen für seine Akustik des Klavierbaus und für sein späteres Buch im „Sprechsaal" der Zeitschrift für Instrumentenbau legte. Er war demnach bereits vor der Veröffentlichung seines Buches der führende Wissensträger im Bereich der Akustik des Klavierbaus. Dies ist ein Hinweis darauf, warum er bei Willi Grotrian und später auch bei Berger explizit zitiert wurde.

7.3   Ein zeitgenössischer Theorie-Praxis-Streit

Hansing nutzte den „Sprechsaal" unter anderem, um von anderen Autoren publizierte Aufsätze in der Zeitschrift für Instrumentenbau zu diskutieren. So reagierte er zum Beispiel auf eine Aufsatzserie von Victor Hainisch aus Wien zum Thema Querschnittmensur und Differentialtöne, die dieser im Jahrgang 29 (1908/09) veröffentlicht hatte.[650] Hansing reflektierte und diskutierte die sachlichen Aussagen

---

647 Vgl. Hansing, Siegfried: Eine neue Pianino-Mechanik. In: Zeitschrift für Instrumentenbau 4, 1883/84. S. 427.
648 Hansing, Siegfried: Dämpfungen für Pianofortes. In: Zeitschrift für Instrumentenbau 8, 1887/88. S. 259-261. Zitat S.
649 Vgl. Hansing 1885/86: S. 134-136.
650 Leider liegen keinerlei Informationen über Victor Hainisch vor. Mensur ist abgeleitet vom lateinischen mensura, das Maß, das Messen. Der Begriff wird im Instrumentenbau mehrdeutig verwendet und bezeichnet sowohl ein bestimmtes absolutes Referenzmaß, als auch ein Maßverhältnis sowie die relative Veränderung und Entwicklung bestimmter Bezugsmaße, wie die Saitenlängen. Im Klavierbau bezeichnet die Mensur ein bestimmtes Referenzmaß. Zudem beschreibt sie die relative Entwicklung „[...] der klingenden Saitenstrecke vom Diskant zum Bass. [...] Der moderne Klavierbau versteht unter M. generell alle den Saitenbezug betreffen-

Hainischs. Neben Hansing griffen zwei weitere Personen, Eugen Espert und Brauer, in die Diskussion ein.[651] Im Verlauf der sich über mehrere Ausgaben hinziehenden Auseinandersetzung weitete sich diese zu einem zeitgenössischen Theorie-Praxis-Streit über das zum Beziehen und Stimmen der Klaviere benötigte Wissen aus. Der Disput nahm seinen Anstoß an Hainischs Artikel „Über die Querschnittmensur des Klavierbezuges. Differentialtöne" im allgemeinen Teil der Zeitschrift für Instrumentenbau.[652] Hainisch schrieb über die Chöre der Saiten und deren Beschaffenheit. Saitenchöre im Klavier umfassen jeweils zwei oder drei Saiten je Ton, sie werden dementsprechend als zweichörig oder dreichörig (Diskant) bezeichnet. Dadurch wurde der Ton verstärkt, aber auch gleichzeitig gesichert, falls eine der drei Chorsaiten während des Spielens riß. Hainisch diskutierte in seinen drei Aufsätzen das Für und Wider eines differenzierten Chores. Hierunter ist eine nur minimale Differenzierung beziehungsweise Verschiedenheit der jeweils drei Saiten eines Chores in ihrer Stimmung zu verstehen, durch die ein schönerer und vollerer Klang erzielt werden sollte. Hainisch bemängelte die vorherrschende, vermeintlich altbackene „Tonverstärkung durch Einklänge [...] [durch einen] gleichartige[n] Chor."[653] Er sprach sich entschieden gegen diese Methode der Verstärkung des Klaviertones aus. Nach ihm war das Klavier das einzige Musikinstrument, welches heute noch nicht die Vorteile einer „[...] Differenzierung des Einklanges [...]"[654] zur Tonverstärkung nutze. Hainisch zufolge grenzte die Verwendung von Differentialtönen für die Saitenchöre des Klaviers an ein Naturgesetz. Er erklärte die Entstehung der Differentialchöre am Beispiel eines menschlichen mehrstimmigen Chores, in dem sich die einzelnen Stimmgattungen durch die Verschiedenheit der individuellen menschlichen Stimmen in Resonanz- und Schwingungsverhältnis auch durch Differentialtöne auszeichneten und dennoch oder gerade deshalb einen harmonischen vollen Klang hervorbrachten. Auch in den einzelnen Stimmkategorien des Orchesters tritt seiner Meinung nach diese Differenzierung auf. Besonders deutlich wurde dies für Hainisch beim Vibrato der Streichinstrumente.[655] Die individuellen Instrumente seien nicht identisch in Material oder Saitenbezug. Aus diesen Gründen entstünde immer eine geringe Differenz ihrer Klangfarben. Hainisch bediente sich lebensnaher Bereiche, um die Differentialtöne anschaulich darzustellen. Diese sollten nach Hainisch nicht nur als unumgängliches Naturgesetz angesehen, sondern gezielt herbeigeführt werden. Aus

---

den Maße, also Längen, Stärken, Spannungen der Saite und die Anschlagslänge." Flotzinger, Rudolf: Österreichisches Musiklexikon. Wien 2004. Band 3: Kment – Nyzankivskyi. S. 1417-1418. Zitat S. 1418.

651 Auch für diese beiden Personen liegen leider keine Informationen vor.

652 Hainisch, Victor: Über die Querschnittmensur des Klavierbezuges. Differentialtöne. In: Zeitschrift für Instrumentenbau 29, 1908/09. S. 4-5.

653 Ebenda: S. 4.

654 Ebenda.

655 Ein Vibrato ist die periodisch wiederkehrende, geringfügige Veränderung der Frequenz eines gehaltenen Tons. Bei Streichinstrumenten wird dieses durch eine spezielle Spieltechnik erzielt.

dem Orgelbau stammend, führte er mehrere Beispiele aus diesem Bereich an. In seiner Argumentation bediente er sich, wie Hansing bei der gängigen wissenschaftlichen Literatur und berief sich ebenfalls auf Helmholtz: „Helmholtz bespricht diese Regel und die ihr zugrunde liegenden akustischen Phänomene in dem Kapitel die Interferenz."[656] Er zitierte Helmholtz' Versuche, die er mit mehreren Orgelpfeifen gemacht hatte und übertrug diese auf die Saitenchöre des Klaviers. Für ihn war klar, dass eine völlige Mensurgleichheit der Saiten der einzelnen Chöre, die eine Interferenz fördere, durch ihr dichtes Nebeneinanderliegen zu vermeiden sei. Entscheidend wäre, wie die einzelnen Wellen aufeinander trafen. Waren die Mensuren völlig gleich, konnte es nach Hainisch zu einer gegenseitigen Aufhebung kommen. Dies hätte zur Folge, dass derartige Töne keine Tragfähigkeit besäßen und nur kurz erklingen würden. Die wachsende Interferenz würde die Töne „[...] gewissermaßen aufsaugen wie ein Fließpapier."[657] Sowohl einzelne Partialtöne als auch der komplette Klangkomplex des Grundtones könnten von diesem Phänomen betroffen sein. Hainisch führte seine Überlegungen in der nächsten Ausgabe der Zeitschrift für Instrumentenbau fort. Völlig gleich mensurierte Chöre waren für ihn wenig geeignet, den Ton zu verstärken. Durch die Differenzierung des Chores könnten sich die drei Saiten optimal ergänzen und verstärken. Der Resonanzboden an sich verstärke nur den entstehenden Ton. Ausschlaggebend für die Klangfarbe wären die Saiten. Hierfür seien die Obertöne von besonderer Bedeutung. Diese erklangen zusammen mit dem Grundton und vermischten sich mit selbigem. Nach Hainisch hatten sich die Klavierbauer durch die geschickte Anordnung des Hammerschlages das Phänomen der „gewollten Obertöne" zunutze gemacht. Doch für die Chöre wurde dieses Phänomen noch nicht berücksichtigt. Seien alle Saiten eines Chores identisch, erklängen auch die gleichen Obertöne und der Chor befände sich im Einklang. Ein differenzierter Chor sei die Lösung. Die Differenzierung drücke sich vor allem durch minimal verschiedene Amplituden aus. In einem dritten Aufsatz schließlich erläuterte er die Differenzierung eines dreisaitigen Chores. Die mittlere Saite bezeichnete er als Normalsaite, welche nicht verändert wurde. Ihre beiden Nachbarsaiten hingegen wurden „[...] in umgekehrte[n] Sinne [...]"[658] differenziert. Die von der Normalsaite rechts liegende Saite wurde um ca. zwei bis drei hundertstel Millimeter verringert, die links

---

656 Unter Interferenz ist die Überlagerung von zwei oder mehreren Wellen zu verstehen. Sie entsteht durch die Addition der Amplitude. Ein Beispiel für die Interferenz sind Schwebungen. Diese entstehen, wenn zwei Schwingungen sich überlagern und sich diese durch nur sehr geringfügig voneinander abweichende Frequenzen auszeichnen. „Wenn zwei Instrumente oder Stimmen den gleichen Ton zu geben versuchen, ohne ihn ganz zu treffen, flackert die Lautstärke unangenehm auf und ab." Vgl. Gerthsen/Kneser/Vogel 1986: S. 135-136, S. 152-153. Zur Bedeutung von Schwebungen beim Stimmen von Instrumenten siehe: Jackson 2006: S. 151-182. Hainisch 1908/09. S. 5.
657 Ebenda.
658 Hainisch, Victor: Über die Querschnittmensur des Klavierbezuges. Differentialchöre. Schluß. In: Zeitschrift für Instrumentenbau 29, 1908/09b. S. 77-80. Zitat S. 77.

liegende Saite um eben so viel erweitert. Nach der Differenzierung war der Durchschnitt des Chores der gleiche wie zuvor. Durch die Verringerung und Verstärkung der rechts und links liegenden Saiten von der Normalsaite aus, wurde der Einklang unterbunden, da die rechte Saite minimal zu tief und die linke Saite minimal zu hoch gestimmt war. Ihre Spannung blieb jedoch unter sich gleich. Für ihn war die Differenzierung des Querschnittes der Saiten das Mittel der Wahl. Durch eine Verringerung des Durchmessers würde die Spannung verringert, die Länge der Saiten jedoch nicht vergrößert.[659] Hainisch betonte, dass der Bau der Instrumente sich durch die Differentialchöre an sich nicht verändern müsse, abgesehen von einigen kleineren Veränderungen des Steges, der Dämpfung und der Bespannung. Für ihn sollte der Differentialchor die Klangfarbe nicht verändern sondern vielmehr vervollkommnen.[660]

Hansing nutzte den „Sprechsaal" nun, um sich kritisch mit Hainischs Ausführungen zu befassen.[661] Zunächst bezog sich die Diskussion, an der sich später auch Espert und Brauer beteiligten, auf Hainischs fachliche Aussagen. Später sollte sie sich in eine zeitgenössische Diskussion über die Bedeutung von Theorie und Praxis im Klavierbau ausweiten. In seiner Erwiderung wurde deutlich, dass er sich selbst nicht als Wissenschaftler, sondern als Klavierbauer beziehungsweise als Handwerker auffasste. Er stellte klar, dass eine Differenzierung der Chorsaiten durch eine Differenzierung der Mensurlängen im Klavierbau bereits stattgefunden hätte. Entgegen der Annahmen Hainischs hätte diese Differenzierung jedoch keine positive Veränderung des Klanges mit sich gebracht. Hansing erteilte Hainischs Vorschlag, die Differenzierung durch unterschiedliche Durchmesser der drei Saiten eines Chores herbeizuführen, eine klare Absage:

> „[…] denn wie oft kommt es nicht bei dem Stimmen der Pianos außerhalb der Fabrik vor, daß dem Stimmer bei seiner Arbeit Saiten reißen. Zum Ersatz fehlen ihm da nicht selten von den Saiten, die er mit sich führt, die rechten Ersatz-Drahtnummern, und er behilft sich daher mit den Nummern, die ihm gerade zur Hand sind. Aber auch gleiche Drahtnummern aus verschiedenen Fabriken differieren unter sich, so daß dem Klaviermacher genügende Gelegenheit gegeben ist, sich über Differenzierung der drei Chorsaiten, deren Durchmesser verschieden ist, zu unterrichten."[662]

---

659 „Dies gilt für die dreisaitigen Chöre glatter Saiten. Bei den zweisaitigen Chören übersponnener Saiten ist die Differenzierung in der Weise durchzuführen, daß der für den Chor bestimmte Querschnitt sich ideell zwischen den beiden Saiten befindet, und ihm gegenüber die linke Saite stärker, die rechte schwächer genommen wird, so daß die halbe Summe dieser beiden Querschnitte dem genannten ideellen Querschnitt des Chores gleichkommt." Bei den umsponnenen Basssaiten konnte sowohl der Kern als auch das Bespinnst verändert werden. Hainisch 1908/09b: S. 79.

660 Ebenda: S. 77-78.

661 Hansing, Siegfried: Erwiderung auf den Artikel: „Über die Querschnittmensuren des Klavierbezuges. Differentialchöre." In: Zeitschrift für Instrumentenbau 29, 1908/09. S. 115-116.

662 Ebenda.

Hier nahm der Theorie-Praxis-Streit seinen Anfang. Weitere Kritikpunkte bezogen sich auf Hainischs Aussagen das Schwingungsverhalten der Saiten sowie die Positionierung der Anschlagstelle des Hammers betreffend. Neben ihren Erfahrungen waren sich die Klavierbauer des beginnenden 20. Jahrhunderts durchaus der gängigen wissenschaftlichen Erkenntnisse, hier im Bereich der Akustik, bewusst. Es zeichnet sich ein Kontrast zwischen wissenschaftlichem Wissen und Erfahrung ab. Die Wissenschaft hatte Eingang in das Handwerk des Klavierbaus gefunden, konnte das *working knowledge* jedoch nicht völlig ersetzen: „Der von Dr. Hainisch angeführte Schlußsatz (S. 40, 2. Absatz) ist dahin zu ändern: ,So hat die Praxis nicht aus Theorie, wohl aber aus Erfahrung längst gelernt, auf welche Weise der schönste Klang der Saite erzielt wird.'"[663] Hansing kannte die akustischen Lehren Helmholtz' und schätzte diese. Doch sprach er sich gegen eine blinde Adaption selbiger aus, wenn die eigene Erfahrung einen geeigneteren Weg wies. Die Unfehlbarkeit der Wissenschaft wurde bezweifelt und die individuelle Erfahrung, das *working knowledge* des Klavierbauers blieb weiterhin gefragt. Nicht alles, was physikalisch richtig war, musste zwangsläufig auch zu dem gewünschten Ergebnis eines vollen Klanges führen. Hainisch ließ diese harsche Kritik nicht lange auf sich sitzen und antwortete bereits in der nächsten Ausgabe. Zunächst wehrte er sich gegen Hansings Vorwürfe und betonte die Wichtigkeit der Anwendung wissenschaftlicher Erkenntnisse und Verfahren zur Differenzierung der Klaviersaitenchöre. Weiterhin verwies er auf das schwierige Zusammenspiel von Spannung, Länge und Querschnitt der Saiten und deren Einfluss auf den Ton und verlangte: „[e]in striktes Ausgehen von den Gesetzen der Akustik [...].'"[664] Diese Aussage Hainischs mutet an, als ob für ihn bei der Differenzierung eines Saitenchores die Wissenschaft notwendige Bedingung sei, ohne die es nicht ginge. Besonders Hansings Aussagen zu Helmholtz kritisierte Hainisch scharf. Nach ihm hatte Hansing den von Helmholtz in seinem Werk über die Tonempfindungen angeführten Maßverhältnissen, vor allen in Bezug auf die Anschlagsstelle, fälschlicherweise eine Absage erteilt. Hainsch kritisierte: „[...] daß der praktische Klavierbau diese Theorie von Helmholtz als unrichtig erkannt und geändert habe, und daß im allgemeinen die Pianos vielfach das Bestreben zeigen, Helmholtz'sche Angaben nicht gelten zu lassen.'"[665] Nicht nur Hainisch hob die Relevanz der Wissenschaft und ihrer Erkenntnisse für den Klavierbau hervor. Denn Hansing hatte der Wissenschaft in seiner Erwiderung keine generelle Unbedeutsamkeit unterstellt, sondern gab im Falle der von Hainisch angeführten Differenzierung der Chöre seiner Erfahrung den Vorrang, denn mit deren Hilfe konnten die wissenschaftlichen Aussagen überprüft und im Falle der Differenzialchöre als ungeeignet evaluiert

---

663 Hansing 1908/09: S. 116.
664 Hainisch, Victor: Zur Frage der Differentialchöre. In: Zeitschrift für Instrumentenbau 29, 1908/09c. S. 150-152. Zitat S. 150.
665 Ebenda.

werden. Andererseits erkannten Hainisch ebenso wie Hansing sowohl die individuelle Erfahrung als auch das wissenschaftliche Wissen als wichtige Bestandteile des damaligen Wissenskanons des Klavierbaus an:

> „[...] es ist unbestreitbare Tatsache, daß der Klavierbauer den größten Teil seiner heutigen Erfolge durch sein Ohr errungen hat. [...] Die Existenzberechtigung der Theorie hier vollständig zu verneinen, stünde nicht nur mit den Tatsachen im Widerspruche, sondern würde auch einen Gedanken zum Ausdruck bringen, welcher für den Klavierbau mit einem Nutzen nicht verbunden ist. Die glänzendsten Namen der deutschen Klavierbaukunst haben tatsächlich die Fühlung mit der Theorie niemals verloren. Keine Industrie kann von sich sagen, daß sie der Theorie vollständig und prinzipiell zu entraten vermöge [...]. Schließlich erlaube ich mir, an Herrn Hansing die Bitte zu richten, meine Ausführungen nicht als ‚Belehrungen‘, sondern als das betrachten zu wollen, was sie wirklich sind, als das Resultat einer mehr als zweijährigen, ununterbrochenen, ausschließlich dieser Detailfrage gewidmeten theoretischen und praktischen Arbeit.“[666]

Hainisch lässt deutlich werden, dass beides – Erfahrung und wissenschaftliche Theorie – ihre Berechtigung haben und in ihrer wechselseitigen Bedingtheit beim Klavierbau berücksichtigt werden müssen. Interessant ist, dass er den Vorwurf einer Theorieblindheit gerade Hansing machte, der bereits 1888, rund zwanzig Jahre zuvor, eine der grundlegenden theoretischen Publikationen zum Klavierbau veröffentlichte. Hansing hatte sich nie gegen die Etablierung wissenschaftlichen Wissens im Klavierbau gesperrt. Ganz im Gegenteil zeugen seine Artikel davon, dass er die gängigen wissenschaftlichen Publikationen im Bereich der Akustik kannte und deren Erkenntnisse im Klavierbau anwendete. Bereits in der nächsten Ausgabe antwortete Hansing erneut im „Sprechsaal“ auf die Vorwürfe.[667] Inzwischen hatten sich auch Espert und Brauer in den Disput eingeschaltet.[668] Hansing ging in seiner zweiten Erwiderung zunächst erneut auf die sachlichen Aussagen Hainischs ein und versuchte mit einem Experiment dessen Aussagen bezüglich der Länge der Chorsaiten zu widerlegen. Mit dieser Erwiderung verabschiedete er sich aus der Diskussion um die Differentialchöre und dem Theorie-Praxis-Streit, obwohl Hainisch erneut mit einer Erwiderung antwortete.[669] Wie Hansing ging auch Espert auf die Frage der Nützlichkeit von Theorie und Praxis im Klavierbau

---

666 Hainisch 1908/09c: S. 151-152.
667 Hansing, Siegfried: Zur Frage der Differentialchöre. In: Zeitschrift für Instrumentenbau 29, 1908/09a. S. 186-187.
668 Vgl. Espert, Eugen: Kritische Betrachtungen über Differentialchöre. In: Zeitschrift für Instrumentenbau 29, 1908/09. S. 187-188. Vgl. Espert, Eugen: Nochmals ein Wort über Differentialchöre. In: Zeitschrift für Instrumentenbau 29, 1908/09a. S. 333-334. Vgl. Brauer, Geo: Zur Frage der Querschnitt-Mensur, bzw. Differenzierung der Einklänge bei Pianos. In: Zeitschrift für Instrumentenbau 29, 1908/09. S. 408-409.
669 Vgl. Hainisch, Victor: Zur Frage der Differentialchöre. In: Zeitschrift für Instrumentenbau 29, 1908/09d. S. 259-261.

ein. Espert argumentierte, dass der Differentialchor keine neue Entwicklung sei, sondern bereits im Steg des Tafelklavieres und älteren Flügeln mit gradsaitigem Bezug zu finden war. Zwar erteilte Espert der Theorie keine Absage, doch wird deutlich, dass er die Praxis, die Erfahrung des Klavierbauers als wichtige Komponente des gängigen Wissenskanons des Klavierbaus ansah. Theorie und Praxis waren wichtig, jedoch sollte weder der einen noch der anderen blind gefolgt werden. Auch wird klar, dass die Klavierbauer der damaligen Zeit sich ihrer individuellen Erfahrungen bewusst waren und diese schätzten. Zudem zerschlug er die von Hainisch vorgeschlagene Differenzierung durch unterschiedliche Querschnitte. Er unterstrich, dass es gerade beim Stimmen auf individuelle Erfahrungen ankam:

> „Wieviele Umstände und Verhältnisse zusammenwirken müssen, was alles beobachtet und der Theorie entnommen werden soll, um einen wirklich schönen Klavierton zu erzielen, das hier alles aufzuzählen, würde zu weit führen. Man lernt das auch nicht aus Büchern, sondern in praktischer Arbeit, durch jahrelanges Beobachten, langsames Tasten, rastloses Proben und vorsichtiges Aufnehmen der als richtig erkannten Grundsätze."[670]

Espert war sich der Bedeutung der Theorie ebenfalls bewusst, aber der Klavierbau basierte vor allem auch auf Erfahrung. Es brauchte *working knowledge*, bestehend aus einem *kinesthetic sense* und *knowledge of material*, das durch *learning by doing* erworben wurde, um ein Klavier richtig zu stimmen und auch um mit unvorhergesehenen Problemen umzugehen, die in der Theorie nicht immer berücksichtigt wurden. Zum Beispiel nützte Theorie wenig, Erfahrung aber viel, wenn die Saite eines Chores mit einer nicht optimalen Drahtnummer zu ersetzen und die einzelnen Saiten eines Chores dementsprechend aufeinander abzustimmen waren. Esperts Kritik an Hainisch gipfelte in seinen Schlussworten, in denen er erneut die Bedeutung der Erfahrung im Klavierbau heraus und klarstellte, dass Theorie ihrer Selbstwillen nicht alles bisher Dagewesene ersetzen könne.[671] Hainischs Antwort auf die Kritiken Hansings und Esperts ließ nicht lange auf sich warten. Er wehrte sich heftig gegen seine kritisierte Theorielastigkeit zu Ungunsten der Praxis, machte seinem Ärger Luft und rechtfertigte sein Vorgehen:

> „Es ist das Bestreben, meine Ausführungen über Differentialchöre den Wertlosigkeitsstempel eines theoretischen Hirngespinstes im Namen der Praxis aufzudrücken. […] Ich bin keineswegs auf theoretischem Wege zum Postulate des differentialchores gleicher Saitenlänge gelangt, sondern nur und ganz ausschließlich durch Praxis […]. Bei näherem Eingehen wurde mit klar, daß der Sache nur auf der exakten Grundlage der akustischen Theorie beizukommen war, wenn anders man sich nicht mit einem oberflächlichen Tasten begnügte. Nach Fixierung der rein theoretischen Basis […] kam nun das praktische

---

670 Espert 1908/09: S. 188.
671 Ebenda.

Experiment an die Reihe [...] und brachte den praktischen Beweis für meine Ansicht [...]."[672]

Hainisch machte deutlich, dass er kein Theoretiker im luftleeren Raum war, sondern sich auch der Praxis und seiner hier erworbenen individuellen Erfahrung bewusst sei. Im Gegenzug verbannte er nun sowohl Hansing als auch Espert in den Elfenbeinturm der Theorie:

„Die Einwendungen der Herren Hansing und Espert werden zwar von Empirikern im Namen der Praxis gemacht, sind aber selbst an sich gar keine Praxis, sondern rein theoretische Erörterungen. Die Negation der Differentialchöre erfolgt unter Heranziehung von auf den Fall ganz unzutreffenden praktischen Argumenten bloß auf dem Papier; zwar durch Praktiker unter steter Berufung auf die Praxis, jedoch lediglich am grünen Tische."[673]

Der „Sprechsaal" wurde in diesem Theorie-Praxis-Streit rege als Forum zur Diskussion genutzt. So ließ erneut Espert die Kritik Hainischs nicht auf sich sitzen. Espert stellte klar, dass er weder der Theorie noch der individuellen Erfahrung ihre Daseinsberechtigung nehmen wolle, sondern an dem Punkt ansetze, wo beide nicht weiterkamen. Vielmehr hielt er ein Plädoyer für die Überprüfung der Theorie durch Praktiker, die die Aussagen selbiger erst durch ihre Erfahrungen bewerten könnten.[674] Längst ging es nicht mehr nur um die Diskussion, ob Hainischs vorgeschlagene Differentialchöre im Klavierbau umgesetzt werden sollten oder nicht. Die Diskussion hatte sich zu einem Theorie-Praxis-Streit entwickelt, in dem Hansing und Espert der individuellen Erfahrung, im Sinne Harpers *working knowledge,* des praktisch arbeitenden Klavierbauers den Vorrang gaben, jedoch der Theorie keine prinzipielle Absage erteilten. Vielmehr diene die Erfahrung dazu, die durch die Theorie getätigten Aussagen zu überprüfen, zu bewerten und gegebenenfalls zu ergänzen oder gar zu verwerfen. Mit diesem Beitrag verabschiedete sich auch Espert aus der Diskussion. Das letzte Wort ergriff in Ausgabe Nr. 12 Brauer aus Amerika. Brauer und Hansing hatten sich bereits in einem früheren Jahrgang eine heftige Diskussion über Partialtöne geliefert, die zu keinem eindeutigen Ergebnis führte. Der Diskurs über Differentialchöre nahm Brauer nun zum Anlass, erneut gegen Hansing zu wettern. Trotzdem schlug Brauer sich auf Hansings und Esperts Seite und untermauerte ebenfalls die Bedeutung der individuellen Erfahrung:

„Nicht daß ich behaupten würde, daß ein differenziertes Instrument musikalisch unbrauchbar sein würde, sondern weil ich durch langjährige Erfahrung weiß, daß diejenigen Bauarten und Stimmungen des Instrumentes, welche jeden Ton

---

672 Hainisch: 1908/09d: S. 259-261. Zitat S. 260.
673 Ebenda: S. 260.
674 Espert 1908/09a: S. 333.

als von einer einzigen Quelle ausgehend erscheinen läßt, die am meisten befriedigende ist."[675]

Hansing war nicht der einzige Klavierbauer, der über theoretische Kenntnisse auf dem Gebiet der Akustik verfügte. Dies wird auch in dem früheren Streit zwischen ihm und Brauer deutlich. Viele Klavierbauer schrieben nicht explizit über akustische oder physikalische Themen. Hansing ist als eine Ausnahmepersönlichkeit des Klavierbaus anzusehen, der sich als Handwerker beeindruckende physikalische Kenntnisse aneignete. In diesem skizzierten Theorie-Praxis-Streit verdeutlicht sich die Kombination und Gleichzeitigkeit unterschiedlicher Wissensformen im Klavierbau, denn trotz einer breiten wissenschaftlichen Literatur und bereits zahlreicher publizierter Fachbücher des Klavierbaus, waren sich die Klavierbauer selbst der Bedeutung ihrer individuellen Erfahrung, im Sinne Harpers *working knowledge* bewusst und kombinierten dieses mit wissenschaftlichen Erkenntnissen. Auch in diesem Theorie-Praxis-Streit sind Merkmale des *virtual witnessing* zu erkennen, denn vor allem Hainisch stellte seine durchgeführten Versuche präzise dar und erklärte exakt seine Vorgehensweisen.

7.4 Zum Schwingungsverhalten der Saiten – oder warum Luft nur schubsen kann

Bereits im „Sprechsaal" des ersten Jahrgangs veröffentlichte Hansing zwei Artikel zur Akustik, in denen er seine „Beobachtungen über Transversal-, Pendel- und Nebenschwingungen" darlegte, „[u]eber das Tragen und die Breite des Tones" schrieb und seine Erkenntnisse zur Diskussion stellte.[676] Diese Artikel enthalten Hinweise auf den von Shapin und Schaffer beschriebenen Prozess des *virtual witnessing*, die virtuelle Zeugenschaft durchgeführter Experimente durch Text und visuelle Darstellung.

In seinem ersten Beitrag zu Transversal-, Pendel- und Nebenschwingungen begann Hansing mit der Darstellung verschiedener Schwingungsarten von Saiten und die sich daraus ergebenden Materialeigenschaften und bezog sich auf die zu seiner Zeit gängige Fachliteratur der Akustik. Um das Schwingungsverhalten zu erklären, benutze er, abweichend von der Physik, keinerlei Formeln. Vielmehr griff er auf lebensnahe Beispiele zurück, um Klavierbauern und anderen Musikinstrumenten-

---

675 Brauer 1908/09: S. 408-409.

676 Zwar schrieb Hansing vor allem über die Akustik des Klavierbaus, doch sollten seine Beiträge unter dem allgemeinen Begriff Akustik, als die Wissenschaft vom Schall, seiner Entstehung, Erzeugung und Ausbreitung, eingeordnet werden. Vgl. Hansing, Siegfried: Beobachtungen über Transversal-, Pendel- und Nebenschwingungen. In: Zeitschrift für Instrumentenbau 1, 1880/81. S. 236-238. Vgl. Hansing, Siegfried: Ueber das Tragen und die Breite des Tones. In: Zeitschrift für Instrumentenbau 1, 1880/81a. S. 305-306. Vgl. Shapin/Schaffer 1985.

bauern die komplizierten Zusammenhänge zu veranschaulichen und die akustischen Gesetze für Handwerker zu übersetzen. Zunächst unterschied Hansing zwischen Transversalschwingungen bei denen ein elastischer Körper an beiden Endpunkten befestigt und der mit seiner ganzen Masse zum Schwingen angeregt wird, wie dies bei Klaviersaiten der Fall ist, und Pendelschwingungen.[677] Bei letzteren wird ein weniger elastischer Körper an einer beliebigen Stelle befestigt, so dass ein Teil frei schwebend und dann zum Schwingen angeregt wird, wie zum Beispiel die Zungen einer Orgelpfeife. Desweiteren führte er die Molekularschwingung, eine Schwingung auf Ebene der Moleküle beziehungsweise Atome als dritte Form der Schwingung an, die bei der „Bildung des Tones" auftrat: „Jeder Körper muss, wenn er Ton geben soll, Molecular-, Transversal- und Pendelschwingungen machen. Geht einem Körper eine dieser Arten verloren, so ist er nicht tonfähig."[678] Hansing diskutierte in seinem Aufsatz zudem, welche Materialien für tönende Körper geeignet waren. Dabei unterschied er zwischen Körpern, die Transversalschwingungen und solchen, die Pendelschwingungen ausführten. Das Material für Körper, die Transversalschwingungen ausführten, musste im Vergleich zu solchen, die Pendelschwingungen ausführten, biegsamer sein. Erstere wurden durch Zug in Spannung versetzt, letztere wiesen in ihrem Material selbst eine Spannkraft und Steifheit auf. Dadurch waren diese Körper weniger biegsam als transversalschwingende. Ein transversalschwingender Körper musste nicht nur über ausreichende Elastizität verfügen, sondern zudem aus einem Material bestehen, welches eine für den Ton notwendige molekulare Schwingung erzeugen konnte. Für Hansing wies Stahl diese Materialeigenschaft auf. Zudem ließ er sich entsprechend bearbeiten. Hansings eigentliches Interesse galt jedoch einer dritten Schwingungsform, durch die neben der Transversal- und der molekularen Schwingung außer dem Grundton weitere Nebentöne entstanden: Es handelt sich um die so genannte Nebentransversalschwingung:

> „Diese bilden sich nach ganz bestimmten Gesetzen in der Saite, und die Nebentöne haben dadurch eine bestimmte Reihenfolge. Sobald diese Nebentöne höher sind im Tone als der Grundton, nennt man sie Obertöne [...]. Die Tonhöhen der Nebentöne werden durch Knoten, welche die Nebentransversalschwingungen in die Saiten legen, bestimmt. [...] Ohm hat nun bei mehrfachen Versuchen gefunden dass den pendelschwingenden Körpern die Nebentöne fehlen. Das kommt wohl nur durch die Steifheit des Materials pendelschwingender Körper, in denen sich die Nebentransversalschwingungen nicht so ausbilden können und daher die Nebentöne nicht zu Gehör kommen."[679]

---

677 Bei Transversalschwingungen schwingt das Medium, in diesem Fall die Saite, senkrecht zur Fortpflanzungsrichtung. Bei Pendelschwingungen schwingt ein Körper von rechts nach links und wieder zurück.
678 Hansing 1880/1881: S. 238.
679 Ebenda.

Hansing verwies auf die Forschungen des Physikers Helmholtz, der die Obertöne als mitbestimmend für die Tonhöhe identifizierte. 1863 erschien dessen Werk „Die Lehre von den Tonempfindungen als physiologische Grundlage für die Theorie der Musik". Es behandelte die Obertöne in einem eigenen Kapitel und sollte ein grundlegendes Standardwerk der Akustik werden.[680] Obwohl Hansing kein Wissenschaftler war, studierte er die gängigen wissenschaftlichen Erkenntnisse seiner Zeit, wie unter anderem die einschlägigen Texte von Helmholtz, Georg Siegfried Ohm (1789-1854) und Tyndall.[681] Zudem versuchte er diese Erkenntnisse auf sein eigenes Betätigungsfeld zu übertragen und vereinfacht darzustellen. Er wollte seine Ausführungen dermaßen gestalten, dass sie sowohl für den einfachen Klavierbauer verständlich waren, als auch einen eigenen Beitrag zur Wissenschaft leisteten.[682] Bevor er seine Ausführungen zu den Transversalschwingungen im zweiten Jahrgang der Zeitschrift vertiefte, widmete er sich im ersten Jahrgang mit seinem zweiten Artikel dem Ton und seiner Charakteristik. Hier beschäftigte er sich sowohl mit dem Volumen (Breite) und der Reichweite (Tragen) des Tons, als auch mit der gegenseitigen Beeinflussung beider Parameter. Auch in diesem Aufsatz zog er eine direkte Verbindung zu Helmholtz. Hansing besprach die Partialtöne der Klaviersaiten, die bereits Helmholtz beschrieben hatte:

> „Wenn Dr. Helmholtz nun die Erklärung gegeben hat, dass die Partialtöne die Klangfarbe des Tones mit bestimmen, so haben die meisten unserer Claviere die Tonfärbung partialer Töne nicht aufzuweisen. Ich habe gefunden dass Partialtöne durchaus nichts zu der Güte des Tones beitragen können."[683]

Wurde die Tonfarbe nicht durch Partialtöne beeinflusst, nannte Hansing die Tonfarbe rein, traten die Partialtöne auf, bezeichnete er sie als unrein. War letzteres der Fall, so empfahl er dem Stimmer den Filz der Hammerköpfe mit der Intoniernadel zu lockern, um den Grundton dadurch zu schwächen und dem Hammerschlag etwas Kraft zu nehmen. Wies die Saite keine Partialtöne auf, so konnte der Anschlag

---

680 Helmholtz behandelte die Obertöne in mehreren Kapiteln, so zum Beispiel im vierten Abschnitt: „Von der Zerlegung der Klänge durch das Ohr". Vgl. Helmholtz 1870: S. 84-112. Über Helmholtz' Forschung resümiert Jackson: „Helmholtz limited his scientific study of music to the experience of musical notes in their most basic forms, since the comprehension and explanation of the extraordinarily complex effects of music on the listener required a detailed knowledge of historical circumstances and national characteristics." Jackson 2006: S. 7.

681 Der 1789 in München geborene Physiker entdeckte 1826 das Gesetz der Stromleitung, welches nach ihm benannt wurde. Er arbeitete auch zu Obertönen und Kombinationstönen. Zur herausragenden Bedeutung der Kombinationstöne für die Entwicklung Helmholtz' Physiologie des Hörens, in der er Töne nicht primär als Schallwelle, sondern als gehörtes Phänomen auffasste, siehe: Kursell 2009: S. 55-62. Siehe auch: Jackson 2006: S. 178. Vgl. Max Planck Institute for the History of Science, Berlin: The Virtual Laboratory. Essays and Resources on the Experimentalization of Life. People: Ohm, Georg Simon (http://vlp.mpiwg-berlin.mpg.de/people/data?id=per488). Abgerufen am 26. 02. 2010.

682 Vgl. Hansing 1880/1881: S. 238.

683 Hansing 1880/1881a: S. 306. Erklingen Grundton und harmonische Obertöne gleichzeitig werden diese auch Partialtöne genannt.

kraftvoller und der Filz härter sein. Bereits beim Verfassen dieses Beitrages hatte Hansing vor, einen weiteren Artikel für den „Sprechsaal" zu schreiben und diese miteinander zu verbinden: „Ich komme später bei der Abhandlung des Resonanzbodens noch einmal auf dieses Thema zurück und werde zeigen wie sich die Partialtöne durch den Resonanzboden schwächen lassen."[684]

Diese Abhandlung folgte im zweiten Jahrgang der Zeitschrift in Form von zwei Artikeln zum Resonanzboden.[685] Hansings erste Artikel im „Sprechsaal" verdeutlichen, dass dieser als Wissens-*Forum* fungierte, in dem Autoren ihre Forschungen präsentieren konnten. Hansing konnte durch die Publikationen seine Ideen einem Fach- und Laienpublikum vorstellen, im Prozess des Schreibens seine Thesen entfalten und für die Leser allgemeinverständlich aufbereiten. In seinen Aufsätzen knüpfte er erneut Verbindungen zu den etablierten Wissenschaftlern des 19. Jahrhunderts und deren Erkenntnissen, wie zum Beispiel zu Helmholtz, Ohm und Tyndall und verband deren Forschungsergebnisse mit seinen eigenen Erkenntnissen. Hansing bezog sich zwar auf Helmholtz und andere Wissenschaftler, doch gab er niemals konkrete Kapitel oder Seitenzahlen der entsprechenden Werke an. Diese Diskussionen im „Sprechsaal" zeigen, dass die Wissenschaft im Allgemeinen und die Akustik im Besonderen gegen Ende des 19. Jahrhunderts Eingang in den Wissenskanon des Klavierbaus gefunden hatte. Autoren wie Helmholtz, Ohm und Tyndall wurden von Klavierbauern (in diesem Fall von Hansing) zitiert, ihre Erkenntnisse angewendet und umgesetzt. Durch die Publikationen in der Zeitschrift für Instrumentenbau kommunizierte Hansing nicht nur seine eigenen Kenntnisse, sondern stellte gleichzeitig die Theorien namhafter Wissenschaftler einem fachkundigen Publikum zur Diskussion. Als gelernter Klavierbauer verfügte Hansing über ein beeindruckendes physikalisches Wissen, denn er verstand und analysierte die Arbeiten Helmholtz' und anderer.

Nun führte Hansing seine eigenen Versuche durch und beanspruchte einen Beitrag zur Akustik des Klavierbaus zu leisten. Hier sah er vor allem in der Erforschung von Schwingungen eine wichtige, noch ungelöste Aufgabe: „Hoffentlich wird es recht bald gelingen, genau zu beweisen, wie sich die Fortpflanzungen der Tonschwingungen vom Resonanzboden aus in den Luftkörpern verpflanzen. Wie die Tonwellen in einem Luftkörper auftreten, ist noch nicht ermittelt […]."[686] Die sogenannten „stumme[n] Schwingungen in den Luftkörpern"[687] waren für ihn ein wesentliches zu entschlüsselndes Phänomen: „Ehe uns diese Eigenthümlichkeiten der Luftschwingungen nicht genau bekannt sind, wird uns die Akustik ein Geheim-

---

684 Hansing 1880/1881a: S. 306.
685 Vgl. Ebenda: S. 305-306. Vgl. Hansing, Siegfried: Resonanzböden der Pianoforte. In: Zeitschrift für Instrumentenbau 2, 1881/82. S. 30-31. Vgl. Hansing, Siegfried: Resonanzböden der Pianoforte (Schluss). In: Zeitschrift für Instrumentenbau 2, 1881/82a. S. 46-48.
686 Hansing 1881/1882: S. 46.
687 Ebenda: S. 48.

niss bleiben."[688] Dieses selbstauferlegte Forschungsprogramm nahm Hansing in seinen folgenden beiden Sprechsaalartikeln in Angriff: „Schwingungssystem der tönenden Claviersaite" sowie „Ueber Obertöne, Schwingungssysteme, Tonfrage und Anschlagslinie der Claviersaiten."[689] Er untersuchte das Schwingungsverhalten einer Klaviersaite und widmete sich zunächst erneut der Erläuterung der Transversal- und Molekularschwingung. Bei einer Transversalschwingung wird ein elastischer Körper an beiden Endpunkten befestigt und mit seiner ganzen Masse zum Schwingen angeregt, wie dies bei Klaviersaiten der Fall ist. Durch das eigene Gewicht hängt diese in der Mitte nach unten. Wenn eine Saite zum Schwingen angeregt wird, dann entfernt sie sich zunächst von ihrer Gleichgewichtslage, schwingt zurück und durchquert diese erneut. Würde die Saite in ihrer Schwingungsbewegung (bei ihrer Aufwärtsbewegung) mit zwei Fingern festgehalten, wäre zu spüren, dass die Saite aus eigener Kraft die Hand nach unten zieht. Dieses Ziehen geht von den beiden Endpunkten aus, die die Ruheknoten der Transversalschwingung bilden. Hansing präsentierte hier keine neuen physikalischen Erkenntnisse. Vielmehr bereitete er sie für eine nichtwissenschaftliche Leserschaft auf und erklärte sie möglichst verständlich. Er verringerte die wissenschaftliche Komplexität und versuchte die Phänomene mit lebensnahen Beispielen zu erklären. Unter anderem erläuterte Hansing die Transversalschwingung durch das Bild zweier Knaben, die ein Seil an beiden Enden festhielten und spannten. Durch das eigene Gewicht des Seils lag dieses auf der Erde. Die Knaben mussten an beiden Enden ziehen, um selbiges in Spannung zu bringen. Das Seil war länger als der Abstand zwischen den Jungen. Um es zu spannen, mussten sich beide folglich voneinander entfernen. Resümierend stellte Hansing fest:

> „Wir wissen nun aus diesem Experimente, dass die Saite länger ist, als wenn sie in ihrer geraden Lage steht, und dass sie, da ihre Ruheknoten unverändert bleiben, eine stärkere Spannung hierdurch erhalten muss; ferner wissen wir, dass die Ruheknoten die Saite von dem Abschnitte ihrer Mitte aus zu sich heran ziehen."[690]

Die Saite selbst weist ein eigenes Gewicht auf, welches nach unten zieht. Es wirkt sich auf die Ruheknoten, in seinem Beispiel auf die beiden Jungen am jeweiligen Seilende aus und muss kompensiert werden. Im Fall der Klaviersaite geschieht dies durch den Vorgang des Stimmens. Wurde eine Seite durch die Hand angehoben, kehrte sie, wenn man sie losließ, aus eigener Kraft in ihre Gleichgewichtslage zurück. Die dabei entstehende Schwingung geht von den Ruhepunkten aus. Die Kraft

---

688 Hansing 1881/1882: S. 46.
689 Vgl. Hansing, Siegfried: Schwingungssystem der tönenden Claviersaite (Fortsetzung). In: Zeitschrift für Instrumentenbau 2, 1881/1882b. S. 94-95. Vgl. Hansing, Siegfried: Ueber Obertöne, Schwingungssysteme, Tonfarbe und Anschlagslinie der Claviersaiten. Schwingungssystem der tönenden Claviersaite (Fortsetzung). In: Zeitschrift für Instrumentenbau 2, 1881/1882c. S. 106-108.
690 Hansing 1881/1882b: S. 94.

der Schwingung der Klaviersaite ist am stärksten, wenn sie ihre maximale Amplitude erreicht:

> „[...] weil aber die Länge der Saite hier den kürzesten Weg von einem Ruheknoten zum anderen hat, so hat sich die Saite wieder gekürzt und in Folge dessen verliert sie hier an ihrer Spannkraft. Durch die bedeutende Kraft ihrer Schwingung geht die Saite über ihre Gleichgewichtslage hinaus, und je weiter sich die Saite von ihr entfernt, je mehr verliert sie an Schwingungskraft und die Schwingung wird langsamer. Je mehr die Saite an Schwingungskraft verliert, destomehr nimmt die Spannungskraft wieder zu; dieses geschieht durch die Längen der Saite; hierbei äussert sich aber der Zug der Saite auf eine andere Art wie vorhin."[691]

Auch hier bediente sich Hansing zur Veranschaulichung des Bildes der beiden Knaben. Er erklärte, das Seil sei von diesen gespannt und solle aus seiner Gleichgewichtslage nach oben hin verändert werden. Entgegen seiner Ausführungen zu den Saiten wählte er hier die Veränderung der Gleichgewichtslage nach oben. Das Seil wurde in der Mitte angefasst, um die Kraft gleichmäßig auf die beiden Knaben zu verteilen, und nach oben geschoben. Durch seine stärkere Kraft, müssten die Knaben sich zu ihm hin bewegen. Hieraus zog er folgenden Schluss:

> „[...] sobald die Saite über ihre Gleichgewichtslage tritt, der Zug wechselt; haben vorhin die beiden Ruheknoten zu sich heran gezogen, so ist es jetzt der Erregungsknoten; die Kraft der Spannung der Saite, die in den Ruheknoten liegt, hat abgenommen, und die Schwingungskraft, die in der Mitte der Saite liegt, hat hier ihre grösste Kraft erreicht."[692]

Hat die Saite ihre Gleichgewichtslage überschritten, verlangsamt sich ihre Schwingung. Die Tonhöhe wird nicht von der ganzen, sondern von der halben Saitenlänge bestimmt und die Längenschwingung, die Longitudinalschwingung, nicht die Pendelschwingung, beeinflusst die Molekularschwingung. Im folgenden Aufsatz widmete sich Hansing diesen Longitudinalschwingungen, die das Lautwerden der Saite am stärksten beeinflussen:

> „Die Längenschwingung der Saite entsteht also durch ein Ausdehnen und Zusammenziehen des Materials und in Folge dessen entsteht in dem Materiale selbst eine Reibung der Materie. Diesen Vorgang nun nennen wir Molecularvibration oder auch Molecularschwingung. Ein Körper kann, wenn er überhaupt tonfähig ist, durch Erregung seiner Molecule laut werden und demnach sind es die Längenschwingungen, die das Lautwerden der transversal schwingenden Saite veranlassen. Die Longitudinalschwingungen können wir mit Recht Tonschwingungen nennen."[693]

---

691 Hansing 1881/1882b: S. 94.
692 Ebenda: S. 94-95.
693 Hansing 1881/1882c: S. 108.

Wie bereits in seinen früheren Artikeln nahm er eine Mittlerposition zwischen Wissenschaftlern und Handwerkern, Physikern und Klavierbauern ein und bereitete bekannte wissenschaftliche physikalische Erkenntnisse so auf, dass sie für Klavierbauer verständlich wurden. Hierauf verweist nicht nur sein Beispiel der zwei Knaben, sondern auch seine zeichnerischen Darstellungen und seine exakte Beschreibung eines Versuchs, um die Transversal- und Longitudinalschwingungen einer Klaviersaite sichtbar zu machen.[694] Er befestigte an einer horizontalen (cd) eine vertikale Saite (ab) und stellte deren Schwingungsverhalten zeichnerisch dar (siehe Abb. 33). Zunächst regte er die vertikale Saite durch Anheben selbiger mit der Hand zum Schwingen an. Dadurch geriet auch die horizontale Klaviersaite in Schwingung. Durch diese Zeichnung visualisierte er die Longitudinal- und Transversalschwingung einer Klaviersaite. Es kam ihm darauf an, zu verdeutlichen, dass die Saite sich in ihrer Länge zusammenzog, dadurch an den Endknoten zog und sich wieder weitete. Sie machte eine Longitudinalschwingung.

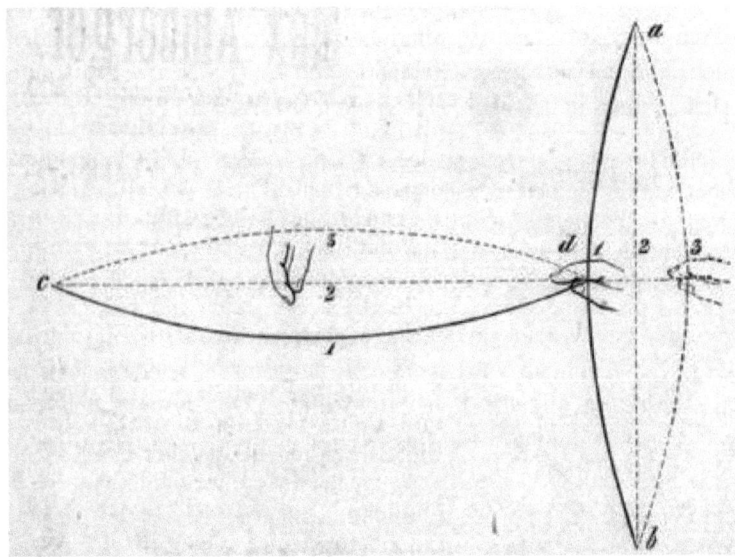

Abb. 33: Zeichnung zur Darstellung der Transversal- und Longitudinalschwingungen einer Klaviersaite[695]

Die Saiten machten doppelt so viele Longitudinal- wie Transversalschwingungen. Im Anschluss übertrug er diese allgemeinen Aussagen auf die „tönenden" Klaviersaiten:

---

694 Die Moleküle einer Saite, die zum Schwingen angeregt wurde, dehnen sich der Länge nach aus und ziehen sich auch der Länge nach wieder zusammen.
695 Hansing 1881/1882c: S. 106.

„Gehen wir nun zur tönenden Claviersaite über, von der wir wissen, dass sie sich bald längt, bald zusammenzieht (also Längen = Longitudinalschwingungen macht), so sehen wir, dass auch die Claviersaite doppelt so viel Longitudinal- wie Transversalschwingungen macht, mithin der Ton der Longitudinal- schwingungen eine Octave höher ist, wie der der Transversalschwingungen. Da in der Saite für den Grundton nur eine Tonhöhe sein kann, so kann auch nur eine der beiden Schwingungen auf das Lautwerden der Saite einwirken […].“[696]

Hierfür beschrieb er einen weiteren Versuchsaufbau, den er ebenfalls zeichnerisch darstellte (siehe Abb. 34). Er spannte an zwei Stimmgabeln, die als Endpunkte dienten, eine Saite, die er durch Anheben mit der Hand in Schwingung versetzte. Durch diesen Versuch und seine Zeichnung wollte er zeigen, welche Schwingung mehr Kraft hatte. Er befestigte die Saite an den inneren Gabelläufen zweier Stimmgabeln (c und d), in den Erregungsknoten der transversalen Schwingung. Dadurch würde die Kraft der Anspannung oder Ausdehnung geringer sein als die Kraft der Zusammenziehung. Nun wurden sowohl die Saiten als auch die Gabelläufe aus ihrer jeweiligen Gleichgewichtslage gebracht. Die Bewegung der Saite zurück zu ihrer Gleichgewichtslage musste seinen Vermutungen nach mit mehr Kraft geschehen als das Entfernen aus selbiger, denn die Kraft des Fort- schleuderns ist größer als die Kraft der Anspannung.

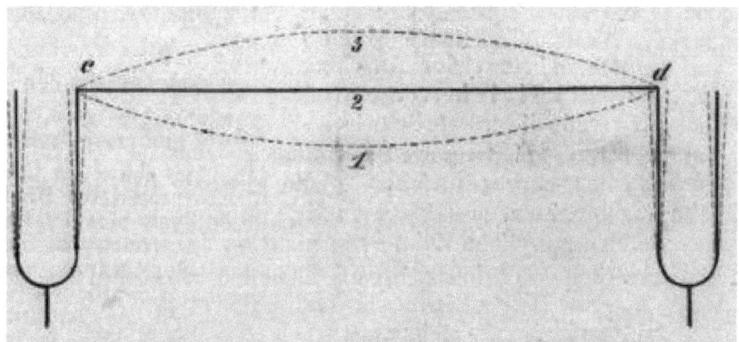

Abb. 34: Zeichnung zur Darstellung der Transversal- und Longitudinal- schwingungen einer Klaviersaite[697]

Die Kraft der Anspannung wuchs im quadratischen Verhältnis zu der Entfernung „[…] in welcher man die Sehne zum Anspannen von einem Endknoten bis zu der Mitte fasst […].“[698] Die Longitudinalschwingung entsteht durch das Zusammen- ziehen und Ausdehnen des Materials. Die Molekularschwingung entsteht durch das

---

696 Hansing 1881/1882c: S. 106.
697 Ebenda.
698 Ebenda: S. 108.

Ausdehnen und Zusammenziehen der Saite, ihres Materials, das in Reibung gerät. Für Hansing waren die Longitudinalschwingungen entscheidend für das Lautwerden der Saiten:

> „Ein Körper kann, wenn er überhaupt tonfähig ist, durch Erregung seiner Molecule laut werden und demnach sind es die Längenschwingungen [Longitudinalschwingungen], die das Lautwerden der transversal schwingenden Saite veranlassen. Diese Longitudinalschwingungen können wir mit Recht Tonschwingungen nennen."[699]

Die Transversalschwingung steht im gleichen Kraftverhältnis zur Longitudinalschwingung. Zum Abschluss seiner Betrachtungen der Transversal- und Longitudinalschwingungen fasste Hansing seine Darlegungen zur „Entstehung der Töne" noch einmal zusammen. In einer Saite mussten mehrere Tonhöhen vorhanden sein, die veränderbar waren. Er stellte fest, dass eine Saite doppelt so viele Longitudinal- wie Transversalschwingungen machte. Die Longitudinalschwingung beeinflusste somit die Transversalschwingung. Durch die Longitudinalschwingung bedingt sich die molekulare Schwingung. Durch die hieraus resultierende schnellere Bewegung ergab sich letztendlich ein höherer Ton: „[…] wenn sich die Längenschwingung schneller bewegt, so geht auch die Reibung der Materie schneller vor sich und durch die schnellere Bewegung des Materials klingt der Ton höher."[700] Die eigentliche Tonhöhe wurde nicht von der Kraft der Schwingung bestimmt. Nicht die Tonhöhe sondern die Lautstärke des Tones wurde durch die Intensität (Kraft) der Schwingung beeinflusst. Die Kraft resultiert aus Druckdifferenzen. Longitudinal-Wellen resultieren aus einer Volumenänderung: Stauchung oder Ausdehnung von Volumen. Daraus entstehen Druckänderungen (Schallwellen) die sich in Gasen und Flüssigkeiten ausbreiten können. Transversalwellen hingegen, setzen sich über Scherkräfte fort, die durch Flüssigkeiten oder Gase nicht übertragen werden können, denn Luft kann nur schubsen.[701]

Hansing entdeckte keine neuen akustischen Phänomene, sondern machte sie für Klavierbauer verständlich. Die Analyse seiner drei Artikel zu unterschiedlichen Schwingungen der Saiten sollte verdeutlichen, wie Hansing versuchte, allgemein bekannte physikalische Gesetzmäßigkeiten so aufzubereiten, dass sie von Handwerkern und Technikern verstanden werden konnten. Seine Beispiele stammten aus der Arbeits- und Lebenswelt der Klavierbauer: so zog er den Vergleich etwa zum

---

699 Hansing 1881/1882c: S. 108.
700 Ebenda.
701 Transversalwellen können sich jedoch in fester Materie, die die Scherkräfte übertragen kann, ausdehen. Der Begriff der Welle bezieht sich auf zeitliche und räumliche Beschreibung von Schwingungen. Schwingungen hingegen sind nur zeitlich beschrieben. Vgl. Gerthsen/Kneser/Vogel 1989: S. 733-736. Vgl. Müller, Gerhard/Möser, Michael (Hrsg.): Taschenbuch der Technischen Akustik. Berlin 2004³. S. 11-13, S. 753. Zur Longitudinalschwingungn siehe Jackson 2006: S. 35-44.

Spannen eines Bogens und dem Abschießen eines Pfeiles oder beschrieb, was passierte, wenn zwei Knaben ein Seil auseinanderzogen und in der Mitte jemand Kraft auf das Seil ausübte. Im Laufe des zweiten Jahrganges der Zeitschrift für Instrumentenbau sollte Hansing seine akustischen Erklärungen fortführen und weitere 14 Sprechsaalartikel zur Akustik veröffentlichen. Desweiteren können Hansings Versuchsbeschreibungen als Beispiel des von Shapin und Schaffner entworfenen Vorgangs des *virtual witnessing* aufgefasst werden, denn Hansing beschrieb seine Experimente detailliert, nutzte zudem visuelle Darstellungen und machte sie durch die Publikation in der Zeitschrift für Instrumentenbau der Öffentlichkeit zugänglich. Dabei nahmen seine visuellen Darstellungen eine wichtige Rolle ein, denn sie dokumentierten, was genau er in seinen Experimenten tat und veranschaulichte dadurch den Lesern sein Vorgehen. Sie sind als bildliche Repräsentationen seiner Versuche anzusehen. Seine Artikel belegen, dass der „Sprechsaal" ein Beispiel für ein Wissens-*Forum* ist, in dem zudem *virtual witnessing* durch die sprachliche und visuelle Darstellung von Experimenten zu beobachten ist und einem breiten Publikum die Möglichkeit geboten wurde, an diesen teilzuhaben und Erkenntnisse der Wissenschaft zu verstehen. So bietet das Konzept des *virtual witnessing* von Shapin und Schaffner eine interessante Schnittstelle zu der Analysekategorie des Wissens-*Forums*. Denn es zeigt sich, dass dieses in Selbigem aufzuspüren ist. Hansing schrieb nicht über seine neuesten Konstruktionen oder Entwicklungen. Es ist davon auszugehen, dass die Klavierbauer diese geheimhielten und sie erst präsentierten, nachdem sie patentiert waren. Dies schützte zwar nicht vor Nachahmern, dokumentierte aber zumindest deren Urheberschaft. Hansing nutzte vielmehr seine Artikel als Grundlage für sein Buch, um die akustischen Phänomene des Klavierbaus zu beschreiben und dem Klavierbau eine wissenschaftliche Basis zu verleihen.

Hansing war nicht der einzige Handwerker, der sich ein beeindruckendes physikalisches, beziehungsweise akustisches Wissen im Laufe seines Beruflebens aneignete und dieses in seine Arbeit integrierte. David Pantalony zum Beispiel zeichnete den Lebensweg des in Paris lebenden und aus Preußen stammenden Instrumentenmachers Rudolph Koenig (1832-1901) nach, der sich von einem gelernten Geigenbauer zu einem der führenden Instrumentenmacher für wissenschaftliche Instrumente in Paris wandelte. Koenig verfügte sowohl über handwerkliche Erfahrungen, als auch über fundiertes wissenschaftliches Wissen auf dem Gebiet der Akustik, die er sich im Laufe seiner Tätigkeit durch Selbststudium und dem Besuch öffentlicher Vorlesungen aneignete. In seiner Arbeit kombinierte er diese, um wissenschaftliche Instrumente zu entwickeln und zu verbessern. Zudem führte er in seiner Werkstatt wissenschaftliche Versuche durch, die von Wissenschaftlern beobachtet wurden, publizierte Artikel in Fachorganen, forschte auf dem Gebiet der Akustik und hielt sogar eine öffentliche Vorlesung in Toronto. Seine Werkstatt bezeichnete

Pantalony als Raum, in dem all diese Komponenten zusammenflossen und in seine Instrumente eingeschrieben wurden.[702]

7.5 „Das Pianoforte in seinen akustischen Anlagen"

1888 veröffentlichte Hansing seine akustische Studie des Klaviers.[703] Neben ihm verfassten viele Klavierbauer Lehrbücher, in denen sie ihre Kenntnisse festhielten. Diese Bücher beschrieben meist detailliert den technischen Aufbau, die Konstruktionsweise der Klaviere, aber auch Berechnungen von einzelnen Bauteilen oder Mensuren. Zu den bekanntesten Lehrbüchern, die von Klavierbauern geschrieben wurden, gehört das 1872 erstmals veröffentlichte, bereits mehrfach erwähnte und noch heute als Standardwerk geltende Buch von Blüthner und Gretschel. Die Autoren legten in drei thematischen Abschnitten allgemeine physikalische Grundlagen die Akustik betreffend, die Geschichte und die Grundlagen des Klavierbaus, aufgegliedert nach den unterschiedlichen Klavierformen Flügel, Pianino und Tafelklavier, dar. Der Abschnitt über die Akustik wurde jedoch nicht von ihnen verfasst. In ihrem Vorwort betonten sie, dass: „Sache des jüngeren Geschlechtes der Pianofortebauer wird es sein, die Errungenschaften wissenschaftlicher Forschung in der Praxis zu verwerthen, denn nur wenn Praxis und Theorie Hand in Hand gehen, wird der wahre Fortschritt gefördert."[704] Der Textband wurde durch einen Atlasband mit über 100 Zeichnungen und Abbildungen ergänzt. Klavierbauer widmeten sich auch den einzelnen Bestandteilen des Klaviers, wie die Werke von Pfeiffer zur Mechanik zeigen.[705] Auch in anderen Ländern verfassten Klavierbauer Lehrbücher, wie Dolges „Pianos and their Makers" Band I und II zeigen. Während Dolge sich im ersten Band hauptsächlich mit der Geschichte des Klaviers, deren einzelnen Bestandteilen und deren Bau in Europa und den USA beschäftigte, sowie mit den „Men who Have Made Piano History", konzentrierte er sich in seinem zweiten Band auf die Klavierbauindustrie der USA und stellt detailliert fast 70 US-amerikanische Firmen vor. Es ist somit ein wertvolles Zeitzeugnis und Nachschlagewerk der US-amerikanischen Klavierbauindustrie um 1910.[706] Nicht alle Versuche von Klavierbauern Lehrbücher zu verfassen wurden publiziert oder

---

702 Für Pantalony sind Koenigs Instrumente Träger dessen Fähigkeiten, aber auch der sozialen und ökonomischen Rahmenbedingungen, die dessen Arbeit beeinflussten. Vgl. Pantalony 2009: S. 1-17, S. 42-56, S. 83-87, S. 91-110, S. 145-150.
703 Hansing 1888.
704 Auch dieses Buch enthielt die grundlegenden akustischen Gesetzte, die für den Klavierbau von Bedeutung waren. Vgl. Blüthner/Gretschel 1872: S. V-VI.
705 Vgl. Pfeiffer 1948.
706 Dolge, 1911. Dolge, Alfred: Pianos and their Makers. Volume II. Development of the Piano Industry in America since the Centennial Exhibition at Philadelphia, 1876. Covina 1913.

waren für die Öffentlichkeit gedacht, wie die Manuskripte von Berger und Willi Grotrian belegen.[707]

Hansings Buch zeichnete sich, wie bereits seine Artikel im „Sprechsaal", explizit durch seine beeindruckenden physikalischen und akustischen Kenntnisse aus. 1909 wurde es erneut in 2. Auflage veröffentlicht und 1950 folgte ein unveränderter Reprint dieser Auflage. Zudem publizierte er sein Buch in englischer Sprache, mit Hilfe seiner Tochter Emmy Hansing-Perzina für den amerikanischen Markt.[708] Sein Buch zählte damit über 60 Jahre lang zur gängigen Fachliteratur des Klavierbaus und wurde von Klavierbauern gelesen. Hiervon zeugen unter anderem die Manuskripte von Willi Grotrian, aus dem Jahr 1906, und Berger, aus dem Jahr 1955, die direkt auf ihn verwiesen. Willi Grotrian hatte die Arbeit Hansings intensiv studiert und war im Besitz der ersten und zweiten Auflage. Vor allem die erste Auflage hatte er 1900 intensiv gelesen, was zahlreiche, leider kaum zu entziffernde Anmerkungen und Unterstreichungen, sowie eine Notiz von Willi Grotrian belegen: „14. III 1900 W. G."[709] Dolge zählte Hansing bereits 1911 zu einer der wichtigsten Persönlichkeiten des Klavierbaus. Hansings Arbeit war für ihn wegweisend und bahnbrechend:

> „His studies in the realm of acustics disclose a most penetrating mind capable of exact logical reasoning. He bases his conlcusions on exhausive studies, without regard to the accepted theories of earlier scientists. As a thoroughly practical piano maker and master of his art, Hansing studied cause and effect in its application to the piano […].“[710]

Dolge unterstrich die Kombination Hansings akustischer Kenntnisse und seiner Erfahrungen, die er durch seine langjährige Tätigkeit als Klavierbauer gesammelt hatte. Auch Pfeiffer huldigte Hansing im Vorwort zum Nachdruck dessen Buches 1950 als großen Mann des Klavierbaus. Es wurde nicht aktualisiert, obwohl Hansings Mensurtheorie zu diesem Zeitpunkt bereits veraltet war. „[…] es ist – und zwar ausdrücklich in der alten, vertrauten Gestalt – noch heute eine Fundgrube klavierbaulicher Erfahrungen und in einer gediegenen Fachbücherei gar nicht zu entbehren.“[711]

Hansing gliederte sein Buch in 15 Kapitel und verfasste damit eine umfassende akustische Studie des Klaviers. Er begann mit der Überlegung, warum Körper laut werden konnten. Das zweite Kapitel beschäftigte sich mit den Eigenschaften des Tones, das dritte Kapitel mit der Tonfarbe und das vierte Kapitel mit den Ton-

---

707 Siehe Kapitel 5.
708 Vgl. Hansing 1909. Hansing, Siegfried: Das Pianoforte in seinen akustischen Anlagen. Neudruck 1950. Schwerin 1950. Vgl. Hansing/Hansing-Perzina 1904.
709 Handschriftliche Notiz in: Hansing 1888: S. 176.
710 Dolge 1911: S. 8, S. 426.
711 Hansing 1950: S. VII.

verhältnissen. Diese grundlegenden Überlegungen schloss er mit dem fünften und sechsten Kapitel zu Kombinations- und Obertönen der Klaviersaiten ab. Es folgten Kapitel sieben und acht, zu dem Schwingungssystem tönender Klaviersaiten und den Saitenmensuren. In Kapitel neun widmete er sich dem Resonanzboden, gefolgt von Kapitel zehn zur Aufstellung der Mechaniken. Er schloss seine Studie mit den Kapiteln elf bis 13 zur Fortpflanzung des Luftkörpers, der Raumakustik und zu Störungen in der rhythmischen Bewegung tönender Körper ab. Die zweite Auflage seines Buches hatte er durch mehrere Kapitel zu einzelnen Bestandteilen, wie zum Beispiel dem Resonanzboden, der Mechanik, der Rast und dem Eisenrahmen erweitert und somit ein umfassendes Handbuch der Klavierakustik und des Klavierbaus geschaffen. Wie in seinen Sprechsaalartikeln berief er sich auch in seinem Buch auf die großen Physiker des 19. Jahrhunderts: Helmholtz, Tyndall und Chladni.[712]

Im Kapitel über das Schwingungssystem der Klaviersaiten wird deutlich, dass Hansing zwar über beeindruckende physikalische Kenntnisse verfügte, er in der Lage war, sie auf sein Tätigkeitsfeld anzuwenden und für ein nichtwissenschaftliches Publikum darzustellen, aber doch ein Klavierbauer blieb, der seine Kenntnisse durch die gängige Fachliteratur und Studien fremder Instrumente erweiterte. So berichtete er:

> „In Deutschland ansässig, sind mir im Laufe der Zeit Piano von allen grösseren Firmen dieses Landes unter die Finger gekommen und ich hatte mir von diesen Pianos Mensuren der Saiten, Resonanzboden und andere Verhältnisse notirt und dabei auch Skizzen genommen. [...] Unter den fremdländischen Pianos sind mir gleichfalls zu der Zeit einige genau bekannt geworden, darunter befanden sich mehrere Erard aus Paris, auch einen Flügel aus der Fabrik von Broadwood, London; dagegen fehlte mir ein genauer Einblick i[n] amerikanische Piano so ziemlich ganz [...]."[713]

Nach seiner Auswanderung in die USA dürfte er reichlich Gelegenheit gehabt haben, auch die Instrumente von Steinway & Sons zu analysieren. Er untersuchte die Instrumente jedoch nicht nur nach deren Konstruktionsweise, sondern versuchte auch theoretische Aussagen, unter anderem von Helmholtz, an ihnen zu untersuchen:

---

712 Vgl. Hansing 1888: S. 6-7, S. 25-26, S. 70.
713 Ebenda: S. 72.

„Steinway hat als Anschlagsstelle des Hammers 1/8 und nicht wie Helmhlotz befürwortet 1/7 oder 1/9 der Saitenlänge. Was nun bewog den Praktiker Steinway, dem Verehrer Helmholtz, zu dieser Annahme? Es war der Thatbestand dass er bei einer geraden Theilungszahl der Saiten einen weit besseren Erfolg errang, wie mit einer ungeraden Zahl."[714]

In der zweiten Auflage fehlen seine Ausführungen zu der Untersuchung an fremden Instrumenten fast vollständig. Seine Artikel im „Sprechsaal" bildeten die Grundlage seines Buches, denn Hansing bezog sich in seinem Vorwort konkret auf diese Artikel und verstand sein Buch als eine Weiterführung dieser ersten Überlegungen und als Resultat seiner langjährigen Erfahrung als Klavierbauer:

> „Da ich auch nach jeder Richtung des Clavierbaues hin eine practische Ausbildung erlangt habe, so bin ich durch diese um so mehr in den Stand gesetzt, in den beiden Ländern, Deutschland und Amerika (die heute im Clavierbau am weitesten vorausgeschritten sind), die eingehendsten Studien an den besten und den verschiedensten Fabrikaten beider Länder mit Erfolg zu machen. Die Schlussfolgerungen, die ich aus diesen Studien gewonnen habe, die zu veröffentlichen, ist der eigentliche Zweck und Schreiben dieses Buches."[715]

Er hatte zahlreiche Versuche an verschiedenen Instrumenten durchgeführt und knüpfte somit eine Verbindung zwischen theoretischer Akustik und praktischem Klavierbau. Er sah die Akustik als „[…] Inbegriff aller akustischen Anlagen im Clavierbau […]."[716] Jedoch kritisierte er die theoretische Akustik, die an den realen Gegebenheiten des Klavierbaus vorbeiginge. Hansing wollte die Akustik mit der Praxis des Klavierbaus verbinden, war sich jedoch bewusst, dass nicht jeder Klavierbauer imstande war, Theorie und Praxis zu vereinen:

> „Wohl bin ich hierbei zu der Ueberzeugung gekommen, dass Niemand im Stande sein wird, das unsichtbare Treiben eines tönenden Köpers für die grosse Masse der Pianomacher verständlich zu bringen, und zwar aus dem Grunde, weil ihnen die Uebung fehlt, mit geistigen Auge dem Thatbestande zu folgen."[717]

Er erkannte, dass ein Klavierbauer ein gutes Klavier auch ohne Kenntnisse der Akustik, basierend auf seiner Erfahrung bauen konnte. Doch erst die Akustik würde den Klavierbauern eine geistige Erkenntnis ihrer Tätigkeit ermöglichen. Zwar bestätigte er die Wichtigkeit von Erfahrungen, die er vor allem bei den italienischen Geigenbauern sah, doch betonte er:

---

714 Hansing 1888: S. 73.
715 Ebenda: S. 1.
716 Ebenda.
717 Ebenda: S. 2.

„Nicht ein vorschriftsmässiges Abmessen der Flächen mit dem Zirkel oder das Nachbilden eines Modells garantirt ein vollkommenes Gelingen des Instrumentes, sondern hier muss das Gefühl des Tastsinnes viel dazu beitragen helfen, und nur der kann etwas Aussergewöhn[l]iches hervorbringen, der sich neben der Praxis eine wissenschaftliche Kenntniss von dem Wesen des Instrumentes angeeignet hat."[718]

Er sah diese Praxis als Ergänzung zu akustischen Kenntnissen, die seiner Meinung nach für Klavierbauer nur durch einen erfahrenen Klavierbauer dargestellt werden könnten. Für ihn war die Akustik ein Schatz, den er in Kombination mit seiner Erfahrung in einem Buch vermitteln wollte. Wie in seinen Sprechsaalartikeln verstand sich Hansing auch hier als Vermittler zwischen Physikern und Handwerkern, zwischen Wissenschaft und nichtwissenschaftlichem Publikum. Er griff seine früheren Veröffentlichungen auf und bediente sich erneut einfacher lebensnaher Beispiele, um die komplizierten akustischen Phänomene möglichst einfach und anschaulich darzustellen. So verwendete er in seinem Kapitel über das „Schwingungssystem der tönenden Calviersaiten" wieder sein bereits im „Sprechsaal" zitiertes Beispiel der zwei Knaben mit einem Seil, um die Molekular-, Longitudinal- und Transversalschwingungen einer Saite zu verdeutlichen. Oder er versuchte anhand eines Haufen Kieselsteine, die in Bewegung versetzt wurden und dadurch rasselten zu erklären, dass „[e]in Körper [...] durch die Reibung seiner Materie laut werden [...]"[719] konnte. Seine Vermittlerrolle wird auch an dem zeitgenössischen Theorie-Praxis-Streit deutlich, an dem gleich mehrere Klavierbauer beteiligt waren, der in der Zeitschrift für Instrumentenbau ausgetragen wurde. Hansing nutzte seine Artikel in der Zeitschrift für Instrumentenbau als Grundlage für sein Lehrbuch. Er übernahm die Rolle eines Vermittlers oder Übersetzers indem er eine Akustik des Klavierbaus, die für Handwerker verständlich war, erklärte. Durch seine Publikationen zog er eine Verbindung zwischen theoretischer Akustik und praktischem Klavierbau. Der dargestellte Theorie-Praxis-Streit und Hansings Veröffentlichungen verdeutlichen die im Klavierbau vorherrschende Kombination und Gleichzeitigkeit unterschiedlichster Wissensarten, die sich nicht in einem linearen Prozess von individuellem *working knowledge*, über standardisiertes und systematisiertem Firmenwissen bis hin zu wissenschaftlichen Erkenntnissen entwickelte. All diese Wissensformen und dies ist entscheidend, existierten stets nebeneinander und wurden untereinander kombiniert.

Die Zeitschrift für Instrumentenbau im Allgemeinen und deren Rubrik „Sprechsaal" im Besonderen wurden von der Musikinstrumentenbaubranche intensiv zur Diskussion verschiedenster Sachverhalte genutzt. Im „Sprechsaal konnten viele Autoren unabhängig von ihren Aufenthaltsorten und Institutionen durch Zeichen-

---

718 Hansing 1888: S. 3.
719 Ebenda: S. 5. Vgl. Hansing 1909: S. 80-81.

systeme ihr Wissen zirkulieren lassen und selbiges diskutieren. Neben Zeitschriften, wurden auch öffentliche Mitteilungen von Klavierbauern genutzt, um abgelöst von ihren jeweiligen Aufenthaltsorten zu diskutieren, wie der bekannte öffentliche Briefwechsel, zwischen Theodor Steinway und Ludwig Bösendorfer in den Jahren um 1873. Die beiden Konkurrenten lieferten sich eine heftige Diskussion über Steinways auf der Wiener Weltausstellung von 1873 präsentierten Erfindung der Doppelskala.[720]

---

720 Steinways Erfindungen wurden mit den höchsten Auszeichnungen prämiert, während die Instrumente Bösendorfers nicht annähernd so gut abschnitten. Vgl. Bösendorfer, Ludwig: Neuerungen im Klavierbaue. Nr. 1. Eigenverlag Ludwig Bösendorfer 1873. S. 1. Archiv der Gesellschaft der Musikfreunde Wiens. 10727/111. Vgl. Bösendorfer, Ludwig: Die Doppelscala (double scale). Eigenverlag Ludwig Bösendorfer 1874. Archiv der Gesellschaft der Musikfreunde Wiens. 10485/133. Vgl. Bösendorfer, Ludwig: Auszug aus dem „Neuen Wiener Tagblatt" Nr. 20 vom 20. Jänner 1875. Archiv der Gesellschaft der Musikfreunde Wiens. 10795/111. Vgl. Steinway, C. F. Theodore: Steinway & Sons' in New York neue Erfindung der Duplex Scala (Doppelte Mensur.) Patent No. 126,848 vom 14. Mai 1872 und Herr Bösendorfer in Wien. In: Signale für die Musikalische Welt 33, 1875. S. 72-78. Archiv der Gesellschaft der Musikfreunde Wiens. 10795/111.

8. Schluss

„[…] doch die handwerkliche Erfahrung lässt sich
nicht blind anbeten."[721]

Richard Sennett

8.1 Zwischen Kunsthandwerk und Industrie – der Klavierbau im 19. und 20. Jahrhundert

In vorliegender Studie wurde die Entwicklung des deutschen Klavierbaus von 1830 bis 1930, ausgehend von folgender Fragestellung untersucht: *Wie entwickelte sich die handwerklich orientierte Industrie in den Jahren von 1830 bis 1930 hinsichtlich ihrer Produktionsweisen und der sie prägenden Wissensformen?* Ausgangspunkt war die Beobachtung, dass der Klavierbau auch heute noch meist mit einer kunsthandwerklichen Ein-Mann-Werkstatt assoziiert wird, in welcher der Meister über Jahre in mühevoller Handarbeit ein prächtiges Instrument baute.[722] Dieses verklärende Bild, welches sowohl auf den heutigen als auch den historischen Klavierbau zurückwirkt, wurde durch eine technikhistorische Analyse des Klavierbaus überprüft und dessen Entwicklung hinsichtlich seiner Produktionsweisen, Arbeitsmethoden und spezifischen Wissensformen dargestellt. Anhand von drei Firmen wurde erörtert, dass sich der Klavierbau bereits im 19. Jahrhundert im Zuge der Industrialisierung, einem sich wandelnden Musikgeschmack, der zunehmenden Bedeutung des Bürgertums als Träger der Musikkultur und damit einhergehend dem Aufstieg des Klaviers zum Statussymbol und zugleich zum Massenprodukt, von einem Handwerk zu einem industrialisierten Gewerbe wandelte, in dem verstärkt Maschinen zum Einsatz kamen und Klaviere arbeitsteilig gefertigt wurden. Diese industrielle Produktionsweise muss jedoch hinsichtlich der einzelnen Firmen differenziert werden. In allen untersuchten beziehungsweise dargestellten Betrieben herrschte eine industrialisierte Produktionsweise vor, die jedoch in ihrem Industrialisierungsgrad variierte.

In der Firma Steinway & Sons setzten sich industrielle Produktionsmethoden bereits in der zweiten Hälfte des 19. Jahrhunderts durch. Die Firma verfügte bereits um 1870 über eine riesige Fabrikanlage, in der jährlich 2.500 Instrumente mit modernsten Maschinen hergestellt werden konnten. Steinways Produktion zeichnete sich ferner durch eine vertikale Integration all jener Produktionszweige aus,

---

721 Sennett 2008: S. 386.
722 Vgl. Zuna-Kratky 2005: S. 142-143.

die zur Herstellung von Klavieren notwendig waren. So wurden Eisen- und Messingschmelzereien, ein Sägewerk und Metallverarbeitungsbetriebe in die Fabrik integriert. Bis auf die Klaviaturen wurden alle Bestandteile im eigenen Werk produziert. In Kombination mit einer weitreichenden Arbeitsteilung war Steinway & Sons bereits um 1870 in der Lage, Klaviere in Massenproduktion herzustellen.[723]

Das Beispiel der Firma Bösendorfer zeigt eine andere industrielle Herstellungsweise, in der weniger auf Arbeitsmaschinen gesetzt wurde als vielmehr auf eine bereits 1870 ausdifferenzierte und weitreichende Arbeitsteilung. Über 15 verschiedene Arbeitsschritte, die jeweils von unterschiedlichen Personen ausgeführt wurden, sind nachweisbar. Zudem wird deutlich, dass einzelne Arbeiten meist von einer kleinen Gruppe von Arbeitern oder gar von nur ein oder zwei Personen ausgeführt wurden. Dies lässt darauf schließen, dass für bestimmte Arbeiten, wie dem Bodenmachen oder Stimmen, ein spezifisches *working knowledge* benötigt wurde, welches sich durch jahrelange Erfahrung entwickelte und akkumulierte. Es ist davon auszugehen, dass auch bei Bösendorfer Maschinen, zumindest für gröbere Vorarbeiten, verwendet wurden. Denn 1910 wurden insgesamt 440 Instrumente produziert, was bedeutete, dass täglich ein bis zwei Instrumente das Werk verließen.[724] Auffallend ist, dass das verklärende Bild des Klavierbaus als Kunsthandwerk auch noch zu Beginn des 20. Jahrhunderts kultiviert wurde. Hiervon zeugen unter anderem die Fotografien aus der Produktion Bösendorfers. Zwar ist festzuhalten, dass die Produktionsweisen Bösendorfers auch in der ersten Hälfte des 20. Jahrhunderts handwerklich geprägt blieb, Klaviere jedoch durch ausdifferenzierte Arbeitsteilung mit geringer Mechanisierung industriell gefertigt wurden.

Die Entwicklung von einer handwerklichen Produktionsweise zu industriellen Produktionsformen, in denen Arbeitsmaschinen vermehrt in arbeitsteilig organisierten Fabriken zum Einsatz kamen, konnte am Beispiel der Firma Grotrian-Steinweg nachgezeichnet werden, die sich im Laufe des 19. Jahrhunderts zu einem stattlichen Fabrikbetrieb entwickelte, der sich durch eine ausgeprägte Formalisierung und Standardisierung der Produktion bei gleichzeitiger Standardisierung und Systematisierung von Firmenwissen auszeichnete. Im Vergleich zu den historischen Fotografien der Firma Bösendorfer vermitteln mehrere Aufnahmen der Firma Grotrian-Steinweg aus dem Jahr 1924 ein Bild des arbeitsteiligen und mechanisierten Klavierbaus. Zu dieser Zeit betrieb die Firma eine Fabrikanlage auf 30.000 m² Betriebsfläche und beschäftigte ca. 900 Menschen. Die Produktion wies über 20 verschiedene Arbeitsschritte auf und griff auf eine Vielzahl von Spezialmaschinen zurück, die für die Bedürfnisse des Klavierbaus entwickelt worden

---

723 Vgl. Lieberman 2001: S. 43-44, S. 125-128. Vgl. Ehrlich 1990: S. 50-54. Vgl. Chandler 1977: S. 7.
724 Vgl. Meglitsch 2005: S. 64-65. Vgl. Cizek 1989: S. 57.

waren, wie zum Beispiel eine hydraulische Furnierpresse. Die Firma bediente sich ferner wissenschaftlicher Methoden, die einhergingen mit der technisch-mechanisierten Umgebung. Auffallend ist, dass die Firma Grotrian-Steinweg diese Methoden nicht nur in ihrem Firmenalbum demonstrativ in Szene setzte, sondern Ende der 1920er Jahre ein firmeninternes akustisches Laboratorium aufbaute, in dem der Physiker Hörig in Absprache mit der Firmenführung und den Mitarbeitern wissenschaftliche Versuche durchführte und hierauf basierend Konstruktionsvorschläge ausarbeitete.

Zusammenfassend ist festzuhalten, dass sich der Klavierbau im Laufe des 19. und 20. Jahrhunderts von kleinen handwerklichen Betrieben, geprägt durch geringe Betriebsgrößen, hohen Anteil an Handarbeit mit geringfügiger Mechanisierung und Arbeitsteilung, sowie überwiegend auf Bestellung angefertigten Produkten für den lokalen Markt, zu industriellen Großbetrieben entwickelte, die sich unter anderem durch eine weitreichende Mechanisierung, Arbeitsteilung und Massenproduktion für den überregionalen Markt auszeichneten. Diese Untersuchungen belegen, dass das noch heute kultivierte Bild des Klavierbauers als kunsthandwerkliche Ein-Mann-Werkstatt sowie die Annahme, dass nur die Erfahrung und das Können eines guten Klavierbauers für die Fertigung eines künstlerisch anspruchsvollen Klaviers entscheidend waren, revidiert werden muss.[725] Denn der Klavierbau ist bereits Ende des 19. Jahrhunderts als Industrie zu bezeichnen, wenn auch bestimmte Produktionsschritte immer von Handarbeit geprägt blieben. Dies gilt bis heute.

8.2 Erklärungspotential der Analysekategorien Wissens-*Speicher* – Wissens-*Stätte* – Wissens-*Forum*

Im Zuge des Übergangs zu industriellen Produktionsweisen, so die Annahme, wandelten sich auch die Formen des Wissens sowie dessen Tradierung innerhalb des Klavierbaus. Trotz arbeitsteiliger Produktionsweisen kam es jedoch weiterhin auf ein spezifisch körperlich gebundenes Erfahrungswissen der Klavierbauer an. Hieraus entwickelte sich folgende erste These: *Auch im industriellen Klavierbau, als Beispiel einer handwerklich orientierten Industrie, blieb Wissen immer bis zu einem gewissen Grade an Personen gebunden und zeichnete sich durch örtliche Gebundenheit und informelle Tradierung aus.* Dieses Wissen wurde charakterisiert, im Sinne des soziologischen Konzeptes des *working knowledge* von Harper, das sich aus drei Komponenten zusammensetzt: (1) *learning by doing*, dem informellen Lernen während der Kindheit, (2) *knowledge of material*, dem einfühlsamen Wissen um die Beschaffenheit des Materials und (3) *kinesthetic sense*, einer spezi-

---

725 Vgl. Zuna-Kratky 2005: S. 142-143.

fischen Körperbeherrschung im Umgang mit Material und Werkzeug.[726] Dieses Konzept erwies sich als geeignet, das spezifische, leiblich gebundene Erfahrungswissen der Klavierbauer zu charakterisieren, denn es ermöglichte in den Beschreibungen praktischer Tätigkeiten die einzelnen Komponenten des *working knowledge* aufzudecken. Die untersuchten Quellenbestände zeigten, dass *working knowledge* auch im industrialisierten Klavierbau immer bis zu einem gewissen Teil an Personen gebunden blieb, informell tradiert wurde und örtliche Besonderheiten aufwies. Hiervon zeugen unter anderem die Notizbücher Kurt Grotrians, der zwar bemüht war, seine Erfahrungen zu fixieren, diese jedoch nur umschreiben konnte. Es gelang ihm nicht, diese vollständig zu formalisieren. Desweiteren wurde vermutet, dass sich dieses Wissen in unterschiedlichen Wissensräumen zeigte, beziehungsweise festgehalten wurde. Diese Annahme führt zur zweiten These: *Der Klavierbau des 19. und 20. Jahrhunderts zeichnete sich durch unterschiedliche Wissensformen aus. Der Prozess der Wissensgenerierung verlief jedoch nicht linear von einem informellen, an lokale Bedingungen geknüpften working knowledge, bis hin zur Verwissenschaftlichung und Zirkulation von Wissen. Vielmehr war die Wissensproduktion geprägt von Gleichzeitigkeit und einem Nebeneinander unterschiedlicher Wissensformen, die in verschiedenen Speichern, Stätten und Foren parallel erzeugt und fixiert wurden.* Beide Thesen wurden mit Hilfe des entwickelten Analysekonzepts der Wissensräume, basierend auf aktueller wissenschafts- und technikhistorischer Forschung, nachgegangen. Hierzu wurden die drei analytischen Kategorien Wissens-*Speicher*, Wissens-*Stätte* und Wissens-*Forum* entwickelt.[727] Die Kategorie der Wissens-*Speicher* umfasst individuelle materielle Aufzeichnungsgegenstände, die Kategorie Wissens-*Stätten* die physischen und materiellen Stätten, an denen Forschung betrieben und Wissen generiert wurde und die Kategorie des Wissens-*Forums*, von geographischen oder gebauten Orten abgelöste Diskussionsforen, die einen Austausch formalisierbaren Wissens durch Zeichensysteme ermöglichten. Dieses Konzept diente als Rahmen der Untersuchung verschiedener Quellenbestände. In Kombination mit dem Konzept des *working knowledge* ermöglichten die Analysekategorien der Wissensräume nicht nur die Hinterfragung des Nebeneinanders verschiedener Wissensformen im Klavierbau, sondern auch danach zu fragen, wo Wissen generiert und in welchen Wissensräumen selbiges aufzuspüren war, und in letzter Konsequenz dessen räumliche Bedingtheit aufzudecken. Die topologische Deutung des vielschichtigen Quellenmaterials erlaubte es, die jeweiligen spezifischen Bedingungen der Wissensproduktion in den entsprechenden Wissensräumen aufzuspüren.

So zeigte die Analyse individueller Notizbücher, dass diese Wissens-*Speicher* unterschiedliche Wissensformen aufnahmen und für ihre Autoren bereitstellten.

---

726 Vgl. Harper 1987.
727 Vgl. Ash 2000. Vgl. Heßler 2007.

Ferner kam es zu einer Kombination aus *working knowledge*, Wissen aus Fachbüchern und Zeitschriften sowie Wissen, welches aus Instrumenten herausgelesen wurde. Notizbücher boten ihren Urhebern zudem die Möglichkeit, ihrem Wissen freien Lauf zu lassen, denn ihre Notizbücher waren nur für sie bestimmt und die hierin fixierten Inhalte wurden nicht von Außenstehenden gelesen und bewertet. Durch ihre Mobilität erlaubten diese Wissens-*Speicher*, dass sie schnell und jederzeit zur Verfügung standen. Durch ausgeklügelte Ordnungssysteme wurde das in ihnen festgehaltene Wissen strukturiert und ständig neu gegliedert. Die Notizbücher Kurt Grotrians, die Ende des 19. Jahrhunderts entstanden, zeugen zudem von der Entwicklung des Klavierbaus von handwerklichen Betrieben zu großen industriellen Fabriken. Hier finden sich, im Gegensatz zu den Notizbüchern des Orgel- und Klavierbauers Wirths aus der ersten Hälfte des 19. Jahrhunderts, zahlreiche Inhalte zur Arbeitsorganisation, betrieblicher Infrastruktur und Personalführung großer Fabriken. Die Untersuchung der Notizbücher mit der Analysekategorie der Wissens-*Speicher* zeigte zudem, dass das individuelle Wissen von Klavierbauern nicht ausschließlich aus informellem *working knowledge* bestand, was sich als solches jedoch nur umschreiben und nie in Gänze fixieren ließ. Zwar war *working knowledge* elementarer Bestandteil ihres Wissens, wurde jedoch kombiniert mit Wissen, das sie zum Beispiel aus Instrumenten herauslasen oder Fachbüchern und Fachzeitschriften entnahmen. Die Fixierung unterschiedlicher Wissensbestände zeigte sich auch in einem anderem Wissens-*Speicher*, dem Anfang des 19. Jahrhunderts verfassten Manuskript von Willi Grotrian, in dem er eine Formalisierung und Systematisierung des internen Firmenwissens vornahm. Auch er kombinierte Wissen, welches er aus Gesprächen mit Wissenschaftlern sowie aus der Fachliteratur und eigenen Versuchen gewonnen hatte, mit seinem individuellen *working knowledge*. Auffallend ist, dass sich neben technischen Inhalten auch betriebswirtschaftliche und ökonomische Überlegungen finden, die Willi Grotrian zu einem *seamless web* im Sinne Hughes, einer Verbindung aller für die Entwicklung und Herstellung von Klavieren wichtigen Themen, verknüpfte.[728] Im Gegensatz zu den individuellen Wissens-*Speichern*, in Form von Notizbüchern, war dieser Wissens-*Speicher* nicht nur für Willi Grotrian bestimmt, sondern diente zur Formalisierung und Systematisierung des internen Firmenwissens und war anderen zugänglich. Weiterhin konnte festgestellt werden, dass der Prozess der Formalisierung und Standardisierung der Produktion innerhalb der Firma Grotrian-Steinweg mit einem Prozess der Formalisierung und Systematisierung des Firmenwissens einherging. Dieser hatte bereits mit den Notizbüchern Kurt Grotrians begonnen und wurde mit dem Manuskript von Willi Grotrian fortgeführt, welches sowohl ein Zeugnis dieses Prozesses ist, als auch Bestandteil selbigen und in der Einrichtung des firmeninternen akustischen Laboratorium 1927 kumulierte.

---

728 Vgl. Hughes 1986: S. 285-287. Vgl. Hughes 1983: S. 29.

Die Analyse dieses von 1926 bis 1931 bestehenden Laboratoriums unter spezieller Berücksichtigung der Analysekategorie der Wissens-*Stätte* ermöglichte eine annähernde Reproduktion dieser Stätte der Wissensproduktion und ihrer Bedeutung für „[…] die Wissensproduktion und […] Diffusion […].“[729] Diese war auf die Produktions- und Konstruktionsweisen der Firma Grotrian-Steinweg abgestimmt und an dem spezifischen lokalen Wissen orientiert. Der Physiker Hörig generierte vielmehr lokal bedingtes Wissen. Ferner kam es zu einer Kombination von Theorie und Praxis, formalisiertem wissenschaftlichen Wissen und informellem *working knowledge*. Die Besonderheit dieser Wissens-*Stätte* lag nicht nur in ihrer zu vermutenden Einmaligkeit, denn weder in der Forschungsliteratur noch in den anderen untersuchten Firmen fanden sich Hinweise auf solch ein Laboratorium, sondern auch in der Verbindung verschiedener Wissensformen. Die Anwendung der Analysekategorie der Wissens-*Stätte* führte zur Erkenntnis, dass die Forschungsarbeit Hörigs auch geprägt war von *working knowledge*, denn Forscher waren nicht nur Theoretiker, sondern entwickelten auch informelles *working knowledge*. Andererseits ist wiederum auch bei den Praktikern zu beobachten, dass diese sich des theoretischen Wissens bedienten und dieses mit ihrem informellen *working knowledge* verknüpften.

Diese Kombination unterschiedlicher Wissensformen zeigte sich ebenfalls durch die mit Hilfe der Analysekategorie des Wissens-*Forums* in einem weiteren Schritt durchgeführte Untersuchung der Zeitschrift für Instrumentenbau, die als zentrales Publikations- und Diskussionsorgan der Musikinstrumentenbaubranche fungierte. So nutzte unter anderem Hansing die Zeitschrift und vor allem die Rubrik des „Sprechsaals“, um seine Arbeitsergebnisse auf dem Gebiet der Akustik des Klaviers zu publizieren. Hansing verfügte über die Fähigkeit, wissenschaftliche Forschungsliteratur, wie zum Beispiel die Arbeiten Helmholtz's, zu analysieren, diese anhand lebensnaher Beispiele verständlich für Klavierbauer zu erklären und somit eine einprägsame Verbindung zwischen Klavierbau und theoretischer Akustik zu schaffen. Hansings Artikel zeugen zudem von der Kombination und Gleichzeitigkeit unterschiedlicher Wissensarten im Klavierbau. Diese entwickelten sich, und dies ist zu betonen, nicht in einem linearen Prozess, ausgehend von individuellem *working knowledge* über formalisiertes und systematisiertes Firmenwissen, bis hin zu wissenschaftlichen Erkenntnissen, die in Laboratorien und durch das Studium gängiger wissenschaftlicher Publikationen generiert wurden. Vielmehr zeichnete sich das Wissen im Klavierbau durch ein Nebeneinander und die Gleichzeitigkeit dieser verschiedenen Wissensformen aus, die in unterschiedlichen Wissensräumen hergestellt und fixiert wurden. Die Klavierbauer der damaligen Zeit waren sich der Bedeutung sowohl des informellen *working knowledge* als auch des formalisierten wissenschaftlichen Wissens durchaus bewusst. Eine Formalisie-

---

729 Heßler 2007: S. 17.

rung des Wissens lag nicht erst vor, wenn ein ausformulierter Artikel für die Zeitschrift für Instrumentenbau vorlag, sondern bereits, wenn Klavierbauer versuchten, ihre eigenen Empfindungen und Beobachtungen, ihr individuelles *working knowledge* in ihren Notizbüchern festzuhalten. Hierauf verweist der innerhalb des „Sprechsaals" über mehrere Wochen geführte Theorie-Praxis-Streit, in dem verschiedene Klavierbauer die Bedeutung beider Wissensformen unterstrichen und für deren Kombination plädierten.

8.3 Ausblick – der Klavierbau nach dem Ersten Weltkrieg

Die Branche des Klavierbaus wuchs bis zum Ersten Weltkrieg stetig. Der Krieg traf den Klavierbau empfindlich und er konnte sich anschließend nur langsam erholen. Während des Krieges stellten zahlreiche Hersteller ihre Produktion ein oder auf Kriegsgüter um. Zudem hatten sie mit Materialknappheit und Arbeitskräftemangel zu kämpfen. In der Zeit nach dem Ersten Weltkrieg konnten deutsche Klavierhersteller nur noch einen Bruchteil ihrer Fertigungskapazität nutzen. Viele Zulieferbetriebe schlossen ihre Pforten. Hinzu kam die Weltwirtschaftskrise Ende der 1920er Jahre, die den Markt für Luxusgüter erheblich schwächte und in deren Zuge viele kleinere Hersteller aufgeben mussten. Im Vergleich zum Ersten Weltkrieg wirkte sich der Zweite Weltkrieg weit weniger verheerend auf den Klavierbau aus, da, wie Ehrlich hervorhebt, es weit weniger zu zerstören gab.[730] Während dieses Krieges wurden einige Firmen, wie zum Beispiel Blüthner in Leipzig, durch Luftangriffe nahezu völlig zerstört. Hinzu kamen erneut Materialknappheit, zum Beispiel das Eisen für die Rahmen, sowie der Mangel an fähigen Arbeitskräften, denn wesentliche Teile der Belegschaft wurden zum Kriegsdienst eingezogen. Viele Betriebe stellten erneut auf die Produktion von Kriegsgütern um, wie die Firma Grotrian-Steinweg, die Flugzeugtriebwerke herstellte. Einige Hersteller produzierten auch spezielle Klaviere fürs Feld, wie zum Beispiel Steinway & Sons, die mit ihrem „Victory Vertical" ein kleines und leichtes Pianino bauten, welches zur Unterhaltung der US-Soldaten im Feld beitragen sollte. Durch die Flucht und Vertreibung der deutschen Bevölkerung aus den ehemaligen Ostgebieten mussten auch zahlreiche Klavierhersteller ihre Produktionsanlagen zurücklassen und im Westen neu anfangen. So zum Beispiel das 1849 gegründete schlesische Unternehmen Seiler.[731] Es gelang, Schablonen, Konstruktionszeichnungen und Gusseisenrahmenmodelle in den Westen zu retten und so konnten zunächst in Dänemark die ersten Klaviere wieder gefertigt werden, bevor das Unternehmen 1956 in Nürnberg neu gegründet und 1959 nach Kitzing verlegt wurde. In der Nachkriegszeit lag der

---

730 Vgl. Ehrlich 1990: S. 194-195.
731 Die noch heute bestehende Ed. Seiler Pianofortefabrik, gegründet von Eduard Seiler (1814-1875), produzierte 1871 110 Flügel und 550 Pianinos mit 112 Arbeitern. Die Firma beschäftigte 1899 270 und vor dem Ersten Weltkrieg 350 Arbeiter. Vgl. Henkel 2000: S. 600-603.

Markt für Luxusgüter vorerst am Boden. Die Neubauten der 1950er Jahre waren eng und niedrig. Dementsprechend wurden kleinere und preiswertere Pianinos entwickelt, um sich den neuen Marktverhältnissen anzupassen. Denn die bürgerlichen Salons, in denen prächtige Flügel zur Grundausstattung gehörten und als Prestigeobjekt des Bürgertums betrachtet wurden, gehörten nun der Vergangenheit an. 1947 wurde der „Fachverband Deutsche Klavierindustrie" gegründet. Nach dem Zweiten Weltkrieg betraten vermehrt asiatische Hersteller die Bühne des Klaviermarktes. Das Wachstum der japanischen Klavierindustrie war beeindruckend, denn sie entwickelte sich innerhalb eines Jahrzehnts zum größten Klavierhersteller der Welt. Produzierte das Land 1953 noch 10.000 Instrumente, wurde diese Zahl 1969 auf 257.000 Instrumente gesteigert. Damit hatte das Land der aufgehenden Sonne die US-amerikanischen Hersteller um 35.000 Instrumente übertroffen, sich an die Spitze der Klavier herstellenden Länder gesetzt und eine neue Zeit des Klavierbaus begründet.[732] Allein die Entwicklung des Klavierbaus seit dem Ersten Weltkrieg und der rasante Aufstieg asiatischer Hersteller bieten eine Fülle von spannenden Forschungsperspektiven für weitere Arbeiten.

8.4 Forschungsperspektiven

Im Mittelpunkt dieser Untersuchung standen nicht die Instrumente, die Klaviere, die die betrachteten Klavierbaufirmen herstellten. Durch die Analyse individueller Aufzeichnungen wurde jedoch deutlich, dass die Klavierbauer Wissen aus den Instrumenten lasen, das heißt, dieses Wissen für andere bereitstellten. Aus dieser Feststellung folgt, dass weiterführende Untersuchungen des Klavierbaus danach fragen sollten, in wieweit Instrumente Wissens-*Objekte* darstellen, um an die instrumentenkundliche Forschung anzuknüpfen. Ein objektorientierter Ansatz verspricht nicht nur neue Erkenntnisse über die sich wandelnden Konstruktionsweisen und die instrumentenkundliche Entwicklung der Klaviere, sondern auch Erkenntnisse über deren Funktion als Wissensträger. Es stellt sich die Frage, welche Art von Wissen in den Instrumenten gespeichert ist und wie es sich herauslesen lässt. Desweiteren sollte betrachtet werden, in wieweit, ausgehend von den Instrumenten, deren spezifische Produktionsweise rekonstruiert werden kann. Denn es ist davon auszugehen, dass Instrumente nicht nur als Wissens-*Objekte* Wissen bezüglich ihrer Konstruktionsweisen, sondern auch Wissen über ihre Herstellung beinhalten. Solch ein objektbezogener Forschungsansatz setzt voraus, dass mehrere Klaviere eines Herstellers aus einem möglichst großen Zeitraum verfügbar sind, um eine Entwicklung nachzeichnen zu können. In den meisten Museen oder Musikinstrumentensammlungen kann zwar die Geschichte des Klaviers hinsichtlich seiner Konstruktion durch verschiedene Exponate dargestellt werden, jedoch stammen

---

732 Vgl. Ehrlich 1990: S. 194-195. Vgl. Ely 2000: S. 196-207.

diese meist von verschiedenen Herstellern. Ein solcher Forschungsansatz bedarf der engen Zusammenarbeit mit Museen und Klavierbaufirmen, um möglichst viele Instrumente unterschiedlichen Datums des jeweiligen Herstellers analysieren zu können.

Zudem wurde deutlich, dass zahlreiche Klavierbauer sich wissenschaftlich betätigten und, aus der Praxis stammend, sowohl Artikel als auch Bücher zum Klavierbau verfassten. Interessant im Zusammenhang mit der Frage nach dem Wissen des Klavierbaus erscheint, dass ein Großteil der Fachliteratur von Autoren geschrieben wurde, die den Beruf des Klavierbauers erlernt hatten und ausübten. Zu den bekanntesten von Klavierbauern verfassten Lehrbüchern zählen die bereits mehrfach in dieser Studie erwähnten Werke von Hansing, Dolge, sowie Blüthner und Gretschel. Letzteres ist, basierend auf einer Zusammenarbeit zwischen einem Klavierbauer und einem Mathematiker entstanden.[733] Vor allem das Lehrbuch Hansings bedarf einer detaillierten Analyse, denn es gehörte nicht nur über 60 Jahre zum gängigen Wissenskanon des Klavierbaus, vielmehr entwarf Hansing darin eine umfassende Akustik des Klaviers. So verspricht ein Vergleich der drei Auflagen von 1888, 1909 und 1950 des „Pianoforte in seinen akustischen Anlagen", die Entwicklung und Veränderung des formalisierten Wissens im Klavierbau nachzeichnen zu können.[734] Jedoch müssen auch andere Werke herangezogen werden, um eine differenzierte Geschichte der Publikationen von Klavierbauern für Klavierbauer zu ermöglichen und so weitere Wissensräume zu erschließen. Desweiteren scheint eine Recherche in Klavierbaufirmen nach Ausgaben der Standardwerke ein vielversprechender Ansatz zu sein, denn mit etwas Glück gelingt es, Exemplare zu finden, die von Klavierbauern gelesen und mit persönlichen Anmerkungen versehen wurden, wie zum Beispiel die während der Recherche zu dieser Arbeit entdeckte Ausgabe des Werkes Hansings, welches von Willi Grotrian studiert wurde und in die er zahlreiche Anmerkungen und Hervorhebungen einfügte. Eine solche Analyse könnte Rückschlüsse auf den individuellen Umgang mit und auf Aneignungsprozesse von formalisiertem Wissen ermöglichen. Zu untersuchen ist in diesem Zusammenhang zudem, wie sich die Entwicklung des Klavierbaus und das Aufkommen von Lehrbüchern gegenseitig beeinflussten und aufeinander wirkten. Ebenfalls ist danach zu fragen, auf welche Art und Weise die Autoren komplexe physikalische und akustische Zusammenhänge ihren Kollegen verständlich machten. Im Falle Hansings geschah dies durch einfache lebensnahe Beispiele. Ferner gilt es zu untersuchen, wie sich zum Beispiel die akustischen Forschungen Helmholtz' auf den Klavierbau auswirkten. So ist diese Geschichte des Klavierbaus, die ihren Fokus auf das individuelle Wissen der Klavierbauer, dessen Generierung, Tradierung und räumlicher Bedingtheit legte, durch eine Ge-

---

733 Vgl. Dolge 1911. Vgl. Blüthner/Gretschel 1872. Vgl. Hansing 1888.
734 Vgl. Ebenda. Vgl. Hansing 1909. Vgl. Hansing 1950.

schichte des Klavierbaus zu ergänzen, die das formalisierte Wissen der Lehrbücher und Publikationen in den Mittelpunkt stellt und danach fragt, wie sich dieses Wissen entwickelte, von wem und wie es generiert wurde und wie es auf den Klavierbau zurückwirkte. Letztlich stellt sich die Frage, ob und wie aus Handwerkern Wissenschaftler wurden. Zudem muss die berufsfachschulische Ausbildung, die hier vermittelten Wissensbeständen und der Gebrauch der erwähnten Lehrbücher untersucht werden. Dies stellte sich jedoch als schwieriges Unterfangen heraus, denn in der Oscar-Walker-Schule war kaum historisches Quellenmaterial zum Unterricht vorhanden. Hier scheint die Recherche nach Mitschriften von Schülern ein vielversprechender Ansatz.

Eine weitere Forschungsperspektive bietet das bewusst kultivierte Bild des Klavierbaus als kunsthandwerkliche Ein-Mann-Werkstatt und die Analyse dessen, im Zusammenhang mit der Selbstdarstellung der Klavierbaubranche. In den Blick zu nehmen sind hierfür nicht nur wissenschaftliche und populärwissenschaftliche Veröffentlichungen, sondern auch die Selbstdarstellungen der Klavierbaufirmen: Welche Inhalte wurden in ihnen vermittelt und wie haben sich diese einhergehend mit den veränderten Produktionsmethoden gewandelt? Es ist danach zu fragen, welches Bild die Klavierbaubranche von sich selbst in der Öffentlichkeit pflegte. Aufschlüsse über diese Thematik verspricht zum Beispiel eine umfassende Analyse von Werbematerialien, in denen die Firmen nicht nur für ihre eigenen Produkte warben, sondern auch die eigene Produktion und den eigenen Beruf für die Öffentlichkeit in spezifischer Weise darstellten. Ein erster Blick in die Werbeschriften der Firma Grotrian-Steinweg belegte, dass diese sich im Laufe ihrer Geschichte veränderten und zu unterschiedlichen Zeiten verschieden mit der eigenen industriellen Produktionsweise verfahren wurde. In den Werbeschriften der Firma Grotrian-Steinweg zum Beispiel dominierte bis ca. 1920 die Darstellung namhafter Musiker und Künstler, die sich für ein Grotrian-Steinweg-Klavier entschieden hatten. Die fortschrittlichen industriellen Produktionsmethoden hingegen wurden eher beiläufig erwähnt. Dies änderte sich mit der Einrichtung des firmeninternen Laboratoriums Ende der 1920er Jahre. Denn nun wurden stolz die modernen Produktionsmethoden und die Anwendung wissenschaftlicher Erkenntnisse für die Konstruktion der Klaviere hervorgehoben und demonstrativ mit zahlreichen Fotografien aus dem Laboratorium in Szene gesetzt.

Weiterhin ist festzuhalten, dass die Zeit nach 1930 bisher nur wenig erforscht wurde. Auch der Untersuchungszeitraum dieser Studie endet an diesem Punkt, denn mit der Weltwirtschaftskrise und dem Ende des Zweiten Weltkriegs betraten neue Akteure die internationale Bühne des Klavierbaus. Hinzu kamen gravierende gesellschaftliche und politische Veränderungen, die die Funktion des Klavieres stark beeinflussten. So wirkte sich der Aufstieg der asiatischen Hersteller in den 1950er und 60er Jahren ebenfalls maßgeblich auf die Entwicklung der deutschen

Klavierindustrie aus. Ihnen gelang es, Klaviere zu sehr günstigen Preisen bei guter Qualität herzustellen. Sie drängten infolgedessen auf den europäischen Markt. Dies hatte auch Folgen für den deutschen Klavierbau und seine Produktionsweisen, die es zu untersuchen gilt. Letztlich bedarf die Geschichte des Klavierbaus in Deutschland, das über vierzig Jahre aus zwei Staaten bestand, einer Aufarbeitung der spezifischen Entwicklungen dieser Branche in Ost und West. Es ist zu hinter-fragen, wie sich die unterschiedlichen wirtschaftlichen, politischen und gesell-schaftlichen Systeme sowie verschiedenen Kulturauffassungen auf das Klavier und den Klavierbau auswirkten.

8.5 Fazit

Das individuelle *working knowledge*, die handwerkliche Erfahrung, war auch im indus-trialisierten Klavierbau von großer Bedeutung. Doch dem Zitat Sennetts folgend „[…] doch die handwerkliche Erfahrung lässt sich nicht blind anbeten […]"[735], muss zugefügt werden, dass sich Klavierbauer einer Vielzahl unterschiedlicher Wissens-arten bedienten und diese vereinten. Ferner ist festzuhalten, dass jede Firma ihren eigenen Weg der Wissensnutzung ging. Im Falle der Firma Grotrian-Steinweg entwickelte sich eine Firmenkultur der Generierung und Dokumentation des Wissens. Im Verlauf der Untersuchung wurde deutlich, wie sich innerhalb dieser Firma, parallel zu dem Prozess der Formalisierung und Standardisierung der Produktion der Prozess der Formalisierung und Systematisierung des Wissens ent-wickelte. Die Firmenmitglieder, allen voran die Brüder Willi und Kurt Grotrian, waren nicht nur darauf bedacht, ihre Produktion und Konstruktion wissenschaftlich zu fundieren, sondern auch das generierte Wissen, sei es nun das individuelle *working knowledge,* welches die beiden in der Lehre ausbildeten, die schriftliche Darstellung der Produktions- und Konstruktionsmethoden, oder die im firmen-eigenen Laboratorium betriebene Forschungsarbeit, präzise zu dokumentieren. Diese Firmenkultur mag damit zusammenhängen, dass die Firma Grotrian-Steinweg sich im Laufe ihrer Geschichte immer wieder gegenüber ihrem großen Bruder Steinway & Sons behaupten musste. Nachdem die Steinweg-Familie ihre Aktivitäten um 1860 völlig nach Amerika verlagerte, musste sich das Braun-schweiger Unternehmen auf dem stark umkämpften Klaviermarkt behaupten und beweisen, dass es auch ohne die Steinways gute Klaviere bauen konnte. Dieser Umstand dürfte nicht zuletzt dazu beigetragen haben, dass die Firma sich stets intensiv um die Generierung und Dokumentation von Wissen bemühte. Die umfangreichen Hinterlassenschaften der Firma zeugen von dieser spezifischen Firmenkultur der Generierung und Dokumentation von Wissen. Deren Dokumen-tation und nicht zuletzt das bis heute fortgeführte umfangreiche Firmenarchiv, in

---

735 Sennett 2008: S. 386.

welchem, wie in Archiven vieler weiterer Klavierbaufirmen zahlreiche Quellen schlummern, belegt, dass die Geschichte des Klavierbaus weiterführender Forschung bedarf.

Der Ansatz einer unternehmenshistorisch orientierten Technik- und Wissenschaftsgeschichte des Klavierbaus ermöglichte es, den Stellenwert des individuellen Wissens der Klavierbauer sowie des formalisierten und standardisierten firmeninternen Wissens hervorzuheben. Beides war unumgänglich für die Etablierung und Aufrechterhaltung von Verbindungen nicht nur zwischen einzelnen Klavierbaufirmen, sondern auch zwischen Klavierbaufirmen und ihren Zulieferern. Die jeweils spezifische Erfahrung wurde in Zeichnungen, Modellen und Texten gespeichert. So konnten vereinbarte Qualitätsstandards zwischen Klavierbauern und ihren Zulieferern aufrecht erhalten werden. Es zeigte sich, dass Firmen wichtige Akteure der Wissensproduktion und Technikentwicklung waren respektive dieses auch heute noch sind.

Anhang

Abbildungsverzeichnis

Tabellenverzeichnis

Abkürzungen

O. A.   Ohne Autor
O. J.   Ohne Jahresangabe
O.O.   Ohne Ortsangabe

Quellen und Literatur

Archivquellen

Archiv des Deutschen Museums, München

Deutsches Museum: Brief an Anna Maria Wirth, vom 10. Februar 1921. VA 1764 (Jg. 1920-21 Sub. W).

Wirth, Anna Maria: Brief an das Deutsche Museum, vom 11. Dezember 1920. VA 1764 (Jg. 1920-21 Sub. W).

Wirth, Carl: Theil II Handschriftliche Notizen. 1829, Format 17x21 cm. HS 7868.

Wirth, Carl: Theil IV Akustik. 1829, Format 17x21 cm. HS 7868.

Wirth, Carl: Theil V Akustik. 1831, Format 17x21 cm. HS 7868.

Archiv der Gesellschaft der Musikfreunde Wiens

Ausbezahlter Arbeitslohn am 31/3 1877. Nachlass Ludwig Bösendorfer, Faszikel D, Mappe III, Nr. 3.

Bösendorfer, Ludwig: Das Wiener Clavier. In: Die Grossindustrie Österreichs. Wien 1898. Nachlass Ludwig Bösendorfer, Faszikel B, Mappe I, Nr. 8.

Bösendorfer, Ludwig: Mittheilungen über Neuerungen im Klavierbaue. Nr. 2. Anwendung des Eisens beim Klavierbau. Wien 1876. 107272/111.

Bösendorfer, Ludwig: Auszug aus dem „Neuen Wiener Tagblatt" Nr. 20 vom 20. Jänner 1875. 10795/111.

Bösendorfer, Ludwig: Die Doppelscala (double scale). Eigenverlag Ludwig Bösendorfer 1874. 10485/133.

Bösendorfer, Ludwig: Neuerungen im Klavierbaue. Nr. 1. Eigenverlag Ludwig Bösendorfer 1873. S. 1. 10727/111.

Consiknation fürs Arbeitsbuch. O. J. Nachlass Ludwig Bösendorfer, Faszikel D, Mappe III, Nr. 5.

Graphische Darstellung (Bösendorfer Produktion) 1971. Produktionskurve der Fa. Bösendorfer ab 1900. Nachlass Ludwig Bösendorfer, Faszikel C, Mappe VI, Nr. 16.

Graphische Darstellung (Bösendorfer Produktion) 1971. Jahresproduktion-Verkäufe ab 1900. Nachlass Ludwig Bösendorfer, Faszikel C, Mappe VI, Nr. 16.

Historische Fotografien der Werkstatt Bösendorfer in Wien um 1910. Nachlass Ludwig Bösendorfer, Faszikel G, Mappe I, Nr. b-e.

Lebenslauf von Ignaz Bösendorfer. O. J. Nachlass Ludwig Bösendorfer, Faszikel D, Mappe VII, Nr. 2.

Lebenslauf von Ludwig Bösendorfer. O. J. Nachlass Ludwig Bösendorfer, Faszikel D, Mappe VII, Nr. 4.

Preis-Tarif angelegt am 15/II 1872. Nachlass Ludwig Bösendofer, Faszikel D, Mappe II, Nr. 1.

Preis-Tarif. Nachlass Ludwig Bösendorfer, Faszikel D, Mappe III, Nr. 2.

Steinway, C. F. Theodore: Steinway & Sons' in Newyork neue Erfindung der Duplex Scala (Doppelte Mensur.) Patent No. 126,848 vom 14. Mai 1872 und Herr Bösendorfer in Wien. In: Signale für die Musikalische Welt 33, 1875. S. 72-78. 10795/111.

Archiv der Oscar-Walcker-Schule, Ludwigsburg

Jung, Karl: Dehnbuch Klavierbau. Ludwigsburg 1949.

Jung, Karl: Dehnbuch Orgelbau. Ludwigsburg 1959.

Firmenarchiv Grotrian-Steinweg Pinofortefabrikanten GmbH & Co. KG, Braunschweig

Bilder aus dem Laboratorium der Firma Grotrian-Steinweg, Braunschweig (Laboratorium: Dr. phil. H. Hörig, Physiker). O. J.

Eilert, H. K. A.: Rundgang durch die Fabrik. 1929.

Geschäftsbuch 1890.

Geschäftsbuch 1910.

Geschäftsbuch 1920.

Geschäftsbuch 1923.

Geschäftsbuch 1925.

Geschäftsbuch 1930.

Grotrian, Kurt: Notizbuch A. Format 10 x 15,5 cm. O. J.

Grotrian, Kurt: Notizbuch B. Format 10 x 15,5 cm. O. J.

Grotrian, Kurt: Notizbuch III. Format 10,5 x 16,5 cm, 1889.

Grotrian, Kurt: Notizbuch IV. Format 10,5 x 16,5 cm, 1889.

Grotrian, Kurt: Notizbuch V. Format 10 x 15,5 cm, 1891.

Grotrian, Kurt: Notizbuch VI. 10,5 x 16,5 cm, 1892.

Grotrian, Kurt: Notizbuch VII. 10 x 16 cm, 1895.

Grotrian, Kurt: Reisetagebuch 1. O. J.

Grotrian, Kurt: Reisetagebuch 2. O. J.

Grotrian, Kurt: Reisetagebuch 3. O. J.

Grotrian, Kurt: Reisetagebuch 4. O. J.

Grotrian, Kurt: Reisetagebuch 5. O. J.

Grotrian, Kurt: Reisetagebuch 6. O. J.

Grotrian, Kurt: Reisetagebuch 7. O. J.

Grotrian, Kurt: Künstlererinnerungen. O. J.

Grotrian, Kurt: Meine Lebenserinnerungen. 1914.

Grotrian, Willi: Brief an Heinrich Hörig vom 14. Mai 1926.

Grotrian, Willi: Aufgaben von Teilen und Arbeitsfolgen im Klavierbau. 1906.

Grotrian, Willi: Curiculum Vitae. 1929.

Grotrian-Steinweg: Betriebs-Aufnahmen 1924.

Grotrian-Steinweg: Diverse fremde Instrumente Mensuren [etc.]. Mappe. O. J.

Grotrian-Steinweg Pianofortefabrikanten: Brief an Heinrich Hörig vom 5. Mai 1926.

Hörig, Heinrich: Brief an H. Eilert vom 10. April 1926c.

Hörig, Heinrich: Brief an Kurt Grotrian vom 5. Juni 1926e.

Hörig, Heinrich: Brief an Willi Grotrian vom 2. Februar 1926.

Hörig, Heinrich: Brief an Willi Grotrian vom 2. März 1926a.

Hörig, Heinrich: Brief an Willi Grotrian vom 7. März 1926b.

Hörig, Heinrich: Brief an Willi Grotrian vom 18. Mai 1926d.

Hörig, Heinrich: Brief an Willi Grotrian vom 11. Juni 1926f.

Hörig, Heinrich: Brief an Willi Grotrian vom 19. Juni 1926g.

Hörig, Heinrich: Mitteilungen aus dem Laboratorium Nr. 1-53.

Hörig, Heinrich: Mitteilungen aus dem Laboratorium Nr. 1: Überblick über einige physikalisch-technische Probleme, im Anschluss an die am 9. März 1926 mit Herrn Dr. Willi Grotrian Steinweg gehabte Besprechung von Dr. H. Hörig, vom 29. 03. 1926.

Hörig, Heinrich: Mitteilungen aus dem Laboratorium Nr. 5: Laboratoriumsprojekt, Unterlagen zu Briefen, die Angebote von Laboratoriumsmaschinen usw. anfordern sollen, vom 26. 08. 1926.

Hörig, Heinrich: Mitteilungen aus dem Laboratorium Nr. 6: Laboratoriumsprojekt, Gesichtspunkte für Wahl und Einrichtung des Laboratoriumsraumes, vom 30. 08. 1926.

Hörig, Heinrich: Mitteilungen aus dem Laboratorium Nr. 11: Stimmhaltungsprobleme und die damit zusammenhängenden konstruktiven Fragen, vom 13. 10. 1926.

Hörig, Heinrich: Mitteilungen aus dem Laboratorium Nr. 14: Unterlagen zu Bestellungen für das Laboratorium, vom 25. 11. 1926.

Hörig, Heinrich: Mitteilungen aus dem Laboratorim, Nr. 15: Unterlagen zu programmatischen Laboratoriumsvortrag im engeren Kreis, vom 28. 01. 1927.

Hörig, Heinrich: Mitteilungen aus dem Laboratorium Nr. 16: Bibliothek, vom 17. 02. 1927.

Hörig, Heinrich: Mitteilungen aus dem Laboratorium Nr. 21: Laboratoriumsbericht, vom 14. 04. 1927.

Hörig, Heinrich: Mitteilungen aus dem Laboratorium Nr. 22: Tagung des Schwingungsausschusses des V.D.I. am 25/26. 3. 27 in Braunschweig: „Ergebnis" für das Laboratorium, vom 19. 04. 1927.

Hörig, Heinrich: Mitteilungen aus dem Laboratorium Nr. 29: Laboratoriumsbericht; 20. April bis 30. Mai 1927, vom 27. 05. 1927.

Hörig, Heinrich: Mitteilungen aus dem Laboratorium Nr. 38: Laboratoriumsbericht: 20. Juli 1927 bis 21. Januar 1928, vom 21. 01. 1928.

Hörig, Heinrich: Mitteilungen aus dem Laboratorium Nr. 50: Monographische Tafeln von Elisabeth Hörig, vom 25. April 1929.

Technische Zeichnung: Einspannvorrichtung, vom 02. 11. 1926.

Werbeprospekt: Hof-Pianoforte-Fabrik Grotrian, Helffereich, Schulz, Th. Steinweg Nachf. Braunschweig. 1989.

Werbeprospekt: Grotrian, Helffereich, Schulz, Th. Steinweg Nachf. Brunswick. 1899.

Werbeprospekt: Grotrian-Steinweg Nachf. Manufacturers of the Court, Baunschweig Germany. 1904.

Werbeprospekt: Grotrian, Steinweg Nachf. Hof=Pianofortefabrik Braunschweig. Um 1910.

Werbeprospekt: Grotrian, Steinweg Nachf. Braunschweig. Nach 1912.

Werbeprospekt: Grotrian-Steinweg Braunschweig. 1927.

Werbeprospekt: The Immortal Grotrian-Steinweg Piano with the Homogeneous Soundingboard. Nach 1927.

Werbeprospekt: The Birthplace of the World's Master Piano. Nach 1927.

Werbeprospekt: Die Sonderheiten in der Konstruktion der Grotrian-Steinweg Instrumente. Nach 1930.

Firmenarchiv L. Bösendorfer Klavierfabrik GmbH, Wiener Neustadt, Österreich

Arbeitsnummernbuch 1870-1890.

Arbeitsnummernbuch 1890-1902.

Arbeitsnummernbuch 1901-1908.

Arbeitsnummernbuch 1908-1914.

Arbeitsnummernbuch 1915-1931.

Arbeitsnummernbuch 1928-1945.

Arbeitsnummernbuch 1949-1965.

Arbeitsnummernbuch 1966-1974.

Berger, Carl Georg: Aus der Werkstatt des Klaviermachers. Wien 1955. Unpubliziertes Manuskript.

L. Bösendorfer Klavierfabrik: Die Geschichte eines Flügels. The History of a Grand Piano. O. O. 1978.

Österreichischer Bundesverlag Wien: Schreiben vom 14. März 1956 an Carl Georg Berger.

Opusnummernbuch vom 22. September 1898 bis 26. Dezember 1900. Nr. 14736-15640.

Opusnummernbuch vom Januar 1901 bis 30. Mai 1903 Nr. 25641-1531.

Opusnummernbuch 1903-1905. Nr. 16529-17435.

Opusnummernbuch 1905-1907. Nr. 17436-18402.

Opusnummernbuch 1907-1909. Nr. 18403-19002.

Opusnummernbuch 1909-1911. Nr. 19003-19898.

Opusnummernbuch 1911-1915. Nr. 19899-21250.

Firmenarchiv Louis Renner GmbH & Co. KG, Gärtringen

Teilungsformular Nr. 61/120. Besteller Grotrian-Steinweg, Braunschweig, vom 21. 1. 1949.

Teilungsformular Nr. 4046. Besteller L. Bösendorfer, Wien, vom 15. November 1916.

Teilungsformular Nr. 4048. Besteller L. Bösendorfer, Wien, vom 16. Dezember 1916.

Teilungsformular Nr. 4226. Besteller L. Bösendorfer, Wien, vom 23. Juli 1926.

Teilungsformular Nr. 4241. Besteller Grotrian-Steinweg, Braunschweig, vom 9. September 1927.

Teilungsformular Nr. 4516. Besteller Grotrian-Steinweg, Braunschweig, vom 22. 7. 1938.

Teilungsformular Nr. 4523. Besteller L. Bösendorfer, Wien, vom 9. November 1938.

Teilungsformular Nr. 4570. Besteller Grotrian-Steinweg, Braunschweig, vom 28. November 1942.

Teilungsformular Nr. 727. Besteller Grotrian, Steinweg Nachf. Braunschweig, vom 4. Februar 1920.

Teilungsformular Nr. 777. Besteller L. Bösendorfer, Wien, vom 16. Januar 1921.

Teilungsformular Nr. 1086. Besteller Grotrian, Steinweg Nachf. Braunschweig, vom 22. Juli 1924.

Firmenarchiv Steingräber & Söhne KG, Bayreuth

Brief von Richard Wagner an Steingräber und Söhne. 1881.

Periodika

Allgemeine musikalische Zeitung

Dinglers Polytechnisches Journal

Neue Zeitschrift für Musik

Zeitschrift für Instrumentenkunde

Zeitschrift für Instrumentenbau

Publizierte Quellen und Literatur

Adelmann, Gerhard: Die ländlichen Textilgewerbe des Rheinlandes vor der Industrialisierung. In: Rheinische Vierteljahresblätter 43, 1979. S. 260-288.

Adlam, Derek: Die Anatomie des Klaviers. In: Gill, Dominic (Hrsg.): Das große Buch vom Klavier. Freiburg 1983. S. 14-38.

Ash, Mitchell G.: Räume des Wissens (XXXVI. Symposium der Gesellschaft für Wissenschaftsgeschichte, 13. bis 15. Mai 1999 in Ingolstadt). In: Berichte zur Wissenschaftsgeschicht 23, 2000. S. 235-243.

Badura-Skoda, Eva: Silbermann, Gottfried (1683-1753). In: Palmieri, Robert (Hrsg): The Piano. An Encyclopedia. New York, London 2003². S. 356-357.

Badura-Skoda, Eva: Prolegomena to a History of the Viennese Fortepiano. In: Israel Studies in Musicology. Vol. II. A Birthday Offering to Josef Tal. Jerusalem 1980. S. 77-99.

Batel, Günther: Geschichte des Klaviers und der Klaviermusik: ein Studien- und Prüfungshelfer. Wilhelmshaven 1992 (= Musikpädagogische Bibliothek Band 36).

Batel, Günther: Handbuch der Tasteninstrumente und ihrer Musik. Braunschweig 1986.

Benad-Wagenhoff, Volker: Drehmaschinen und Dreharbeit – 200 Jahre industrielle Facharbeit im Spannungsfeld von Technologie und Ökonomie. In: Landesmuseum für Technik und Arbeit in Mannheim (Hrsg.): Der richtige Dreh? Industrielle Facharbeiter im Wandel. 31.1.1996 - 1.5.1996. Mannheim 1996. S. 6-33.

Bennett, Jim: The Divided Circle: A History of Instruments for Astronomy, Navigation and Surveying. Oxford 1987.

Berghoff, Hartmut: Zwischen Kleinstadt und Weltmarkt. Hohner und die Harmonika 1857-1961. Unternehmensgeschichte als Gesellschaftsgeschichte. Paderborn 2006².

Berghoff, Hartmut: Moderne Unternehmensgeschichte. Eine themen- und theorieorientierte Einführung. Paderborn 2004.

Bertschik, Julia: Der Text als Schrank. Wissensgehäuse in der Literatur des 19. Jahrhunderts. In: te Heesen, Anke/Michels, Anette (Hrsg.): auf/zu. Der Schrank in den Wissenschaften. Berlin 2007. S. 98-105.

Biba, Otto: Clavierbau und Clavierhandel in Wien zur Zeit Joseph Haydn. In: Feder, Georg/Reicher, Walter (Hrsg.): Internationales Musikwissenschaftliches Symposium „Haydn & das Clavier" im Rahmen der internationalen Haydntage Eisenstadt 13.-15. September 2000. Referate und Diskussionen. Tutzing 2002. S. 77-91.

Bie, Oscar: Klavier, Orgel, Harmonium; das Wesen der Tasteninstrumente. Leipzig 1910.

Bjiker, Wiebe E./Hughes, Thomas P./Pinch, J. Trevor (Hrsg.): The Social Construction of Technological Systems. Cambridge, Mass. 1987.

Blankertz, Herwig: Bildung im Zeitalter der großen Industrie. Pädagogik, Schule und Berufsbildung im 19. Jahrhundert. Hannover 1969.

Blume, Friedrich/Finscher, Ludwig/Constapel, Bettina (Hrsg.): Musik in Geschichte und Gegenwart (MGG). Kassel 1994-2008².

Blüthner, Julius/Gretschel, Heinrich: Lehrbuch des Pianofortebaus in seiner Geschichte, Theorie und Technik. Weimar 1872.

Böhle, Fritz/Milkau, Brigitte: Vom Handrad zum Bildschirm. Eine Unterschung zur sinnlichen Erfahrung im Arbeitsprozess. Frankfurt, New York 1988.

Böhle, Fritz/Pfeiffer, Sabine/Sevsay-Tegethoff, Nese (Hrsg.): Die Bewältigung des Unplanbaren. Wiesbaden 2004.

Boehm, Mary Louise: Stein Family. In: Palmieri, Robert (Hrsg.): The Piano. An Encyclopedia. New York, London 2003². S. 375-377.

Bohlen, Alex von: Moderne Musikinstrumenten-Saiten. Einfache Drähte oder technologische Meisterwerke? In: GIT Labor Fachzeitschrift 2, 2008. S. 90-92.

Bontinck, Irmgard: Das Klavier im 19. Jahrhundert. Technologie, künstlerische Nutzung und gesellschaftliche Resonanz. In: Huber, Michael/Desmond, Mark/ Ostleitner, Elena/Smudits, Alfred (Hrsg.): Das Klavier in Geschichte(n) und Gegenwart. Strasshof 2001: S. 11-31.

Botstein, Leon: Ludwig Bösendorfer: Viennese Traditionalism and Cosmopolitan Modernitiy in Conflict. In: Fuchs, Ingrid (Hrsg.): Festschrift Otto Biba zum 60. Geburtstag. Tutzing 2006. S. 545-565.

Bourdieu, Pierre: Die feinen Unterschiede. Kritik der gesellschaftlichen Urteilskraft. Frankfurt 1982.

Brauer, Geo: Zur Frage der Querschnitt-Mensur, bzw. Differenzierung der Einklänge bei Pianos. In: Zeitschrift für Instrumentenbau 29, 1908/09. S. 408-409.

Brauer, Geo: Die harmonischen Obertöne und ihre Bedeutung für Harmonie und Stimmkunst. In: Zeitschrift für Instrumentenbau 31, 1910/11. S. 1179-1181.

Braun, Hans-Joachim: Technik und Musik. Erweiterung oder Einschränkung kreativer Spielräume. In: Kilger, Gerhard (Hrsg.): Macht Musik. Musik als Glück und Nutzen für das Leben. Köln 2005. S. 214-221.

Braun, Hans-Joachim: Introduction. In: Braun, Hans-Joachim (Hrsg.): Music and Technology in Twentieth Century. Baltimore 2002. S. 9-32.

Brettel, Gerald: Untersuchung der linearen Wärmedehnungskoeffizienten des Holzes parallel und senktrecht zur Faser in Abhängigkeit von der Rohdichte bei höheren Temperaturen. Unpublizierte Diplomarbeit, Hamburg 1974.

Brooks, William: Das amerikanische Klavier. In: Gill, Dominic (Hrsg.): Das große Buch vom Klavier. Freiburg 1983: S. 172-190.

Brock, William Hodson/MacMillan, Norman/Mollan, R. Charles (Hrsg.): John Tyndall. Essays on a Natural Philosopher. Dublin 1981.

Buchheim, Christoph: Grundlagen des deutschen Klavierexports vom letzten Viertel des 19. Jahrhunderts bis zum Ersten Weltkrieg. In: Technikgeschichte 53, 1987. S. 231-240.

Buchheim, Christoph: Deutsche Gewerbeexporte nach England in der zweiten Hälfte des 19. Jahrhunderts. Zur Wettbewerbsfähigkeit Deutschlands in seiner Industrialisierungsphase. Gleichzeitig eine Studie über die deutsche Seidenweberei und Spielzeugindustrie, sowie über Buntdruck und Klavierbau. Ostfilden 1983 (= Studien zur Wirtschafts- und Sozialgeschichte Band 5).

Cahan, David: Hermann von Helmholtz and the foundations of nineteenth-century science. Berkeley 1993.

Cai, Camilla: Grand Piano. In: Palmieri, Robert (Hrsg): The Piano. An Encyclopedia. New York, London 2003². S. 156-158.

Carlson, W. Bernard: Invention, History, and Culture. In: Restivo, Sal (Hrsg.): Science, Technology, and Society: An Encyclopedia. New York 2005. S. 230-236.

Carlson, W. Bernard: Invention as an Evolution: The Case of Edison's Sketches of the Telephone. In: Zimon, John (Hrsg.): Technological Innovation as an Evolutionary Process. Cambridge 2000. S. 137-158.

Chandler, Alfred D.: The Visible Hand: The Managerial Revolution in American Business. Cambridge, Mass. 1980.

Clements, Andrew: Die Klavierbauer. In: Gill, Dominic (Hrsg.): Das große Buch vom Klavier. Freiburg 1983. S. 236-247.

Cizek, Verena: Die Geschichte der Firma Seuffert und Ehrbar, nebst der Geschichte des Klaviers als ausführliche Einleitung. Unpublizierte Diplomarbeit, Wien 1989.

Clinkscale, Martha Novak: Upright Grand. In: Palmieri, Robert (Hrsg.): The Piano. An Encyclopedia. New York, London 2003². S. 429.

Clinkscale, Martha Novak: Makers of the Piano. Volume 2. 1820-1860. New York 1999.

Clinkscale, Martha Novak: Makers of the Piano. Volume 1. 1700-1820. New York 1993.

Collins, H. M.: Tacit and Explicit Knowledge. Chicago 2010.

Collins, H. M.: Changing Order. Replication and Induction in Scientific Practice. London 1985.

Collins, H. M.: The TEA Set: Tacit Knowledge and Scientific Networks. In: Science Studies 4, 1974. S. 165-185.

Crombie, David: Piano. Entwicklung, Design, Musiker. London 1995.

De Wit, Paul: Paul de Wits Weltadressbuch der Musikinstrumentenindustrie. Leipzig 1890.

De Wit, Paul: Zum zehnten Jahrgange. In: Zeitschrift für Instrumentenbau 10, 1889/90. S. 1.

Del Grosso Destreri, Luigi: From the Piano to the Computer: Notes (with Lights and Shadows) for a Sociology of Keyboards. In: Huber, Michael/Desmond, Mark/ Ostleitner, Elena/Smudits, Alfred (Hrsg.): Das Klavier in Geschichte(n) und Gegenwart. Strasshof 2001. S. 74-83.

Demandt, Kristina: Das Klavier und seine Kunden. Zu Angebot und Nachfrage im Spiegel der Geschichte bis heute. Saarbrücken 2007.

Demmer, Arthur: Das Fachzeichnen der Tischler in der gewerblichen Berufsschule. Tl 2. Mittelstufe. Berlin 1927.

Demmer, Arthur: Das Fachzeichnen der Tischler in der gewerblichen Berufsschule. Tl 1. Unterstufe. Berlin 1926.

Demmer, Arthur: Das Fachzeichnen der Tischler in der gewerblichen Berufsschule. Tl 3. Oberstufe. Berlin 1928.

Der Herausgeber: Zur Einführung. In: Zeitschrift für Instrumentenbau 1, 1880/1881. S. 1-2.

Die Redaction der „Zeitschrift für Instrumentenbau": Sprechsaal. In: Zeitschrift für Instrumentenbau 1, 1980/81. S. 236.

Dienel, Hans-Liudger: Schreiben, Zeichnen, Erinnern: Persönliches Wissensmanagement im Ingenieurberuf seit 1850. In: Rammert, Werner/Schubert, Cornelius (Hrsg.): Technografie. Zur Mikrosoziologie der Technik. Frankfurt, New York 2006. S. 397-424.

Dolge, Alfred: Pianos and their Makers. A Comprehensive History of the Development of the Piano. New York 1911 (Reprint 1972).

Dolge, Alfred: Pianos and their Makers. Volume II. Development of the Piano Industry in America since the Centennial Exhibition at Philadelphia, 1876. Covina 1913.

Dolge, Alfred: Dem Andenken Siegfried Hansing's. In: Zeitschrift für Instrumentenbau 34, 1913/14. S. 220.

Donhauser, Peter: Elektrische Klangmaschinen. Die Pionierzeit in Deutschland und Österreich. Wien 2007.

Donhauser, Peter: Technische Spielerei oder fanatische Realität? Telefunken und die ersten elektronischen Instrumente in Deutschland. In: Poser, Stefan/Hoppe, Joseph/Lüke, Bernd (Hrsg.): Spiel mit Technik. Katalog zur Ausstellung im Deutschen Technikmuseum Berlin. Berlin 2006. S. 56-61.

Dürer, Carsten: Germany – Piano Industry. In: Palmieri, Robert (Hrsg.): The Piano. An Encyclopedia. New York, London 2003². S.151-153.

Dürer, Carsten/Anderson, David: Grotrian-Steinweg. In: Palmieri, Robert (Hrsg.): The Piano. An Encyclopedia. New York, London 2003²a. S. 159.

Ehrlich, Cyril: The Piano a History. Oxford 1990.

Ely, Norbert: Pianofortebau in Deutschland: In: Restle, Konstantin (Hrsg.): Faszination Klavier 300 Jahre Pianofortebau in Deutschland. München 2000. S. 163-226.

Ely, Norbert: Der Flügel des Poeten. In: Grotrian-Steinweg, Jobst/Grotrian-Steinweg, Knut (Hrsg.): „Jungs, baut gute Klaviere". Braunschweig 1999³. S. 2-15.

Emmerson, Simon: Crossing Cultural Boundaries through Technology? In: Enders, Bernd/Stange-Elbe, Joachim (Hrsg.): Global Village – Global Brain – Global Music. KlangArt-Kongreß 1999. Osnabrück 2003. S. 72-79.

Espert, Eugen: Kritische Betrachtungen über Differentialchöre. In: Zeitschrift für Instrumentenbau 29, 1908/09. S. 187-188.

Espert, Eugen: Nochmals ein Wort über Differentialchöre. In: Zeitschrift für Instrumentenbau 29, 1908/09a. S. 333-334.

Etzkorn, Peter E.: Notes on Piano. In: Huber, Michael/Mark, Desmond/Ostleitner, Elena/Smudits, Alfred (Hrsg.): Das Klavier in Geschichte(n) und Gegenwart. Strasshof 2001. S. 85-91.

Exner, Franz Wilhelm/Lauboeck, Georg: Das Biegen des Holzes: ein für Möbelfabrikanten, Wagen- und Schiffbauer, Böttcher etc. wichtiges Verfahren: mit besonderer Rücksichtnahme auf die Thonetsche Industrie. Weimar 1893.

Ferguson, Eugene S.: Das innere Auge. Von der Kunst des Ingenieurs. Basel 1993.

Fischer, Hermann/Wohnhaas, Theodor: Lexikon süddeutscher Orgelbauer. Wilhelmshaven 1994.

Fischer, Hermann/Wohnhaas, Theodor: Augsburger Klavier- und Orgelbauer im 19. Jahrhundert. In: Blätter des Bayerischen Landesvereins für Familienkunde 36, 1973. S. 59-62.

Flanagan Baird, Peggy: Pape, Jean-Henri. In: Palmieri, Robert (Hrsg.): The Piano. An Encyclopedia. New York, London 2003². S. 265.

Flotzinger, Rudolf: Österreichisches Musiklexikon. Wien 2004. Band 3: Kmentt – Nyzankivskyi.

Frederick, Edmund Michael: Erard, Sébastien. Palmieri, Robert (Hrsg.): The Piano. An Encyclopedia. New York, London 2003². S. 127-129.

Funke, Otto: Theorie und Praxis des Klavierstimmens. Dresden 1940.

Galison, Peter: Buildings and the Subject of Science. In: Galison, Peter/Thomson, Emily (Hrsg.) The Architecture of Science. Cambridge, Mass. 1999. S. 1-25.

Galison, Peter/Thomson, Emily (Hrsg.): The Architecture of Science. Cambridge, Mass. 1999.

Gebesmair, Andreas: Bürgerliche Öffentlichkeit und Distanzierung. Zur gesellschaftlichen Verortung pianistischer Darbietung. In: Huber, Michael/Desmond, Mark/Ostleitner, Elena/Smudits, Alfred (Hrsg.): Das Klavier in Geschichte(n) und Gegenwart. Strasshof 2001: S. 92-104.

Gerthsen, Christian/Kneser, Hans O./Vogel, Helmut: Physik. Ein Lehrbuch zum Gebrauch neben Vorlesungen. Berlin 1989[16].

Gill, Dominic: Prolog. In: Gill, Dominic (Hrsg.): Das große Buch vom Klavier. Freiburg 1983. S. 7-14.

Good, Edwin M.: Babcock, Alpheus. In: Palmieri, Robert (Hrsg.): The Piano. An Encyclopedia. New York, London 2003². S. 35-36.

Good, Edwin M.: Piano/Pianoforte. In: Palmieri, Robert (Hrsg.): The Piano. An Encyclopedia. New York, London 2003²a. S. 288-293.

Good, Edwin M.: Giraffes, Black Dragons, and other Pianos: A Technological History from Cristofori to the Modern Concert Grand. Stanford 1982.

Gontershausen, Welcker von: Der Klavierbau in seiner Theorie, Technik und Geschichte. Frankfurt 1864.

Hainisch, Victor: Über die Querschnittmensur des Klavierbezuges. Differentialtöne. In: Zeitschrift für Instrumentenbau 29, 1908/09. S. 4-5.

Hainisch, Victor: Über die Querschnittmensur des Klavierbezuges. Differentialchöre. Fortsetzung. In: Zeitschrift für Instrumentenbau 29, 1908/09a. S. 39-41.

Hainisch, Victor: Über die Querschnittmensur des Klavierbezuges. Differentialchöre. Schluß. In: Zeitschrift für Instrumentenbau 29, 1908/09b. S. 77-80.

Hainisch, Victor: Zur Frage der Differentialchöre. In: Zeitschrift für Instrumentenbau 29, 1908/09c. S. 150-152.

Hainisch, Victor: Zur Frage der Differentialchöre. In: Zeitschrift für Instrumentenbau 29, 1908/09d. S. 259-261.

Hansing, Emma: Siegfried Hansing's Grabmal. In: Zeitschrift für Instrumentenbau 34, 1913/14. S. 1129-1130.

Hansing, Siegfried: Das Pianoforte in seinen akustischen Anlagen. Neudruck 1950. Schwerin 1950.

Hansing, Siegfried: Die Polemik des Herrn Geo. Brauer über meine akustischen Darlegungen. In: Zeitschrift für Instrumentenbau 31, 1910/11. S. 1270-1271.

Hansing, Siegfried: Das Pianoforte in seinen akustischen Anlagen. Schwerin 1909[2].

Hansing, Siegfried: Erwiderung auf den Artikel: „Über die Querschnittmensuren des Klavierbezuges. Differentialchöre." In: Zeitschrift für Instrumentenbau 29, 1908/09. S. 115-116.

Hansing, Siegfried: Zur Frage der Differentialchöre. In: Zeitschrift für Instrumentenbau 29, 1908/09a. S. 186-187.

Hansing, Siegfried: Das Pianoforte in seinen akustischen Anlagen. Breslau 1888.

Hansing, Siegfried: Dämpfungen für Pianofortes. In: Zeitschrift für Instrumentenbau 8, 1887/88. S. 259-261.

Hansing, Siegfried: Pianohandel in Nordamerika. In: Zeitschrift für Instrumentenbau 6, 1885/86. S. 134-136.

Hansing, Siegfried: Eine neue Pianino-Mechanik. In: Zeitschrift für Instrumentenbau 4, 1883/84. S. 427.

Hansing, Siegfried: Werthe Redaction! In: Zeitschrift für Instrumentenbau 3, 1882/83. S. 50.

Hansing, Siegfried: Resonanzböden der Pianoforte. In: Zeitschrift für Instrumentenbau 2, 1881/82. S. 30-31.

Hansing, Siegfried: Resonanzböden der Pianoforte (Schluss). In: Zeitschrift für Instrumentenbau 2, 1881/82a. S. 46-48.

Hansing, Siegfried: Schwingungssystem der tönenden Claviersaite (Fortsetzung). In: Zeitschrift für Instrumentenbau 2, 1881/1882b. S. 94-95.

Hansing, Siegfried: Ueber Obertöne, Schwingungssysteme, Tonfarbe und Anschlagslinie der Claviersaiten. Schwingungssystem der tönenden Claviersaite (Fortsetzung). In: Zeitschrift für Instrumentenbau 2, 1881/82c. S. 106-108.

Hansing, Siegfried: Beobachtungen über Transversal-, Pendel- und Nebenschwingungen. In: Zeitschrift für Instrumentenbau 1, 1880/81. S. 236-238.

Hansing, Siegfried: Ueber das Tragen und die Breite des Tones. In: Zeitschrift für Instrumentenbau 1, 1880/81a. S. 305-306.

Hansing, Siegfried/Hansing-Perzina, Emmy: The Pianoforte and its Acoustic Properties. Schwerin 1904.

Hård, Mikael/Jamison, Andrew: Hubris and Hybrids. A Cultural History of Technology and Science. New York 2005.

Hård, Mikael: „Die Praxis der Forschung". Zur Alltäglichkeit der Technikwissenschaften am Beispiel einer britischen Ingenieurfirma. In: Dresdener Beiträge zur Geschichte der Technikwissenschaften 27, 2001. S. 1-17.

Hård, Mikael: Technology as Practice: Local and Global Closure Processes in Diesel-Engine Design. In: Social Studies of Science 24, 1994: S. 549-585.

Hård, Mikael: Machines are Frozen Spirit. The Scientification of Refrigeration and Brewing in the 19th Century – A Weberian Interpretation. Frankfurt 1994.

Harper, Douglas: Working Knowledge. Skill and Community in a Small Shop. Chicago 1987.

Haupt, Helga: Wiener Instrumentenbauer von 1791-1815. In: Studien zur Musikwissenschaft. Beiheft der Denkmäler der Tonkunst in Österreich. Band 4. Graz 1960. S. 120-184.

Haupt, Helga: Wiener Instrumentenbau um 1800. Unpublizierte Dissertation, Wien 1952.

Helmholtz, Hermann von: Die Lehre von den Tonempfindungen als physiologische Grundlage für die Theorie der Musik. Braunschweig 1870[3] (Reprint, Saarbrücken 2007, Hrsg. Krosigk, Esther von).

Helmholtz, Hermann von: Die Lehre von den Tonempfindungen als physiologische Grundlage der Theorie der Musik. Braunschweig 1870.

Henkel, Hubert: Lexikon deutscher Zulieferbetriebe für die Klavierindustrie. Frankfurt 2002.

Henkel, Hubert: Lexikon deutscher Klavierbauer. Frankfurt 2000.

Henkel, Hubert: Besaitete Tasteninstrumente. Deutsches Museum – Kataloge und Sammlungen. Musikinstrumenten-Sammlung. Frankfurt 1994.

Heßler, Martina: Die kreative Stadt. Zur Neuerfindung eines Topos. Bielefeld 2007.

Heyde, Herbert: Musikinstrumentenbau. 15.–19. Jahrhundert. Kunst-Handwerk-Entwurf. Leipzig 1986.

Heymann, Matthias/Wengenroth, Ulrich: Die Bedeutung von „tacit knowledge" bei der Gestaltung von Technik. In: Beck, Ulrich/Bonß, Wolfgang (Hrsg.): Die Modernisierung der Moderne. Frankfurt 2001. S. 106-121.

Hildebrand, Dieter: Das Reichsgericht erzählt eine Geschichte. In: Grotrian-Steinweg, Jobst/Grotrian-Steinweg, Knut (Hrsg.): „Jungs, baut gute Klaviere". Braunschweig 1999[3]. S. 25-27.

Hill, Robert/Scherer, Wolfgang: Klavier-Spiele. Cembalo, Clavichord, Hammerklavier; Affekt, Empfindung, Vorstellung. In: Kursell, Julia (Hrsg.): Physiologie des Klaviers. Vorgänger und Konzerte zur Wissenschaftsgeschichte der Musik. Berlin 2009 (= Preprint 366 Max-Planck-Institut für Wissenschaftsgeschichte). S. 101-111.

Hirt, Franz Josef: Meisterwerke des Klavierbaus. Stringed Keyboard Instruments. Zürich 1981 (Reprint von 1955).

Hoffmann, Christoph: Festhalten, Bereitstellen. Verfahren der Aufzeichnung. In: Hoffmann, Christoph (Hrsg.): Daten sichern. Schreiben und Zeichnen als Verfahren der Aufzeichnung. Zürich, Berlin 2008 (= Wissen im Entwurf 1). S. 7-20.

Hoffmann, Christoph: Schneiden und Schreiben. Das Sektionsprotokoll in der Pathologie um 1900. In: Hoffmann, Christoph (Hrsg.): Daten sichern. Schreiben und Zeichnen als Verfahren der Aufzeichnung. Zürich, Berlin 2008a (= Wissen im Entwurf 1). S. 153-196.

Hoffmann, Christoph: The Pocket Schedule. Note-taking as Research Technique: Ernst Mach's Ballistic-Photographic Experiments. In: Holmes, Frederic L./Renn, Jürgen/Rheinberger, Hans-Jörg (Hrsg.): Reworking the Bench. Research Notebooks in the History of Science. Dordrecht 2003 (= Archimedes Volume 7 New Studies in the History and Philosophy of Science and Technology. S. 183-202.

Hofmeister, Adolph: Handbuch der musikalischen Literatur oder allgemeines systematisch angeordnetes Verzeichnis der in Deutschland und in den angrenzenden Ländern gedruckten Musikalien. Leipzig 1852.

Holmes, Frederic Lawrence: Lavoisier and the Chemistry of Life. An Exploration of Scientific Creativity. Wisconsin 1985.

Hopfner, Rudolf: Meisterwerke der Sammlung alter Musikinstrumente. Kunsthistorisches Museum Wien. Wien 2004.

Hörig, Heinrich: Ein Blick in das Laboratorium der Firma Grotrian-Steinweg in Braunschweig. In: Zeitschrift für Instrumentenbau 50, 1929/30. S. 42-46.

Hörig, Heinrich: Das Holz in der Akustik. Sonderdruck aus der Beilage „Kraft und Stoff" der Deutschen Allgemeinen Zeitung 25, 20. Juni 1929.

Hörig, Heinrich: Pianofortebau und technische Akustik. Mitteilung aus dem Laboratorium der Grotrian-Steinweg Werke, Braunschweig. In: Sonderdruck aus „Die Schalltechnik" 5, 1929a.

Hörig, Heinrich: Versuche über den Einfluß der Bestrahlung mit ultraviolettem Licht auf das Emissionsvermögen von Metallen im Ultrarot. In: Physikalische Zeitschrift 17, 1916. S. 178-191.

Hörig, Heinrich: Über die elektromotorische Kraft im Temperaturgefälle eines Metalls. Versuche an Silber und Nickel. In: Annalen der Physik 43, 1914. S. 525-554.

Hörig, Heinrich: Über elektromotorische Kraft im Temperaturgefälle eines Metalls. Theoretisches. In: Physikalische Zeitschrift 15, 1914, S. 388-393.

Hörig, Heinrich: Über die elektromotorische Kraft im Temperaturgefälle eines Metalls. In: Physikalische Zeitschrift 14, 1913. S. 446-447.

Hörig, Heinrich: Über den Einfluss des Druckes auf die thermoelektrische Stellung des Quecksilbers und der eutektischen Kalium-Natrium-Legierung. Leipzig 1908.

Hughes, Thomas P.: The Seamless Web: Technology, Science, Etcetera, Etcetera. In: Social Studies of Science 16, 1986. S. 281-92.

Hughes, Thomas P: Networks of Power. Electrification in Western Society, 1880-1930. Baltimore, London 1983.

Hutterstrasser, Carl: Hundert Jahre Bösendorfer. Wien 1928.

Jackson, Myles W.: Standardizing Aesthetics: Physicists, Musicians, and Instrument Makers in Nineteenth-Century Germany. In: Kursell, Julia (Hrsg.): Sounds of Science – Schall im Labor (1900-1930). Berlin 2008 (= Preprint 348, Max-Planck-Institut für Wissenschaftsgeschichte). S. 112-134.

Jackson, Myles W.: Fraunhofers Spektren. Die Präzisionsoptik als Handwerkskunst. Göttingen 2009.

Jackson, Myles W.: Harmonious Triads. Physicists, Musicians, and Instrument Makers in Nineteenth-Century Germany. Cambridge, Mass. 2006.

Jackson, Myles W.: Spectrum of Belief: Joseph von Fraunhofer and the Craft of Precision Optic. Cambridge, Mass. 2000.

Jackson, Myles: Illuminating the Opacity of Achromatic Lens Production: Joseph von Fraunhofer's Use of Monastic Architecture and Space as a Laboratory. In: Galison, Peter/Thomson, Emily (Hrsg.): The Architecture of Science. Cambridge, Mass. 1999. S. 141-164.

Jamison, Philip III: Chickering, Jonas (1798-1853): In: Palmieri, Robert (Hrsg.): The Piano. An Encyclopedia. New York, London 2003². S. 71-72.

Kammertöns, Chritoph/Mauser, Siegfried (Hrsg): Lexikon des Klaviers. Baugeschichte, Spielpraxis, Komponisten und ihre Werke, Interpreten. Laaber 2006.

Kirchberger, Dieter: Zur sozialen Funktion des Fortepianos vom Ende des 18. Jahrhunderts bis 1850. In: Schmuhl, Boje (Hrsg.): Geschichte und Bauweise des Tafelklaviers. 23. Musikinstrumentenbau-Symposium Michaelstein 11. bis 13. Oktober 2002. Augsburg 2006 (= Michaelsteiner Konferenzberichte Band 68). S. 61-66.

Klein, Ursula: Die technowissenschaftlichen Laboratorien der frühen Neuzeit. In: NTM Zeitschrift für Geschichte der Wissenschaften, Technik und Medizin 16, 2008. S. 5-38.

Knippel, Hans-Christoph: Chronik der Bundesfachschule für Musikinstrumentenbau an der Oscar-Walcker-Schule. Ludwigsburg 2008.

Kolmós, Katalin: Fortepianos and their Music. Germany, Austria, and England, 1760-1800. Oxford 1995.

König, Wolfgang: Künstler und Strichezieher. Konstruktions- und Technikkulturen im deutschen, britischen, amerikanischen und französischen Maschinenbau zwischen 1850 und 1930. Frankfurt 1999.

Kospach, Paul: Der Klavierbau – Ein Terminologievergleich Deutsch-Englisch. Unpublizierte Diplomarbeit, Wien 2005.

Krauthausen, Karin/Nasim, Omar W. (Hrsg.): Notieren, Skizzieren. Schreiben und Zeichnen als Verfahren des Entwurfs. Zürich 2010 (= Wissen im Entwurf 3).

Krauthausen, Karin: Vom Nutzen des Notierens. Verfahren des Entwurfs. In: Krauthausen, Karin/Nasim, Omar W. (Hrsg.): Notieren, Skizzieren. Schreiben und Zeichnen als Verfahren des Entwurfs. Zürich 2010 (= Wissen im Entwurf 3). S. 7-26.

Krauthausen, Karin/Nasim, Omar, W.: Interview mit Hans-Jörg Rheinberger: Papierpraktiken im Labor. In: Krauthausen, Karin/Nasi, Omar W. (Hrsg.): Notieren, Skizzieren. Schreiben und Zeichnen als Verfahren des Entwurfs. Zürich 2010 (= Wissen im Entwurf 3). S. 139-158.

Kreuter, Lambert: Klavier aus Wien. Blätter für Technikgeschichte 18, 1956. S. 1-33.

Kuhn-Kelly, J.: Die Kunst des Clavierstimmens. Sowie Erfahrungen und Ansichten bezüglich Clavierhandel und Clavierbau. Leipzig 1884.

Kützing, Carl: Das Wissenschaftliche der Fortepiano-Baukunst. Bern 1844.

Kunz, Johannes: Bösendorfer. Eine lebenda Legende. Wien 2002.

Kursell, Julia: Vorwort. In: Kursell, Julia (Hrsg.): Physiologie des Klaviers. Vorträge und Konzerte zur Wissenschaftsgeschichte der Musik. Berlin 2009 (= Preprint 366 Max-Planck-Institut für Wissenschaftsgeschichte). S. 15-18.

Kursell, Julia: Wohlklang im Körper: Kombinationstöne in der experimentellen Hörphysiologie von Hermann v. Helmholtz. In: Lichau, Karsten/Tkaczyk, Viktoria/Wolf, Rebecca (Hrsg.): Resonanz. Potential einer akustischen Figur. München 2009. S. 55-74.

Layton, Edwin T. Jr.: Technology as Knowledge. In: Technology and Culture 15, 1974. S. 31-41.

Lichau, Karsten/Tkaczyk, Viktoria/Wolf, Rebecca: Anregungen. In: Lichau, Karsten/Tkaczyk, Viktoria/Wolf, Rebecca (Hrsg.): Resonanz. Potential einer akustischen Figur. München 2009. S. 11-32.

Lieber, Edgar: Klaviermechanik und Spielart. In: Lustig, Monika (Hrsg.): Zur Geschichte des Hammerklaviers. 14. Musikinstrumentenbau-Symposium in Michaelstain am 12. und 13. November 1993. Michaelstein 1996. S. 143-148.

Lieberman, Richard K.: Steinway & Sons eine Familiengeschichte um Macht und Musik. München 1996.

Lippe-Weißenfeld, Hagen W.: Das Klavier als Mittel gesellschaftlicher Distinktion. Kultursoziologische Fallstudie zur Entwicklung der Klavierbauindustrie in England und Deutschland an den Beispielen Broadwood und Bechstein. Frankfurt 2006.

Loesch, Heinz von: „durchaus Gefechte, Attacken, kurz Kampf mit seinem Instrument" (Robert Schumann). Zur Bestimmung der Kategorie des ‚Virtuosen'. In: Kursell, Julia (Hrsg.): Physiologie des Klaviers. Vorträge und Konzerte zur Wissenschaftsgeschichte der Musik. Berlin 2009 (= Preprint 336 Max-Planck-Institut für Wissenschaftsgeschichte). S. 53-60.

Lüdtke, Alf: Industriebilder – Bilder der Industriearbeit? Industrie- und Arbeitsphotographie von der Jahrhundertwende bis in die 1930er Jahre. In: Historische Anthropologie 1, 1993. S. 394-430.

Meinel, Christoph (Hrsg.): Instrument – Experiment. Historische Studien. Berlin 2000.

Meinel, Christoph: Vorwort. In: Meinel, Christoph (Hrsg.): Instrument-Experiment. Historische Studien. Berlin 2000. S. 9-12.

Meglitsch, Christian: Wiens vergessene Konzertsäle. Der Mythos der Säle Bösendorfer, Ehrbar und Streicher. Frankfurt 2005 (= Musikleben – Studien zur Musikgeschichte Österreichs Band 12).

Meyer, Lloyd W.: Renner, Louis, and Company. In: Palmieri, Robert (Hrsg.): The Piano. An Encyclopedia. New York, London 2003². S. 328.

Meyer, Michael: Historische Betriebsanalyse der Firma L. Bösendorfer Klavierfabrik AG unter besonderer Berücksichtigung der Entwicklung der österreichischen Klavierindustrie und der Exportaktivitäten des Unternehmens. Unpublizierte Dissertation, Wien 1989.

Mildenberger, Georg: Wissen und Können im Spiegel gegenwärtiger Technikforschung. Berlin 2006 (= Technikphilosophie Band 15). sdxatific Fields and the Public Sphere. A Historiographical Survey. In: Hüppauf, Bernd-Rüdiger/Weingart, Peter (Hrsg.): Science Images and Popular Images of Science. New York 2008. S. 33-51.

Nikolow, Sybilla/Bluma, Lars: Bilder zwischen Öffentlichkeit und wissenschaftlicher Praxis. Neue Perspektiven für die Geschichte der Medizin, Naturwissenschaft und Technik. In: NTM Zeitschrift für Geschichte der Wissenschaften, Technik und Medizin 10, 2002. S. 201-208.

Neudörfer, Sonja: The Transmission of Artisanal and Professional Company Knowledge During the Process of Globalization. German Violin and Piano Making

During the 19th and 20th Centuries. In: Reiner Anderl, Bruno Arich-Gerz und Rudi Schmiede (Hrsg.): Technologies of Globalization. International Conference Proceedings. Darmstadt 2008. S. 275-292.

Neudörfer, Sonja: Tradiertes Erfahrungswissen und arbeitsteilige Produktionsnetzwerke. Der Schönbacher Geigenbau im 19. und 20. Jahrhundert. Aachen 2007 (= Darmstädter Studien zu Arbeit, Technik und Gesellschaft Band 2).

Nördlinger, Hermann: Die technischen Eigenschaften der Hölzer: für Forst und Baubeamte, Technologen und Gewerbetreibende. Stuttgart 1860.

O. A.: Vermischtes. In: Zeitschrift für Instrumentenbau. 3, 1882/83. S. 30-32.

O. A.: Zerlegbares Harmonium in Pianino-Form. In: Zeitschrift für Instrumentenbau 11, 1890/91. S. 190-192.

O. A.: Dr. Ing. e. h. Willi Grotrian †. In: Zeitschrift für Instrumentenbau 51, 1930/31. S. 451-452.

O. A.: 150 Jahre Bösendorfer. In: Musik-Journal 12, 1978.

Olesko, Kathryn M./Holmes Frederic L.: Experiment, Quantification, and Discovery: Helmholtz's Early Physiological Researches. In: Cahan, David (Hrsg.): Hermann von Helmholtz and the Foundation of Nineteenth-Century Science. Berkley 1993. S. 50-108.

Ord-Hume, Arthur W. J. G.: Broadwood & Sons, John. In: Palmieri, Robert (Hrsg): The Piano. An Encyclopedia. New York, London 2003². S. 57-60.

Ord-Hume, Arthur: Hawkins, John Isaac. In: Palmiere, Robert (Hrsg.): Piano. An Encyclopedia. London New York, London 2003²a. S. 168-169.

Oudshoorn, Nelly/Pinch, Trevor: Introduction: How Users and Non-Users Matter. In: Oudshoorn, Nelly/Pinch, Trevor (Hrsg.): How Users Matter. The Co-Construction of Users and Technologies (Inside Technology). Cambridge, Mass. 2003. S. 1-25.

Pantalony, David: Altered Sensations. Rudolph Koenig's Acoustical Workshop in Nineteenth-Century Paris. Dordrecht 2009 (= Archimedes Volume 24 New Studies in the History of Science and Technology).

Paulinyi, Akos/Troitzsch, Ulrich (Hrsg.): Propyläen Technikgeschichte. Mechanisierung und Maschinisierung. Band 3. Berlin 1997.

Pfeiffer, Georg: Die Entwicklung der deutschen Pianoforteindustrie. Unpublizierte Dissertation, Wien 1989.

Pfeiffer, Sabine: Arbeitsvermögen. Ein Schlüssel zur Analyse (reflexiver) Informatisierung. Wiesbaden 2004.

Pfeiffer, Sabine: Montage und Erfahrung: warum Ganzheitliche Produktionssysteme menschliches Arbeitsvermögen brauchen. München 2007.

Pfeiffer, Walter: Vom Hammer: Untersuchungen aus einem Teilgebiet des Flügel- u. Klavierbaus. Stuttgart 1948.

Pfeiffer, Walter: Taste und Hebeglied des Klaviers. Eine Untersuchung ihrer Beziehungen im unmittelbaren Angriff. Leipzig 1920.

Pfeiffer, Walter: Siegfried Hansing †. In: Zeitschrift für Instrumentenbau 33, 1912/13. S. 1082-1083.

Pfeiffer, Walter: Siegfried Hansing. Zu seinem siebzigsten Geburtstage. In. Zeitschrift für Instrumentenbau 32, 1911/12. S. 981-982.

Pierenkemper, Toni: Unternehmensgeschichte. Eine Einführung in ihre Methoden und Ergebnisse. Stuttgart 2000 (= Grundzüge der modernen Wirtschaftsgeschichte 1).

Pinch Trevor: Giving Birth to New Users: How the Minimoog Was Sold to Rock and Roll. In: Oudshoon, Nelly/Pinch, Trevor (Hrsg.): How Users Matter. The Co-Construction of Users and Technologies (Inside Technology). Cambridge, Mass. 2003. S. 247-270.

Pinch, Trevor/Bijker, Wiebe E.: The Social Construction of Facts and Artifacts: Or How the Sociology of Science and the Sociology of Technology Might Benefit Each Other. In: Bjiker, Wiebe E./Hughes, Thomas P./Pinch, Trevor (Hrsg.): The Social Construction of Technological Systems. Cambridge, Mass. 1987. S. 17-50.

Pinch, Trevor/Collins, H. M./Carbone, Larry: Inside knowledge: Second Order Measures of Skill. In: The Sociological Review 44, 1996. S. 163-186.

Pinch, Trevor/Taocco, Frank: Analog Days. The Invention and Impact of the Moog Synthesizer. Cambridge, Mass. 2002.

Polanyi, Michael: Implizites Wissen. Frankfurt 1985.

Polanyi, Michael 1969: Knowing and Beeing. In: Grene, Marjorie (Hrsg.): Knowing and Beeing. Essays by Michael Polanyi. Chicago 1969. S. 123-137.

Restle, Konstantin: Faszination Klavier. Die Erfolgsgeschichte des Pianoforte. In: Restle, Konstantin (Hrsg.): Faszination Klavier 300 Jahre Pianofortebau in Deutschland. München 2000. S. 81-161.

Rheinberger, Hans-Jörg: Experimentalsysteme und epistemische Dinge. Eine Geschichte der Proteinsynthese im Reagenzglas. Frankfurt 2006.

Rheinberger, Hans-Jörg/Hagner, Michael/Wahrig-Schmidt, Bettina (Hrsg.): Räume des Wissens. Repräsentation, Codierung, Spur. Berlin 1997.

Rheinberger, Hans-Jörg: Kritzel und Schnipsel. In: Dotzler, Bernhard J./Weigel, Sigrid (Hrsg.): „fülle der combination" Literaturforschung und Wissenschaftsgeschichte. München 2005. S. 343-356.

Rieger, Matthias: Helmholtz Musicus: die Objektivierung der Musik im 19. Jahrhundert durch Hermann von Helmholtz' Lehre von den Tonempfindungen. Darmstadt 2006.

Rössler, Johannes: Das Notizbuch als Werkzeug des Kunsthistorikers. Schrift und Zeichnung in den Forschungen von Wilhelm Boder und Carl Justi. In: Hoffmann, Christoph (Hrsg.): Daten Sichern. Schreiben und Zeichnen als Verfahren der Aufzeichnung. Zürich, Berlin 2008 (= Wissen im Entwurf 1). S. 73-102.

Rowland, David: A History of Pianoforte Pedalling. Cambridge 1993.

Rupieper, Hermann-Josef: Arbeiter und Angestellte im Zeitalter der Industrialisierung. Eine sozialgeschichtliche Studie am Beispiel der Maschinenfabrik Augsburg und Nürnberg (M.A.N.) 1837-1914. Frankfurt 1982.

Schäffner, Wolfgang: Operationale Topographie. Repräsentationsräume in den Niederlanden um 1600. In: Rheinberger, Jörg/Hagner, Michael/Wahrig-Schmidt, Bettina (Hrsg.): Räume des Wissens. Repräsentation, Codierung, Spur. Berlin 1997. S. 63-90.

Scherer, Wolfgang: ‚Saitenspiele' – Resonanzkörper im 18. und 19. Jahrhundert. In: Lichau, Karsten/Tkaczyk, Viktoria/Wolf, Rebecca (Hrsg.): Resonanz. Potential einer akustischen Figur. München 2009. S. 87-99.

Scherer, Wolfgang: Die Stimme und das Clavichord. Medientechnische Bedingungen der musikalischen Empfindsamkeit im 18. Jahrhundert. In: Kittler, Friedrich/Macho, Thomas/Weigel, Sigrid (Hrsg.): Zwischen Rauschen und Offenbarung. Zur Kultur- und Mediengeschichte der Stimme. Berlin 2008. S. 279-288.

Schimmel, Nikolaus W.: Pianofortebau ein Kunsthandwerk. Braunschweig 2005⁵.

Schlimbach, Georg Christian Friedrich: Über die Structur, Erhaltung, Stimmung, Prüfung etc. der Orgel. Leipzig 1801.

Schmidt, Dorothea: „Das Klavier kann alles" – Klavierbau und Klavierspiel im 19. Jahrhundert. In: Poser, Stefan/Zachmann, Katrin (Hrsg.): Homo faber ludens. Geschichten zu Wechselbeziehungen von Technik und Spiel. Frankfurt 2003 (= Technik interdisziplinär, Band 4). S. 135-154.

Schmidt, Dorothea: Die Großen und die Kleinen – Industrie und Handwerk in Bremen von der Mitte des 19. Jahrhunderts bis zum Ersten Weltkrieg. In: Gewerbefleiß Beitrag zur Sozialgeschichte Bremens. Heft 19. Bremen 1997. S. 13-47.

Schmidt, Dorothea: Massenhafte Produktion? Produkte, Produktion und Beschäftigte im Stammwerk von Siemens um 1914. Münster 1993.

Schmidtke, Gotthard: Bei Grotrian zu Gast. Fremdenbücher als Dokumente. In: Grotrian-Steinweg, Jobst/Grotrian-Steinweg, Knut (Hrsg.): „Jungs, baut gute Klaviere". Braunschweig 1999³. S. 16-23.

Schmuhl, Boje (Hrsg.): Geschichte und Bauweise des Tafelklaviers. 23. Musikinstrumentenbau-Symposium Michaelstein 11. bis 13. Oktober 2002. Augsburg 2006 (= Michaelsteiner Konferenzberichte Band 68).

Schoetter, Frederic: Bösendorfer. In: Palmiere, Robert: The Piano. An Encyclopedia. New York, London 2003². S. 52.-53.

Scholz, Helmut Rüdiger (Hrsg.): Ehrbar. Tradition der Wiener Klavierbaukunst. Wien 1986.

Schulze-Ardey, Ira: Die Geschichte der Klavierbauerfamilie Kaim aus Kirchheim unter Teck. Kirchheim unter Teck 1999.

Sennett, Richard: Handwerk. Berlin 2008³.

Shapin, Steven: A Social History of Truth. Civility and Science in Seventeenth-Century England. Chicago 1995.

Shapin, Steven/Schaffer, Simon: Leviathan and the Air-Pump. Hobbes, Boyle, and the Experimental Life. Princton 1985.

Sievers, Giacomo Ferdinando: Il Pianoforte. Guido practica per costruttori, accordatori, dilettanti e possessori di pianofort con 300 disegni parte intercalati nel testo e parte in apposito atlante. Napoli 1868.

Smudits, Alfred: Vom Klavier zum Keyboard – Vom Klasseninstrument zum Masseninstrument. Fragmente zum Verhältnis von Tasteninstrumenten und Popularmusik. In: Huber, Michael/Desmond, Mark/Ostleitner, Elena/Smudits, Alfred (Hrsg.): Das Klavier in Geschichte(n) und Gegenwart. Strasshof 2001: S. 241-265.

Speer, Florian: Ibach und die anderen: rheinisch-bergischer Klavierbau im 19. Jahrhundert. Wuppertal 2002.

Stanley, Sadie (Hrsg.): The New Grove Dictionary of Music and Musicians. London 2001².

Steinle, Friedrich: The Practice of Studying Practice: Analyzing Research Records of Ampère and Faraday. In: Holmes, Frederic L./Renn, Jürgen/Rheinberger, Hans-Jörg (Hrsg.): Reworking the Bench. Research Notebooks in the History of Science. Dordrecht 2003 (= Archimedes Volume 7 New Studies in the History and Philosophy of Science and Technology). S. 93-118.

Steinway, Theodore E.: People and Pianos. A Century of Service to Music. Steinway & Sons New York 1853-1953. New York 1953.

Steinway, Theodore C. F.: Duplex Scala (Doppelte Mensur) Patent No. 126, 848 vom 14. Mai 1872 und Herr Bösendorfer in Wien. In: Signale für die Musikalische Welt 33, 1875. S. 72-79.

Surace, Ron: Christofori, Bartolomeo (1655-1732). In: Palmieri, Robert (Hg): The Piano. An Encyclopedia. New York, London 2003[2]. S. 95-101.

Süskind, Patrick: Das Parfüm. Die Geschichte eines Mörders. Zürich 1993.

Szendy, Peter: Klangfiguren (a hit in the lab). In: Kursell, Julia (Hrsg.): Sounds of Science – Schall im Labor (1800-1930). Berlin 2008 (= Preprint 246 Max-Planck-Institut für Wissenschaftsgeschichte). S. 21-27.

te Heesen, Anke/Michels Anette: Der Schrank als wissenschaftlicher Apparat. In: te Heesen, Anke/Michels Anette (Hrsg.): auf/zu. Der Schrank in den Wissenschaften. Berlin 2007. S. 8-15.

Turner, Barrie Carson: Das Klavier. Das Instrument, seine Geschichte, die Komposition und die großen Virtuosen. Hamburg 1996.

Turner, Gerald L'E: Scientific Instruments 1500-1900. London 1983.

Tyndall, John: Der Schall. Autorisierte deutsche Ausgabe nach der 6. Englischen Auflage des Originals. Braunschweig 1897[3].

Tyndall, John: Der Schall. Acht Vorlesungen, gehalten in der Royal Institution von Grossbritannien. Herausgegeben von Hermann von Helmholtz und G. Wiedmann. Braunschweig 1869.

Vincenti, Walter G.: What Engineers Know and How They Know it. Analytical Studies from Aeronautical Hitory. Baltimore 1990.

Verlag und Schriftleitung der „Zeitschrift für Instrumentenbau" Paul de Wit: 50 Jahre „Zeitschrift für Instrumentenbau" und Verlag Paul de Wit. In: Zeitschrift für Instrumentenbau 51, 1930/31. 9-12.

Voorhoeve, Jutta: Briefpapier als Handlungsraum. Praktiken der Selbstaufzeichnung bei Kippenberger. In: Wittmann, Barbara (Hrsg.): Spuren erzeugen. Zeichnen und Schreiben als Verfahren der Aufzeichnung. Zürich, Berlin 2009 (= Wissen im Entwurf 2). S. 169-194.

Weingarten, Paul: Die Werkstatt des schönen Klanges. Die Erbauer des Bösendorfer Flügels. In: Die Wiener Bühne. Österreichische Revue 22, 1946.

Wengenroth, Ulrich: Die Fotografie als Quelle der Arbeits- und Technikgeschichte. In: Tenfelde, Klaus/Beitz, Berthold (Hrsg.): Bilder von Krupp. Fotografie und Geschichte im Industriezeitalter. München 2000[2]. S. 89-104.

Whistling, Carl Friedrich: Handbuch der musikalischen Literatur oder allgemeines systematisch geordnetes Verzeichniss der in Deutschland und in den angrenzenden Ländern gedruckten Musikalien, bearbeitet und hersg. von Adolph Hofmeister. Leipzig 1844[3].

Whistling, Carl: Handbuch der musikalischen Literatur oder allgemeines systematisch geordnetes Verzeichniss gedruckter Musikalien. Leipzig 1828[2].

Whistling, Carl Friedrich: Handbuch der musikalischen Literatur oder allgemeines systematisch geordnetes Verzeichnis der bis zum Ende des Jahres 1881 gedruckten Musikalien. Leipzig 1817.

Witte, Karl F.: Fünf Minuten in Schwelm. In: Zeitschrift für Instrumentenbau 6, 1885/86. S. 259-260.

Wittmann, Barbara: Symptomatologie des Zeichnens und Schreibens. Verfahren der Selbstaufzeichnung. In: Wittmann, Barbara (Hrsg.): Spuren erzeugen. Zeichnen und Schreiben als Verfahren der Selbstaufzeichnung. Zürich-Berlin 2009 (= Wissen im Entwurf 2). S. 7-20.

Ziegler, Konrat/Sontheimer, Walther: Der Kleine Pauly – Lexikon der Antike in fünf Bänden. München 1979.

Zuna-Kratky, Gabriele (Hrsg.): Technisches Museum Wien. München, Berlin, London, New York 2005[2].

Internetquellen

C. Bechstein: Häufig gestellt Fragen (http://www.bechstein.de/service/faq/morefaqs/default.aspx). Abgerufen am 22.01.2011.

Deutsches Museum München: Das Polytechnische Journal. Online-Ausgabe des in „Kultur+Technik", der Zeitschrift des Deutschen Museums, Heft 02/2003, erschienenen Artikels. (http://www.deutsches-museum.de/bibliothek/unsere-schaetze/technikgeschichte/das-polytechnische-journal/). Abgerufen am 22.02.2010.

Grassi Museum für Musikinstrumente der Universität Leipzig: Geschichte, Sammlung Heyer (http://mfm.uni-leipzig.de/_dt/dasmuseum/heyer.php). Abgerufen am 17.09.2009.

Grassi Museum für Musikinstrumente der Universität Leipzig: Geschichte, Sammlung Paul de Wit (http://mfm.uni-leipzig.de/_dt/dasmuseum/dewit.php?navid=9). Abgerufen am 17.09.2009.

Grotrian-Steinweg Pianofortefabrikanen: Firmengeschichte (www.grotrian-steinweg.de). Abgerufen am 08.08.2008.

L. Bösendorfer Klavierfabrik GmbH: Die Geschichte (http://www.boesendorfer.com/de/geschichte.html). Abgerufen am 27. 01. 2010.

Max Planck Institute for the History of Science, Berlin: The Virtual Laboratory. Essays and Resources on the Experimentalization of Life. People: Helmholtz, Hermann Ludwig Ferdinand von (http://vlp.mpiwg-berlin.mpg.de/people/data?id=per87). Abgerufen am 26.02.2010.

Max Planck Institute for the History of Science, Berlin: The Virtual Laboratory. Essays and Resources on the Experimentalization of Life. People: Koenig, Rudolph (http://vlp.mpiwg-berlin.mpg.de/people/data?id=per325). Abgerufen am 26.02.2010.

Max Planck Institute for the History of Science, Berlin: The Virtual Laboratory. Essays and Resources on the Experimentalization of Life. People: Ohm, Georg Simon (http://vlp.mpiwg-berlin.mpg.de/people/data?id=per488). Abgerufen am 26.02.2010.

Staatliches Institut für Musikforschung Berlin: Geschichte (http://www.sim.spk-berlin.de/Uebersicht_453.html). Abgerufen am 17. 09. 2009.

The Bluebook of Pianos: Behr Bros & Co. (http://www.bluebookofpianos.com/kron2.htm#BEHR). Abgerufen am 10. 03. 2010.

Virtuelle Fachbibliothek für Musikwissenschaften, Bayerische Staatsbibliothek, Zeitschrift für Instrumentenbau (http://www.vifamusik.de/index.php?pcontent=zs_instr_bau). Abgerufen am 16.09.2009.

Dank

Diese Dissertation entstand während meiner Förderungszeit am DFG-Graduierten-kolleg „Topologie der Technik" der Technischen Universität Darmstadt. Der Deutschen Forschungsgemeinschaft danke ich für die Förderung dieses Projektes über drei Jahre. Ebenso danke ich dem Deutschen Museum München für die Förderung des Projektes im Rahmen des Scholar-in-Residence-Programmes.

Ohne die Hilfe, Anmerkungen und Kritik zahlreicher Fachleute, Kollegen und Freunden hätte diese Studie nicht entstehen können. Meinem Doktorvater Prof. Dr. Mikael Hård danke ich für die Begleitung dieses Projektes. Sein Vertrauen in das Gelingen dieser Arbeit, seine Anregungen und konstruktive Kritik, von der sowohl meine Arbeit als auch ich maßgeblich profitierten, waren inspirierend. Er verstand es, in zahllosen Gesprächen verschiedene Perspektiven aufzuzeigen, mir jedoch genügend Freiraum zu lassen, meinen eigenen Weg zu finden. Der stete Austausch mit Prof. Dr. Myles W. Jackson trug entscheidend zur inhaltlichen Zuspitzung dieser Dissertation bei und die vielen mit ihm geführten Diskussionen während meines Forschungsaufenthaltes am Polytechnic Institute of New York University, der vom Humanities and Social Science Institute finanziell unterstützt wurde, ließen mich immer wieder neu über mein Quellenmaterial nachdenken. Hierfür bin ich ihm sehr dankbar.

Das Graduiertenkolleg „Topologie der Technik" bot einen inspirierenden Rahmen für meine Forschungsarbeit. Allen Professoren, Stipendiaten, PostDocs und Mitgliedern des Graduiertenkollegs danke ich für die auszugsweise Lektüre und stete Diskussion meiner Studie, ihre Anmerkungen, Kritiken und Hilfestellungen. Stellvertretend seien Junior Prof. Dr. Bruno Arich-Gerz, Dr. Heike Weber, Dr. Lars Frers, Dr. Sebastian Haumann, Dr. Susanne Schregel, Dr. Mascha Will-Zocholl und Dipl. Sportwiss. Markus Stross genannt, die meine Dissertation mit zahllosen Diskussionen begleiteten. Teile dieser Arbeit sind am Forschungsinstitut für Technik- und Wissenschaftsgeschichte des Deutschen Museums entstanden. Meine Zeit als Scholar-in-Residence bot mir die Möglichkeit, aus den Beständen des Museums und des Archivs zu schöpfen und meine Arbeit im Rahmen der AG-Objekt-forschung zu präsentieren. Die zahlreichen Diskussionen mit den Mitarbeitern waren sehr hilfreich für den Fortgang dieser Studie. Stellvertretend sei Prof. Dr. Helmuth Trischler und Dr. Silke Berdux für die Gespräche und Hilfestellungen gedankt. In der Endphase bot mir das Institut for Videnskabsstudier der Århus Universitet Dänemark ein Umfeld, in dem sich durch zahlreiche Gespräche mit den Mitarbeitern neue Perspektiven für meine Arbeit ergaben, und ausreichend Ruhe zur Fertigstellung dieses Projektes gegeben war. Hierfür danke ich stellvertretend Dr. Hanne Andersen und Dr. Matthias Heymann. Von den Anmerkungen, Kritiken und Diskussionen von und mit Prof. Dr. Hans-Joachim

Braun, Prof. Dr. Ulrich Wengenroth, Prof Dr. Dorothea Schmidt und Dr. Roland Wittje hat der Text und meine Forschungsarbeit außerordentlich profitiert. Hierfür möchte ich mich bei ihnen herzlich bedanken.

Die Studie hätte in diesem Umfang nicht ohne die Bereitschaft zahlreicher Klavierbaufirmen entstehen können, die mir und meiner Arbeit vertrauten und ihre Firmenarchive unvoreingenommen öffneten. Das umfangreichste Material stellte mir die Firma Grotrian-Steinweg zur Verfügung. Ihr Geschäftsführer Burkhard Stein ermöglichte mir einen mehrwöchigen Aufenthalt in der Firma und dadurch die Erschließung und Analyse unzähliger Quellen. Durch den Kontakt zur Firma Louis Renner und ihrem Mitarbeiter Matthias Stöckle wurde mir zudem das Firmenarchiv eines Zulieferes zugänglich. Sein Engagement und der Einsatz des leider bereits verstorbenen Geschäftsführers Dr. Hoffmann öffnete mir so manche Tür in der Klavierbaubranche, die mir sonst verschlossen geblieben wäre. Die Firma Bösendorfer erlaubte mir drei Monate in ihrem Archiv zu forschen und gewährte mir Einblicke in ihre Produktion. Stellvertretend sei Ferdinand Bräu und Dr. Michael Nießen für die Unterstützung meiner Forschungsarbeit gedankt. Des Weiteren erhielt ich begleitet von Martina Schmidt-Gyra Zugang zu dem Firmenarchiv der Firma Steingräber & Söhne sowie begleitet von Dr. Florian Speer zum Archiv der Firma Rud. Ibach Sohn. Ihnen Allen sei mein tiefster Dank ausgedrückt. Der Wilhelm Schimmel Pianofortefabrik GmbH und Herrn Nikolaus W. Schimmel danke ich für die Bereitstellung mehrerer Fachbücher und Zeichnungen. Weiteres Quellenmaterial konnte ich im Archiv der Gesellschaft der Musikfreunde Wiens einsehen. Dessen Leiter Prof. Dr. Otto Biba danke ich für seine Hilfestellungen und Kommentare. Dr. Peter Donhauser ermöglichte mir im Archiv des Technischen Museums Wien den Zugang zu wichtigem Quellenmaterial. Auch ihm möchte ich an dieser Stelle für sein Engagement und seine Anmerkungen zu meinem Projekt danken. Dank gebührt auch der Oscar-Walcker-Schule in Ludwigsburg und Herrn Werner Stannat, sowie der Filzfabrik Wurzen. All jenen Mitarbeitern in Firmen, Archiven und Bibliotheken, die an dieser Stelle nicht namentlich genannt werden können, die jedoch durch ihre Hilfsbereitschaft zum Gelingen dieser Arbeit beigetragen und mich stets engagiert und interessiert in all den kleinen Dingen der Forschungsarbeit unterstützt haben, möchte ich meine tiefe Dankbarkeit ausdrücken. Während meiner Recherchen hatte ich das Glück, in verschiedenen Klavierbaufirmen und Zulieferbetrieben mit mehreren, teilweise bereits pensionierten Klavierbauern, die an dieser Stelle anonym bleiben müssen, längere Gespräche zu führen. Ihnen danke ich für ihr Vertrauen, ihre Zeit und ihre Bereitschaft, mich an ihrem großen Erfahrungsschatz teilhaben zu lassen. Diese spannenden und erleuchtenden Gespräche waren äußerst wichtig, um ein Verständnis für den Beruf des Klavierbauers und die hierfür nötigen Fähigkeiten zu entwickeln. Auch wenn diese Interviews in dieser Arbeit nicht zitiert wurden, wäre doch ohne sie so manche Quelle stumm geblieben.

Stellvertretend für meine Freunde, die mich in dieser Zeit mit zahlreichen Gesprächen begleiteten, möchte ich Ute Friedrich-Peterseim und Martina Rüdiger danken. Martin Köhres gebührt Dank für seine scharfsinnige Redigierung des Manuskriptes. Zu großem Dank bin ich meinem Vater Dr. Ing. Alfred Neudörfer für die zahlreichen und ergiebigen Diskussionen technischer Sachverhalte verpflichtet. Meinem Mann Joachim bin ich zutiefst dankbar dafür, dass er immer an mich und meine Arbeit glaubt, mich unterstützt und bestätigt in dem, was ich tue. Dieses Buch ist meinen Eltern gewidmet. Ihnen, meiner Familie und der Familie meines Mannes möchte ich für ihre Unterstützung und für das, was sie mir abseits der wissenschaftlichen Ausbildung mit auf den Weg gaben, danken.

Die „Cottbuser Studien zur Geschichte von Technik, Arbeit und Umwelt"

Angesichts des heutigen Diskussionsstandes sollte nicht eigens betont werden müssen, dass die Bereiche Technik, Arbeit und Umwelt in der historischen Darstellung – und nicht nur hier – untrennbar miteinander verbunden sind.

Die menschliche Arbeit bringt bestimmte Technikformen hervor und das jeweilige Techniksystem wiederum prägt Arbeitsverhältnisse und -bedingungen. Mit dem Mittelsystem der Technik nutzt der Mensch die naturgegebenen Ressourcen, und es sind nicht nur Kapital- und Arbeitseinsatz, die sich im fertigen Produkt widerspiegeln, sondern auch Naturvernutzung. Die Geschichte einer Produktion zu schreiben ohne diese Naturvernutzung zu berücksichtigen, entspricht nicht mehr dem heutigen Kenntnisstand.

Freilich müssen Technik, Arbeit und Umwelt unter vielerlei Konnotationen beschrieben werden: Ökonomische, politische, gesellschaftliche Bedingungen sind die wichtigsten davon, die anthropologische, humane Dimension nicht minder. Aber diese Ansätze sind bereits häufiger berücksichtigt worden, mitunter sind sie inzwischen Gegenstände eigener Disziplinen.

Die Reihe hat hingegen die enge Verknüpfung jener Bereiche, die herkömmlicherweise getrennt in den Subdisziplinen Technikgeschichte, Geschichte der Arbeit und Umweltgeschichte abgehandelt werden, zum Thema. Vorrangig sollen also Beiträge aufgenommen werden, die die Beschreibung und Analyse des Wechselspieles von Technik, Arbeit und Umwelt zum Gegenstand haben.

Da die Leistung einer Reihe immer als ein Gesamtes gesehen werden muss, soll dieses Kernanliegen jedoch keinen Ausschließlichkeitscharakter gewinnen: Studien zu den Teilbereichen, die Baustein zur Kenntnis jener Wechselbeziehungen sind, finden hier genauso ihren Platz. Ein Leitgedanke hat schließlich viele Facetten, die zu beleuchten sind.

Konkret sind es vor allem drei Typen von Literatur, die die Reihe prägen werden:
* Studien und Monographien,
* Tagungsbände sowie
* Aufsatz- und Textsammlungen.

Damit sollen sowohl neueste Ergebnisse der Forschung und Forschungsdiskussionen präsentiert, wie auch schwer beschaffbare Beiträge zu einzelnen Themen vorgelegt werden. Berichte aus der Forschung einerseits und Studienmaterialien andererseits will die Reihe damit vereinen.

Die Benennung als „Cottbuser Studien zur Geschichte von Technik, Arbeit und Umwelt" schließlich will keinesfalls eine lokale Eingrenzung andeuten, sondern den Impuls einer neugegründeten Universität im Titel widerspiegeln: Cottbus ist der Ort der Konzeption und Initiation der Reihe, Cottbus will sich als neuer Arbeits- und Denkort in den Diskurs einschalten und bietet mit der Reihe eine weitere Plattform. Mögen viele die Einladung annehmen und die Reihe zu einem offenen Forum mitgestalten!